Das Dorf und die Welt

# 마을과 세계

마을과 세계

에코페미니스트 마리아 미즈의 삶과 시대

**초판 1쇄 인쇄일** 2024년 5월 23일 **초판 1쇄 발행일** 2024년 5월 30일

**지은이** 마리아 미즈 | **옮긴이** 안숙영 · 장지은
**펴낸이** 박재환 | **편집** 유은재 신기원 | **마케팅** 박용민 | **관리** 조영란
**펴낸곳** 에코리브르 | **주소** 서울시 마포구 동교로15길 34 3층(04003) | **전화** 702-2530 | **팩스** 702-2532
**이메일** ecolivres@hanmail.net | **블로그** http://blog.naver.com/ecolivres
**출판등록** 2001년 5월 7일 제201-10-2147호
**종이** 세종페이퍼 | **인쇄 · 제본** 상지사 P&B

ISBN 978-89-6263-278-1 03330
ISBN 978-89-6263-277-4 세트

책값은 뒤표지에 있습니다. 잘못된 책은 구입한 곳에서 바꿔드립니다.

# 마을과 세계

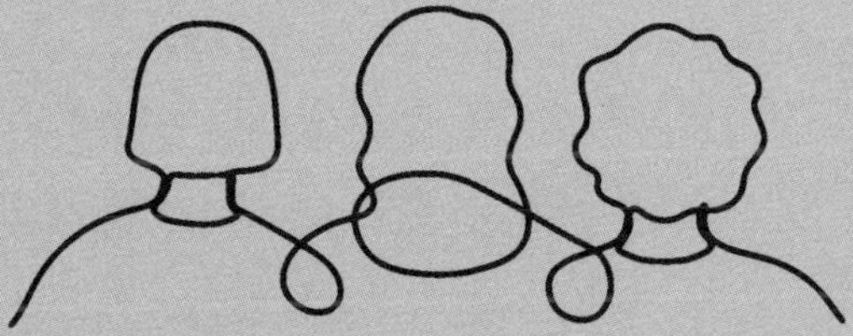

● 계명대학교 여성학연구소 ● 전환의 시대와 젠더 번역총서 ● 1

에코페미니스트 마리아 미즈의 삶과 시대

마리아 미즈 지음 | 안숙영·장지은 옮김

에코리브르

# 차례

**일러두기**

이 책은 영문판(Mies, M., *The Village and the World: My Life, Our Times*, Spinifex Press, 2010)의 번역본입니다(독일어 원본은 Mies, M., *Das Dorf und die Welt: Lebensgeschichten-Zeitgeschichten*, PapyRossa Verlag, 2008).

이 역서는 2022년 대한민국 교육부와 한국연구재단의 지원을 받아 수행된 연구임(NRF-2022S1A5C2A02090708).

# 약어 및 두문자어

CDU(Christlich Demokratische Union Deutschlands) 독일기독민주당

CPI(Communist Party of India) 인도공산당

DDR(Deutsche Demokratische Republik) 독일민주공화국

DPWV(Deutscher Paritätische Wohlfahrtsverband) 독일자선단체연합회

DWD(Diverse Women for Diversity) 다양성을 위한 다양한 여성

EU(European Union) 유럽연합

FAO(Food and Agriculture Organization of the United Nations) 유엔식량농업기구

FhF(Frauen helfen Frauen) 여성을 돕는 여성

FINRRAGE(Feminist International Network of Resistance to Reproductive and Genetic Engineering) 재생산 기술 및 유전공학에 저항하는 페미니스트 국제 네트워크

GATS(General Agreement on Trade in Services) 서비스 무역에 관한 일반 협정

GATT(General Agreement on Tariffs and Trade) 관세 및 무역에 관한 일반 협정

GI(Goethe Institute) 독일문화원

ILO(International Labour Organization) 국제노동기구

IMF(International Monetary Fund) 국제통화기금

ISS(Institute of Social Studies) (네덜란드)사회과학연구소

MAI(Multilateral Agreement on Investment) 다자간 투자 협정

NATO(North Atlantic Treaty Organization) 북대서양조약기구

NSDAP(Nationalsozialistische Deutsche Arbeiterpartei) 국가사회주의독일노동당(국가사회당)

OECD(Organization for Economic Cooperation and Development) 경제협력개발기구

PDSU(Progressive Democratic Students' Union) (인도)진보민주학생연맹

POW(Progressive Organisation of Women) (인도)진보여성위원회

SA(Sturmabteilung) 나치돌격대

SCI(Service Civil International) 국제시민봉사

SDS(Sozialistische Deutsche Studentenbund) 독일사회주의학생동맹

SPD(Sozialdemokratische Partei Deutschlands) 독일사회민주당

SS(Schutzstaffel) 나치친위대

SSK(Sozialistische Selbsthilfe Köln) 쾰른사회주의자자조모임

TISS(Tata Institute of Social Sciences) 타타사회과학연구소

TRIPs(Agreement on Trade-Related Aspects of Intellectual Property Rights) 무역 관련 지식 재산권에 관한 협정

UN(United Nations) 국제연합

WEF(World Economic Forum) 세계경제포럼

WSF(World Social Forum) 세계사회포럼

WTO(World Trade Organization) 세계무역기구

# 서문

우리 마을의 규범을 따르지 않던 타보 디디(Tabo Didi)는 언젠가 "인간이 되는 것은 쉽지 않아요!"라고 말했다. 나는 이 철학적인 말을 잊지 않았다.

77년에 걸친 내 삶을 한 권의 책에 담기는 쉽지 않다. 특히 **마을과 세계**라는 극과 극 사이에 살았을 때는 말이다. 타보 디디는 "나는 전 세계를 봤어요! 프륌에 가본 적이 있어요. 다운이랑 노이어부르크성까지 가봤지요!"라고 말했다. 이것이 그에게는 세계였다. 내 어머니에게도 마을이 세계였고 대개 아이를 낳을 때만 떠났다.

하지만 내게는 이 작은 세상이 충분치 않았다. 향수병에도 불구하고 나는 평생 **크고 넓은 세계**에 끌렸다.

이 책을 쓰는 동안 친구가 물었다. "왜 네 인생 이야기를 지금 직접 쓰고 있어? 다른 사람이 나중에 쓰면 안 돼? 자아도취나 향수에 빠진 것 같지 않아?"

"아니야"라고 나는 대답했다. "나는 내 삶과 우리 시대의 이야기를 직접 써야 해." 오직 나만이 마을과 세계가 어떻게 연결되는지 안다. 이 책에 담긴 이야기가 내 삶의 전부는 아니며 연대순으로 정리하지도 않았다. 이는 내게 중요한 의미가 있는 이야기다. 특별한 일이 생겼을 때 삶의 새로운 방향으로 나아간 이야기, 다른 사람들과 더불어 어떤 일을 해내거나 변화를 일으킨 이야기, 새로운 경험을 하고 지식을 얻으면서 변화한 이야기다. 또한 세계가 이전과 비교할 수 없을 만큼 빠르고 깊게 변하던 시기의 이야기이기도 하다.

나는 다른 사람이 이 이야기를 쓰기를 원치 않기 때문에 스스로 쓰려 한다. 타인은 이 얘기의 단편만 알 뿐이며 자기 이해와 취향에 따라 해석할 것이다. 이는 내가 바라는 바가 아니다. 역사의 '객관적' 기록은 없다.

나는 몇 년 전 학생들과 "우리가 우리의 역사를 만들고 쓴다"는 표어를 만들었다. 쾰른시 최초의 폭행 피해 여성을 위한 자율 쉼터를 세우기 위해 싸웠을 때 이 원칙에 따라 운동의 역사를 기록하고 매년 보고서를 발행했다. 또한 네덜란드에서 이른바 '제3세계' 여학생들과 '여성과 개발' 프로그램을 만들 때도 이 원칙을 따랐다. 나는 교육뿐만 아니라 실천적·이론적 작업 전반에 걸쳐 이 중요한 원칙을 지켰다.

나는 폭력, 억압, 착취에 맞서 함께 싸운 모두를 위해 이 이야기를 썼다. 또한 우리의 투쟁, 성공, 실패가 잊히지 않기를 바란다.

그러나 왜 지금 이 이야기를 써야 하는가?

### 나는 망각에 저항해 쓴다

사람들의 가슴속에 어제, 오늘, 내일 사이의 **연결성**을 생생하게 유지하는 일이 지금보다 중요한 때는 없었다. 오늘날 유럽은 물론이고 전 세계에서 역사를 만든 옛사람들에 대한 기억이 파괴되고 있다. 내 삶의 이야기는 지배자의 이야기도, 참여하지 않은 관찰자의 이야기도 아니다. 나와 내가 살아가면서 만난 사람들에 대한 이야기다. 비록 그들이 오래전에 죽었다고 해도 말이다. 나는 이 이야기가 '좋은 삶'을 위해 싸우는 데 도움이 되길 희망한다.

이 이야기는 실제 지리적·정치적·역사적 맥락에서 생겼으며, 화면으로 보는 가상이나 오늘 보고 내일 잊는 것이 아니다. 나는 나치 시대와 제2차 세계대전이 어떻게 '제3제국'의 악몽을 무너뜨리고 수백만 명을 나락으로 끌어내렸는지, 전쟁 후 재건이 어떻게 이뤄졌는지 직접 경험한 세대다. 우리 어머니들은 산더미 같은 잔해를 청소하고 '삶이 계속되도록' 해준 '폐허의 여성들(Trümmerfrau)'이었다.

나도 제2차 세계대전 이후 새롭고 더 나은 세계를 희망했다. 1945년과 독일연방공화국 건국 사이의 과도기는 환상적이었다. 모든 것을 다시 시작했고 모든 것이 가능해 보였다. 이때 나는 마을을 떠나 '세계'로 나아갔다. 마을 소녀인 내가 고등교육을 향유할 기회를 얻고 우리를 신뢰하며 열정으로 채워준 교사들을 만난 것은 행운이었다. 이들은 모든 측면에서 우리의 창의성을 자극했다. 배움은 경쟁이나 개인의 노력과 관련한 것이 아니었다. 우리는 지적 자유, 집단성, 국제 이해, 비판적 사고에 관해 배웠다. 나는 이때 세계, 사랑, 그리고 나 자신을 발견했으며 이를 기적이라고 느꼈다. 또한 항상 하고 싶던 것을 할 수 있었다. 나는 예술가가 되고 싶었고 교사들은 그런 야망을 지지해주었다.

### 오늘날 그런 학교는 상상하기 어렵다

나는 모든 젊은이가 그런 학교를 경험하고 영감을 주고받을 수 있는 교사를 만나기를 바란다. 그러나 21세기는 다르다. 나는 삶의 여정에서 어떤 시기에는 가능한 일이 나중에는 더 이상 그렇지 않을 수도 있음을 배웠다. 중요한 것은 주어진 때 가능하고 옳다고 느끼는 일을 하는 것이다. 그 당시 우리의 좌우명은 '현재에 충실하라'였다.

물론 모두가 그렇듯이 '절정기'만 있던 것은 아니다. 견뎌내야 했던 쇠퇴기와 '회색빛 시기'도 있었다. 그러나 나는 평생 의식적이든 무의식적이든 일정한 **주제**를 따랐다. 당연히 내가 시작한 일을 모두 끝낼 수는 없었다. 그러나 이 주제는 나를 많은 장소와 사람에게로 이끌었고 처음 시작할 때 꿈도 꾸지 못한 경험, 투쟁, 승리뿐만 아니라 패배도 가져다주었다. 돌이켜보면 내 인생은 아이펠 화산 지대에서 작은 개울로 출발해 굽이굽이 흐르는 강 같다. 이 개울은 점점 넓어져 이제 전 세계를 아우르는 거대한 연결망으로 뻗어나갔다. 이 강이 항상 똑바로 흐르지는 않았으며 때로는 뒤로 흐르거나 고인 연못처럼 완전히 멈춘 것 같기도 했다. 강은 분수령과 굴곡마다 다음에 어디로 갈지 결정해야 했다.

이 책의 제목인 《마을과 세계》는 이 강의 큰 방향, 즉 이곳과 저곳, 고향과 세계, 미지와 친숙함 사이의 긴장을 표현한다. 이 긴장은 힘겨운 균형 잡기일 때가 많았다. 하지만 세계를 서로 다른 두 측면에서 보고 이해할 수 있는 기회이기도 했다. 또한 낯선 것에서 자신을, 자신에게서 낯선 것을 발견하는 데 필요한 거리를 창출하는 유쾌한 경험이었다. 이는 내게 몇 번이고 새로운 바닷가로 출발하고, 새로운 지평에 도달하고, 새로운 경험을 할 수 있는 용기를 줬다. 만일 내가 한곳에 머물렀다면 이런 삶을 경험할 수 없었을 것이다. 나는 두 세계 사이에서 시계추처럼 오가며 한 나라에서 일어난 일이 전부가 아님을 깨달았다. 이런 지점에서 나는 자기중심적 민족주의·애국주의를 조망할 수 있었다. 내부를 외부에서, 또 외부를 내부에서 볼 수 있는 사람은 더 이상 너무 많은 것을 심각하게 받아들일 수 없다.

## 자아도취?

고백건대, 나는 스스로를 좋아하며 내 삶이 정말 흥미로웠다고—그리고 지금도 흥미롭다고—생각한다. 나는 죄책감이나 공포감을 그다지 느끼지 않고 농부의 자녀라는 열등감에 빠진 적도 없다. 이는 우리 부모님이 자녀들에게 학교에서 좋은 성적을 받으라거나 옆집 아이들을 따라잡으라고 압력을 가하지 않은 덕분이다. 부모님은 학교 성적표에 관심조차 없었고 우리가 있는 그대로 충분하며 '더 나은' 사람이 돼야 한다고 생각지 않았다. 그들은 농민이었고 상류층이 되려 하지 않았다. 나는 부모님이 우리에게 어떤 야심도 갖지 않은 것에 언제나 감사한다.

내 학창 시절 선생님들은 자신감을 키워주고 마을 밖에 존재하는 세계, 문학·외국어·철학·정치에 눈뜨게 해주었다. 그러나 나를 먼 세계로 떠나게 한 것은 외국인, 즉 파키스탄 선원을 향한 사랑이었다. 나는 이 사랑 이야기에서 지금 아는 것을 모두 배웠다.

이 사랑 이야기가 내가 일찍부터 국제주의자가 되고 마르크스주의를 발견한 이유였다. 《독일 이데올로기》의 포이어바흐에 대한 제11테제, 즉 "철학자들은 세계를 다양한 방식으로 해석했을 뿐이다. 그러나 중요한 것은 세계를 바꾸는 것이다"는 현재도 내 좌우명이다. 사랑은 사르트르의 생각처럼 타자가 '지옥'이 아님을 가르쳐주었다. 반대로 나는 그들이 삶의 다양성과 풍요로움을 보여준다고 믿는다. 하지만 한편으로는 오랜 권력 체제가 세운 장벽, 즉 여성에 대한 남성의, 노동자에 대한 자본가의, 식민지에 내한 통치자의, 자연에 대한 인간의 가부장적 지배에 관해서도 배웠다. "중요한 것은 세계를 바꾸는 것이다"라는 말은 이 장벽에 대해 분석하고자 하는 욕구뿐만 아니라 활동가이자 학자로서 이에 맞서 싸우고자 하는 충동도 불러일으켰다.

전 세계를 여행했지만 나는 작은 마을의 농민 가족 출신임을 잊은 적이 없다. 이는 과도한 낭만주의와 돈키호테식 이상주의에서 나를 보호해주었다. 나는 식량이 슈퍼마켓이 아니라 흙에서 나온다는 것을 안다. 내 뿌리는 산업 사회와 자본주의의 약속에 대한 면역력을 주었다. 세계화한 마을에서도 전 세계에서도 이 약속은 '좋은 삶'을 주지 못했다. 나는 삶을 통해 자급이 지구의 현재와 미래에 마을과 세계에서 삶을 유지할 단 하나의 희망임을 배웠다.

### 과거에 대한 향수?

맞다. 향수도 내가 이 책을 쓰는 데 한몫했다. 향수는 과거에 대한 찬미를 뜻하지 않는다. 그보다 발전과 슈퍼마켓의 풍부한 상품에도 불구하고 삶이 과거에 지금보다 더 나았다는 회상이다. 오늘날 수많은 어린이는 행복한 어린 시절을 보내지 못하고, 수많은 청소년은 미래에 대한 희망이 없고, 수많은 성인은 불안과 스트레스, 수많은 연금 수급자는 질병과 고독만을 안다.

나는 다른 세계가 가능하다는 것을 안다. 왜냐하면 과거에 더 나은 세계가 존재했고 다른 세계는 이미 시작했다는 것을 알기 때문이다. 이런 이유로 나는 단지 향수를 품고 과거를 돌아보는 것이 아니라 분노를 품고 미래를 바라본다.

마지막으로 나를 비롯해 모든 사람이 내 어머니가 삶의 마지막 날에 한 말을 할 수 있길 바란다. "좋은 삶 아니었나? 일이 많았지만 나는 일이 즐거웠어."

01

# 고향

## 우리 마을

'고향'[1]이라는 말은 사람마다 다른 감정과 기억을 불러일으킨다. 나는 '고향'을 떠올릴 때 우리 가족이나 집뿐만 아니라 우리 마을이 있는 지역, 즉 독일 아이펠 화산 지대의 언덕·넓은 지평선·숲이 생각난다.

우리 마을 아우엘(Auel)은 벨기에 국경에서 약 30킬로미터 떨어진 트리어와 쾰른 중간 지점, 아이펠 화산 서쪽 가장자리의 아름다운 범람원에 자리한다. 그리고 경사가 완만한 초원, 들판, 작은 숲이 마을을 둘러싸고 있는데 지질학자들은 이 계곡이 한때 화산 분화구였다고 한다. '아우엘'은 '낮은 초원'을 뜻한다.

사화산은 이 지역의 중요한 특징이다. 우리 마을 북쪽은 로마인들이 응회암(화산재로 된 암석—옮긴이)을 캐던 킬렌베르크산[2]인데 이 돌은 최근까지도 우리 지역의 전통 가옥을 짓는 데 썼다. 어린 시절 우리는 늘 킬렌베르크산을 찾았다. 일요일이면 이 산에서 작은 풍경이 있는 정원을 만들고, 화산 협곡을 기어오르고, 유명한 강도 쉰더하네스(Schinderhannes)가 몸을 피했다는 동굴에 숨어들었다. 가파른 절벽에서 튀어나온 평평한 산책로는 우리가 정한 운동장이었다. 여기서 직접 만든 온갖 놀이를 하고 대담한 재주를 부리기도 했다.

킬렌베르크산은 겨울에도 여름 못지않게 진귀한 풍경으로 매혹적이었다. 마을을 마주 보는 쪽의, 백리향과 마조람이 가득한 작은 구덩이 중 한 곳에 누우면 우리 마을과 농장, 무엇보다 우리 지역에서는 보기 드물게 아름다운 바로크 성당의 첨탑을 볼 수 있었다. 성당 탑의 지붕은 양파 모양으로 바이에른이나 오스트리아의 교회 첨탑을 연상케 하지만 어렸을 때는 그 사실을 몰랐다.

킬렌베르크산에서는 사방으로 시야를 넓게 확보할 수 있다. 동쪽을 보면 한 화산 줄기가 다른 화산 줄기를 따라가며 새로운 지평선을 볼 수 있도록 시선을 유도한다. 북쪽에는 우리가 야생 버찌를 발견한 작은 나무숲 슈타인보이엘이 펼쳐진다. 우리는 상상과 놀이 속에서 이 작은 숲을 차지했다. 날씨가 좋으면 아이펠 산맥 뉘르부르크링과 최고봉 호에 아흐트도 볼 수 있다. 서쪽으로는 슈테펠베르크산이 자리 잡고 있다. 원뿔 모양의 봉우리는 천연기념물로 이 지역 전체에서 가장 아름다웠다. 이 봉우리는 멧돼지의 머리처럼 생겼으며 오래된 너도밤나무가 무성하게 우거졌다.

슈테펠베르크는 자연뿐만 아니라 역사도 흥미로운 곳이다. 로마 시대 이곳의 가마에서 숯을 만들어 인근 철 제련로에 불을 지폈다. 전하는 바에 따르면 로마인들의 우회로가 슈테펠베르크를 지났다고 한다. 어머니는 산에 있는 '일곱 개의 방'에 대해 이야기해주었는데 아마 동굴에서 숫돌을 구할 때 만들었을 것이다. 30년 전쟁 시기였던 1618~1648년 사람들은 가축을 데리고 그곳에서 피난처를 찾았다. 산 정상에는 성 마가(St. Mark)의 십자가가 서 있고, 봄에는 풍년을 기원하기 위해 이 십자가까지 행진했다. 이는 사실 마가 성인과 관계없고 원시 종교의 전통에서 비롯했다. 일찍이 로마 시대에 '줄기녹병(밀, 보리에 발생하는 병해—옮긴이)의 악마'를 달래기 위해 들판을 행진했다고 한다.

슈테펠베르크는 1960년대 초 도로를 건설하여 농촌 지역을 개발하려는 근대화 정책으로 파괴되기 시작했다. 쾰른과 트리어를 연결하는 고속 도로(아우토반)를 건설할 계획이었지만 아직도 완공하지 않았다.

이 도로를 만들기 위해 건설사에서는 산 대부분을 이루는 용암 모래를 채굴했다. 슈테펠베르크는 아득한 옛날부터 공유지였지만 지금은 사유화했다. 1963~1964년 한 회사가 마을 의회로부터 산을 사들여 용암 모래를 퍼내기 시작했다. 이에 앞서 시장과 지역 의회는 하나밖에 없는 이 산을 보호 대상에서 제외해버렸다. 마찬가지로 상위 기관과 토지 소유주도 기독민주당(CDU)이 우리 마을을 지배하기 때문에 문제없다고 생각하는 듯했다. 당시에는 환경 운동이 없었고 시장은 이런 일을 이의 없이 진행할 수 있었다. 마을 촌장은 지역 당국과 손을 잡았다.

주민들은 자기 지역의 아름다운 산을 파괴하는 데 반대하지 않았다. 이런 사업이 늘 그렇듯이 운영자와 당국은 일자리, 모래 판매를 통한 지역의 수입 증대, 슈테펠베르크의 토지 소유자들에 대한 보상, 산의 너도밤나무 판매 수입 등 지역 사회에 큰 이익을 약속했다.

그러나 용암 모래를 채굴하기 시작하자 곧 모든 약속이 공허했음이 명백해졌다. 1964~1980년 현장에 고용한 사람은 8~10명에 불과했고 대부분 현지인도 아니었다. 광업 회사에는 모래를 모두 채굴하고 계약을 종료하자마자 산을 '복원'할 의무가 있었다. 결국 지역 사회는 이를 위해 2만 마르크를 추가로 내놓았다.

이 사업이 환경과 기후에 미친 영향은 부정적이었다. 일찍이 산에 살던 동식물의 다양성은 사라졌다. 비를 내리기 위해 마을에 멈췄던 구름은 이제 지나가버린다.

남은 것은 인위적 '복원'으로 조성한 '화산 정원'과 거대한 구멍이다. 여기에는 진짜 화산 모래 대신 아주 작은 인공 화산 모래 언덕이 있다. 한때 지질 조사를 하던 곳에는 연구용 자연 탐방로가 자리했다. 그리고 응회암을 무자비하게 착취해 생긴 그 흉물스러운 구멍의 가파른 벽은 묘비처럼 매끈하다.

이 '화산 정원'에 들어설 때마다 클라우디아 폰 베를호프(Claudia von Werlhof)가 인용한 '환경주의자' 루치우스 부르크하르트(Lucius Burckhardt)의 말이 떠오른다. "인간이 자연을 파괴했을 때만 풍경이 비로소 아름다워진다. ……타히티가 평화로운 것은 사자가 양과 함께 풀을 뜯어서가 아니라 '인간'이 그곳을 전쟁터로 바꾸었기 때문이다."[3]

'야생' 슈테펠베르크는 수익성이 없었다. 관광객을 위한 오늘날의 '화산 정원'은 그렇지 않다.

슈테펠베르크에서 우리는 봄이면 첫 아네모네, 5월이면 첫 은방울꽃과 선갈퀴를 발견했다. 슈테펠베르크를 지나는 개울 오스바흐에는 작은 웅덩이가 많았고 우리 오빠들은 그곳에서 맨손으로 송어를 잡았다.

말하자면 슈테펠베르크는 내 세계의 서쪽 끝이었다. 어린 시절에는 그 뒤에 개울이 하나 더 있고 세계가 끝난다고 상상했다. 나중에 정말 서쪽에 개울이 하나 더 있다는 어머니의 말을 들었지만 그것은 슈테펠베르크를 지나는 오스바흐(Oosbach)가 아니라 로스바흐(Rossbach)강이다.[4] 그리고 어머니는 "얘들아, 절대 로스바흐를 건너지 마라!"라고 덧붙였는데 이 말은 어머니가 자기 할머니에게 들은 말이다.

로스바흐강은 왜 이렇게 위험한 경계였을까? 우선 이 경고는 결혼 적령기의 모든 젊은이를 겨냥했다. 그때는 '사랑을 위해' 결혼하지 않았기 때문이다. 적합한 결혼 상대는 독일 속담처럼 '자립'할 능력이 있는 사람이었다. 로스바흐강 서쪽의 지형이 가파르고 기후가 추워 토양이 덜 비옥한 것은 이곳 주민들이 동쪽 계곡 초지의 슈테펠른과 아우엘보다 가난하다는 뜻이었다. 그러므로 로스바흐강 반대편 사람과의 결혼은 그다지 유리하지 않았다.

게다가 로스바흐강을 건너 이전에는 경계 구역이었을 숲을 지나 서쪽으로 약 30킬로미터 더 이동하면 결국 벨기에에 도달했다. 제1차 세계대전 전후 우리 마을 밀수꾼들은 더 싼 물건을 사려고 이렇게 벨기에로 갔는데 이는 매우 위험했다. 대공황 시기이던 1930년 아버지도 그곳에 한 번 갔다. 그러나 그는 경험 많은 밀수꾼이 아니었고 물건을 많이 가져오지 못했다. 그리고 그때 어머니는 완전히 겁에 질렸다.

로스바흐는 독일과 벨기에의 국경은 아니지만 가까웠기 때문에 이곳을 놓고 크고 작은 전쟁이 벌어졌다. 북서쪽에는 힘겹게 점령한 도시 오이펜과 말메디가 있었다. 1870~1871년 프로이센·프랑스 전쟁이 끝나고 독일 제국은 이 지역을 합병했다.

1919년 베르사유 조약 이후 독일은 오이펜과 말메디를 벨기에로 반환했다. 제2차 세계대전 때도 이전의 전시와 마찬가지로 우리 지역에 서부 전선으로 갈 군대를 배치했다. 독일에서 '서벽(Westwall)'이라 부른 지크프리트선(제2차 세계대전 직전 독일이 만든 방어선—옮긴이)도 로스바흐 넘어 바로였다. 그래서 우리 마을 어르신들이 보기에 로스바흐는 위험한 경계였다. 전쟁에 관한 주제가 떠오르지만 여기에 대해서는 나중에 이야기할 것이다.

오늘날 나는 이 지역을 산책할 때, 여동생이 윙케라트에 있는 기차역으로 나를 데리러 올 때, 리센도르프 마을 뒤의 고지에 도착해 화산 지형 넘어 동서를 바라볼 때 '지금 난 집에 있고 자유로워. 울타리나 소유권에 상관없이 원하는 곳 어디든 갈 수 있어. 여기가 우리, 나, 모두의 땅이고 집이야'라고 생각한다.

이 지역은 언제나 아름다울 뿐만 아니라 모든 언덕, 갈림길, 시냇물에 이야기가 담겨 있다. 옛날, 우리의 어린 시절, 세계사, 오늘날의 이야기다. 그런 이야기를 우리 부모님은 지치지 않고 했다. 저녁때, 일할 때(예를 들어 감자 껍질을 벗기거나 요리하는 동안), 일을 마쳤을 때, 일요일 오후 들판과 숲을 거닐 때 모두 마찬가지였다.

## 오래된 집

### 켈리시 하우스

내게 집은 저지(低地) 독일어로 '켈리시(Kellish)'라고 하는, 오래된 우리 집 '켈러의 집'을 뜻하기도 한다.[5] 우리 집은 1750년에 지은 크고 오래된 농가로 외벽 두께는 80센티미터였고 1층 방의 창문은 강도가 들어오지 못하게 쇠창살로 막아놓았다. 내가 어릴 때는 그 집을 구식으로 여겼다. 우리는 쇠창살을 조금 창피해했고 나중에 우리 형제 한 명이 신식 주택에서 자란 여성과 결혼하고 나서 이를 떼어냈다.

우리 집에는 현관이 없었다. 입구에서 거대한 통풍구 아래 열린 벽난로가 있는 넓은 방인 부엌으로 바로 들어섰다. 베이컨, 햄, 소시지를 이곳에 저장했으며 성자와 영웅의 부조를 새긴 16세기 주철 접시 여러 개를 난로 뒤에 걸어놓았다. 지역의 주조소에서 만든 이 접시는 벽을 화재에서 보호할 뿐만 아니라 특별한 축제 때 쓰는 부엌 뒤쪽 방을 따뜻하게 해주었다. 난로 위에는 '홀(Hohl)'이라 부르는, 톱니바퀴가 달린 철제 칼붙이를 걸었고 여기에 달린 큰 주철 냄비는 필요하면 '홀'을 가지고 위아래로 움직일 수 있었다. 하지만 우리가 어릴 때 이 부엌은 더 이상 사용하지 않았다.

주방에는 낡고 큰 오븐이 있었고 여기에 잔가지와 불쏘시개로 불을 붙였다. 나무는 오븐 위에 쌓아두어 항상 말라 있었고 거기서 나온 재는 아래쪽에 모았다. 예전에는 재로 옷을 세탁했고 내가 어렸을 때는 비료로 사용했다. 오븐 오른쪽에는 소, 돼지를 위한 왕겨를 저장하는 큰 사암 구유가 있었다.

주방에는 수도관과 싱크대도 있었다. 한때 현관문 옆에 '푸에츠(Puetz)'라고 하는 우물이 있었는데 여기서 물을 퍼 올려 가정용으로 썼다. 공동 수도관을 만들기 전에는 집집마다 이런 '푸에츠'가 필요했다. 이 넓은 주방은 사람과 동물을 위한 다목적 공간이었다.

내가 어릴 때 우리 집은 아직 모든 방에 전기가 들어오지 않았다. 가을과 겨울에는 주방이 우리의 모험을 위한 좋은 놀이터가 되었다. 우리는 놀이를 직접 만들었는데, 예를 들면 낡고 어두운 부엌 구석으로 기어들어가는 숨바꼭질을 했다. 이때 가장 흥분되는 점은 들키지 않으려면 가능한 한 소리를 내지 말아야 한다는 것이었다. 나는 이 어둠 속의 겨울 놀이가 정말 신비롭다고 느꼈다.

주방을 통해 특별한 축제를 위해 사용한 방, 식료품 저장실, 나중에 주방 겸 거실로 쓴 방으로 들어갈 수 있었다. 이곳에 우리 가족의 삶이 모두 있었다. 그리고 그 옆은 작업대, 온갖 도구, 잡동사니가 있는 '작업장'이었다. 이 방 한구석에 너무 작아 다음 파종 때 쓸 씨감자로 분류한 '돼지감자'를 보관했다. 부엌에는 '돼지감자'를 돼지에게 먹이려고 익히는 큰 장작 가마솥이 있었다. 나중에는 그 옆에 똑같이 큰 세척용 가마솥이 생겼는데 이것도 장작불을 피워 사용했다. 두 가마솥에서 나온 연기가 통풍구로 흘러들어갔다.

부엌의 오른쪽 문은 외양간과 헛간으로 이어졌다. 아이펠의 오래된 집에서는 사람과 동물이 한 지붕 아래 살았다. 밤이면 소들이 울거나 부스럭거리는 소리를 들을 수 있었고, 그 소리를 잘 듣는 것은 소가 새끼를 낳으려고 할 때 특히 중요했다. 이때가 우리 부모님이 암소를 도와줘야 할 때였다. 사람과 동물은 분리하지 않았다.

화장실은 거름 구덩이 바로 위인 외양간에 있었고 이는 매우 실용적이었다. 다른 집과 달리 우리는 흔히 거름더미 위에 짓는, 밤에는 어둡고 겨울에는 추우며 바람이 많이 부는 나무 오두막에 가려고 농장 마당을 가로지를 필요가 없었다.

집에서 바로 헛간으로 갈 수 있는 것도 어머니에게는 큰 이점이었다. 그녀는 어린아이들이 어려움 없이 화장실에 갈 수 있도록 안아주었고 어린 남자아이들까지 모두 작은 치마를 입혔다. 어머니는 자녀 모두 두 살 무렵부터 오줌을 가리고 기저귀 발진이 없었음을 매우 자랑스럽게 여겼다.

바로크 양식의 아름다운 난간이 있는 넓은 참나무 계단이 부엌에서 2층으로 이어졌다. 거대한 굴뚝이 이 공간 대부분을 차지했다. 부모님의 침실은 굴뚝 옆을 돌아 왼쪽이었고 그 뒤에 남자아이들 방이 있었다. 굴뚝 오른쪽에는 큰언니의 작은 침실이, 그 옆에는 빈방이 있었다. 이 방은 한 번도 개조하지 않아 바닥이 깨지고 벽에서 칠이 벗겨졌으며 물건이 곳곳에 쌓여 있었다. 나중에 나는 왜 아버지가 어린 딸들을 위해 이 방을 개조하지 않았는지 궁금해했다. 그래, 우리에게는 돈이 없었다. 그러나 아버지와 오빠들은 많은 일을 할 수 있었는데 왜 그렇게 하지 않았을까?

아버지는 그런 수리를 할 수 없었다. 1920년 그가 어머니와 결혼해 우리 집으로 이사했을 때 이곳은 꽤 낡았고 제2차 세계대전 후에도 그렇게 남았다. 아버지는 그것으로 충분했지만 어머니는 그것 때문에 항상 화를 냈다.

아버지는 어떻게 이 집을 갖게 되었을까? 이는 긴 이야기다.

역사: 미하엘 바우어(1707~1779년)

이 집은 요한 미하엘 바우어(Johann Michael Baur)가 처음 지었다. 아우엘 교회 성가대석 위쪽 벽에는 정사각형 묘비를 박아놓았다. 이 묘비에는 장미 위에 엇갈린 두 손 그림이 있는데 한 손은 장미를 그린 깃발을, 다른 한 손은 검을 들었으며 그 위에는 성배, 그 양쪽에는 해골이 있다. 또한 위쪽 모서리 한 군데에는 못이 세 개 박힌 심장이 보인다. 묘비 가장자리에는 '1779년 5월 9일 군인, 남편, 신부, 설립자로 존경받는 아우엘의 미하엘 바우어 여기 잠들다. 안식을 빌며'라고 적었다.

아이펠의 오래된 역사책《아이플리아 일러스트라타》에 따르면 미하엘 바우어는 1707년 2월 7일 아우엘 켈러의 집에서 태어났다.

그는 목사가 되려고 공부하기 시작했다. 그러나 아버지가 사망하면서 집

> 안이 어려워지자 바우어는 학업을 포기하고 룩셈부르크로 가서 오스트리아 군에 자원했다. 그는 곧 장교가 되어 터키와의 전쟁에서 헝가리인 수페리(Superi) 장군을 보좌했다. ……수페리 장군이 전투에서 사망했을 때 바우어에게 부대를 통솔해 전투에서 승리할 책임이 주어졌다. 수페리 장군의 미망인은 그에게 손을 내밀었고 그는 귀족이 되는 것은 거부했지만 그녀와 함께 티미쇼아라(루마니아의 도시—옮긴이)로 갔다. 그곳에서 그녀는 막대한 재산의 상속자로 바우어를 지명한 뒤 6개월이 지나 사망했다(Gehendges, 1982, pp. 120~121 참고).

바우어가 땅을 판 뒤 "금을 가득 실은 당나귀 수레"를 끌고 돌아왔다는 이야기가 전해온다. 그는 자기 돈을 "아렘베르크(독일의 지명—옮긴이) 공작의 계좌"에 맡기고 쾰른의 신학교에 입학해 사제 서품을 받았다. 그는 아우엘로 돌아와 작은 성모 마리아 성당을 오스트리아에 흔하던 바로크 양식으로 개조하고 당시 시골에서 인기이던 제단을 설치해 '근대화'했다. .주 제단 위에는 아름답고 큰 성모와 예수상을 놓았는데 마리아는 측면 제단의 다른 인물들보다 더 우아했고, 전하는 바에 따르면 아이펠의 만데르샤이트 근처, 클레르보의 베르나르(Bernard)가 후원해 세운 시토회 히메로트 수도원에서 가져왔다고 한다.

그때까지 아우엘에는 성직자가 없었기 때문에 바우어는 새 사제관 건축을 의뢰했다. 또한 그는 부모가 물려준 켈러의 집을 더 크고 견고하고 안락하게 개조했다. 나는 이 집에서 어린 시절을 보냈다.

또한 바우어는 1778년 "학자를 위한 연간 급료는 은화 70닢……"이라는 조건으로 장학금을 만들었다. 이는 원래 자기 친척, 특히 부모의 가족을 위한 것이었다. "……그러나 적격자가 없으면 아우엘 출신이나 외부인도" 받을 수 있었다. (원래 신부가 되어야 하는) 장학금의 수혜자는 매일 '성모 마리아의 원죄 없는 잉태를 기리는 성무일도'를 암송하는 것 말고는 다른 의무가 없었다.

미하엘 바우어가 살던 18세기 이후 우리 마을에는 전쟁과 정치적 변화가 많았고, 장학금은 제2차 세계대전 때 120마르크밖에 되지 않을 만큼 가치가 떨어졌다. 이 돈은 1946년 이후 중등학교에 다닌 두 명의 바우어가 후손인, 먼 남자 친척과 바우어의 '친가'에서 온 내가 받았다. 나는 아우엘에서 중등학교를 졸업한 최초의 여학생이었다.

## 책

우리 집에는 책이 꽤 많았고 일부는 미하엘 바우어에게서 왔다. 이 중에는 성경 몇 권과 매주 일요일에 쓰는 16세기 설교집도 있었다. 이는 설교 예시 모음으로 목회자들이 암기만으로도 어려움 없이 '좋은' 설교를 준비하고 교구민들과 대화하는 데 도움이 되었다.

겨울이면 우리는 설교집을 읽다가 이상한 구식 언어, 특히 죄인이 죽은 뒤 가는 지옥 불에 대한 극단적이고 생생한 묘사를 보고 실컷 웃었다. 이 설교의 목적은 죄인을 공포에 빠뜨리는 것이 분명했다. 우리 집에는 성인들의 전설을 모아놓은 종교 서적, 정치·자연과학에 관한 책도 있었다. 예를 들어 1815년 이전 프랑스 점령 기간의 신문에서는 새로운 나폴레옹법을 설명했다. 아마도 '비젠바우마이스터(Wiesenbaumeister)', 즉 토목 기사 요한 페터 바우어의 것이었을 종합 기하학 책과 이국적 동물의 멋진 동판화가 포함된 두꺼운 《브렘의 동물도감》도 있었다. 게다가 19세기의 백과사전이 여러 권 있었는데 힐레스하임의 죽은 친척이 우리에게 물려주었다고 들었다.

그런데 어떻게 이 낡은 집이 우리 아버지 요한 미즈(Johann Mies)의 소유가 된 걸까? 우리 할머니인 카타리나 바우어(Katharina Baur)는 '스톡하우스(Stockhaus)'[6]라고 하는 일종의 다세대 또는 대가족 주택인 켈리시 하우스에서 태어났다.

그녀에게는 요한 페터 바우어(Johann Peter Baur)와 요한 바우어(Johann Baur)라는 두 형제가 있었다. 둘 중 동생은 공부를 했으나 결혼도 하지 않은 채 세상을 떠났다. 그를 '비센바우마이스터 주 아우엘(Wiesenbaumeister zu Auel)'이라고 부르기도 했다. 아마 당시 라인란트를 통치하며 지역 농업 개선 정책을 펼친 프로이센 정부가 그를 고용했을 것이다. 우리 지역에 대한 정책은 주로 배수구를 설치하고 두파흐 근처의 고대 화산 호수 물을 빼 습지를 제거하는 것이었다. 오늘날 우리는 이 배수 정책이 생태학적 재앙이었음을 알지만, 당시에는 이런 식으로 아이펠의 가난한 지역에 목초지와 농경지를 새로 만들었다.

또 다른 남성 상속인 요한 바우어(Johann Baur), 즉 '야네스(Jannes) 삼촌'은 결혼하여 자녀가 한 명 있었는데 이 아이는 우리 집 뒤에 흐르는 시냇물에 빠져 죽었고 그의 아내도 슬픔으로 병들어 죽고 말았다. 요한 바우어는 다시 결혼하지 않았지만 자기 재산, 부모의 집, 땅 일부를 대자이자 우리 아버지인 요한 미즈에게 물려주었다.

우리 할아버지 요한 페터 미즈(Johann Peter Mies)는 슈타트킬 출신이었다. 그는 카타리나 바우어와 결혼한 후 큰 켈러의 집 옆에 작은 단층집을 지었다. 1918년 아버지가 제1차 세계대전에서 돌아왔을 때 집에 있는 것은 전부 낡아빠졌다. 그의 형은 아팠고, 일하는 말들은 없어지고 소 몇 마리만 남았으며, 집은 낡고 황폐했다. 가장 곤란한 것은 집에 여성이 없다는 것이었다!

아이펠 농민이 아내 없이 농장을 운영하는 것은 불가능했다. 그래서 아버지는 먼저 신부를 찾았다. 1920년 결혼할 때 그의 나이는 이미 35세였다.

## 나의 가족

### 나의 부모님

당시 나이 많은 총각이 신부를 찾는 일은 쉽지 않았고 무언의 규칙을 준수해야 했다. 어머니는 우리에게 아버지가 어떻게 결혼을 성사시켰는지 자주 이야기했다. 그는 이웃 마을 슈테펠른에 있는 어머니의 집을 방문했다. 슈테펠른은 아우엘에서 불과 1킬로미터 거리다. 어머니의 형제 한 명이 지역 라이파이젠 은행[7]의 책임자였는데, 여기서는 구두약을 비롯해 농부들에게 중요한 물품을 판매했다. 아버지는 구두약을 산다는 명목으로 슈테펠른에 갔지만 사실 '좋은 가정부'를 찾으려 했다고 회고록에 썼다. 시퍼링(Schiffering)의 집에는 결혼 적령기인 젊은 여성이 몇 명 살았다. 어머니의 여동생 아그네스는 아우엘과 슈테펠른 사이의 푸른 계곡을 지나 다가오는 '켈리시의 야네스'를 보고 "나는 여기에 없는 거야"라고 말했다. 그녀는 '아우엘에서 온 남자'와 어울리고 싶지 않았다. 흔히 트루트(Trout)라고 불리던 어머니 게르트루데(Gertrude)는 수줍음을 덜 타 자리를 지켰다. '아우엘에서 온 남자'는 그녀에게 돌아오는 일요일에 참전 용사 축제에 같이 가줄 것인지 물어볼 기회를 잡았다. 그녀는 맞는 일인지 망설였고 '네' 또는 '아니요'라고 분명히 대답하는 대신 이미 초대를 받았다고 말했다.

다음 일요일에 어머니는 좋은 옷을 입고 그 위에 앞치마를 묶었다. 그녀는 '아우엘에서 온 남자'를 기다렸다는 인상을 주고 싶지 않았다. 그가 데리러 왔을 때 그녀는 함께 축제에 가는 데 동의했다. 때는 1919년 봄이었다. "아우엘 사람들이 나이 든 야네스가 어린 소녀와 함께 있는 것을 보고 얼마나 놀라던지!" 어머니가 말했다. 그 후 두 사람은 '아우엘의 남자'가 슈테펠른 시장에 나타날 때까지 여름 내내 서로를 보지 못했다. 이제 그는 매주 일요일에 왔고 우리 어머니에게 진짜 '구애'를 하고자 했다. 이 '구애'는 남자가 여자와 결혼하고 싶다는 뜻이었는데 여기에는 엄격한 규칙이 있었다. 구혼자는 여성의 가족을 방문하여 노인들, 대부분 아버지와 대화를 나눠야 했다. 그는 자신이 선택한 사람과 혼자 있을 기회가 거의 없었다. 그녀는 그에게 다과를 대접하고 가사 능력과 건강을 보여줄 수 있었다. 구혼자는 이 '구애' 기간에 여성을 무도회에 데려갔다가 시간에 맞춰 집으로 데려올 수 있었으나 친밀감은 사실상 불가능했다.

아이들이 다른 농가에서 일하는 것은 관례였다. 그들은 소를 몰거나 가벼운 일을 하고 그 대가로 식사와 약간의 돈을 받았다. 어머니는 여섯 살 때부터 다른 집에서 일한 이야기를 우리에게 자주 해주었다. 결혼 직전 그녀는 독신자들이 사는 집에서 일했다. 아우엘의 야네스 미즈가 시퍼링의 '트루트'와 결혼하고 싶어 한다는 소문이 빠르게 퍼졌다. 어머니가 일하던 집에서 누군가 그녀에게 말했다. "아우엘에서 온 그 남자를 붙잡아야 해요. 그는 좋은 집안 출신이에요." 아버지의 친가인 켈리시 하우스는 쇠락했지만 가족 자체를 의미하는 '집'은 여전히 평판이 높았다.

결혼식은 1920년 2월 12일 아우엘 교회에서 열렸다. 아버지는 켈리시 하우스의 '좋은 옛 시절'에 썼을, 어딘가 있던 낡은 마차를 다고 신부를 데리러 갔다.

이듬해 2월 남자아이가 태어났고 여자아이 한 명, 남자아이 네 명이 뒤를 이었다. 다음으로 '꼬마 마리'도 태어났지만 몇 달 뒤 죽었다. 그 뒤로 내가 태어났고 여자아이 두 명과 남자아이 세 명이 더 태어났다.

## 나의 아버지

아버지는 '좋은 집안' 출신임을 평생 의식했다. 그는 자존심이 강한 사람이었고 누구든 '지배자'를 혐오했다.

아버지가 자신이 존경받는 가문의 후손이라는 사실로만 자신감을 얻은 것은 아니다. 그는 3만 6000평 규모의 농장에서 가족과 함께 삶에 필요한 모든 것을 스스로 생산할 수 있음을 알았다. 우리는 큰 부를 기대하지 않았지만 항상 먹을 것이 충분했고, 머리 위에는 지붕이 있었고, 겨울은 따뜻하게 지냈다. 나무는 공유지의 숲에서 쉽게 구할 수 있었다. 물론 신발과 옷을 사려면 돈이 필요했다. 우리도 다른 농민 가족과 마찬가지로 늘 돈이 부족했다. 소, 돼지와 같은 가축을 몇 마리 팔면 돈이 약간 들어왔다. 또한 가공을 위해 협동 낙농장에 배달한 우윳값도 받았다. 가을에 곡물과 감자를 필요한 것보다 더 많이 수확하면 지역 상인에게 판매하기도 했다. 돈은 대부분 봄에 비료를 사는 데 썼다. 우리의 신발과 옷을 만들기 위해 집에 오는 구두 수선공과 침모에게 지불할 돈이 별로 없을 때도 종종 있었다. 아이를 더 낳을수록 돈을 더 써야 했다. 그리고 우리도 다른 농민들처럼 빚을 지고 정기적으로 이자를 지불했다.[8]

그러나 아버지는 '주님께서 베풀어주실 것'이라고 생각하며 살았다.

그는 사업가라기보다는 아무에게도 의존하고 싶지 않은 농부였다. 사실 우리의 경제 사정은 마을 가정 대부분에 비해 나쁠 것도 없었다. 우리만 그렇게 아이가 많은 것도 아니었고 가장 부유하지도 않았지만 가장 가난하지도 않았다. 어린 시절 나는 '가난'하다는 느낌을 받은 적이 없다. 농민의 많은 자녀 중 한 명이라는 배경 때문에 열등감을 느낀 적이 없었다. 이것은 아버지와 어머니의 자부심, 자신감과 상관있을지 모른다. 그것은 시장에 의존하지 않고도 자신을 돌볼 수 있는, 즉 자급이 가능한 농부의 자신감이었다.

아버지는 '농민 철학자'였다. 그는 일요일마다 슈테펠른에서 미사를 마친 후 산림 관리인이자 목사인 처남과 함께 철학과 정치에 대해 이야기하곤 했다. 그는 목사님이 빌려준 책을 읽기를 좋아했고 젊은 시절에는 비애로 가득한 낭만적 산문시를 썼다. 우리 집과 조상의 역사는 아버지에게 영감을 주었고 그는 우리에게 그 이야기를 반복해서 들려주었다.

아버지는 키가 164센티미터 정도에 불과했다. 당시에는 이 정도가 보통 남성의 키였다. 그는 가늘고 붉은 금발 머리에 코가 길고 콧수염이 있었다. 그의 얼굴에서 코와 함께 가장 눈에 띄는 특징은 크고 파란 눈이었다. 이 눈은 흥미로운 말을 할 때는 반짝이며 커졌고 화가 났을 때는 번뜩였는데 그런 일은 자주 일어났다. 그는 다혈질인 가부장으로 누군가 순종하지 않거나 말대꾸하는 것을 참을 수 없었다. 우리 형제들과 어머니 모두 그의 성격에 대해 한두 가지 이야깃거리는 있었다. 예를 들어 그는 자신이 들판에서 돌아올 때 오빠들이 외양간을 청소하고 건초 다락에서 건초를 가져오기를 기대했다. 그러나 오빠들은 매우 장난스러워서 아버지가 소 떼를 데리고 들어오는 것을 볼 때까지 일을 시작하지 않았다. 모두 아버지의 성질을 두려워했기 때문에 어머니는 외양간에서 그들을 도왔다. 우리 어머니도 아버지의 성질을 두려워하는 사람이었지만 그보다 더 강했다. 아버지는 어머니를 자주 우리와 같은 수준에 두었다. 어머니가 열두 살 어렸기 때문에 아버지의 눈에 그녀는 '어린아이'였다. 그는 그녀가 부엌 겸 거실에서 일하면서 우리가 소란을 피우는 데도 함께 놀고 있는 것을 보면 "당신도 아이들만큼 나쁘군!"이라고 말하곤 했다.

하지만 그들이 심하게 싸우면 어머니는 진한 눈동자—그녀는 피부와 머리색이 어두웠고 눈은 갈색이었다—로 그를 노려보며 침묵을 지켰고 그러면 그는 자리를 피했다. 어머니는 계속 침묵했고 그것이 아버지를 처벌하는 방법이었다. "너희 아버지는 그걸 참을 수 없었단다." 어머니는 나중에 설명했다. "나는 먼저 포기해 본 적이 없어. 항상 아버지가 먼저 화해를 청했고 내가 고집이 센 쪽이었지." 이는 아버지가 어머니를 사랑했기 때문이었다. 그는 감정적이고 애절하며 화를 잘 내는 사람들이 흔히 그렇듯이 사랑이 필요했다.

또한 그는 자녀들을 사랑했다. 세 살 무렵 그가 나를 일터에 데려가 들판 가장자리에 내려놓던 때를 기억한다. 남자들은 어린 자녀를 들판에 흔히 데려갔다. 아이들은 이런 식으로 자연뿐만 아니라 스스로 일할 수 있는 나이가 되기 전에 일도 접했다. 일과가 끝나면 우리는 함께 말에 앉아 집으로 향했다. 이것은 내 유년기의 최초이자 가장 아름다운 기억이다. 나는 말갈기를 꽉 잡았고 아버지는 내 뒤에 앉아 노래를 부르곤 했다. 내가 무엇을 두려워했겠는가?

아버지는 노래를 잘 부르지 못했지만 일요일에 들판을 산책할 때면 우리와 함께 노래했다. 그는 우리에게 새소리와 식물을 구별하는 방법을 가르쳐주었다. 그리고 어머니가 청소하는 토요일마다 큰 부엌 식탁에 어린 우리와 함께 앉아 늙은 군인의 노래를 부르며 무서운 얼굴을 해 보였다. "로마인들이 건방지게 굴었을 때"라는 노래가 특히 기억에 남는다. 저녁 식사 때는 항상 어린아이 한 명을 무릎에 앉혔다.

그리고 가장 중요한 점은 아버지는 지치지 않는 이야기꾼이었다는 것이다. 우리는 종종 '옛날' 이야기를 들려달라고 졸랐다. 그는 장교의 마부이던 제1차 세계대전 때 이야기를 많이 했다. 우리는 예전에 우리 마을에 살던 사람들, 일반 역사 이야기도 많이 들었다. 이런 이야기는 "프랑스인들이 여기 있을 때……"[9] "나폴레옹이 러시아로 진군했을 때……" "아직 우리 마을에 늑대들이 돌아다닐 때……"로 시작했다.

아이들이 많아져도 부모님은 부담으로 생각하지 않았다. 아버지는 "신이 토끼를 만들면 토끼가 먹을 풀도 만든다"고 말하곤 했다. 일손인 아이가 많은 것은 자급농에게 번영을 의미했다. 아이들은 어릴 때부터 농장 일을 도왔고 성장하면서 어떤 일을 익혀 장인이나 농부가 되었다. 젊은 여성은 결혼할 때까지 가정부나 농장 하인으로 일했다. 그들 모두 가족의 재정을 지원했다. 노년에 가난해질 것이라는 두려움은 없었다.

제2차 세계대전이 끝나고 오빠 다섯 명이 전쟁에서 무사히 돌아왔을 때, 아버지는 그들이 아직 직업 훈련을 받지 못했지만 모두 집에 머물며 마을에서 살 수 있다고 생각했다. 아버지는 "우리 조상들은 항상 이곳에서 벌이를 찾을 수 있었단다"라고 말했다. 그러나 이는 더 이상 사실이 아니었다.

19세기 중반부터 아이펠 농민의 젊은 아들딸들이 독일의 산업 중심지인 루르로 이주했으며 가장 주요하게는 북아메리카, 나중에는 남아메리카로 이민하는 등 이주의 물결이 일어났다.[10] 심지어 아버지의 큰형과 외삼촌 두 분까지 루르로 갔다. 1930년대 초 세계 경제가 붕괴하는 동안 큰아버지의 자녀들은 모두 브라질로 이주했다.

실제로 부모의 뒤를 이어 자기가 태어난 마을의 농민이나 장인이 되지 않는 농민의 자녀가 많았다. 이미 우리는 미하엘 바우어의 사례에서 아이펠 농민의 자녀들이 세상으로 나가도록 부추기는 두 가지 충동을 보았다. 하나는 역경이고 다른 하나는 떠나고자 하는 갈망(모험에 대한 탐색)이었다. 때로는 하나가, 때로는 둘 다 중요한 원인이 되었다. 아이펠은 가난한 지역이었을지 모르지만 그 자손들은 오래 전부터 세상으로 나갔기에 모든 대륙에서 그들을 찾을 수 있을 것이다. 이는 제2차 세계대전 이후 우리의 운명이기도 했다.

그러나 아버지는 그 사실을 알고 싶어 하지 않았다. 그는 우리 모두가 당신 곁에 있기를 바랐다.

## 나의 어머니

어머니는 아버지와는 전혀 다른 분이었다. 그녀는 그보다 약간 작고 어깨와 등이 넓고 둥글었으며 무거운 짐을 나를 수 있었다. 어머니는 젊을 때 밭에서 50킬로그램이 넘는 감자 자루를 등에 지고 집에 왔다고 자랑스럽게 말했다. 산파인 내 여동생의 말처럼 우리 가족의 모든 여성과 같이 어머니도 '아이를 품는 엉덩이'를 하고 있었다. 그녀는 가끔 배를 가리키며 "너희들 모두 한 번은 이 안에 있었단다!"라고 말하곤 했다.

어머니는 아버지와 기질도 아주 달랐다. 그녀는 현실적이고 쾌활하고, 삶을 직시하는 용기가 있었으며, 감정적인 면도 적었다. 의지력과 창의력으로 해결하지 못할 문제는 없었다. "뜻이 있는 곳에 길이 있다!"는 그녀가 가장 좋아하는 속담이었다. 아버지는 이렇게 확신하지 못했다. 그는 삶의 장애물을 모두 의지로 극복할 수 있다고 믿을 만큼 낙관적이지 않았고 포기하는 경향이 있었다.

어머니의 낙관주의와 삶에 대한 의지는 구체적 사실에 기초했다. 그녀는 몸과 영혼이 건강했고 돈이 부족해도 비관하지 않았다. 그녀를 생각하면 도로테 죌레(Dorothee Sölle)가 남아메리카 빈민가에서 경험을 통해 깨달은 바가 떠오른다. "가난한 사람은 비관할 여유가 없다. 비관주의는 부유한 사람들의 사치다."

개발도상국의 가난한 사람들처럼 어머니도 날마다 생기는 문제를 해결해야 했다. 식탁에 먹을 것을 올려놔야 하든, 팔이나 쇄골이 부러진 사람을 돌봐야 하든, 갑자기 아픈 아이를 치료해야 하든, 늙으신 부모님께 새 옷을 만들어드려야 하든, 주어진 것으로 해야 할 일을 해내는 방법이 늘 있었다. 그녀는 임기응변의 천재였다.

'모든 것에서 뭔가를 만들어내는' 이 창의력은 설탕을 비롯해 식료품을 배급하는 전쟁 중에 특히 중요했다. 그녀는 군대에 있는 아들 다섯 명에게 집에서 만든 소시지, 직접 발명한 '전쟁 케이크', 뜨개질한 옷을 꾸려 '전시' 소포를 보냈다.

그럼에도 불구하고 그녀는 오늘날과 같이 완벽한 부르주아 가정을 꾸리는 것이 주된 야망이던 '적절한' 주부는 아니었다. 그녀는 우리에게 자신이 어렸을 때 집안보다 밖에서 일하는 것을 훨씬 좋아했다고 말했다. 그녀는 들판, 정원, 외양간, 숲에서 일하기를 즐겼다.

내가 좋아하는 기억 하나는 어린 시절 건초와 밀 수확 철 사이에 어머니와 함께 숲으로 나들이를 간 것이다. 이때는 학교를 쉬었는데 이는 여가를 위한 것이 아니었다. 아이들은 여름에 농사일을 도와야 했고 우리의 숲 나들이는 재미가 아니라 일을 위한 것이었다. 블루베리 다음에는 야생 산딸기, 블랙베리도 따야 했다. 지금도 나는 산딸기잼을 가장 좋아한다. 그 사이사이 우리는 어머니와 함께 불쏘시개를 모아 '샨첸(schanzen)'이라 부르던 가지 묶음을 만들었다. 이는 우리가 빵을 굽는 오븐에 불을 붙일 때 쓰는 중요한 연료였다. 우리는 2주마다 빵을 구웠기 때문에 나무가 많이 필요했다. 오븐은 한 번에 크고 둥근 호밀빵 열두 덩어리를 구울 수 있을 만큼 컸다.

숲으로 나가는 것은 우리에게 황야를 발견하는 모험이었다. 숲은 공유지였고 여기서 발견한 것은 살 필요가 없었다. 숲에서 여름을 보내는 동안 많은 사람에게 고대의 수렵·채집 본능이 다시 나타났다. 지금도 나는 자동차가 지배하는 기계 문명과 도시 속에서 이 황야가 그립다.

어머니는 단지 가계에 보태려고 돼지를 기르는 것이 아니었다. 이는 여성의 일이자 소득이었다. 그녀는 설탕을 비롯해 시골에서 생산하지 않는 물품을 살 돈이 부족할 때가 많았다. 어머니가 우리에게 달걀 몇 개를 주면 이를 마을의 '식민지 물품' 가게에서 현금처럼 지불하곤 했다.[11] 당시에는 여전히 생필품 값을 물건으로 내는 것이 일반적이었다.

아이들을 다른 집에서 일하게 한 것은 '아동 노동'보다는 '상호 협력'으로 이해해야 한다. 상부상조의 원칙은 시골의 농업 경제에서 생존의 필수 조건이었다.

어머니는 자급농의 이상적 아내였다. 우리 아버지는 더 나은 사람을 찾을 수 없었을 것이다. 농장, 밭, 외양간, 헛간, 숲에서 할 일을 농민의 아내—그리고 자녀들—가 돕는 것은 당연한 일이었다. '그냥 주부'인 여성은 아무 소용이 없었다.

그러나 성별에 따른 분업은 존재했다. 남자들은 일하는 가축(소·젖소·말), 기계, 힘든 육체노동을 담당했다. 닭과 돼지를 돌보고 소젖을 짜고

돼지를 키우고 정원에서 일하는 것은 여성이었다. 이런 '여성의 경제'에서 생산한 상품도 여성이 직접 판매했다. 따라서 여성은 소득을 얻을 수 있었고 가족을 부양하는 데 쓰더라도 이는 **그들 자신의 수입**이었다.

여성들이 작은 가축을 돌보고 소젖을 짜는 것은 당연한 일이었다. 그들은 자기 경험을 통해 암소나 돼지가 새끼를 낳을 때 어떻게 '느끼는지' 알았다. 어머니는 소가 분만할 때 사람이 송아지를 강제로 끌어내는 데 반대했다. 그녀는 그들에게 "자연스럽게 노력해야 합니다. 당신이 강요할 수는 없어요"라고 말하곤 했다.

암퇘지 한 마리가 새끼를 낳으면 어머니는 긴장하고 흥분한 어미가 소중한 새끼들을 깔고 앉거나 공격하지 않도록 돼지우리에서 밤을 지새웠다. 그녀는 힐레스하임 시장에서 새끼 돼지를 팔았고 이는 그녀의 중요한 수입원이었다. 그러나 어머니는 물질적·재정적 필요 때문에 동물을 돌보는 것이 아니었다. 이는 모든 생명체에 대한 그녀의 깊은 사랑과 공감에서 비롯했다.

한 번은 어머니에게 1년 중 언제가 가장 좋은지 물은 적이 있다. "봄. 그때 모든 생명이 다시 시작하잖아. 새로운 식물과 꽃들뿐만 아니라 병아리, 토끼, 송아지, 돼지 그리고 아기들까지." 우리 대부분은 2~3월에 태어났다.

나중에 환경 운동에 참여하면서 비로소 어머니가 모든 생명체와 연결되었다는 것, 동물과 인간, 인간과 인간 사이의 연속성이 그녀 삶의 철학에 근간임을 깨달았다. 세계와 삶에 대한 이런 관점은 그녀가 다른 사람들, 특히 덜 부유한 사람들을 대하는 방식을 좌우했다. "위가 아니라 아래를 봐야 한다"는 것이 그녀의 원칙이었다. 내 어린 시절 어머니는 집집마다 다니는 거지와 집시들 사이에서 인기가 높았다. 그녀는 돈이 많지 않았기 때문에 이들에게 돈은 줄 수 없었지만 빵이나 베이컨 한 조각을 주거나 저녁 식사에 초대했다. 한 집시가 했던 말이 기억에 남는다. “이 댁 아이들은 복이 많을 것입니다.”

어머니는 세상을 떠나기 전 삶을 되돌아보았고 “좋은 삶 아니었나?”라고 말했다. 어머니의 삶은 시절을 아는 큰언니 이야기에서는 돌이켜보면 어머니는 당신의 삶이 실제보다 더 좋게 보였으면 하신 것 같다고 이야기했다. 언니는 어머니가 거의 매년 아기를 낳고, 젖을 먹이고, 온갖 말과 노래로 달래고, 기저귀를 빨고, 화목 난롯가에서 요리하고, 오트밀을 만드는 것이 얼마나 힘든 일인지 알았다. 비록 시간이 가면 손위 아이들이 어린아이들을 돌볼 수 있었지만 보살핌의 부담은 여전히 어머니의 어깨에 있었다. 하지만 나는 ‘행복한 삶’이었다는 어머니의 말을 믿는다.

이 ‘행복한 삶’에는 내가 어릴 때 한 해 농사에 질서를 부여한 일요일과 휴일뿐만 아니라, 자연·일의 흐름·가축을 포함해 일에 쓰는 ‘도구’가 좌우하는 휴식의 기간도 들어갔다. 이때 우리는 부모님에게 옛날이야기를 해달라고 졸랐다. 우리는 부모님의 어린 시절은 어땠는지, 우리 친척은 어떤 사람들인지, 그들이 무슨 경험을 했는지 궁금했다. 우리는 이런 식으로 일찍부터 우리 가족과 마을의 역사, 나중에는 ‘더 큰’ 세계사를 친숙하게 느끼는 감각을 키웠다.

### 나의 출생

1931년 2월 6일 어머니는 우리 집에서 8킬로미터 떨어진 작은 마을 힐레스하임의 프란체스코 수녀 병원에서 나를 낳았다. 나는 우리 집안에서 처음으로 병원에서 태어난 아기였다.

나중에 어머니가 말했듯이 힘든 출산이었다. 내가 빛을 보기까지 오랜 시간이 걸렸고 그녀는 진통에 지쳐 기절했다. "그게 마지막 숨이었어." 그녀는 한 수녀가 "가엾은 사람들, 가엾은 아이들!"이라고 말하는 소리를 들었다. 어머니는 우리에게 이 이야기를 천 번쯤 하셨다. 그리고 어머니는 그 수녀가—당시 매우 귀한 향수이던—켈니슈바서(Kélnischwasser) 한 병을 얼굴에 부어주었을 때 서서히 정신을 차렸다고 했다.

나 역시 살고 싶은 것 같지 않았다. 나를 보호하는 어머니의 자궁에서 나왔지만 충분히 숨쉬지 못했다. 그들은 나를 찬물에 담그고 엉덩이를 한 대 때렸다. "그들이 나를 때려 살게 했다." 나는 나중에 가끔 스스로에게 말했다.

1931년 겨울은 힘겨웠다. 아버지는 병원에 있는 어머니와 나를 만나기 위해 몇 미터씩 쌓인 눈 속을 걸어왔다. 그때는 자동차나 버스 같은 대중교통이 없었다. "그때만큼 눈 속을 빨리 걸어본 적이 없었단다!" 아버지가 말했다.

어머니는 왜 나를 낳으러 병원에 갔을까? 내가 태어나기 전에는 산파가 일곱 아이의 출산을 도왔다. 일곱 번째 '꼬마 마리'는 나보다 1년 먼저 태어났지만 몇 주 후 세상을 떠났고 어머니에게는 출산 합병증이 생겼다. 주치의는 아버지에게 어머니가 피를 너무 많이 흘리기 때문에 가정 출산이 위험하다고 말했다. 그 뒤 아버지는 어머니가 임신할 때마다 본의 산부인과에 데려가는 장거리 기차 여행을 했다. 시간이 지나면 어머니는 갓난아이를 데리고 돌아왔다. 그녀는 우리를 위해 손으로 짠 양말과 장갑을 가져왔고 때로는 오렌지와 고무 인형 몇 개까지 있었다. 이것이 어머니가 살 수 있는 전부였다. 우리는 오렌지가 모두에게 돌아가도록 한두 조각씩 나누었다.

1931년 겨울은 세계 경제 불황의 한복판이었고 곳곳에 실업자가 속출했다. 아이펠 농민들도 가난해지고 빚을 졌다. 빚을 갚기 위해 우리 가족에게 너무나 소중한, 젖소를 비롯한 가축을 팔 수밖에 없었다. 그때가 우리가 겪은 가장 가난한 시절이었다.

그렇지만 나는 '부모가 소망한 아이'였다고 생각한다. 나보다 먼저 아들 다섯 명과 딸 한 명이 태어났다. 연달아 아들을 낳은 어머니는 '마리아'라고 부를 수 있는 딸을 원했다. 가톨릭 가정이라면 마리아라는 여자아이가 있어야 했다. '꼬마 마리'가 죽었을 때 어머니는 매우 슬퍼했다. 그리고 내가 태어났을 때 어머니와 아버지는 딸이라는 사실에 행복했다. 왜냐하면 예수의 어머니인 마리아를 존경했기 때문이다. 그러므로 나를 마리아라고 이름 지은 것은 당연한 일이었다.

### 나의 형제자매들

나는 여덟 명의 형제와 네 명의 자매, 즉 열두 명의 자녀 중 일곱째였다. 여섯 살이 많은 (또한 우리 형제 중 둘째인) 언니 아그네스와 다섯 명의 오빠 클라우스(Klaus), 미하엘(Michael), 마티아스(Mathias), 에버하르트(Eberhard), 프란츠(Franz)는 어떻게 보면 그들만의 세대를 따로 만들었다고 할 수 있다.

이런 세대 차이는 오빠 다섯 명이 차례로 전쟁에 나간 1939년에 분명해졌다. (늘 우리의 두 번째 엄마였던) 아그네스마저도 떠나기로 결정했고 처음에 '노동봉사단(Freiwilliger Arbeitsdienst)'[12]에 참가한 다음 간호사가 되기 위해 훈련받았다. 그녀는 우리 마을을 벗어나고 싶어 했다. 1939~1945년과 그 후에도 집에 살던 형제는 손아래 아이들 여섯 명이었다. 먼저 세 여자아이 마리아(나), 카트린(Katrin), 트루델(Trudel)이 있었고 그 밑이 세 남자아이 요하네스(Johannes), 헤르만(Hermann), 고트프리트(Gottfried)였다. 고트프리트는 맏이가 태어난 지 거의 20년 후인 1940년에 태어났다.

내가 태어난 1931년부터 1939년까지 다섯 오빠는 교실이 하나뿐인 마을 학교에서 갈등이 일어나면 우리를 보호하는 역할을 했고 큰 도움이 될 때가 많았다. 그들은 부서진 물건을 고치는 데 능숙했다. 아버지는 '실용적인 일'에 재능이 별로 없었지만 오빠들은 알아야 하는 것을 모두 스스로 배웠다. 그들은 자전거, 전기 회로, 책가방, 사슬, 삽 손잡이, 썰매 등 모든 것을 수리했다. 항상 뭔가 깨졌다. 아버지는 개의치 않았지만 이런 태도에 어머니는 화가 났고 이렇게 말하곤 했다. "누가 나무 상자 좀 고쳐주면 안 될까?" 때로 오빠 한 명이 어머니를 기쁘게 하려고 물건을 고쳤다.

그들이 특별히 일을 좋아하거나 근면해서는 아니었다. 물론 우리는 모두 장작 패기, 겨울에 집으로 나무 나르기, 돼지들에게 줄 감자를 가져와 크고 낡은 가마솥에 익히기, 외양간 청소, 건초 다락에서 외양간 가축에게 건초 뿌려주기, 겨울 들판의 얼어붙은 순무 더미에서 가축을 먹일 순무 꺼내어 자르기와 같은 끊임없는 일을 피하려고 했다. 우리는 누가 일할지를 놓고 자주 싸웠다. 그리고 그 일이 자기 몫이 아닌 이유를 설명하는 데 능했다. "어제 내가 나무를 가져왔으니까 오늘은 프란츠 차례야!"

어머니의 지시는 모호할 때가 많았다. 그녀는 "프란츠, 이제 나무를 가져올 차례야!" 대신 "또 상자에 나무가 없네! 누가 나무를 갖다줄 수 없니?"라고 말하곤 했다. 물론 우리 중에 나무를 가져올 책임이 있다고 생각하는 사람은 없었다. 간단히 말해 우리는 누가 일해야 하는지를 놓고 항상 다퉜다. 어른과 마찬가지로 남자아이와 여자아이가 하는 노동도 정해져 있었다. 닦고, 쓸고, 정리하고, 어머니의 요리를 돕고, 감자 껍질을 벗기고, 정원에서 채소를 가져와 씻고, 빨래하고, 빤 옷을 집 뒤 잔디밭에 널어 햇볕에 말리고, 다림질하는 것은 여자아이들이 하는 일이었다. 수선, 뜨개질, 바느질도 여성과 소녀들이 노빝었다.

학교에는 '뜨개질 교실'이 있었고 마을 여성이 소녀들에게 바느질을 가르쳤다. 뜨개질은 중요했기 때문에 우리는 이 수업에서 그 방법을 배웠다. 양말, 스웨터, 숄, 양복 조끼, 장갑 모두 손으로 만들었고 사는 경우는 거의 없었다.

전쟁 중에는 모두 낡은 물레를 다시 꺼냈다. 우리는 암컷 양—이름은 로첸이었다—을 샀는데 그 털은 놀랍도록 부드러웠다. 당시 농부들은 농작물을 재배하고 소를 방목할 땅이 필요했기 때문에 양을 키우지 않았다. 그러나 아이펠에는 어디서나 가축을 먹일 권리가 있는 목자들이 있었고 이들은 매년 봄가을에 큰 양 떼를 몰고 초원을 가로질렀다. 개인의 토지 소유권은 9월 29일 미하엘마스(Michaelmas)부터 봄, 즉 2월 14일 캔들마스(Candlemas)까지 사실상 모두 중단되었으며 이 기간에는 고대의 공유지법을 적용했다. 이때는 목초지와 들판을 전부 목자들에게 개방했고 양뿐만 아니라 소도 어디서나 풀을 뜯을 수 있었다. 가족의 가축을 모는 아이들에게는 언제나 신나는 시간이었다. 그들은 아침에 학교에서 아우엘 경계 안의 어떤 장소에서 만나 가축 무리에게 풀을 뜯기기로 약속했다. 그곳에서 그들이 불을 피우고 노는 사이 동물은 자유롭게 풀을 뜯었다.

어머니는 로첸의 털을 조금 가져다 실을 뽑았다. 여동생들은 실 뽑는 방법을 배웠지만 나는 아니었다. 대신 양털을 깎고, 훑고, 빗고, 방적한

털실을 공 모양으로 감는 일을 도왔다. 이런 작업 각각에는 적당한 도구가 필요했다.

나는 뜨개질, 깁기, 찢어진 바지에 천 덧대기, 오래된 침대 시트를 반으로 잘라 가장자리를 다시 바느질하기와 같은 기본 재봉법 몇 가지만 배웠다. 나는 뜨개질 수업을 좋아하지 않았다. 좀 더 흥미로운 것은 우리를 가르친 아주머니가 알려준 당시 여성들 사이의 유행가, 이른바 '부엌 가요'였다. "어린 마리가 정원에 울면서 앉아 있어요" "왜 울고 있나요, 젊은 정원사 아가씨?" "옛날에 왕족 아이 두 명이 있었다네" "집으로 돌아가는 방랑자는 피곤하다네……" 모두 낭만과 감상으로 가득한 노래였으며 나는 그 암시와 연상을 절반만 이해했다. 그러나 이런 노래는 내 상상력을 자극했다. 우리는 집에서 설거지하거나 감자 껍질을 벗길 때 이 노래를 불렀다.

나중에 나는 이런 노래가 '저속'하거나 지나치게 감상적임을 알았다. 1933년부터 공공장소와 학교는 "썩은 뼈가 흔들리고 있다"나 국가사회주의독일노동당(NSDAP)의 공식 당가인 "호르스트 베셀의 노래" 같은 나치의 노래가 지배했다. 하지만 여성들은 오래된 애가에 충실했다.

### 일과 놀이

어른과 아이 모두 일하는 동안 노래를 부르곤 했다. 어린 시절 우리는 고된 일을 했기 때문에 가능하면 놀이와 재미있는 발상을 적용하려고 했다. 예를 들어 곡식을 수확해 그 줄기를 단으로 묶을 때면 사이사이에 자란 엉겅퀴에 팔다리를 긁히곤 했다. 수확이 끝나면 곡식단이 비를 맞지 않고 마르도록 작은 피라미드 모양으로 세워 정리했는데 우리는 그 사이에서 숨바꼭질을 했다. 곡식이 마르면 집에 있는 곳간으로 가져왔다. 내가 어릴 때는 겨울에 헛간 바닥에서 손으로 곡식을 타작했고 타작하는 기계는 한참 뒤에 나왔다. 타작한 곡식은 힘센 사람들이 자루에 담아 다락방으로 날랐고 다음 수확 때까지 겨울 내내 거기에 저장했다. 우리는 이 곡물로 빵을 만들고 일부는 다음 파종 때 씨앗으로 사용했다.

봄이 되면 우리 밭뿐만 아니라 이웃의 밭에도 감자 심기를 도와야 했다. 순무 모종을 심거나 잡초를 뽑을 때도 마찬가지였다. 잡초는 구부정한 자세로 뽑았기 때문에 허리가 아팠다. 그 고통을 잊고자 우리는 누가 먼저 맡은 이랑을 끝내는지 경쟁했다. 하지만 그러면서 서로 돕기도 했고 '건초 철'인 여름에는 겨울에 소에게 먹일 건초를 만드는 일을 모두가 분담했다.

새로 경작한 땅에서 손으로 작업하면서 감각의 즐거움을 생생하게 느낀 기억이 난다. 봄에 감자를 심는 일도, 수확 철인 가을에 예쁜 햇감자를 주워 모으는 일도 부담인 동시에 기쁨이기도 했다.

이런 작업은 꼭 **필요했다**. 이는 공장에서 하는 것처럼 소외당하는 일이 아니었다. 우리는 일의 과정을 모두 배웠고 그 결과물은 우리 것이었다. 의심의 여지 없이 일은 우리 존재의 기반이었다. 그럴 때 일은 의미가 생긴다.

일의 필요성에 대한 이런 통찰—일을 하지 않으면 우리가 먹을 것이 없다—은 지나치게 반발하지 않고 일하는 데 도움이 되었다. 일의 개념이 그 부담과 기쁨을 동시에 나타내도록 유지하고 재정립하는 것은 여전히 나의 중요한 정치적 목표다.

전쟁에 나가기 전부터 다섯 명의 '큰 오빠들'은 마을 주변 들판이나 초원에서 거친 놀이를 할 때 주위에 어린 소녀들이 있는 것을 좋아하지 않았다. 특히 그들이 아우엘과 이웃 마을 슈테펠른 사이에서 전쟁놀이를 할 때는 더욱 환영받지 못했다.

나는 소년만을 위한 놀이와 관습이 있음을 일찍부터 알아차렸다. 예를 들면 부활절 이전 성삼일 동안 행하는 관습인 클레페른(Kleppern)이다. 예수를 무덤에 안치한 3일 동안에는 교회 종을 치지 않는다. 그러나 농부들이 들판에 있는 동안 시간을 알려면 아침, 정오, 저녁에 한 번씩 종을 울려야 했다.

그래서 소년들은 성금요일부터 마을을 다니며 종 대신 방울과 나무 딱따기를 치고 노래를 불렀다. 3일이 지나면 그들은 마을을 돌아다니며 보상으로 달걀을 모았다.

나 역시 함께 다니고 싶었지만 어머니는 여자아이들은 가지 못한다고 말했다. 여자아이들은 뭘 할 수 있는지 묻자 어머니는 "음, 부활절을 준비하려면 청소와 빵 굽기를 도와야 해"라고 답했다.

나는 화가 나고 슬펐다. 비록 당시에는 페미니즘이 무엇인지 알지 못했지만 이런 말이 나를 페미니스트가 되게 했다고 생각한다.

### 여성 삼인조

나는 손아래 아이 여섯 명 중 가장 나이가 많았다. 이 또래 집단은 내게 형제 중 가장 중요했다. 이 집단에서는 언제나 혼자가 아니라고 느꼈다. 내 아래 두 여동생과 세 남동생이 있었는데 나는 여동생 카트린, 트루델과 가장 가까운 사이였다. 우리는 거의 모든 일을 함께했다. 우리는 같이 놀고 일하고 학교와 삶에서 배웠다. 우리 중 누군가 다른 마을에 갈 때면 적어도 자매 한 명, 어떨 때는 남동생까지 동행하곤 했다. 우리는 결코 혼자가 아니었다. 그 당시 독립적·개인적 활동이라는 현대의 이상은 존재하지 않았다. 우리는 언제나 우리였다.

우리 마을 성당에 눈에 띄는 세 여성의 상징물이 있었다. '여성의 방향'인 왼쪽에 세 수호성인 성 바르바라(St. Barbara: 사람들을 불에서 보호하는 수호성인), 성 아폴로니아(St. Apollonia: 치통에 맞서는 수호성인), 성 카타리나(St. Catherine: 바퀴를 만드는 사람들의 수호성인)를 묘사한 측면 제단이 있었다. 우리는 "성스러운 세 여성이 계시다. 바르바라와 그녀의 탑, 아폴로니아와 그녀의 이, 카타리나와 그녀의 바퀴"라고 말하도록 배웠다.[13]

우리는 전혀 성스럽지 않았지만 사람들은 우리가 아우엘 성인들의 둥근 볼, 탄탄한 몸매, 넓은 어깨를 닮았다고 말했다. 성당에는 마리아, 예수, 성 안나(St. Anna)가 함께 있는 여성 삼위일체 조각상도 있었다. 마리아의 무릎에 앉은 성 안나는 손에 책을 들고 있다. 여기서 책은 예수를 상징한다.[14] 나는 오랫동안 예수가 소녀라고 생각했다. 우리 집 식탁 위에는 분홍색 드레스를 입은 예수가 마리아와 요셉 사이에 있는 성가족 그림이 걸려 있었다. 그때는 드레스를 입은 사람은 모두 여성이라고 생각했다. 나중에 예수가 소년이라는 것을 알고 큰 충격을 받았다.

이 여성 삼위일체의 상은 평생 나와 무의식적으로 함께했다. 중등학교와 교사 연수 시절(3장 참고) 내게는 지금도 친하게 지내는 여자 친구가 두 명 있었다. 나중에 대학교에서 사회학을 공부할 때도 두 여자 친구가 생겼다. 우리는 함께 여성 운동을 시작하고 집단 실천과 이론의 기초를 발전시켰으며 지금까지 행동, 성찰, 분석을 같이했다. 이 우정은 항상 큰 도움과 영감을 주었다.

우리 부모님—그리고 마을 사람 모두—의 목표는 혼자 모든 책임을 지는 독립적 개인을 키우는 것이 아니었다. 그들의 목표는 집단 전체, 즉 가족과 마을 공동체에 있었다.

나는 특별히 부지런하지 않았고 두 여동생은 여기에 분노했다. 그들은 "언니는 우리가 설거지를 하게 놔두고 이야기를 들려줘서, 우리는 언니가 아무 일도 안 하는 것도 눈치 못 채"라고 말했다. 때때로 그들은 성서, 특히 예수의 여성 친구인 마르타와 마리아의 이야기를 인용했다. 예수가 방문했을 때 언니 마르타는 그를 잘 섬기려고 온갖 집안일을 했다. 그녀는 이리저리 뛰어다니며 일하는 이상적 주부였다. 그러나 마리아는 예수의 발치에 앉아 그의 말을 들었다. 마침내 마르타는 참지 못하고 예수에게 이렇게 말했다. "내 동생에게 일을 도우라고 말해주실 수 없습니까? 내가 얼마나 열심히 일하고 있는지 모르세요?" 예수가 대답했다. "마르타, 당신은 일을 너무 많이 하고 있습니다! 그러나 마리아는 더 나은 쪽을 선택했습니다."

기독교 전통에서 마르타는 능동적 삶을, 마리아는 관조적 삶을 의미한다. 하지만 여동생들뿐만 아니라 우리 형제 모두 예수의 말을 대수롭지 않게 여겼다. 그들에게 마리아는 그저 게으른 사람일 뿐이었고 "마리아는 더 나은 편을 선택했다"는 나를 비판하는 말이었다.

온 마을, 그중에서도 집 뒤쪽 초원과 개울이 우리의 놀이터였다. 소년들은 여기서 송어와 올챙이를 잡았다. 그리고 방앗간 근처에는 바위가 많고 야생 딸기가 자랐다. 당시에는 정원에서 딸기를 키우지 않았기 때문에 우리는 6월이면 시골길과 숲으로 딸기를 따러 갔다. 이를 집으로 가져가는 비법은 긴 풀 줄기에 딸기를 진주 목걸이처럼 꿰는 것이었다. 우리는 이를 '슈밀름(schmilm)'이라 불렀고 가끔은 아버지가 슈밀름을 만들어주었다. 잘 익은 딸기를 슈밀름에서 입으로 빼 먹는 것은 특별한 즐거움이었다.

그리고 두파흐로 가는 길에는 '붉은 모래'가 있었고 우리는 이 모래로 '케이크'를 만들었다. 작은 모래통을 집에 가져가 '케이크'를 만들고 모두에게 나누어준 적이 얼마나 많았는지!

우리는 이렇게 놀고 모험하면서 먼 거리를 걷고 언덕을 오르내렸다. 아마 이런 식으로 하루에 적어도 5킬로미터는 걸었을 것이다.

### 남동생들과 함께 놀다

우리 세 자매는 우리가 하는 놀이의 대장이었고 남동생들이 함께 노는 것은 당연한 일이었다. 킬렌베르크산에서 정원을 만들 때도, 손님을 맞을 '집'을 지을 때도, 바위 고원을 운동과 등반을 연습할 운동장으로 정할 때도 남동생들은 항상 우리와 함께였다.

내 연극 공연은 큰 구경거리였다. 한 번은 '눈의 여왕'이라는 이야기를 지었다. 나는 '삼촌'이 준 수채화 물감으로 판지에 등장인물들을 그린 다음 잘라냈는데 이들을 세워놓을 방법을 생각해야 했다. 각 그림의 끝부분에 가장자리를 1.5센티미터 정도 남겨두고 그 중간에 칼집을 낸 다음 한쪽은 앞으로, 다른 한쪽은 뒤로 구부리자 인물들이 섰다. 나는 이들을 움직이며 식탁에 앉은 동생들에게 얘기를 들려주었다. 나는 식탁 한편에, 그들은 맞은편에 앉았고 나는 말하면서 인물들을 앞뒤로 움직였다. 빠진 배경은 우리의 상상력으로 채웠다. 반대편에 앉은 어린아이들, 특히 남동생들이 감격해 울기 시작했을 때 나는 처음으로 성공과 행복의 순간을 경험했다.

나는 동생들을 사랑했다. 우선 어린 요하네스가 있었다. 그는 상상할 수 있는 가장 귀여운 금발 곱슬머리였고 항상 기쁨으로 가득했다. 어머니가 슈테펠른에 있는 언니들을 방문하고 돌아오면 그는 두 팔을 크게 벌리고 달려가 "엄마, 엄마!"라고 불렀다.

그리고 작은 헤르만은 1938년에 태어났다. 헤르만은 요하네스보다 훨씬 밝은 금발 곱슬머리였다. 나는 곱슬머리가 아니었기 때문에 그의 아름다운 머리카락이 부러웠다. 헤르만은 두 살 때 심하게 아팠다. 우리는 모두 그를 걱정하며 성당에 가서 기도했고 그는 다시 건강해졌다.

그리고 꼬마 고트프리트가 태어났다. 그는 밤색이 도는 빨간 머리에 늘 콧물을 흘렸다. 나는 전쟁 중에 그를 위해 소년 인형을 만들었다. 이 인형은 낡은 바지에서 잘라낸 맨체스터 천으로 만들었고 겨로 속을 채웠다. 우리에겐 달리 쓸 만한 것이 없었다. 고트프리트는 이 프리츠 인형을 몹시 사랑했고 누군가 이 인형을 구석에 던져버리면 울면서 화를 냈다. 나중에 배고픈 쥐가 겨를 먹기 위해 프리츠에 구멍을 내고 말았다.

어린 시절부터 나는 동생들에게 새로운 경험과 모험을 제공하는, 마을 너머 더 넓은 지평선을 보여주려고 노력했다. 나를 매혹하고 영감을 주는 것을 그들에게 전하고 싶었다.

나는 그들의 삶을 흥미롭게 만들고 상상력을 자극하고자 했다. 내 격려를 따른 사람도 있고 그러지 않은 사람도 있다. 나는 헤르만과 요하네스에게 '멀리 있는 것'에 대한 동경을 전했고 이것이 나중에 나와 헤르만의 삶에 큰 역할을 했다고 확신한다.[15]

02

# 우리 마을

## 자급 마을 아우엘

내가 어렸을 때 우리 마을 아우엘은 상당 부분 자급자족했다. 비록 집 31채와 주민 300여 명뿐이었지만 살아가는 데 필요한 것은 모두 있었다. 마을로 오가는 길이 눈으로 막혀버린 길고 힘든 겨울에도 누구도 굶주림이나 추위로 죽지 않았다.

농업이 마을 자급 경제의 근본이었다. 마을에 사는 가족은 모두—많든 적든—땅이 있었다. 심지어 마을 상인도 그랬다. 가진 것이 부족한 사람은 다른 지역과 마찬가지로 소유지가 많은 교회로부터 땅을 빌리거나 젖소나 염소를 방목할 들판, 길과 같은 공동체의 공유지를 임대했다. 따라서 거의 모든 가족이 젖소와 염소 몇 마리, 돼지 한두 마리를 키우고 직접 호밀을 재배해 빵을 만들 수 있었다.

수공업자들은 종종 곡물이나 감자 같은 현물로 품삯을 받았다. 이는

는 현금이 부족한 농민뿐만 아니라 이런 식으로 집에 필요한 식량을 충당하는 수공업자들에게도 편리했다.

자급자족의 또 다른 원천은 '상호 부조'의 전통이었다. 감자 심기와 수확, 겨울의 곡물 타작과 같이 어떤 계절에 해야 하는 바깥일에는 가족 말고도 더 많은 일손이 필요했다. 예를 들면 우리 가족이 감자를 비롯한 채소를 심을 때 항상 이웃이 도와주었고 호밀과 감자를 수확할 때도 마찬가지였다. 그 대가는 돈이 아닌 농산물로 주었다. 또한 "만약 댁의 아이들이 우리가 5월에 감자나 다른 작물을 심는 일을 도와주면 우리는 댁의 호밀 수확을 도와드릴게요" 하는 식으로 서로 도울 수도 있다. 예를 들어 나는 10~11세 때 이웃의 순무 심기를 거들었다.

집을 짓거나 소가 송아지를 낳거나 결혼식·세례식·장례식을 준비할 때, 즉 도움이 필요할 때마다 상호 부조의 원칙이 작동했다. 기본적으로 한 가족이 할 수 없는 모든 일을 이웃이 함께했다.

게다가 마을의 모든 가정에서 남자든 여자든 성인 한 명이 참여해야 하는 **공동 작업**도 있었다. 예를 들면 마을 도로에서 눈을 치우는 일, 현무암을 망치로 부숴 자갈을 만드는 등 마을 도로를 수리하는 일, 도랑을 치우는 일이었다. 또 다른 일은 공유림에 나무를 새로 심는 것으로 앞에서 말했듯이 토지 일부뿐만 아니라 숲 대부분도 공유 재산이었다. 각 가정은 이 숲에서 장작을 모을 권리가 있었다.

나는 **공유 재산**과 관련한 이런 공동 작업을 사람들이 부담스럽고 강제적인 것으로 받아들이지 않았고, 개릿 하딘(Garrett Hardin)의 주장[1]처럼 개인의 이익을 위해 하지 않았다는 점에 주목하고 싶다. 내 어린 시절 공동 작업은 사람들에게 힘들지만 즐거운—오래 기억하며 이야깃거리로 삼는 잔치 같은—일이었다.

## 우리 마을의 공예가들

1986년 내 여동생 트루델은 제2차 세계대전 이후 1960년대까지 마을에 있던, 기억할 수 있는 수공업자와 공예가를 모두 기록했다. 다음 내용은 트루델의 기록을 바탕으로 한 것이다.

우리 마을에는 (마차 제작자이기도 한) 편자공, 목수, 제화공, 화가, 재단사, 무두장이, 교회지기, 정육점 주인, 방앗간 주인이 있었다. 또한 가축의 질병뿐만 아니라 건선 같은 피부병을 비롯해 사람들의 질병도 '기도로 없애주는' 치료사가 세 명 있었다. 이런 치료는 오늘날과 마찬가지로 효과가 있었다. 이 치료사들은 우리와 같은 농민이었다.

마을에는 학교가 있었는데 아름다운 2층짜리 사암 건물은 마을의 어떤 집보다 높았다. 수업은 큰 교실 한 곳에서 했고 때로는 1학년부터 8학년까지 어린이 50명을 교사 한 명이 가르쳤다. 운동장에는 우리 지역에서 보기 드문 피나무 두 그루가 서 있었다.

커피, 기름, 설탕, 소금, 건포도, 청어, 쌀, 향신료를 비롯해 우리 마을에서 생산하지 않는 것은 거의 '식민지 물품' 가게에서 살 수 있었다. 사람들은 대개 현금이 없었기 때문에 계란으로 값을 치렀다. 예를 들어 계란 하나에 청어 한 마리를 살 수 있었다. (그러나 수입품은 계란으로 살 수 없었다.) 또한 마을에는 전화가 있는 우체국과 방송원도 있었다. 방송원은 마을 주민들에게 필요한 정보를 알리는 임무를 맡았다. 그는 마을을 돌며 큰 종을 치고 소식을 외쳤다. 그때는 정보를 사람들에게 개별적으로 전달하지 않았다. 방송원은 마을 의회에서 내린 중요한 결정도 안내했다.

우리 마을에는 무도회장 겸 회의장을 갖춘 여관이 있었다. 여관은 한때 분명 잘되는 사업이었을 것이다. 순례 행렬의 시기(18세기) 아우엘에는 여관이 세 군데 있었다.

트루델의 기록을 통해 우리는 마을의 자급 경제가 1960년대부터 서서히 사라졌음을 알 수 있다. "각 가정에는 돈이 더 있었다." 이 돈은 어디서 왔을까?

처음에는 마을을 떠나 도시로 이주한 젊은이들이 가족에게 돈을 보냈다. 그러나 제2차 세계대전 이후 새로운 농업 정책을 시행했다(9장 참고). 이를 설명하기 전 먼저 우리 마을에 존재했던 사회적·경제적 차이에 대해 얘기하려 한다. 내가 어릴 때 모두를 아우르는 마을 공동체가 있었다고 분명히 말할 수 있지만 여러 가정 사이에 차이는 있었다.

## 가난한 사람과 부유한 사람

가난한 가족은 수공업자와 공예가, 특히 칼이나 맷돌 가는 사람, 제화공, 재단사, 화가의 가족이었다. 그들은 땅도 경작했지만 현금 수입에 의존했고, 사람들이 현물을 뒤늦게 지급하곤 했기 때문에 현금이 부족할 때가 많았다. 따라서 그들은 추가 수입원을 찾으려 했다. 재단사는 구급대원이었고 칼이나 맷돌 가는 사람은 방역원이었으며 화가는 교회지기였다.

1920~1930년대 독일 기계 제작 회사 데마그(Demag)의 윙케라트 공장 노동자들 역시 가난한 집안 출신이었다. 1929~1933년 세계 경제가 붕괴하는 동안 이들 남성 대부분은 일자리를 잃고 '어슬렁거렸다'. 오늘날도 많은 농부들이 그렇듯 우리 아버지도 그들이 원하기만 한다면 다른 일자리를 찾을 수 있다고 생각했다.

제1차 세계대전 이후 아우엘에 와 비정기적으로 일한 사람들도 가난했다. 예를 들어 블레프카(Blefka)라는 남자가 있었는데 그는 폴란드 아니면 체코인이었다. 내가 그에 대해 알 수 있을 만큼 우리 마을에 오래 머물지는 않았지만 다음과 같은 노래는 많이 들었다.

블레프카는 엉덩이에 벼룩이 있으면,
스스로 상해 보험으로 빠져나간다.
블레프카는 벌레에 물리거나 아프면,
스스로 병동으로 빠져나간다.

또 다른 조롱의 노래는 다음과 같았다.

베드로와 바울 축일(6월 29일)에 할 일이 없다면,
마리아 방문 축일(5월 31일)에는 왜 일해야 하나?

이런 노래는 1920년대 독일어를 못해도 바이마르공화국에서 사회적 혜택을 받을 수 있던 '게으른 외국인'에 대한 비웃음을 담고 있었다. 그러나 그들은 농민과 상인들의 기대에 순응하지 않는 '다른' 사람들이자 마을의 일부였다. 이 집단에는 마을의 '스톡하우스'에 사는 형제들도 들어갔다. 그들은 본가에 남았고 땅을 상속받지 않았다. 또한 결혼하지 않았으므로 부모의 집에 머물 권리가 있었고 '삼촌'이나 '대모'로서 농장 일을 도우며 무급 하인으로 일했다.

### 타보 디디

우리는 어릴 때 그들을 조롱했고 타보 디디도 그중 한 명이었다. 그는 부유한 스톡하우스 출신 무두장이의 동생이었고 가끔씩만 일했다. 여름이면 열매와 덤불을 모으고 때로는 들판에서 일을 도왔다. 종종 도랑에서 잠자는 그를 볼 수 있었다. 오빠들은 그의 침실이 책과 시계를 비롯한 장비로 가득하다고 했다. 그는 시계도 고칠 수 있을 것 같았다. 또한 프랑스어를 비롯해 여러 언어를 할 수 있다고 자랑했다. 그의 이름 '요한'이 프랑스어로 무슨 뜻인지 물었을 때 그는 "타보 디디"라고 대답했다. 그 후 온 마을이 그를 타보 디디라고 불렀다. 우리는 어릴 때 그의 뒤뚱거리는 걸음걸이를 따라 했다. 타보 디디는 일꾼이 많이 필요한 가을에 곡식 타작을 도왔다. 우리 집에서 모두에게 식사를 대접했는데 그들은 항상 좋은 이야기와 농담을 들려주었고 우리는 열심히 들었다. 나는 타보 디디의 이야기 하나를 기억하는데 무엇에 관한 것인지는 기억나지 않지만 아이펠 방언으로 말한 철학적 결론은 기억한다. "인간이 되는 건 쉽지 않아요."

중학교 때 작문 숙제를 하면서 이 문장을 제목으로 타보 디디와 필요한 만큼만 일한다는 그의 철학에 대해 썼다. 독일어 선생님은 이 글을 너무나 좋아해 가지고 다니면서 "인간이 되는 것은 쉽지 않다"는 말을 자주 인용했다.

### 마을의 문화생활

이미 설명한 것처럼 우리 마을은 자급 마을이었다. 여기에는 물질적 측면뿐만 아니라 축제, 집회, 전통, 합창단, 극단, 뮤지컬 같은 문화적 측면도 들어간다. 우리 마을에는 학교와 교회가 한 곳씩 있었고 마을 교사들은 합창단과 극단을 지도하기도 했다. 오랜 이웃은 내 자매에게 아우엘 남성 합창단이 1875년 창단해 1938년까지 이어졌다고 말했다.

더욱이 마을에서는 전통적으로 이웃과 유대감이 강해 여름이면 일을 마치고 함께 앉아 이야기를 나누고 노래를 부르곤 했다. 겨울에는 집에서 서로 만났다. 사람들은 이를 "울타리 간다(ze Huurte john)"고 표현했다. 이때 여자들은 실을 뽑거나 뜨개질과 코바늘뜨기를 했고 남자들은 바구니나 빗자루를 만들었다. 그들은 일하면서 이야기와 농담을 주고받고 노래하며 즐거운 시간을 보냈다. 라디오와 텔레비전은 아직 존재하지 않았다.

"울타리 간다"는 말이 어디서 유래했는지 모르겠다. '울타리(huurte)'는 추운 가을철 들판에서 일하는 사람들을 바람과 비로부터 보호하기 위해 나무와 짚으로 엮어 만든 가림막이었다. 사람들은 그 뒤에 옹기종기 모여 서로 온기를 나누었다.

극단은 1년에 두 번, 주로 겨울에 여관 회의장에서 희극을 공연했다. 오빠들도 무대에 선 기억이 난다. 마을 교사가 연출한 크리스마스 연극이었는데 정말 멋진 경험이었다. 이 연극은 공연 전후 몇 주 동안 이야깃거리가 되었다. 그리고 크리스마스 이브 자정에 성당에서 공연하는 성탄극도 내게 큰 영감을 주었다.

그리고 크리스마스와 12월 6일 성 니콜라스(St. Nicholas) 축일! 어머니가 어떻게 우리 모두에게 선물을 만들어줄 수 있었는지 모르겠다. 우리는 뜨개질한 장갑, 양말, 숄, 심지어 스웨터를 받기도 했다. 어머니는 저녁 식사 후 어린아이들이 자는 동안 이 일을 마쳐야 했다. 왜냐하면 우리가 산타클로스와 같은 '크리스트킨트(Kristkind)'[2] 혹은 아기 예수가 아름다운 새 물건을 가져오고 쿠키도 많이 굽는다고 믿었기 때문이다. 그래서 어머니는 밤에 맛있는 쿠키를 구워야 했다. 어떨 때는 아침에 일어나면 쿠키 두세 개가 창턱에 놓여 있었다. 우리는 잠에서 깨어나 그 냄새를 맡고 '크리스트킨트'가 쿠키를 가져왔음을 알았다.

우리 형제들은 크리스마스 몇 주 전 숲속에 예수 탄생 장면을 만들고 크리스마스트리로 쓸 나무를 잘랐다. '좋은 방'에 트리를 세우고 온 가족이 그 주위에 모여 촛불을 켠 채 대림절과 성탄절 노래를 불렀다. 1월 6일 주현절 축제 때까지 이렇게 했다. 아버지는 일도 멈추고 우리와 함께 노래를 부르곤 했다. 그는 "이새의 뿌리에서"를 가장 좋아했고 그 가사와 가락에 깊이 감동했다. 아버지는 크리스마스 아침 식탁에서 수많은 선물을 보고 우리보다 더 기뻐하는 것 같았다. 우리는 모두 쟁반 가득 담은 선물을 받았다. 이 계절의 마법은 어린 시절 이후에도 오랫동안 나와 함께했다.

오랫동안 나는 겨울과 여름 중 어느 쪽이 더 좋은지 정하지 못했다. 하지만 신비와 모험이 가득한 겨울 쪽으로 마음이 기울었다. 겨울에는 재미와 눈이 너무나 풍성했다. 그때는 겨울이 길고 눈이 많이 왔다.

우리는 추울 때도 밖에서 스케이트와 썰매를 타며 많은 시간을 보냈다. 아버지는 마을 목수가 우리를 위해 만들어준, 아이 여덟 명이 탈 수 있는 긴 썰매가 있었다. 그리고 우리가 썰매를 타고 최대한 오래 언덕을 내려갈 수 있도록 집 뒤쪽 철조망 울타리도 열어주었다.

저녁이 되면 손발이 얼어붙은 채 돌아왔고 침대에 누우면 발의 동상이 몹시 가려웠다. 우리는 가려움증을 없애기 위해 맨발로 눈밭을 달리거나, 느릅나무 껍질을 채운 통이나 양파껍질을 넣은 물에 발을 담그는 등 다양한 방법을 시도했다. 우리가 동상에 걸린 이유는 자라면서 손위 형제에게 물려받은 신발이 너무 작아졌기 때문이었다.

나는 무척 장난기가 많은 아이였다. 일하면서, 일을 마치고 나서, 학교에서, 성당에서, 어디에서나 놀고 상상했다. 열세 살이 되자 내가 놀이를 멈추는 날이 올 것이라고는 상상할 수 없게 되었다.

## 정치와 현대사

### 농민과 '지배자'

앞서 설명한 것처럼 우리 아버지는 역사에 관심이 컸다. 그는 프랑스 혁명 이후 '프랑스 시대', 특히 프랑스가 라인란트를 점령한 1794년부터 우리 마을에서 일어난 일을 자주 이야기했다. 또한 우리 마을에 프랑스 혁명의 원칙을 강요하다가 '러시아의 겨울'에 치욕스러운 패배를 당하고 철수할 수밖에 없었던 나폴레옹에 대해서도 말했다. 아버지는 이후 이가 득실거리고 굶주린 프랑스 군인들이 우리 지역을 거쳐 서쪽으로 행진했다고 했다.

프랑스 정부는 아이펠 농민들 사이에 자유, 평등, 박애라는 혁명의 원칙을 강제로 적용하려고 했다. 프랑스 행정을 도입하고, 지역은 도(département)와 시(mairie)로 구분하고, 비용이 많이 드는 관료제를 실시했으며, 농민들은 새로운 세금을 내게 되었다. 수도원은 세속화했고, 사제들은 공화국에 충성을 맹세해야 했고, 일반 의무 교육을 도입했으며, 학교의 '감독관'으로 사제를 임명했다. 마을에 '자유 나무'를 심고 공화국의 색인 파란색, 하얀색, 빨간색으로 장식했다. 월과 요일의 이름은 로마식으로 바꾸고 종교 관련 휴일은 폐지했다.

아버지는 우리 지역을 포함하는 '시'에 대한 파리의 조례를 모두 모은, 켈리시 하우스의 오래된 책을 보고 새로운 규정을 알았을 것이다. 그 책은 신문 기사 모음으로 아버지의 삼촌에게서 왔을 것 같다. 농민들은 프랑스와 새로운 법을 싫어했고, 프랑스인들은 교육받지 못하고 뒤처지고 고분고분하지 않은 농민들을 경멸했다.

아이펠 농민들은 다른 지역과 마찬가지로 프랑스의 지배에 반항하기 시작했다. 달라이덴의 목사이자 학교 조사관이던 미하엘 보르네만(Michael Bornemann)은 1841년 아르츠펠트와 그 주변 지역(프륌 근처)의 농민들이 프랑스에 대항하는 봉기를 일으켰다고 보고했다(Bornemann, 1841). 그들은 검, 낫, 쇠스랑, 곤봉을 들고 무장한 '현대' 프랑스 군대를 향해 행진해 먼저 마을의 '자유 나무'를 베어버리고 사제관을 약탈했다. 오늘날에도 우리 지역에서 여전히 '지배자'라고 부르는 사제들이 프랑스에 밀접하게 협력했기 때문이다. 몇몇 마을은 이런 식으로 '해방'되었으나 곧 포격을 받았고 프랑스에 대항한 농민 반란은 실패해 수천 명이 학살당했다.

부르주아의 계몽받은 아들인 카를 마르크스(Karl Marx)와 프리드리히 엥겔스(Friedrich Engels)는 현대 프랑스인이 멍청하고 후진적인 농민을 경멸하는 데 동참했다. 독일 농민과 '1813~1814년의 영광스러운 혁명'에 관한 저서에서 엥겔스는 다음과 같이 썼다.

> 사실 당시 엄청난 열광이 있었으나 열광한 사람들은 누구였을까? 현존하는 가장 어리석은 집단인 농민은 봉건적 편견에 집착해 자신의 아버지와 할아버지가 주인이라고 부르던 사람들에게 복종하기를 멈추지 않고, 죽을 각오로 짓밟히고 말채찍을 맞으며 한꺼번에 뛰쳐나왔다(Marx and Engels, 1846).

엥겔스는 실제로 폭동을 일으킨 아이펠 농민들을 가리켰을지도 모른다.

마르크스는 그의 논문 〈루이 보나파르트의 브뤼메르 18일〉(Marx, 1852)에서 프랑스 농민을 '감자 자루'에 비유했다. 그에 따르면 그들은 순전히 자기 생존에만 관심이 있었기 때문이다. 그리고 그는 이런 말도 했다.

> ……이 소규모 농민 사이에는 지역적 상호 연결만 있고 공동의 이익은 그들 사이에 어떤 공동체, 국가적 결속, 정치 조직도 형성하지 않았다. 그들은 계급을 구성하지 않는다(Marx, 1852).

나는 그런 '계급' 또는 '자루 속 감자' 같은 '비계급' 출신이다.

아버지는 여전히 프랑스인들에게 화가 나 있었고 모든 '지배자'를 경멸했다. 당시 '지배자'에는 봉건 영주뿐만 아니라 프랑스와 1815년 이후 프로이센 정부가 세운 새로운 주인도 포함되었다. 이들은 공무원, 고위 관리, 세금 징수관, 산림 공무원, 교사, 특히 가톨릭 교회의 대표자로서 전국 학교의 조사관 역할을 하는 사제였다. 우리 방언에서는 오늘날에도 이들을 '지배자'라고 부른다.

농민들은 국가의 대표자들에게 복종하고 세금을 냈지만 한편으로는 다양한 방법으로 조롱했다. 부모님은 우리에게 '지배자'에 관한 농담과 이야기를 들려주었다. 아버지가 가장 좋아하는 말은 "농민이 없으면 지배자는 죽는다"였다.

마을 사람들 모두가 생계를 꾸릴 수 있고 전통, 혈연, 상호 부조로 연결되었다고 해서 마을 전체의 분위기를 망치는 갈등과 적대감이 없었다는 의미는 아니다. 부모가 사망하고 자녀들이 재산을 나눌 때 종종 갈등이 발생했고 정치 문제도 마을을 분열시켰다.

### 나치 시대

1930년대 초 나치즘이 우리 마을에 들어와 정치가 가족을 갈라놓은 때가 바로 그런 경우였다. 무슨 일이 일어나고 있는지 이해하기에 나는 너무 어렸고 단지 부모님, 오빠, 언니가 하는 말만 들었다. 예를 들어 어머니는 아버지가 우리 교구 마을인 두파흐에서 열리는 교회 평의회에 참석할 때마다 항상 두려웠다고 했다. 그녀는 아버지가 집으로 오는 밤길에 '그들'이 그를 때리거나 죽일까 봐 걱정했는데 나는 '그들'이 누구인지 몰랐다.

또한 나는 학교에서 언니, 오빠들이 '코왕'이라는 별명으로 괴롭힘과 모욕을 당해 분노하고 끔찍한 싸움을 벌이는 것을 보았다. '코왕'은 아버지의 적이 코가 길다는 이유로 아버지를 조롱하던 말이다. 이 이름은 우리 가족 모두를 따라다니고 심지어 다음 세대까지 이어졌다. 아버지는 놀림으로 고통을 겪었고 대학에 다니는 사촌에게 편지로 긴 코가 무엇을 의미하는지 물었다. 그는 이렇게 답장했다. "긴 코는 지능의 표시다. 괴테와 프리드리히 대왕은 코가 길었다." 이렇게 아버지의 마음이 안정됐다.

지금은 적개심의 이유가 궁금하다. 질투였나? 우리 집에 아이가 많았기 때문일까? 그러나 우리는 다른 농민들보다 특히 부유하지 않았다. 1933년에 이미 아이가 여덟 명이었는데 위에서 이야기했듯이 다른 농민 가족처럼 우리도 빚을 지고 있었다. 아니면 개인적 갈등이 관련됐을까? 아버지는 자존심이 강하고 다혈질이고 말을 돌려 하지 않았다. 그러나 그는 다른 사람들과 술집에 오래 있지 않았고 그럴 만한 돈도 없었다. 그러나 아버지는 이미 언급했듯이 '좋은 집안' 출신임을 의식했다. 자신이 특별하다는 느낌이 마을에서 아버지의 인기에 도움이 되지는 않았을 것이다. 나와 형제 몇몇도 이 감정을 물려받았다. 우리는 1930년대 초반의 세계적 불황 속에서 매우 가난했고 이런 자부심을 가질 뚜렷한 이유가 없었음에도 말이다.

아니면 정치적 입장 차이가 원인이었을까? 아우엘은 다운에서 처음 국가사회당(NSDAP) 단위가 생긴 마을이었다. 규모가 꽤 큰 소방대 행렬이 나치 깃발을 휘두르는 사진이 내게 있다. 1934년의 학교 사진도 있는데 소년들은 나치 완상을 찼다. 사진 속 큰언니는 세 살이던 나를 팔에 안았다.

국가사회당과 나치돌격대(SA)의 구성원은 주로 실업자였다. 이 젊은 이들은 종종 노래를 부르고 깃발을 흔들며 마을을 행진했다. 아버지는 그들을 경멸했고 '게으름뱅이'라고 불렀다. 어머니도 그들을 미워했고 특히 오만한 지역당 지도자를 싫어했다. 1930년대의 독실한 가톨릭 신자였던 아버지는 중앙당에 동조했다.

아마도 마을의 반감 뒤에는 이런 정치적 차이가 있었을 것이다. 어쨌든 나는 우리 마을에서 어린 시절만큼 정치적으로 격앙한 분위기를 다시 경험하지 못했다.

## 전쟁

우리 마을 교사는 국가사회당원이었으며 학생들에게 나치 이념, 특히 독일이 세계에서 가장 위대한 국가라는 태도를 심어주는 것이 그의 임무였다. 이런 세뇌는 주로 나치 노래를 부르며 마을을 가로질러 학교 운동장까지 행군하는 방식이었다.

히틀러 정부의 선전 장관이던 요제프 괴벨스(Joseph Goebbels)는 나치 사상을 퍼뜨리는 가장 좋은 방법을 알았다. 바로 어린이와 청소년의 마음에 나치 사상을 심는 것이었다. 특히 소년들이 이런 세뇌의 표적이었고 행진하는 법을 배웠다. 왼쪽-오른쪽, 왼쪽-오른쪽. 그리고 우리는 모두 "호르스트 베셀의 노래"[3]와 같은 나치의 곡을 배웠다.

> ……모든 것이 무너질 때. 오늘 독일은 우리 것이다. 그리고 내일은 전 세계가 우리 것이다.

나는 일찍부터 비록 놀이처럼 보이지만 독일이 전쟁을 준비하고 있다는 것을 깨달았다. 전쟁은 영웅적 모험 같았다. 1937년 내가 학교에 입학했을 때 우리는 전쟁놀이를 했다. 우리는 바닥에 원을 그리고 케이크처럼 여러 조각으로 나누었다. 각 조각은 독일, 프랑스, 러시아, 영국과 같은 국가를 나타냈다. 예를 들어 한 아이가 "야, 이 멍청아, 멍청한 프랑스야"라고 부르면 놀이를 시작했고 모두 멀리 도망쳐야 했다. 처음 도발한 아이는 '프랑스' 아이를 잡아야 했다. 성공하면 '프랑스 영토'의 일부를 빼앗아 자기 영토에 추가할 수 있었다.

우리는 수업 시간에 배운 내용을 놀이에서 따라 하곤 했다. 제1차 세계대전 이후 독일 영토이던 엘자스-로트링가는 프랑스에, 오이펜-말메디는 벨기에로 넘어갔다.

소년들은 무해한 놀이에 만족하지 않았다. 아우엘 소년들은 슈테펠른 소년들과의 실제 전쟁을 계획했다. 두 마을은 항상 경쟁 관계였고 슈테펠른은 아우엘보다 더 부유하고 넓었다. 그렇지만 두 마을은 항상 주민들의 결혼으로 연결됐다. 우리 어머니도 슈테펠른 출신이었다. 두 지역은 불과 1킬로미터 거리고 이제 하나의 지방 정부에 속했다.

그러나 1939년 이전의 정치 상황에서 아우엘 소년들은 슈테펠른을 '천적'으로 여겼다. 그들은 전략적·군사적 정확성을 기해 전쟁을 준비했다. 그들은 '무기'와 빈 탄약통을 모으고, 목검을 만들고, 제1차 세계대전 때 쓴 오래된 무기와 마지막 작전에서 남은 '탄약'을 찾았다. 슈테펠른과 아우엘 사이의 킬렌베르크산을 전쟁터로 택해 개전일도 정했다.

우리 오빠들은 집 굴뚝 옆의 창문 없는 작은 방에 무기를 숨겼다. 내가 슈테펠른에 사는 삼촌과 이모 댁에 갔을 때 오빠들이 엄청난 무기로 슈테펠른 소년들을 물리칠 거라고 자랑한 적이 있다. 이 말을 듣고 오빠들은 화를 내며 나를 반역자라고 불렀다. 슈테펠른과 아우엘 사이의 전쟁이 어떻게 끝났는지 모르지만 오빠들은 지금도 슈테펠른의 적에 맞섰던 영웅담을 열성으로 이야기한다.

### 놀이가 심각해지다

아이들의 전쟁놀이는 끝난 지 얼마 지나지 않아 심각한 전쟁으로 바뀌었다. 1939년 독일국방군이 폴란드로 진군했다. 전쟁이 곧 일어날 것이 분명했다. 먼저 30킬로미터 떨어진 서쪽 국경으로 가는 진입로인 '서벽(지크프리트선)'을 건설했다. 이 노동자들은 모두 우리 마을에 숙소를 잡았다. 그들은 작센, 바이에른, 베를린을 비롯해 독일의 여러 지방 출신이었고 우리 헛간에도 들어왔다.

1939년 이후 우리 마을과 헛간에는 항상 군인들이 있었다. 처음에는 보병들, 그다음에는 다른 육군 부대가 여럿 왔다. 1944년 가을이 끝나갈 무렵에는 나치친위대(SS)가 왔다.

군인들은 향수병에 시달리는 평범한 남자였다. 그들은 마을 사람을 만나고 싶어 했고 우리 집 거실과 부엌에서 시간을 보냈다. 그 무렵 우리는 겨울에 유일하게 따뜻한 방인 부엌에 라디오를 하나 놓았고 그곳에 모여 뉴스나 음악을 들었다. 내 동생들은 군용 빵이나 '야전 주방'에서 가져온 음식을 주는 군인들과 함께 놀았다.

전쟁 후 미국인들이 우리 마을에 들어왔을 때도 똑같았다. 그들은 우리 집 앞에 거대한 탱크를 세우고 집 뒤에 천막을 쳤으며 우리가 먹어본 적 없던 초콜릿을 주었다. 우리가 하는 놀이와 군인들에게 들은 이야기는 전쟁의 공포라는 현실을 모험의 연막 뒤에 감추는 역할을 했다.

우리 오빠 다섯 명은 한 명씩 징집되어 독일상비군의 일원으로 동부전선에 배치되었다. 막내 오빠 프란츠는 학교에서 대공 보조원으로 징병되었을 때 겨우 15세였다. 그의 부대는 라이프치히 근처에 주둔했다.

우리는 전선에 있는 형제들을 위해 기도했다. 어머니는 배급받은 설탕 대신 당밀을 쓰는 특별한 조리법으로 '전쟁 케이크'를 구웠다. 그녀는 동부 전선의 아들들을 위해 양말과 장갑을 뜨고 꾸러미를 준비했다. 물론 우리는 군인들이 전사한 것을 알았지만 오빠들에게 그런 일이 일어나지 않을 거라는 믿음으로 살았다. 여기에는 하느님의 어머니인 거룩하신 동정녀가 그들을 각별히 보호하리라는 부모님의 확고한 신앙심이 기여했을 것이다.

1944년 가을 지역 국가사회당수가 우리 오빠 미하엘이 '전장에서 명예롭게 죽었다'며 자랑스러워해야 한다는 소식을 전했을 때도 나는 믿을 수 없었다. 어머니는 나치 연설을 한 그에게 울면서 화를 냈다. 이튿날 미하엘이 건강한 모습으로 우리 집 문 앞에 나타났을 때는 마치 기적 같았다. 그는 헝가리에서 부상당해 군 병원에 입원했다가 휴가차 귀국한 것이었다.

전쟁의 공포가 우리에게 점점 다가왔다. 히틀러의 V-1 로켓은 서쪽 적진에 도달하지 못하고 우리의 초원과 들판에 떨어져 거대한 분화구를 박살 내버렸다. 전쟁을 시작한 이래 우리는 서부 전선 근처 마을에서 온 난민들에게 피난처를 제공했고 그들도 북적이는 우리 집에 살았다. 또한 우리는 대도시에서 일어난 폭격, 기아, 파괴에 대해 듣고 읽었다.

이 모두가 의심할 여지 없이 끔찍했다. 하지만 아이들에게 이 공포는 엄청난 모험과 연결됐다. 전쟁은 아직 내게 피부에 와닿는 경험이 아니었다.

기차 한 칸만큼 큰 마차를 끌어야 하는 대규모 강제노동부대를 볼 때까지는 그랬다. 채찍과 몽둥이를 든 친위대 병사들이 그들을 다그쳤다. 마지막 집에서 줄을 벗어나 물을 마시고 싶어 한 사람은 잔인한 매질을 당했다.

전쟁이 끝날 무렵에도 비슷한 공포의 경험을 했다. 패전한 독일군은 동쪽으로 후퇴하면서 '적'이 손댈 수 없도록 모든 것을 파괴했다. 예를 들어 그들은 군마를 죽여 가죽을 벗겼고(가죽은 여전히 유용했다) 그 사체를 마을로 끌고 가 V-1 로켓이 들판에 남긴 구덩이에 버렸다. 전쟁이 끝난 후 놀랍도록 따뜻하던 1945년 봄 동물 사체가 썩는 지독한 냄새가 피어나는 풍경 전체를 오염시켰다. 이것은 내가 전쟁 중에 경험한 최악의 잔학 행위였다.

하지만 나는 '전쟁'을 두려워하지 않았고 이는 일상생활의 일부가 되었다. 식량 상당 부분을 배급받고 정부에 세금도 내야 했지만 자급농들은 여전히 빵, 감자, 우유, 버터 등 먹을 것이 충분했다. 또한 우리는 돼지를 잡아 그 고기로 1년 내내 생활할 수 있었다. 도시 아이들과 비교할 때 우리에게 배고픔은 낯설었고 공유림에서 가져온 나무로 부엌을 난방할 수 있었다. 서부 전선은 수류탄과 폭격을 두려워할 만큼 가까이 온 적이 없다. 전쟁이 끝나기 직전 미국이 프랑스를 침공해 탱크를 몰고 독일로 진군하면서 상황이 바뀌었다. 이때 아우엘도 공격을 받왔고 우리는 밤에 이웃의 지하실로 대피해야 했다. 아버지는 우리 집을 나가려 하지 않았다. 그는 "나는 여기에 살다가 하느님이 원하신다면 여기서 죽을 거다"라고 말했다. 그는 천둥 같은 대포와 수류탄 소리에도 침대에서 조용히 잠들었다. 나와 여동생 트루델은 지하실에 있기가 너무 지루했다. 결국 한밤중에 우리는 집으로 달려갔는데 포탄 파편이 머리 위로 날아다녔다. 우리는 집에 있는 아버지 옆에 누워 안정감을 느꼈다. 아버지의 신앙심, 더 정확하게는 하느님의 어머니에 대한 믿음이 우리를 보호해주었다.

1944년 짧은 크리스마스 휴가를 마치고 대공병이었던 막내 오빠 프란츠를 12킬로미터 떨어진 게롤슈타인 기차역까지 자전거로 데려다줄 때도 두렵지 않았다. 만약 열다섯 살짜리가 군대로 돌아가지 않았다면 탈영병으로 간주해 총살했을 것이다. 자전거를 타고 집으로 돌아갔을 때는 이미 날이 저물었다. 자전거 전조등도 브레이크도 작동하지 않았고 숲 곳곳에는 군인들이 누워 있었다. 그러나 나는 두렵지 않았다. 강간에 대해서는 들어본 적이 없었다.

전쟁은 1945년 5월에 끝났다. 1945년 봄과 여름에 걸쳐 우리 형제들은 포로수용소에서 돌아왔다. 막내 오빠가 첫 번째로 라이프치히에서 걸어서 돌아왔다. 미국인들은 그가 너무 어리다고 생각해 전쟁 중에 파괴하지 않은 유일한 레마겐의 다리로 라인강을 건너도록 허락했다. 다섯 형제 중 마지막은 러시아 전쟁 포로였고 1949년이 되어서야 풀려났다. 그는 수척했지만 마침내 건강하게 돌아왔다. 우리 부모님은 모든 아들이 무사히 돌아온 것이 성모님의 특별한 보호 덕이라고 여겼다. 그러지 않으면 아들을 잃은 다른 가족의 불행을 설명할 수 없었다. 성모 마리아가 우리 마을을 파괴에서 보호했다고 생각하는 사람이 많았다.

슈테펠른의 목사는 성모 마리아를 기리기 위해 근처 산에 작은 예배당을 세웠고 이곳은 순례지가 되었다.

나는 나중에 가톨릭교를 떠났지만 하느님에 대한 부모님의 절대적 믿음, 우리 모두가 성모님의 특별한 보호 아래 있다는 생각이 삶에 대한 내 신뢰의 기초가 되었으리라고 생각한다. 마음 깊은 곳에서 내게 나쁜 일이 일어나지 않을 것이라고 믿는다. 비록 현실이 항상 이 믿음대로 되지는 않았고 앞으로도 그렇겠지만 이는 나를 두려움, 낙담, 우울에서 구해주었다. 살아갈 용기가 없었다면 그토록 주저 없이 삶에 뛰어들거나 대담한 과제를 수행하지 못했을 것이다.

이미 언급했듯이 어머니는 걱정하고 두려워할 만했음에도 불구하고 아버지보다 낙관적이었다. 다음 이야기를 통해 어머니의 용기를 볼 수 있다. 이는 전쟁이 끝날 무렵의 일이었는데 나중에 내가 자급이라는 주제를 연구하고 있을 때 떠올랐다.

자급의 역사를 연구하면서 나는 필연적으로 어떻게 한 사람의 삶이 역사와 복잡하게 얽히는지 들여다보게 되었다. 어린 시절에 대한 고찰을 어디서부터 시작할지 자문하니 어머니가 떠올랐다. 나는 어머니를 기리는 의미로 이 이야기를 해보고자 한다.

### 나의 어머니와 암퇘지: 삶은 계속되어야 한다

1945년 2월 또는 3월의 일이었다. 전쟁은 끝나갔고 서부 전선이 우리 마을 근처에 있었다. 이 무렵 독일군은 서쪽으로 후퇴해 해충에 뒤덮인 남루한 모습으로 아이펠 농민들에게 온기와 음식을 구했다. 이들은 매일 저녁 우리와 식탁에 앉았고 어머니는 우유 수프와 감자를 한 냄비씩 요리했다. 그녀는 “어딘가에서 다른 여자도 우리 아들들을 위해 이렇게 하면 좋겠다"고 말했다.

많은 사람이 희망을 포기했다. 농부들은 대부분 소와 돼지를 도축했고 밭을 갈아 씨를 뿌릴 엄두를 내지 못했다. 모두 아무 생각 없이 전쟁이 끝나기만을 기다렸다. 이때 어머니는 우리 암돼지를 수돼지에게 데려갔다. 아이펠 농부들은 모두 새끼를 낳을 수 있는 암컷 가축 몇 마리를 길렀고 수돼지는 보통 거세했다. 우리 마을에는 수돼지가 없었는데 아마 수돼지를 키우는 것은 낭비였을 것이다. 그리고 수돼지 고기는 맛이 없었다. 우리 수돼지는 화산암을 채석하던 슈테펠른의 동굴에 있었다.

오빠들은 대개 더위 속에서 우리 마을에서 슈테펠른까지 암돼지를 몰고 갔는데 동물이 흥분하는 경우 위험이 따랐다. 그들은 아이펠 방언으로 '수돼지'를 의미하는 '맥주' 옆에 머물면서 암돼지를 보호하고 암돼지가 '서' 있는 것을 확인해야 했다. 그렇지 않으면 임신하지 못했다. 그리고 암돼지가 원하는 경우에만 임신이 되었다. 강간은 돼지에게도 젖소에게도 효과가 없다. 물론 지금은 강제로 인위적 임신(인공 수정—옮긴이)이 된다.

암돼지를 '맥주'에게 데려가는 것은 소년들의 일이었다. 그들은 이를 통해 성과 임신에 관해 배웠다. 그러나 전쟁 중에 소년은 한 명도 없었고 어머니는 직접 '맥주'에게 암돼지를 데려가야 했다. 이웃들은 그녀를 비웃으며 돼지를 도살하는 것이 낫다고 말했다. 그녀는 전부 끝났다는 사실을 깨닫지 못한 걸까? 어머니는 **"삶은 계속됩니다!"**라고 대답했다. 어쩌면 **"삶은 계속되어야 합니다!"**라고 했을지도 모른다.

어머니는 암돼지를 수돼지에게 데려갔고 암돼지는 '서' 있었다. 전쟁이 끝난 5월 말 암돼지는 새끼를 열두 마리 낳았다. 그 당시에는 아무도 새끼 돼지, 송아지, 망아지를 키우지 않았다. 그리고 돈은 가치가 없었기 때문에 어머니는 새끼 돼지를 전쟁에서 돌아온 다섯 아들의 신발, 바지, 셔츠, 재킷과 바꾸었다. 삶은 계속되었다.

그런데 이런 일이 저절로 일어났을까? 어머니는 가만히 앉아 "삶은 어떻게든 계속될 거야"라고 혼잣말만 하지 않았다. 또한 기독교인 농부의 아내지만 "주님께서 베풀어주시겠지!"라고 말하지 않았다. 그녀는 자신이 뭔가를 해야 한다는 것, 살기 위해 자연과 함께 일해야 한다는 것을 알았다. 삶은 계속되어야 했다. 그것이 어머니의 소망, 열정, 철학이었고 그녀에게 용기와 활력을 주었다.

어머니는 페미니스트가 아니었고 생태학이라는 단어도 몰랐지만 우리에게 일용할 양식만큼 필요한 것이 있음을 알았다. 그녀는 삶이 계속되려면 거기에 따르는 책임을 져야 함을 깨달았다. 오늘날 우리는 삶이 그저 '자연스럽게' 계속되는 것이 아님을 안다. 생태학적 재난의 증가는 상품과 자본의 끊임없는 성장을 추구하는 현대 산업 사회가 스스로 회복하는 자연의 능력을 파괴하고 있음을 보여준다. 이는 인간, 특히 여성과 어린이를 비롯해 다른 자연의 본성에 대해서도 마찬가지다.

지금까지—특히 전쟁과 재난 이후—딸, 아들, 남편, 자연을 위해 삶이 계속되도록 책임진 사람은 어머니와 같은 여성들이었다. 남성이 자연과 외국인에 맞서 전쟁을 벌이면 그 뒤를 치우는 것은 여성이다. 우리는 가부장적 전쟁 이후에도 삶을 계속할 뿐만 아니라 그런 전쟁이 더 이상 일어나지 않도록 싸워야 한다.

03

# 세계가 문을 열다—행복한 우연

## 나는 예술가다

어릴 때부터 나는 내가 누구인지, 무엇을 원하는지 알았다. 나는 내가 예술가라는 사실을 알고 있었다. 그리기와 색칠을 잘했고 종이와 연필을 볼 때마다 뭔가를 그렸다. 나는 상상을 그림으로 옮기기를 가장 좋아했다. 가축을 몰 때면 시냇가에서 진흙을 가져다 작은 형상을 만들었다. 나중에는 색연필도 받았고 여름이면 늘 이웃집을 방문하던 '삼촌'은 수채화 도구와 작은 스케치북 두 권을 주었다. 여기에 처음으로 수채화를 그렸다.

나는 여섯 살 때 학급이 하나이던 우리 마을 학교에 입학했다. 그때는 마을 아이들 50명이 학교에 다녔다. 모두가 가로 10미터, 세로 6미터 정도 되는 교실의 긴 나무 의자에 앉았고 방 오른쪽에는 교사(처음에는 남자였는데 전쟁이 일어난 뒤에는 여성이 우리를 가르쳤다)가 다니는 작은 통로가 있었다. 앞에는 1학년, 뒤에는 8학년 학생들이 앉았다. 이렇게 연령대가 다양한 학급을 가르치는 데는 특별한 교수법이 필요했다.

교사가 나이가 더 많은 아이들에게 이자 계산을 가르치는 동안 어린 아이들은 산수와 글자를 배우고 구구단을 외웠다. 때때로 교사는 고학년 '보조 교사'에게 1·2학년 학생들을 계단에 앉히고 교과서를 소리 내 읽게 해달라고 부탁했다. 마오쩌둥(毛澤東)이 통치하던 중국에서 실행한 '모두가 한 명씩 가르친다(each one teach one)'는 원칙을 어린 시절에 배운 것이다. 이 원칙은 학교뿐만 아니라 언니, 오빠들이 동생의 숙제를 도와주던 집에서도 중요했다.

선생님은 수업에 집중하게 하려고 애썼지만 나는 그림을 그리고 이야기를 생각하고 짝꿍과 석판에 낙서하곤 했다. 나는 계산을 잘하지 못했고 숫자에 관심이 없었다. 내 여동생인 카트린은 산수를 훨씬 잘했으며 우리 어머니처럼 구구단을 거꾸로 외울 수 있었다. 하지만 나는 책을 잘 읽고 글을 쓰고 시를 낭송했으며 물론 그림도 그릴 수 있었다! 말했다시피 나는 예술가였다.

1942년 나치는 재능 있는 독일 아동들을 교육하기 위해 12킬로미터 떨어진 게롤슈타인에 2년제 중학교인 '하우프트슐레(Hauptschule)'를 세웠다. 이때 나는 열한 살이었는데 선생님은 부모님에게 이 학교를 추천했다. 이는 게롤슈타인까지 기차로 통학해야 한다는 뜻이었는데 아우엘은 힐레스하임 근처 오버베팅겐의 마지막 기차역에서 5킬로미터 거리였다. 집에서 게롤슈타인까지 매일 왕복하는 것은 불가능했다. 버스도 없고 걸어서만 역에 갈 수 있었다.

아버지는 게롤슈타인의 쌍둥이 집에 사는 우체국 직원을 알았다. 이 사람이 남편을 잃은 맞은편 집 여성에게 내 이야기를 했다. 나는 그녀와 함께 살며 식사는 우체국 직원의 아내와 하게 되었고 이 계약은 아주 잘 이뤄졌다. 기차 삯과 하숙 비용을 지불한 것이 가족인지 국가인지 모르겠지만 아마 후자일 것이다. 정부가 소질 있는 시골 아이들을 육성하는 데 관심이 있었기 때문이다. 게롤슈타인과 오버베팅겐을 오가는 비용은 우리가 직접 지불했지만 이는 불과 몇 마르크였다.

주말이면 오버베팅겐에서 서쪽으로 집이 있는 아우엘까지 걸었다. 이는 내게 항상 큰 기쁨이었다. 우리 집 바로 위 언덕 꼭대기에 다다르면 아름다운 우리 마을이 눈앞에 펼쳐졌다. 마을은 넓은 계곡에 자리했고 그 중심에는 바로크 양식의 작은 성당이 있었다. 나는 '동쪽' '바깥 세계'에서 돌아와 집에 있었다.

집에서 나는 또다시 어린아이가 되어 다른 형제들처럼 집안일을 도와야 했지만 놀기도 많이 했다. 그러나 막내인 고트프리트는 내가 집에 오래 있지 않았기 때문에 '우리'에 속하지 않는 낯선 사람이라고 느꼈다. 그래서 그는 내가 토요일에 부엌의 아연 욕조에서 목욕시켜주는 것을 좋아하지 않았다. 우리는 모두 그 욕조에서 씻었고 욕실이 무엇인지 몰랐다.

주말이 지나면 아침 일찍 일어나 기차역까지 5킬로미터를 걸었다. 겨울이면 집을 나설 때도 어두웠는데 이때 오빠들이 나를 자전거에 태워 오버베팅겐까지 데려다주었다. 나는 자전거 몸통 위에 옆으로 앉고 짐은 뒤쪽 선반에 묶었다.

이 학교에 다니는 것은 당시 시골 소녀들에게 흔치 않던 교육을 받는다는 의미였다. 하지만 특별한 학교는 아니었고 아우엘 학교에서보다 독일어, 역사, 지리를 조금 더 배웠다. 또한 지역의 역사와 지리 수업을 받았는데 이는 내 고향인 화산 지역의 선사 시대를 처음 접하는 것이어서 특히 흥미로웠다. 어디를 가든 다양한 지질학적 특성을 볼 수 있었다. 킬 서쪽 문터라이산과 아우베르크산의 석회암 바위에서 아이펠산을 통과해 모젤강에 도달하는 작은 강에서는 유명한 게롤슈타인 탄산 광천수가 나온다. 이 샘물은 여전히 지역의 중요한 자원이며 오늘날 게롤슈타이너 사는 다국적 기업이 되었다.

이 지역에는 탄산수 샘과 미네랄 및 철분이 풍부한 물이 많다. 우리는 이런 샘물을 '드리스(drees)'라고 부르는데 이는 여러 마을에 있다. 나는 이 모든 것과, 빙하기에 살던 인간과 동물의 흔적을 발견한 문터레이산의 부헨로흐 동굴이 매우 흥미로웠다. 우리 학교에서는 분명히 확인할 수 있는 실제 지구사와 인류사를 가르쳤다.

게다가 우리는 **영어**도 배웠다. 이는 나중에 내 삶에서 중요한 요소가 되었지만 그때는 의식하지 못했다. 하지만 나는 외국어를 좋아하며 빨리 배울 수 있음을 깨달았다.

2년 후인 1944년 나는 학교를 졸업했고 이는 학창 시절의 끝을 의미했다. 그러나 나는 계속 배우고 싶었다. 그때 내게 도움이 된 일, 내 삶을 통틀어 지속한 일이 생겼다. **행복한 우연**이 일어난 것이다. 프륌의 레지노 김나지움(Regino Gymnasium: 독일 김나지움은 고등 교육 기관으로 대학 진학을 준비하는 학교다—옮긴이)[1]에 다닐 수 있게 되었다. 이는 그때까지 프륌이 아닌 지역에 사는 소녀들에게 불가능한 일이었다. 여기 역시 버스가 없고 게롤슈타인과 프륌 사이 마지막 기차역인 뮐렌보른은 10킬로미터 떨어져 있었기 때문이다. 그래서 게롤슈타인에서 학교를 다닐 때보다 역까지 가기가 훨씬 어려웠다.

게다가 프륌의 김나지움에 소녀를 위한 기숙사는 없었지만 소년 기숙사는 오래전부터 있었다. 이는 트리어의 주교들이 전통적으로 농업과 가톨릭의 지역인 아이펠의 총명한 소년들을 성직자로 만드는 데 관심이 있었기 때문이다. 프륌의 김나지움에서는 이 소년들에게 직업에 필요한 교육, 특히 라틴어·그리스어 교육을 시켰지만 성직자가 될 생각이 없는 소년들도 받아들였다. 산림 관리인의 아들인 내 사촌 몇 명도 이런 식으로 학교에 다녔다.

이 지역의 '인적 자본'에 대한 교회의 독점을 깨뜨린 것은 나치였다. 그들은 모든 소년을 위한 기숙 학교를 열었고 니더프륌에 있는 오래된 수도원을 확장해 추가 기숙사를 지었다. 그래서 우리 오빠 두 명이 프륌의 김나지움에 다닐 수 있었다.

우리 부모님은 학교에 한 푼도 낼 필요가 없었다. 오늘날과 마찬가지로 공립 학교는 수업료가 없었으며 자녀가 많은 가정의 기숙 비용은 정부가 부담했다.

1944년 4월 내가 프륌에 갔을 때 나치가 소녀들을 위한 기숙사를 열었다. 주변 마을 소녀들에게 처음으로 김나지움에 들어갈 기회가 생긴 것이다.

그러나 내가 이 학교에 다닌 기간은 1944년 4월부터 9월까지뿐이었다. 그때는 전시였고 프륌은 벨기에 국경 근처였다. 서부 전선이 불과 몇 킬로미터밖에 떨어져 있지 않았다. 우리는 포격을 방어하기 위해 모래를 끌고와 모래주머니를 채워야 했는데 천둥 같은 대포 소리는 몇 달에 걸쳐 점점 가까워지는 것 같았다. 모래주머니 채우기는 어리석은 일이었지만 전선 근처의 모든 학교는 이렇게 해야 했다. 1944년 9월에는 학교생활을 계속하는 것이 너무 위험했고 학교는 문을 닫았다.

이 갑작스러운 결말에 가장 행복한 사람은 나였을 것이다. 내 인생에서 프륌에서 보낸 다섯 달 반만큼 향수병에 시달린 적은 없었다.

## 향수병

수업을 마치고 여학생 기숙사로 돌아오면 나는 성당으로 달아나 울었다. 모래를 운반할 때는 덤불 속으로 뛰어들어 땅바닥에 엎어져 울었고 밤이면 울다가 잠이 들었다. 우리 마을 아우엘은 불과 20킬로미터 떨어져 있었고 2주에 한 번씩 기차를 타고 집으로 갈 수 있었지만 일요일 저녁에 프륌으로 돌아가야 할 때면 쫓겨난 듯한 비참한 느낌이 들었다. 어머니는 종종 다섯 명의 어린아이들을 데리고 뮐렌보른역까지 동행했다. 도중에 나는 벌써 울기 시작했고 어머니와 동생들도 함께 울었다. 정말 끔찍했다.

나는 마을에서 가장 멍청한 소년이 부러웠다. 그들은 집에 머물면서 저녁이면 형제들과 함께 감자튀김을 먹고 가축을 몰고 초원에 갈 수 있었다.

그리고 소들! 소와 그 냄새가 얼마나 그리웠는지! 이 모든 것이 내게는 집이었다. 주말에 집에 돌아오면 현관문 대신 외양간을 통과하며 우유와 소똥 냄새, 소의 숨을 느꼈다. 그때 나는 집에 온 것이었다. 그리고 외양간에서는 어머니를 독점할 수 있었다. 어머니는 일과를 마친 후에도 우유 짜는 일을 했고 다리가 세 개 달린 의자에 앉아 두 발 사이의 통으로 따뜻한 우유를 뿜어내곤 했다. 때때로 우리는 갓 짜낸 우유를 마셨다. 어머니가 소젖에서 우리 입으로 우유를 직접 짜주었다.

우리는 어머니가 우유를 짜는 동안 질문할 수 있었지만 그녀는 일하면서 나는 소음과 아이들의 말다툼 때문에 귀를 기울이지 못했다. 어머니는 우유를 짜는 것이 휴식이라고 말했다.

나는 프륌의 소녀 기숙사에서 이 모두를 그리워했다. **내 삶의 주제는**

지독한 향수병과 함께 나타났다. 그것은 **머나먼 세상에 대한 동경과 고향에 대한 그리움 사이의 긴장감**이었다. 나는 지금도 이 문제가 있다.

나는 왜 이 향수병이 하필 프륌에서 그토록 강력한 영향을 미쳤는지 궁금했다. 내가 집을 떠난 것은 처음이 아니었다. 여덟 살 때는 오빠 프란츠와 함께 '어린이 시골 레크리에이션' 프로그램에 참여했다. 나는 마른 다리에 머리를 얇게 땋은, 홀쭉하고 작은 소녀였다. 우리는 콘스탄체 호수로 '보내졌다'. 오빠 프란츠를 다른 집에 배정했기 때문에 나는 거기서도 향수를 느꼈다. 나는 그가 어디에 있는지 몰랐고 그도 내가 어디에 있는지 알아내려 하지 않았다. 나는 내내 울었고 먹고 싶지 않았다.

그러나 프륌에서의 향수병은 달랐다. 더 깊었고 내 삶에 걸쳐 계속된 바로 그 균열을 건드렸다. 향수병을 촉발한 것은 정확히 무엇일까? 교육을 계속 받으려면 집에 머무를 수 없다는 것 때문만은 아니었다.

아마 기숙사에서 경험한 일종의 **제도화한 규율** 때문인 것 같다. 실내에서는 슬리퍼만 신을 수 있었는데 나는 슬리퍼가 없었다. 그때는 전쟁 중이었고 우리는 슬리퍼 같은 걸 살 돈이 없었기 때문이다. 또한 오후에는 '침묵'을 지켜야 했는데 이는 숙제를 할 때 말하는 것을 허용하지 않는다는 의미였다. 일어나고 먹고 잠자리에 드는 시간이 정해져 있었다. 그때까지 내가 누린 자유는 제한받았다. 나는 이 규율에 무의식적으로 반항했지만 동시에 외로움과 무력함을 느꼈고 그저 유배지를 떠나고 싶었다. 전쟁의 끝은 나의 구원이었다.

## 전쟁 후 학교

나는 여전히 고등 교육을 받고 싶었다. '예술가'가 되고 싶다면 아우엘에서의 초등 교육만으로 충분치 않을 것이 분명했다. 그러나 전쟁이 끝나며 이런 꿈도 사라졌다. 모든 중등학교가 문을 닫았고 초등학교에는 가르칠 수 있는 교사조차 부족했다. 나도 동생들처럼 집과 밭에서 일을 도왔다.

내가 열다섯 살이 되자 어머니는 쾰른으로 가서 입주 하녀로 일할 때가 되었다고 말씀하셨다. 이것이 아이펠 소녀들의 일반적 진로였기 때문이다. 그들은 도시로 가서 하녀로 일하며 부르주아 가정이 어떻게 돌아가는지 배우고 결혼할 남자를 기다렸다.

나는 **그것**을 원치 않았다. 결혼하면 모든 꿈과 계획이 물거품이 되기 때문이었다. 그러나 무슨 대안이 있겠는가? 전쟁 포로이던 오빠들이 차례로 돌아오기 시작했다. 다행히 모두 건강했지만 아무 기술도 익히지 못했다. 모든 관심은 그들이 일자리를 얻거나 견습을 받을 수 있도록 돕는 데 집중했다. 우리 부모님에게는 나도 다른 소녀와 마찬가지로 결혼할 것이 분명했다.

이 절망적인 상황에서 나는 다시 **행복한 우연**의 도움을 받았다. 재산이 있는 남자가 슈테펠른의 오래된 여관에 작은 램프 공장을 열었다. 이 공장에서는 실업자가 된 참전 용사들이 조각한 전등 몸체에 기름종이로 만든 갓을 씌웠다. 나는 그림을 잘 그렸기 때문에 전등갓에 사슴, 나무, 동화 속 인물을 그려 장식하는 첫 직업을 얻었다. 일은 재미있었고 '예술가'로 일하면서 돈도 벌 수 있는 '진짜' 직업이었다. 안타깝게도 공장은 몇 달 만에 문을 닫았고 노동자이자 예술가로서 잠시간의 경력은 끝났다.

모든 것이 다시 절망적으로 보였다. 나는 당시 여성들의 평범한 길을 따라 하녀가 되는 것을 절대 원치 않았다.

다시 한번 **행복한 우연**이 나를 도왔다. 선생님이 오셨을 때 우리는 밭에서 순무를 자르고 있었다. 그녀는 "마리아, 프랑스인들이 트리어에 새 학교를 열 예정이란다. 지금 입학시험을 치르고 합격하면 4년 뒤에 졸업시험에 응시할 수 있어. 그 후에는 교육 기관에서 공부해 공립 학교 교사가 될 수 있단다. 관심 있니?" 물론 그랬다!

### 트리어와 비틀리히의 '페다고기움'

나는 트리어에서 입학시험에 합격해 1947년 4월 열여섯 살의 나이에 다시 학생이 되었다. 나는 프랑스 지역을 통치하던 프랑스 점령 정부가 '페다고기움(Paedagogium)'이라고 부르던 교육 기관에 다녔다.

1947년 어떤 도시에서나 학교의 상황은 열악했고 트리어도 마찬가지였다. 우리는 전쟁 중에도 파괴되지 않은 프리드리히 빌헬름(Friedrich Wilhelm) 김나지움[2] 건물에서 교대로 수업을 받았다. 우리는 이 건물을 다른 학생들과 공유하고 계속 옮겨다녀야 했다. 식사는 콜핑협회(청년들의 교육 및 주거 지원 단체—옮긴이) 건물과 프랑스 정부에서 비용을 지불한 가정에서 했다. 교사는 프랑스인들이 선택한 김나지움과 공립 학교 은퇴자들로 모두 개방적이고 국제 이해를 증진하고자 했다.

프랑스의 목표는 두 가지였다. 첫 번째는 공립 학교 교사를 최대한 양성하는 것이었는데 이는 전국적으로 교육에 비상이 걸렸기 때문이었다. 김나지움과 세미나를 거쳐야 했던 이전 교사 연수는 시간이 너무 오래 걸렸고 가르칠 김나지움 교사도 부족했다. 그들 중 상당수가 전쟁에서 죽었기 때문이다. 그러나 프랑스인들이 개발한 연수에서는 젊은 남녀 모두에게 4년제 교육 기관을 마친 뒤 2년 동안 교육 아카데미에 다니면 공립 학교 교사가 될 기회를 제공했다.

프랑스의 두 번째 목표는 정치적이었다. 새로운 교사 양성은 프랑스의 고등사범학교 체계를 따랐다. 프랑스 점령 정부는 자국의 문화와 교육 체계를 독일에 확고하게 심고 어떤 의미에서 독일인들을 재교육시키려 했다. 가장 중요한 점은 우리의 제1외국어가 프랑스어였고 프랑스 교사들이 가르쳤다는 것이다.

또한 프랑스인들은 교육 기관뿐만 아니라 나중에는 교사 아카데미 연수까지 관련 비용을 전부 부담했다. 그들의 유일한 조건은 교사 시험에 합격한 공립 학교 교사 모두가 5년 동안 훗날 라인란트팔츠가 된 프랑스 지역에 남아 가르치는 것이었다.

나는 처음부터 이 학교, 특히 교장 카를 카이저(Karl Kaiser)에게 흥미를 느꼈다. 그는 화가였고 프랑스 문화와 예술을 찬미했다. 그의 바람은 우리의 창의성과 외국 문화에 대한 관심을 장려하는 것이었다. 그러나 가장 중요한 것은 그가 자연과 예술의 아름다움을 향한 우리의 눈과 감각을 열어준 것이다.

당시 트리어에서 최초의 인상파 미술 전시회가 열렸다. 나치 시대에 이는 불가능했을 것이다. 교장 선생님은 우리를 그곳에 데려가 그림과 색채의 효과에 대해 설명했고 우리는 그 경험에 대한 글을 썼다. 내 글의 일부는 지금도 발행하는 지역 신문인 〈트리어리슈 폴크스프룬트(Trierische Volksfreund)〉에 실렸다. 나의 첫 공식 성공이었다!

나는 이 학교에서 무엇을 배웠는지 정확히 기억하지 못한다. 그러나 우리가 '카이저 선생님'이라고 부르던 그가 우리를 위해 계획한, 도시와 주변 숲 여행을 기억한다. 이 여행에서 그는 우리에게 숲이 녹색임을 일깨웠을 뿐만 아니라 나무 사이로 비치는 파란색과 초록색 빛도 볼 수 있게 해주었다. 비록 우리가 도시에서 본 것은 로마 유적의 잔해였지만 그는 건축의 아름다움에 대한 우리의 인식을 예리하게 했고 오래된 도시의 역사, 그중에서도 예술사를 소개했다.

나는 할 수 있는 만큼 그림을 그리고 또 그렸는데 카이저 선생님은 그 시도를 칭찬했다. 그는 내게 카본 블랙(목재 등이 불완전 연소할 때 생기는 검은 가루로 물감 따위의 재료로 씀—옮긴이)과 물로 멋진 작품을 만드는 방법을 가르쳐주었다. 왜냐하면 그 당시에는 아직 수채화나 유화 물감이 없었기 때문이다.

1947년 봄과 여름은 내 인생에서 가장 행복하던 시기로 기억에 남는다. 나는 매일 아침 일어나 학교 가기를 고대했고 계획한 직업에 대해 배우며 그 일을 할 수 있어 기뻤다. 향수병은 마침내 완전히 사라졌다.

따뜻하고 화창한 봄이었다. 나는 듣고 보는 모든 것에 열정적이었다. 성 막시민(St. Maximin) 교회의 오래된 사암 유적을 기어오르는 담쟁이덩굴이든, 프리드리히 빌헬름 김나지움에서 듣는 학교 수업이든, 교회 건물에서 먹는 보잘것없는 식사든 전부 즐거웠다. 오늘날의 기준으로 보면 매우 열악한 상황에도 불구하고 나는 행복했다. 가고 싶던 곳에 도착했다는 느낌이 들었다.

물론 내 열정의 원천은 카이저 선생님이었다. 그는 학생들을 열중시킬 수 있는(내 생각에 교사의 가장 중요한 자질) 교사였을 뿐만 아니라 '매력적인 남자'이기도 했다. 그의 눈은 푸른 강철빛이고 머리는 갈색으로 키가 크고 잘생겼다. 우리 열여섯 살짜리들—특히 나—이 그를 숭배한 것도 당연하다. 우리는 모두 그와 사랑에 빠졌다. 그러나 그를 사랑한다는 것은 그를 보고 말을 듣고 함께 있을 수 있다는 매일의 기쁨에 한정한 것이었다.

불행히도 이 시기는 오래가지 못했다. 1947년 말 학교 전체가 비틀리히로 이전했고 그곳의 오래된 쿠사누스(Cusanus) 김나지움을 여성 기숙 학교로 개조했다. 꼭대기 층에는 거대한 침실을 만들고 주방과 식당은 1층에 있었으며 수업은 2·3층에서 했다. 이 교실은 우리의 휴게실이기도 했다.

한 여성이 우리 학교의 교장이 되면서 카이지 신생님은 불러났다. 왜냐하면 그는 '그저' 공립 학교 교사였기 때문이다. 신임 교장은 '일반 여학생 기숙 학교'를 만들려고 했으나 우리는 이를 거부했다. 다행히 그녀는 오래 머물지 않았고 대신 나치가 진보적 교육관 때문에 교육 활동을 금지하던 한스 빙크(Hans Wink) 박사가 왔다. 나치 시대 이후 그의 첫 직장이었다.[3]

그는 즉시 1920년대의 진보적 교육 이념에 따라 학교를 재구성하기 시작했다. 먼저 그 이념을 지지하는, 생각이 같은 동료들로 팀을 구성한 다음 방을 재배치했다. 침실은 학생 네 명이 공유하는 작은 방으로 바꾸었다. 교실에서 긴 의자를 없애고 네 학생이 함께 앉아 자유롭게 공부할 수 있는 탁자를 놓아 마치 카페 같았다. 이 교실은 휴게실이기도 했고 우리의 물건을 보관할 수 있는, 빨간색과 파란색으로 칠한 사물함이 있었다. 한쪽 구석에는 L자 모양의 탁자와 의자가 있어 큰 집단이 교사와 토론할 수 있었다.

이 재구조화의 목표는 분명했다. 오늘날과 같은 성취, 개인적 학습, 경쟁 대신 집단 내 협력과 상호 지원을 촉진하는 것이었다. 통제 대신 신뢰와 자유가 가장 중요한 교육의 목표였다. 우리의 방은 편안함을 느끼고 다양한 재능을 개발할 수 있도록 매력적인 모습으로 배치했다.

이 새로운 이념은 학교의 공간 배치뿐만 아니라 당시 흔치 않던 교육적 혁신에서도 나타났다. 예를 들어 우리는 매주 학생회를 열고 그 자리에 참석한 교사를 날카롭게 비판했다. 교장은 중요한 정치적 발전에 대한 최신 정보를 우리에게 제공하기 위해 식당 앞 복도에서 자주 연설했고 우리는 이에 대해 토론하는 방법을 배웠다.

우리는 정기적 정치 교육을 받지 못했는데 관련 과목이 아직 없었기 때문이다. 그러나 우리는 교육을 통해 정치화했기 때문에 독일 연방정부의 재무장 결정에 반대하며 격렬한 논쟁을 벌였다. 나는 군비 재확충 거부 행동을 조직하자고 제안했던 것을 기억한다.

독일어와 역사 수업이 우리를 주로 정치화한 과목이었다. 물론 우리는 교육과정에서 실러(Schiller), 괴테(Goethe), 클라이스트(Kleist)와 같은 고전을 읽었고 보르헤르트(Borchert), 아누이(Anouilh)와 같은 현대 작가가 쓴 《문밖에서》《안티고네》와 같은 작품을 읽었다.

## 나의 선생님들

교장이 진보적 사상을 공유하는 교사들로 팀을 구성한 데서 볼 수 있듯이 당시에는 이런 일이 가능했다. 교사 몇 명은 우리보다 나이가 별로 많지 않았다. 남성 교사들은 전쟁에서 막 돌아왔고 국제 이해와 평화 증진을 지지했으며 프랑스 점령 정부도 이런 생각에 찬성했다. 앞서 밝혔듯이 프랑스어가 제1외국어였고 교사는 프랑스인이었다.

우리는 독일어 담당이자 담임 교사인 하인리히 홀켄브링크(Heinrich Holkenbrink), 또는 '홀켄브링크 선생님'과 함께 실러의 《도적들》《돈 카를로스》《발렌슈타인》을 읽었다. 그런 다음 '순진하고' '감상적인' 자연

개념에 대한 실러의 글과 관련해 격렬한 논쟁을 불러일으킨 그의 《미학 편지》를 읽었다. 클라이스트의 《마리오네트 극장》《펜테질레아》가 뒤를 이었다. 물론 괴테의 《파우스트》도 읽고 토론했다.

선생님의 목표는 언어와 문학에 대한 우리의 지식을 증진하는 것뿐만 아니라 문학의 더 깊은 철학적 질문에 대한 관심을 자극하고 강화하는 것이었다. 교사들은 우리만큼 열정적이었고 정해진 시간을 넘어서까지 수업을 진행할 때가 많았다.

그리고 교사들은 가능한 한 우리의 독립성과 창의성을 장려했다. 예를 들어 빙크 박사는 학교 복도에서 바로크 미술 전시회를 열도록 나를 격려했다. 이를 위해 보고서도 준비해야 했는데 오래된 신문과 그림책의 삽화를 모아 급우들에게 바로크 양식을 설명했다. 글을 발표하고 오래된 영사기로 무장한 채 바로크 양식 건물의 사진을 벽에 비추었다.

독일어 수업 시간에는 자기 자신에 대한 주제로 과제를 작성했다. 다음과 같은 이야기에서 우리가 즐긴 자유와 선생님과의 좋은 관계가 나타난다.

나는 클라이스트의 작품, 특히 아마존 여왕 펜테질레아를 좋아했다. 나는 《펜테질레아》에 대한 글을 쓰고 발표 날짜를 공개적으로 정했다. 그런데 홀켄브링크 선생님은 발표 시간이 되어도 멈추지 않고 늘 그렇듯 강의를 계속했다. 다음 주에도 다다음 주에도 마찬가지였다. 나는 지쳐서 반 친구들에게 과제를 발표하지 않겠다고 말했다. 선생님의 행동이 내 체면을 손상한 것이었다.

누가 생각이나 했겠는가. 다음 독일어 시간에 홀켄브링크 선생님은 수업을 일찍 끝내고 말했다. "음, 클라이스트의 《펜테질레아》에 관한 마리아의 글이 남았군요." 나는 용기를 내어 "더 이상 제 글을 읽을 의미가 없는 것 같아요!"라고 대답했다. 선생님은 얼굴이 분필처럼 희게 변해 서둘러 교실을 나갔다. 급우들은 나를 비난했다. 어떻게 그렇게 무례할 수 있는가? 어떻게 사랑과 존경을 받는 선생님을 그런 식으로 모욕할 수 있는가? 하지만 나는 그렇게 해야 했다.

몇 주 동안 나는 선생님에게 말을 걸지 않았다. 긴 시간이 흐른 뒤 더 이상 참을 수 없어 자존심 때문에 그랬다고 말했고 그는 이해했다. 모든 것이 다시 괜찮아졌다.

나는 젊은 여성으로서 문학, 철학, 예술, 국제 이해에 열정적이었고 정치에 관심을 두기 시작했다. 우리는 비틀리히에 청년 연합(Junge Union: 기독민주당의 청년 조직) 지부가 생겼을 때(당시 가톨릭이던 라인모젤 지역에서는 다른 정당을 생각할 수 없었다) 토론에 참여해 모두가 거부한 독일의 재무장에 대해 논의했다. 우리는 "더 이상의 전쟁은 없다—다시는 없다(NO MORE WAR—NEVER AGAIN)"라는 구호를 적은 현수막을 들었다. 우리는 이 작은 보수적 마을에서 정치 문제를 공식으로 토론할 방법을 찾았다는 사실에 매우 기뻤고 기독민주당 청년 회의에 참석하도록 담임 교사를 설득했다. 그는 우리의 제안을 따라 합류했고 이후 기독민주당 의원이 되어 훌륭한 경력을 쌓았으며 결국 라인란트팔츠주 경제부 장관이 되었다. 그가 어떻게 이상주의적 교사이자 철학자에서 기독민주당의 자본주의적 과정을 집행하는 관리로 180도 바뀔 수 있었는지 지금도 이해할 수 없다. 어쩌면 새로운 헌법이 사회 정의를 위한 것이라 믿었을 수도 있고, 그의 이상주의를 일종의 발렌슈타인적 '현실주의'로 대체했을 수도 있다. "당신의 마음속에는 다른 생각이 함께 머물 수 있다. 그러나 현실에서는 충돌한다."[4]

### 사랑과 우정

우리는 독일 이상주의에서 영감을 받은 한편 어리기도 했다. 전쟁으로 인해 우리는 오늘날 중등학교에 다니는 여성들보다 약간 나이가 많았고 모든 19세 소녀들처럼 사랑에 관심이 있었다.

우리 중 상당수에게 사랑은 단순한 이론적 생각이 아니었다. 서로 친한 친구들이 많았고 어쩌면 사랑에 빠진 경우도 있었을 것이다. 하지만 내가 아는 한 누구도 공개적 연인 관계로 발전하지는 않았다. 나는 반 친구 두 명과 가장 친해졌다. 이 우정은 오늘날까지 안정적으로 이어졌다. 우리는 가능하면 1년에 한 번은 만나려고 노력한다.

우리는 동성애가 이성애 관계의 대안으로 존재한다는 것을 알고 있었지만 실제로는 중요치 않았다. 어쨌든 그 관계는 드러낼 수 없었다. 우리와 같은 건물을 쓰는 쿠사누스 김나지움의 소년들에게 관심 있는 사람도 있었다. 그러나 가장 낭만적이고 극적인 관계는 여학생들과 비틀리히 수비대에 주둔하던 프랑스 군인들 사이에 발전했다. 기숙사 사감과 선생님들은 매우 관대했고 규제도 없었다. 교사들도 연애에 대해 알고 있었지만 우리를 믿고 반대나 금지를 하지 않았다. 어떻게 그럴 수 있었을까? 우리는 어느 정도 성인 여성이나 마찬가지였다.

사랑에 대한 내 태도는 어땠을까? 나는 이상주의자들 중에서도 가장 이상주의적이었고 우리 집단의 탁자 옆 벽에 연필로 다음과 같은 글귀를 적었다. "사랑하라 그리고 원하는 것을 하라(Ama et fac quod vis)." 하지만 이상적 사랑의 적절한 대상은 어디 있었을까? 나는 쿠사누스 김나지움의 소년이나 프랑스 군인들에게 전혀 관심이 없었다. 나는 그들이 바보라는 것을 알았다. 아니, 나는 남자를 찾는 것이 아니었다. 사랑에 대한 나의 갈망은 이성이 가까이 다가오자마자 순식간에 증발해버리는, 모호한 이상주의적 감정이었다.

### 남자

나는 남자들에게 별로 관심이 없었다. 낯선 남자와의 경험은 불쾌했고 슈테펠른의 축제, 노인과 젊은이가 함께 모이는 크리스마스나 부활절 파티에서 춤추는 상대에 국한했다. 젊은이들은 멀리 떨어진 마을 여러 곳에서 왔다. 소녀는 남자가 춤을 청할 때까지 참을성 있게 기다려야 했고 나는 모욕적이라고 느꼈다. 게다가 별로 예쁘지도 춤을 잘 추지도 않았다. 전쟁에서 돌아온 오빠들은 춤에 열광했지만 내게 폭스트롯, 왈츠, 라인랜더를 가르칠 인내심이 없었다. 어쨌든 나는 춤에 나타나는 남녀 관계를 좋아하지 않았다. 남자는 '이끌고' 여자는 그의 움직임을 '따라야' 했다. 가장 나쁜 점은 어떤 남자들은 여자에게 춤을 청할 용기를 내려면 술을 마셔야 한다는 것이었다. 나는 저녁이 끝날 무렵 술에 취한 남자가 다가와 의식처럼 고급 독일어로 "춤을 춰도 될까요?"라는 말을 읊을 때까지 벽의 꽃처럼 앉아 있었다. 그런 사람은 나를 너무 꽉 안았고 모든 땀구멍에서 술 냄새가 풍겼으며, 나는 움직이거나 거리를 둘 수 없었다. 소녀는 '따르거나' 도망가도록 강요받았다.

그래서 춤을 시작할 때 나는 숲으로 달려갔다. 혼자 아우엘과 슈테펠른의 숲속을 몇 시간 동안 걷거나, 사람이 밟지 않은 새로운 길을 탐색하거나, 개간지에 도착할 때까지 덤불 속을 걸었다. 나는 항상 새로운 무언가를 찾았으면 했다.

가끔은 숲에 스케치북을 가져가 눈에 띄는 것을 그렸다. 나는 식물과 나무에 대해 배웠고 그 특징과 기운을 사랑하게 되었지만 당시에는 그것이 무엇인지도 몰랐다. 너도밤나무는 내가 가장 좋아하는 나무였다.

놀라울 정도로 매끄럽고 높은 줄기, 가지와 잔가지가 만드는 상상의 형태, 잎사귀는 5월이면 연한 녹색으로 빛나고 가을에는 금빛과 적갈색의 불꽃놀이로 폭발했다.

결혼, 집안일, 자녀 등 남성과 관련한 모든 일이 **내** 일이 아니라고 어렴풋하게나마 처음 의식했을 때 나는 아마 혼자 살게 되리라는 것 또한 이해했다. '그럼 그냥 나무를 안아볼까'라고 스스로에게 말한 적도 있다. 나무와 관련한 말은 《펜테질레아》 비극의 인용문처럼 나중에도 계속 영감을 주었다. "죽은 떡갈나무는 폭풍 속에도 서 있지만, 튼튼한 떡갈나무는 폭풍이 내리치면 넘어진다. 폭풍이 그 나무의 왕관(수관)을 붙잡아 쓰러뜨릴 수 있기 때문이다."

### 나의 프랑스어 선생님들

나는 아마 프랑스어 선생님을 사랑했을 것이고 적어도 그녀를 숭배했다. 그녀의 이름은 이본 겔리에(Yvonne Gellier)였다.

이본은 매력 있고 열정적인 검은 머리 여성이었다. 그녀는 이웃 마을에 살았고 항상 자전거를 타고 비틀리히로 왔다. 그녀는 프랑스어를 열성으로 가르쳤고 "프랑스어를 모르는 사람은 독일어도 이해하지 못한다"고 말했다. 그녀 생각에 프랑스어는 이론과 실제 모두에서 **합리적 사고**의 전형이었다. (그녀는 종종 프랑스 합리주의를 독일 낭만주의와 비교했지만 독일인과 사랑에 빠졌다고 했다.) 이 합리주의를 이해하지 못하는 학생에 대한 처벌은 그녀의 분노였다. "너를 쏴버릴 수도 있겠어!" 그녀는 학생들이 프랑스어 문법이나 시의 의미를 이해하지 못할 때면 고함치곤 했다.

이본 겔리에는 프랑스어 문법뿐만 아니라 문학사도 가르쳤다. 그녀는 랭보(Rimbaud)나 베를렌(Verlaine) 같은 시인들에게 열광했고, 롱사르

(Ronsard)의 문장 '카르페 디엠(Carpe diem: 현재에 충실하라)'에 대해 우리와 절익게 이야기를 나눴다. 나는 베를렌이 감옥에서 쓴 시를 아직도 외우고 있다.

도시의 비처럼, 내 마음은
눈물방울도 내린다. 이제 어떻게 하나,
내 마음을 찌르고, 상처를 주는
이 나른한 통증, 이 고통을?[5]

나는 이본 겔리에를 사랑했고 프랑스어와 문학을 쉽게 잘 배웠다. 그러나 그녀는 우리 곁에 오래 머물지 않았다.

그녀의 후임자 준비에브 슈미트하이슬러(Geneviève Schmittheisler)는 매우 다른 사람이었다. 그녀는 작고 여위고 머리를 공작부인처럼 땋았으며 로트링가의 부유한 담배 회사 가문 출신이었다. 준비에브는 전쟁 이후 독일과 독일인을 사랑했다. 그녀는 '사명'을 따르기 위해 독일에 왔는데 그 사명은 간단히 말해 복음을 바탕으로 민족들 사이의 평화를 증진하는 것이었다. 그녀 역시 훌륭한 교사였지만 이본 겔리에보다 관대했다. 그녀는 예수의 가르침을 문자 그대로 받아들였고 이를 따르려는 노력으로 우리에게 깊은 인상을 남겼다. 여기에는 가난의 계명도 포함되었다. 그녀는 (우리와 같은) 기독교인들이 너무 부유하다고 느꼈다. 그녀는 여름용 스커트, 블라우스, 겨울옷을 한 벌씩만 갖고 있었고 스타킹을 신지 않는 원칙을 고수했으며 신발은 단 한 켤레였다. 또한 채식주의자로 "채소 주스만 먹어도 취할 수 있단다!"라고 말하곤 했다.

그녀의 가족이 결혼할 때는 한 학생에게 드레스와 스타킹을 빌렸다.

이는 부유한 가족이 상속권을 주지 않는 것을 받아들인 그녀에게 큰 양보였다. 그녀의 장기 목표는 인도에서 선교사가 되는 것이었기 때문에 산스크리트어를 배웠다. 간디의 가르침은 그녀에게 큰 영감을 주었다.

또한 그녀는 '새로운 가톨릭'이라는 유명한 프랑스의 진보 운동 소속이었다. 이 운동의 창시자 중에는 프랑스 문학가들인 조르주 베르나노스(Georges Bernanos)와 폴 클로델(Paul Claudel)도 있었다. 준비에브는 복음의 이론이 아니라 실천에 관심이 있었다. 그녀는 비틀리히 주교에게 예수의 가르침과 교회의 실천 사이에 존재하는 모순에 대해 연설했다. 그녀는 복음대로 **살아가고** 있었기 때문에 그는 할 말이 별로 없었다.

비록 우리는 복음을 실천하는 데 그녀보다 해이했지만 모두 그녀를 사랑하며 아꼈고 좋은 친구가 되었다. 그녀는 지역 성지 순례에 우리를 데려가는 것을 좋아했다. 한 번은 맨발로 오래된 수도원에 가기도 했고 고행을 위해 배낭에 철이나 돌을 넣었다. 그녀의 목표는 보병과 같은 무게를 짊어진 채 그만큼 멀리 행진하는 것이었다. "그들이 할 수 있는 일은 나도 할 수 있어"라고 그녀는 말했다.

결국 그녀는 선교사가 되도록 허가받고 우리를 떠났다. 그러나 그곳에 오래 머물지 못했는데 가난과 독신 서약이 아니라 오히려 순종 서약에 따르는 문제가 있었다. 그녀는 모두가 먹는 고기를 포함해 예전보다 훨씬 많은 것을 먹어야 했고 소화 문제에 도움이 되는 오트밀을 허용받지 못했다. 처음에 그녀는 이 새로운 규율에 순종하려고 노력했다. 여전히 인도에 가고 싶었기 때문이다. 그러나 더 이상 견뎌내지 못하고 프랑스로 돌아가라는 명령을 받아 떠났다.

그 후 그녀에게 무슨 일이 일어났는지는 모른다. 하지만 그녀가 떠날 때 내게 한 말은 기억한다. "기적을 많이 경험하렴!"

# 사 랑

준비에브 선생님이 말한 기적은 내가 열아홉 살이 되던 해, 학교를 졸업하기 1년 전에 일어났다. **나는 인생의 사랑을 만났다**. 돌이켜보면 이 만남은 삶의 **전환점**이었다. 내 인생의 길은 새롭고 명확한 방향을 잡았으며 새로운 지평을 탐구하고, 새로운 통찰력과 관점을 얻고, 새로운 만남에 기꺼이 응하는 데 필요한 힘을 얻었다.

이 사랑은 삶의 과정 내내 나를 실어 나르는 강력한 흐름, '붉은 실'이었다. 무엇이든 할 수 있으며 결국 성공할 것이라는 용기를 주었고, 학창 시절의 이상주의·낭만주의·사랑에 대한 막연한 사랑은 이 만남을 통해 구체적이고 인간적인 형태를 띠게 되었다. 그 이야기를 간단히 하면 다음과 같다.

### 줄피카르

독일철도회사는 광고 공모전을 열고 주변 중등학교 학생들이 참여하도록 격려했다. 나는 바퀴의 발명부터 철도의 발전까지 교통의 역사를 그린 대형 포스터를 제출했는데 생각지도 않게 1등상을 받았고, 상품은 독일에서 선택한 곳은 어디든 갈 수 있는 무료 왕복 기차표였다. 나는 전에 먼 여행을 가본 적이 없었기 때문에 학교 친구 메히틸트에게 함께 가고 싶은지 물었다. 그녀는 그렇다고 답했고 돌아온 여름방학에 우리는 떠났다.

우리의 목표는 수업 시간에 들은 도시, 교회, 성을 비롯한 관광 명소를 방문하는 것이었다. 이 중에는 기술·과학 박물관인 뮌헨의 독일 박물관도 있었다. 내가 과학과 기술에 특별히 관심이 있었던 것은 아니지만 누군가 독일 박물관은 방문할 가치가 있다고 말했다.

1950년 8월 24일 우리는 뮌헨에 도착했다. 독일 박물관 문 앞에 서 있던 키가 크고 가무잡잡한 남자가 갑자기 우리에게 다가와 "영어를 할 수 있나요?"라고 물었다. 메히틸트는 고개를 저었지만 나는 바로 "네, 그렇습니다"라고 답했다. 나는 영어를 잘하지 못했고 2년 동안 게롤슈타인 학교에서 배운 것이 전부였지만(그리고 대부분을 잊어버리기도 했지만) 그렇게 말해야 했다. 우리 앞에 선, 피부색이 어두운 이 남자는 다른 세계에서 온 전령이었다. 나는 그를 따라야 했고 이것은 기적이었다. 나는 전에 그런 사람을 본 적이 없었다.

그는 우리에게 박물관에서 동행하며 전시 설명 번역을 도와줄 수 있는지 물었다. 나는 물론 그럴 거라고 대담하게 답했다. 그는 메히틸트의 망설임을 눈치챈 것 같았고 두려움을 덜어주기 위해 "나는 당신의 형제예요"라고 말했다.

그의 말은 내 마음 가장 깊은 곳에 와닿았다. 내게는 그 말이 거의 신비로 들렸다. 내가 들어본 적도 없는 나라의 낯선 사람이 갑자기 나타나 하늘에서 온 천사처럼 "나는 네 형제다"라고 말했다. 그 후에도 수년 동안 나는 이 문장에 대한 철학적 사고를 계속 이어갔다. 가장 낯설고 먼 사람이 자기가 내 형제라고 말했다. 정말 기적이다! 당시 나는 이슬람 남성들이 자신의 의도가 명예로움을 알리기 위해 잘 알지 못하는 여성에게 이런 말을 자주 하는 것을 몰랐다.

그의 이름은 줄피카르(Zulfiquar)였고 이슬람교도였다. 그는 플리머스에 정박 중인 파키스탄 선박[6]의 무선통신사였으며 오늘날의 방글라데시인 동파키스탄 출신이었다.

인도가 아직 영국의 식민지였을 때 그는 선원이 되기 위해 집을 떠나

(전에는 봄베이였던) 서해안의 뭄바이로 갔다. 그는 지금 휴가 중이었고 에르빈 로멜(Erwin Rommel) 장군의 무덤과 독일 박물관을 보기 위해 독일을 방문했다. 박물관에서 그는 내가 그에게 할 수 있는 것보다 많은 것, 예를 들어 모스 부호 전신기가 어떻게 작동하는지를 우리에게 설명해주었다. 우리는 영어가 부족했으나 의사소통을 할 수 있었다. 메히틸트는 지루했겠지만 나는 그에게 매료되어 눈을 뗄 수 없었다. 그는 독일 박물관을 둘러본 뒤 우리에게 아이스크림을 사주겠다고 제안했고 다음 날 산에 갈 계획인데 함께 가고 싶은지 물었다. 하지만 우리는 밤베르크 대성당을 방문할 예정이었기 때문에 이것이 첫 만남의 끝이었다. 나는 받아들일 수 없었고 그에게 영국 주소를 알려달라고 부탁했다. 집에 돌아와 편지를 쓰고 답장도 받았다.

그것은 타르와 넓은 세계의 냄새가 나는 수많은 하늘색 봉투 중 첫 번째였다. 이는 내가 나를 사랑한다고 생각하던 한 남자로부터 소식을 가져다주었다. 적어도 나는 그와 완전히 사랑에 빠졌다. 지금도 잘 알 수 없는 것은 그가 나를 사랑했는지다.

이듬해 휴가 때—그가 탄 배는 다시 플리머스에 정박했다—그는 나를 찾아올 계획을 세웠다. 나도 그와 시간을 보내고 싶었고 담임 교사에게 사정을 설명하면서 파키스탄 친구가 라인란트를 방문하는 일주일 동안 학교를 쉬게 해달라고 요청했다. 그 주 직후 최종 시험을 볼 예정이었기 때문에 이례적인 일이었지만 교사들은 동의했다. 선생님들은 나를 믿었고 이는 우리 학교의 분위기가 얼마나 진보적이었는지를 보여준다.

나는 남자와 사랑에 관한 경험이 없었고 무엇이 나를 기다리는지 몰랐다. 줄피카르는 트리어에서 만나자고 제안했고 우리는 돔(Dom) 호텔을 약속 장소로 정했다. 도착했을 때 그의 모습은 아무 데서도 보이지 않았다. 당황해 기차역으로 돌아오는 길에 갑자기 그가 많은 사람 사이에서 내게 다가오는 것을 보았다. 나는 또 하나의 기적이라고 생각했다.

나는 그에게 트리어의 로마 유적, 즉 포르타 니그라, 황실 목욕탕, 콘스탄티누스 대성당을 보여주고 오랜 산책 끝에 트리어 원형 극장도 구경했다. 그곳에 앉아 그는 나와 결혼하고 싶다고 했다.

낭만주의와 끌림에도 불구하고 나는 현실로 돌아왔다. 결혼? 무슬림과 가톨릭이? 불가능한 일이었다. 나는 그의 애무를 거절했다. 그는 참을성 있게 즉시 결정할 필요는 없다고 말했다. 생각할 시간이 필요했다. 그는 우리의 결혼에 대해 진지하게 생각하는 것이 분명했다. 하지만 내가 염려하는 한 종교는 우리 사이에 극복할 수 없는 장애물일 수밖에 없었다. 나는 사랑을 느꼈지만 이를 그에게 분명히 말했다. 그러나 나 또한 그냥 일어나 떠날 수는 없었다.

그는 나와 함께 비틀리히로 돌아와 역 호텔에 방을 잡았고 나는 매일 수업이 끝난 후 그를 방문했다. 나는 난생 처음으로 깊은 떨림을 느꼈다. 내가 정말 매력을 느끼고, 낯선 곳에 대한 나의 동경을 한 사람 안에 모두 담아놓은 듯한 남자를 만났다. 그는 키가 크고 매력적이며 피부가 가무잡잡했다. 또한 선원이자 외국인이자 이상주의자였다. 그리고 그 사람도 나만큼이나 사랑에 빠졌다. 적어도 내가 보기엔 그랬다.

다행히 그는 나의 순진함을 이용하지 않았다. 우리는 오후에 역의 빈 식당에서 만났고 그는 나를 위해 차를 주문했다. 내가 진짜 다르질링 차를 마셔본 건 처음이었다. 그리고 그는 배에서 무선통신사로 일하는 이야기를 해줬다.

이전에 영국 군함이던 이 선박을 파키스탄 정부가 구입했고 취역하기 전 개조를 위해 플리머스 항구에 정박했다. 전기기술자이자 무선통신사인 줄피카르의 임무는 선박의 무선 통신 체계 전체를 검사하는 것이었다. 또한 이는 그의 추가 훈련이기도 했다. 배는 수리가 끝나는 대로 지브롤터, 지중해, 수에즈 운하, 아라비아해를 거쳐 카라치로 항해할 예정이었다.

그는 3일 뒤 떠났다. 그때부터 수년에 걸쳐 우리의 관계는 우편을 통한 의사소통으로 한정되었다. 그는 떠나기 전 내게 정품 파커 만년필을 주었고 나는 그것으로 그에게 수백 통의 편지를 썼다. 또한 지구상에서 가장 이국적인 곳들로부터 그의 우편물을 받았다. 그는 정기적으로 글을 썼고 자신이 하는 일을 정확하게 설명했다. 서신에서 우리는 다양한 삶의 철학과 정치 문제에 대해서도 논의했다. 우리의 의견이 다를 때가 많음이 분명해졌다. 많은 벵골 남성들처럼 줄피카르가 해군에 입대하도록 동기를 부여한 것은 야망과 열정이었다. 그는 독일, 독일군, 카를 폰 클라우제비츠(Carl von Clausewitz), 로멜, 오토 폰 비스마르크(Otto von Bismarck)와 같은 군사 이론가와 외교관을 존경했다. 나는 이 모든 것에 전혀 관심이 없었다. 나는 간디와 인도에서 영국의 식민 권력에 맞선 그의 비폭력 투쟁을 존경했다. 줄피카르는 완전히 다른 의견이었다. 그는 분명히 수바스 찬드라 보스(Subhas Chandra Bose) 휘하 인도국민군의 추종자였다. 그들은 비폭력이 아니라 영국으로부터 독립을 얻기 위한 군사적 해결책을 믿었다. 그의 생각에 인도를 해방시킨 사람은 간디가 아니었고, 영국은 히틀러의 전쟁으로 약화되어 식민지 인도를 포기할 수밖에 없었다.

그 당시 나는 인도 아대륙 발전 이면의 역사와 정치에 대해 알지 못했으며, 군대에 반대하는 입장은 제2차 세계대전의 참화 이후 국제 이해를 촉진하려는 정서에 기반했다. 나는 줄피카르의 입장이 마음에 들지 않았고 독일에 대한 그의 존경심을 좋아하지 않았다. 전쟁 이후 독일에 대한 존경은 무엇에 대한 것이든 눈총을 받는 분위기였다. 나중에 인도 푸네에 있는 독일문화원(GI)에서 강사로 일할 때 독일과 히틀러를 존경해 독일어를 배운 인도인들을 많이 만났지만, 이 존경심은 인도 독립운동에서 반식민지 전략의 일환이었다. 1911년에 이미 영어 대신 독일어를 가르치는 인도 학교를 푸네에 최초로 설립했다. 푸네 지식인들의 목적은 영어 제국주의로부터 분리되는 것이었다.

그러나 1950~1952년에 나는 이 모든 것을 알지 못했다. 또한 독일인 아내를 얻으려는 줄피카르의 계획이 독일과 끈을 유지하려는 전략일 수 있다는 것도 몰랐다.

## 종교

줄피카르가 내게 보낸 편지에는 결혼에 대한 요청이 계속 등장했다. 그는 종교가 결혼 생활에 장애물이 된다는 것을 받아들일 수 없었다. 그는 기독교인 유럽 여성과 결혼한 인도, 파키스탄, 스리랑카의 유명한 남성을 열거했다. 그리고 이 여성들은 인도 독립 투쟁에 적극적으로 참여했다. 그는 종교적인 사람은 아니었지만 여성과 결혼하기 위해 종교를 포기할 수는 없었을 것이다. 그는 가톨릭 여성과 이슬람 남성이 행복한 결혼 생활을 누릴 수 있다고 믿었다. 종교는 중요하지 않았다. 오늘 나는 그가 옳았다고 말하고 싶다. 그렇지만 당시에 나는 아직 그렇게 할 수 없었다.

우리의 가장 중요한 차이점은 자녀와 관련한 것이었다. 비록 이슬람교와 가톨릭교 모두 같은 신자가 아닌 사람과의 결혼을 허용하지만 이 결혼에서 자녀들은 자신의 편이라고 수상한다. 특히 가톨릭 교회는 이 점에서 관용이 없어 무슬림을 비롯해 가톨릭이 아닌 배우자에게 입교를 요구했다. 줄피카르에게는 불가능한 일이었다. 그리고 나는 내 자녀들이 무슬림이 되는 것을 상상할 수 없었다. 나 역시 특별히 종교적이지는 않았지만 그늘이 가톨릭 신지가 되는 것 말고는 생각할 수 없었다.

나는 가톨릭교와 이슬람교를 연구하기 시작했다. 먼저 가톨릭 교리를 공부했고 비기독교인 결혼 상대에 관한 교리의 구멍을 찾기 위해 여러 성직자를 찾아갔다. 아무것도 찾을 수 없었다. 코란을 읽고 그 율법의 허점도 찾았으나 두 종교의 교리는 뚫을 수 없는 벽을 세운 것처럼 보였다. 아직 나는 페미니스트가 아니었고 역사적·정치적 맥락에서 '가부장제'라는 단어는 여전히 낯설었다. 각 종교가 신도를 보호하고 늘리기 위해 세운 벽이 이슬람 남성에 대한 내 사랑을 완전히 가로막는다고 느꼈다. 나는 이 사랑을 포기해야 함을 깨달았고 결국 그렇게 했다. 적어도 내 쪽은 그랬던 것 같다. 만약 계속 그랬다면 서신 왕래는 멈추었을 것이다. 나는 노력했고 몇 달 동안 편지 쓰기를 자제했으나 사랑에는 일관성이 없다. 그에게 또 다른 편지를 받았다. "왜 그렇게 오랫동안 소식이 없어? 왜 더 이상 내게 편지를 쓰지 않는 거야, 내 사랑?" 그 뒤에는 열정적인 사랑의 선언과 결혼해달라는 똑같은 부탁을 되풀이했다. 내가 부정적으로 답하자 그는 정신이 나갔고 더 이상 나도 벌어지고 있는 상황도 이해하지 못했다. 한 번은 그가 "나는 불행한 사람이고 불행하게 죽을 거야"라고 편지에 썼다. 나도 나를 이해할 수 없었다. 나는 거의 모르는 이 사람을 사랑했지만 우리의 종교가 다르다는 이유로 이 사랑을 실현하려는 노력에 반대했다. 마침내 내가 그를 멀리하는 이유가 종교임을 믿지 않는다고 그는 말했다. 그는 다른 이유가 있다고 확신하고 내게 다른 남자가 있을 거라고 추측했다.

비록 다른 남자는 없었지만 내가 결혼하지 않는 이유가 따로 있다는 그의 생각은 옳았다. 사실 나는 전혀 결혼하고 싶지 않았다. 나중에 줄피카르와의 결혼을 거부한 이유가 정말 종교였는지 자문해보았다. 아니면 다른 이유가 있을까?

성적 표현을 찾지 못했어도 우리의 관념적 관계는 사랑받고 싶은 내 욕구를 충족했다. 동시에 그때 결혼했다면 불가능했을 계획을 계속 이어갈 수 있는 자유를 얻었다. 나는 남편과 가족에 얽매이지 않고 원하는 일을 하고 싶었다. 내가 결혼을 거부한 것은 겉으로는 종교 때문이었지만 사실 자유를 제약받지 않으면서도 사랑받는다고 느끼기 위한 무의식적 전략이었던 것 같다.

줄피카르가 종교에 관한 내 주장을 받아들이지 않았기 때문에 이슬람과 같은 동양 문화에서 여성이 동등한 권리를 누리지 못한다는 것과 같은 다른 이유가 있어야 했다. 그는 내 편견에 화를 내며 남아시아(파키스탄, 인도, 스리랑카)에는 여성 교수, 정치인, 심지어 국가 원수까지 유럽보다 더 많다고 말했고 그 말은 옳았다. 실제로 당시 인도에는 독일보다 여성 교수와 국회에서 활동하는 정치인이 더 많았다. 인도, 파키스탄, 스리랑카, 방글라데시 모두 독일보다 훨씬 전에 여성이 국가의 수장을 맡았다.

줄피카르는 유럽 여성의 도덕성이 특별히 높다고 생각하지 않았다. 모든 나라에서 이혼이 너무나 많았고 영국에서는 여성 인신매매와 매춘을 허용한다는 소식도 있었다. 그는 선원으로서 세계의 다양한 항구를 경험했다. 오늘 나는 그가 내 '충실함'을 왜 그토록 확신했는지 스스모에게 묻는다.

## 사랑의 교훈

내 '사랑 이야기'를 되돌아보면 이상한 느낌이 나를 압도한다. 왜 그렇게 오랫동안 꿈을 안고 사는 데 만족했을까? 왜 나는 더 일찍 가부장제의 구조, 남성과 여성에게 미치는 영향을 깨닫지 못했을까? 하지만 당시 여성 운동은 아직 존재하지 않았고 '가부장제'라는 단어조차 들어본 적이 없었다.

그러나 내가 이 사랑 이야기에서 많은 것을 배웠음은 분명하다. 이 이야기는 오랫동안 나를 '움직였다'. 학창 시절부터 교사가 되기 위해 공부한 기간, 직장 생활의 첫해, 심지어 관계를 완전히 끝낸 후에도 마찬가지였다. 1950년 뮌헨 독일 박물관 앞에서의 만남은 나뿐만 아니라 그가 자칭한 대로 나의 '영원한 선원'에게도 운명이었다. 온 세계가 내게 열리고 감정, 생각, 배움이 완전히 새로운 방향으로 나아가는 순간이었다. 1950년에 시작한 '붉은 실'은 처음에는 시냇물로, 그다음에는 강한 흐름으로 내 인생 전체에 걸쳐 계속 불어나며 거대한 관계망으로 뻗어나갔다. 이는 나를 이끌고 새로운 생각과 계획을 실현하는 데 필요한 영감과 힘을 주었다.

내가 이 사랑 이야기에서 배운 첫 번째 중요한 교훈은 상상할 수 없을 정도로 **내 시야가 확장했다**는 것이다. 처음 강렬한 향수병을 겪을 때부터 나는 집과 마을에 집착했지만 이제 낭만적 사랑이 새로운 세계, 즉 동양을 열어주었다. 전후 시대 사람 대부분은 서구, 더 정확하게는 미국이나 캐나다를 바라봤지만 나는 동양에 매력을 느꼈다. 그래서 나는 무의식적으로 "얘들아, 로스바흐를 건너지 마라!"라는 증조할머니의 조언을 따라 슈테펠른을 지나 서쪽으로 가지 않았다.

나는 사랑의 힘에 이끌려 올바른 첫걸음이라 생각하며 **영어**를 배웠다. 게롤슈타인 중등학교 2년 동안 배운 짧은 영어로는 연애편지조차 이해하기 쉽게 쓸 수 없었다. 줄피카르가 영어를 더 배우도록 나를 격려했고 나는 사전과 낱말 카드를 가지고 서툴게 시작했다. 나중에는 영국의 방송국 BBC에서 제공하는 강좌를 수강했다.

인도 아대륙의 역사, 문화, 경제, 사회를 연구하려면 영어 실력이 필요했다. 독일 일부 대학에 인도 관련 학과가 있었지만 대부분 고대 인도 철학 및 언어학, 특히 산스크리트어 연구에 특화되어 있었다.

그러나 나는 인도의 고대 경전이나 철학에 관심이 없었고 이후 히피세대처럼 요가나 인도의 영성, 예술에 매력을 느끼지도 않았다. 나는 남아시아의 삶과 사회에 대해 배우고 싶었다. 하지만 하이델베르크의 동남아시아연구소에도 이런 내용은 많지 않았다.

또 앞서 언급했듯 내 사랑 이야기로 인해 나와 줄피카르 사이에 벽을 만들던 가톨릭과 이슬람, 화해할 수 없는 두 가부장적 유일신교의 근본사상 연구에 집중하게 되었다. 나는 종교가 오늘날처럼 정치 문제가 되기 전 **사랑에 빠진 여인의 눈**으로 성경과 코란을 읽었고 이 두 종교 공동체가 차이점이 아닌 **광범위한 유사점**으로 나뉨을 깨달았다. 두 종교는 유대교와 함께 선지자와 제사장이 쓴 '계시받은 진리'의 책인 구약에 뿌리박고 있다. 이 책에서는 남편이 아내에게 하듯 자기 백성에게 신실과 순종을 요구하는 질투심 많은 가부장적 유일신 하느님에 초점을 맞춘다. 유일신교와 일부일처제는 밀접하게 연관되며 특히 여성에게 그렇다. 성경에 기반하는 이 세 가부장적 종교 사이의 적대감은 '기독교인'과 '이교도' 사이 적대감과는 성격이 다르다. 가부장제의 아들들 사이에서 적개심은 기본적으로 질투와 경쟁에 대한 것으로 여성에 대한 통제와도 관련이 있다(Mies, 2005a 참고).

내가 사랑에서 배운 가장 중요한 교훈은 사랑해야 이해할 수 있다는 것이다. 생텍쥐페리의 《어린 왕자》에서 여우가 한 말처럼 "사람은 마음으로만 명확하게 본다." 내 친구 클라우디아 폰 베를호프는 "느끼지 못하는 사람은 이해하지도 못한다"고 했다. 사물이 매우 다르고 분열되고 낯설게 보여도 사실 서로 연결된다는 이 통찰은 내 삶에 걸쳐 이어졌다. 내 '위대한 사랑' 이야기에 향수병과 타국에 대한 동경이라는 두 가닥의 실이 합해졌다. '타자' '낯선 사람'은 사르트르가 쓴 것처럼 '적' '지옥'이 아니라 '사랑하는 사람'이자 '천국'이다. 아득한 사랑은 가장 중요한 경험이었을 뿐만 아니라 페미니스트가 되는 데 도움이 되었다. 또한 내 사회 비판의 핵심이 되는 가부장제라는 용어를 알려주었다. 이 용어는 사랑 이야기로 인해 내게 처음부터 명확한 국제적 차원이 있었다. 그러나 이상주의적 사랑의 개념을 버리기까지는 최종 시험을 치르고 나서도 수년이 걸렸다. 나는 현실을 직시해야 했고 경제적으로 독립하려면 학교를 졸업하고 교사가 되어야 함을 깨달았다.[7]

## 아카데미와 교사 생활 첫해

1949년 연합군 점령 지역 네 군데가 해제된 후 서독은 주권을 얻었다. 이는 독일의 교육 및 문화 정책이 이제 독일 각료의 관할이라는 의미였다. 프랑스 점령 지역은 마인츠를 수도로 하는 라인란트팔츠주가 되었고 여기에 독일의 교육을 담당하는 문화부가 있었다.

우리 학교 '페다고기움'은 아비투어 최종 시험을 볼 수 있는 '여자 중등학교'로 바뀌었다.[8] 우리 학교에서 처음으로 끝난 아비투어는 큰 행사였으며 대단한 성공으로 마무리했다. 오늘날 어린 학생들에게 학교를 고통으로 만드는, 시험이나 실패에 대한 두려움은 우리에게는 전혀 익숙지 않았다.

나는 아비투어 행사가 끝날 때 고별사를 했다. 안타깝게도 더 이상 그 연설문을 갖고 있지 않지만 우리에 대한 선생님들의 **신뢰**를 특히 강조했음을 기억한다. 우리는 교사가 규율을 엄격하게 고수하는 옛 독일의 전형적 방식을 접한 적이 없다. 성취와 시험 통과에만 관심이 있는 교사는 없었다.

문화부 대표를 비롯한 공무원들이 아비투어 축하 행사에 참석했다. 우리 부모님도 초대받아 처음으로 비틀리히에 왔고 딸을 매우 자랑스러워했다.

어린 시절의 이 최고점 이후 잠시 동안 나는 모든 일이 이렇게 계속될 것이라는 느낌, 즉 한 꼭대기에서 다른 꼭대기로 성큼성큼 걷고 춤추며 날아갈 것이라는 느낌을 갖고 살았다. 그러나 그 기쁨은 지속하지 않았다.

### 코블렌츠 교육 아카데미

코블렌츠에 있는 아카데미에서 공부한 시절[9]은 상당히 실망스러웠다. 일단 예술원에서 공부할 방법이 없었다. 왜냐하면 (나중에는 김나지움이 된) '페다고기움'에서 학업을 마친 뒤에는 라인란트팔츠 공립 학교 교사로 5년 동안 일해야 한다는 조건이 붙었기 때문이었다. 나는 생계를 위해 직업이 필요했고 나중에 언제든지 예술원에 지원할 수 있다고 생각했기 때문에 이의는 없었다.

그러나 처음부터 불안하던 것은 아카데미 교수들이 적용하는 편협한 규조적 기준이었다. 그들은 '옛날 사람들'이었고 세기 전환기 및 20세기 전반기 독일의 진보식 교육 운동을 놓쳤음이 분명했다. 그들은 놀이 교육학이나 직업교육학에 대해 몰랐으며—또는 알더라도 언급하지 않았으며—우리의 창의력을 장려할 이유가 없다고 생각했다. 또한 정치 토론과 국제 이해에 대한 열정도 없었다. 그들은 젊은 학교 교사들이 마을 학교에서 일하기 위해 알아야 할 모든 것을 꼼꼼하고 빠르게 가르쳤고 우리의 성과를 측정하기 위한 평가와 시험이 있었다. 관심이 가는 교수는 한 명도 없었고 나는 그들의 이름을 모두 잊어버렸다. 지적 활기에 차고 감성적이던 김나지움 시절에 비하면 코블렌츠 시절은 '회색빛'이었다.

## 교직 생활의 첫해

나는 필요한 시험을 모두 마치고 교사가 되었다. 좋은 직업이 있었고 안정된 독립적 생활을 했다. 행복과 만족감을 느꼈어야 했지만 그렇지 않았다. 나는 더 많은 것을 원했다.

그러므로 교직 시험을 마친 직후 내 고향인 다운의 호엔펠스에 있는, 교실 두 개의 작은 공립 학교에서 일자리를 제안했을 때는 확실한 해방으로 다가왔다. 주말에 집에 갈 수 있었기 때문에 그 일은 내게 잘 맞았다. 그리고 나는 어린 시절의 경험으로 그런 학교에서 어떤 교육이 필요한지 알았다.

나는 교사 역할을 좋아했고 예전에도 지금도 좋은 선생님이라고 생각한다. 나는 아이들에게 영감을 줄 수 있었다. 내 좌우명은 "아이들의 삶을 흥미롭게 만들자"였고 이를 위해 형제들과의 경험을 활용했다. 나는 아이들이 흥미를 느낄 때만 배운다는 것을 알고 있었다.

그 당시에는 표준 교육 과정도 오늘날과 같은 규정이나 수행 기준도 없었다. 젊은 교사가 창의적 교육 수단을 찾을 여지는 충분했고 칠판, 분필과 바깥 자연의 학교 외에는 사용할 수 있는 교구가 거의 없었다. 그러다 보니 야외 수업을 자주 했는데 아이들과 나 모두 이를 좋아했다. 우리는 초원과 숲을 산책했다. 아이들은 식물과 나무에 대해 배우고 그렸으며 계절에 맞는 노래를 불렀다. 학생들의 창의력을 개발하는 일은 즐거웠다.

내 마음에 들지 않은 것은 학교 이사회의 관료주의, 권위주의, 독일의 가톨릭 지역에 상당한 영향력을 행사하던 가톨릭 교회의 세계관이었다. 이 영향력은 교사로 일을 시작하면서 더욱 두드러졌다. 젊은 여성 교사들은 동의 절차 없이 곧바로 가톨릭여교사협회의 회원이 되었다. 처음 참석한 회의에서 회장은 교직은 성직과 유사한 사명이기 때문에 여성 교사들은 금욕 생활을 해야 한다고 선언했다. 우리는 마을의 본보기가 되어야 했다. 결혼에 관심은 없었지만 이는 충격이었고 나는 곧 협회를 떠났다.

### 예술

앞서 말했듯 내 '사명'은 결혼과 가정도, 금욕 생활도 아닌 예술가가 되는 것이었다. 적어도 나는 그렇게 생각했다.

교사라는 직업은 다른 어떤 직업보다 그림을 그리고 조각을 할 수 있는 시간과 기회가 많았고 나는 그렇게 했다. 그러나 계속해서 기술의 한계에 직면했다. 좋은 생각은 많이 떠올랐지만 막상 실행에 옮기려고 하면 결과가 만족스럽지 못했다. 나는 좌절했고 조각가는커녕 화가로서도 훈련이 부족함을 깨달았다. 나는 점토 작업을 특히 좋아했는데 그릇과 꽃병이 아니라 두상과 토르소를 만들었다. 이렇게 만든 것은 모두 친구나 형제들에게 주고 지금 남은 것은 거의 없다. 하나 남은 태피스트리는 잡동사니 상자에서 나온 자투리 천 조각으로 선원들의 무덤인 바다 밑바닥을 묘사한 것이다.

하지만 나는 이런 작업으로는 진정한 예술가가 되기에 충분치 않음을 깨달았다. 재능이 있다 해도 여러 재료를 가지고 노는 취미에 불과했다. 나는 이 상황을 바꾸고 싶었으며 제대로 된 예술 학교에 진학해 다양한 분야의 훈련을 받고 나중에는 예술 교사가 되고 싶었다. 그러나 그런 교육을 받을 돈이 없었기 때문에 남은 기회는 예술 아카데미가 있는 도시로 옮겨가는 것뿐이었다.

나는 마인츠로 전근을 신청했고 승인을 받았다. 그러나 그곳에 일자리를 얻지 못하고 마인츠와 예술 아카데미에서 멀리 떨어진 마을로 가게 되었다. 비참했다. 완전히 낯선 곳, 예술 아카데미에 진학하겠다는 목표를 실현할 수 없는 곳에서 어떻게 해야 할까? 목표를 이룰 수 없다면 적어도 집처럼 느낄 수 있는 트리어로 돌아가고 싶었다. 이번에도 전근을 신청하자 허가가 났다.

나는 훈스뤼크산맥에 있는 헤르메스카일 지역 공립 학교에 배정받았다. 이런 시소 타기 같은 변화는 1955년 봄 짧은 기간에 일어났다.

헤르메스카일에서 나는 예술가의 꿈을 포기해야 함을 깨달았다. 상황이 허락하지 않았기 때문만은 아니었다. 나는 그 이유를 내 안에서 찾아야 한다는 것을 알았다. 만약 내면에 충분한 추진력과 인내력이 있었다면 계속 노력했을 것이다. 그러나 예술에 전념하려는 의지뿐만 아니라 재능도 성공적 예술가가 될 만큼 충분하지 않았던 것 같다.

그래서 나는 예술가가 되겠다는 생각을 접었다. 그리고 더 이상 즐거운 취미가 아닌 그림 그리기를 그만두었다. 그 오랜 세월 동안 자신을 속인 듯했다.

하지만 학교 교사가 되는 것만으로는 충분하지 않았다. 작은 마을 헤르메스카일에서 살고 일하면서 내 삶이 얼마나 좁고 제한되어 있는지 절실히 깨달았다. 공무원이라는 직업은 경제적 안정을 제공했고 여성으로서 존중받을 수 있기도 했다.[10] 그럼 나는 뭘 더 원한 걸까? 주변에 영감을 줄 수 있는 것이 전혀 없었다. 제2차 세계대전의 참화 이후 모두가 물질적 재건에 관심을 두고 말 그대로 자기 집을 짓고 수리하는 데 열중했다. 독일 경제의 기적 '비르트샤프츠분더(Wirtschaftswunder)'가 펼쳐지기 시작한 것이다. 그러나 이 모든 것이 내게는 조금도 매력적이지 않았다. 나는 뭔가 다른 것을 원했고 이 작고 어두운 세계에서 벗어나고 싶었다.

나는 영어를 제대로 배우기 시작했다. 예술만큼이나 언어도 어설프게 습득했기 때문에 더 이상 내 연애편지의 영어에 만족할 수 없었다. 처음에는 BBC 영어 강좌를 정기적으로 듣고 마침내 관련 시험에 응시하여 케임브리지 대학의 영어 인증서를 받았다.

영어 공부에는 지극히 실용적인 목표가 있었다. 나는 개발도상국에 가고 싶었고 교원 졸업장과 독일어·프랑스어 능력은 그곳에서 별 도움이 되지 않을 것 같았다.

뮌스터 대학교의 교육과학연구소 분원이 트리어에 있어(당시 트리어에는 아직 대학이 없었다) 주말에 어학 공부도 하고 중학교 교직 자격증인 '레알슐레(Realschule)'도 취득할 수 있었다. 나는 영어와 독일어 교육을 공부해 1962년 교사 시험에 합격했다.

학업을 마치기 전 나는 (역시 훈스뤼크산 근처에 있는) 모르바흐 지역 학교로 옮겼다. 독일이 주권 국가가 된 후 영어가 제1외국어가 되었으나 라인란트팔츠에는 영어 교사가 거의 없었다. 그래서 모르바흐의 중학교에서 나를 영어 교사로 채용한 것이다.

하지만 나는 **세계로 나가서** 변화를 돕고 싶었다. 내 작은 세계를 뒤로하고 새로운 지평이 열리기를 바라는 열망은 내 사랑 이야기뿐만 아니라 **국제시민봉사**(SCI) **캠프**에 참여한 결과이기도 했다. 이 새로운 경험을 통해 내게 더 크고 새로운 국제적 지평이 열렸다.

### 국제시민봉사

국제시민봉사는 제1차 세계대전 이후 스위스인 피에르 세레솔(Pierre Cérésol)이 동료들과 함께 설립했다. 이 국제 운동의 핵심 구상은 군 복무를 폐지하고 평화를 위한 자원봉사를 통해 독일·프랑스와 같은 이전 '적국'을 화해시키는 것이었다. 국제시민봉사 워크 캠프(work camp)의 자원봉사자들은 노동자 주택 재건축, 수도관 매립 공사, 소외 지역 학교 건립 및 전후 지역 사회 재건 지원 등 다양한 사회적 프로젝트를 수행하기 위해 전 세계에서 왔다. 국제시민봉사의 주요 원칙은 '말이 아닌 행동'이었다. 설립자들은 끝없는 논의보다 모든 국가의 구성원들이 함께하는 실질적 작업이 이해와 평화를 촉진할 것이라는 의견이었다.

또한 국제시민봉사는 **군 복무를 사회 복무로** 대체하기 위해 싸웠다. 따라서 이 단체를 통해 모든 국가의 양심적 병역 거부자가 만날 수 있었다. 국제시민봉사는 스위스를 비롯해 여러 국가, 심지어 독일에서도 양심적 병역 거부를 받아들이는 데 도움을 주었다. 이 투쟁에는 많은 인내가 필요했다.

국제시민봉사는 인도, 영국, 프랑스, 스페인, 스위스, 알제리, 레바논, 유고슬라비아, 벨기에, 미국 등 수많은 국가에서 워크 캠프를 조직했고 종교, 국가, 문화, 계급의 경계에 구애받지 않았다. 자원봉사자는 남성과 여성 모두 있었으며 동일한 일을 했다. 따라서 국제시민봉사는 자유, 평등, 박애를 원칙으로 한 프랑스 혁명보다 더 나아갔다. 나는 이 워크 캠프에서 처음으로 여성과 남성 사이에 위계적 노동 분리가 존재하지 않는다는 것을 알았다.

내가 교사로 처음 일한 몇 년 동안 이 캠프는 많은 영감을 주었다. 매년 휴가 때면 나는 국제시민봉사 워크숍에 가곤 했다.[11] 프로젝트를 위해 공동 작업을 수행하는 것은 큰 기쁨이었다. 어린 시절과 마찬가지로 나는 삶에서 일과 기쁨이 분리된 차원이 아니라는 것을 경험했는데 이번에는 국제 공동체에서였다. 이 캠프의 또 다른 수확은 일반적 편견이 사라진 것이었다.

우리는 텐트, 비거나 반쯤 지은 집 등 임시 거처에서 지내며 재건 작업을 하고 지역 주민들의 일을 도왔다. 일을 마친 뒤에는 정말 즐거운 시간을 보냈다. 세계 여러 나라의 노래를 배우고 부르고 다양한 악기를 연주했으며, 온갖 주제로 이야기하면서 이름만 알던 나라의 문제에 대해 알게 되었다.

물론 이런 캠프에서는 이후에도 오랫동안 지속한 우정과 사랑의 관계가 발전했다. 내 오랜 친구인 스위스 여성과는 지금도 연락을 주고받는다. 나는 또한 몇 명의 남자들, 즉 칼라브리아 출신의 공산주의자, 군복무를 피하고 싶어 한 이집트인, 벨기에인과 관계를 맺었다. 하지만 나는 그들과 확실히 거리를 두었다.

1957년 우리는 레바논에서 마을 학교를 세웠고 나는 네덜란드 출신의 페트라 더프리스(Petra de Vries)를 만났다. 우리는 남녀 따로 군용 텐트에서 잤고 밤이면 페트라와 나는 사랑 이야기를 나누곤 했다. 나는 내 ‘위대한 사랑’에 대해 말했고 그녀는 참을성 있게 들었다. 내가 말을 마치자 그녀는 “마리아, 낭만적인 꿈보다 불안전한 현실이 더 좋아!” 라고 말했다. 그 말은 내 마음 깊이 와닿았고 그때부터 이 문장은 삶의 지침이 됐다. 나는 지금까지 사랑에 대한 꿈만 꿨을 뿐 내가 사랑한다고 생각하던 사람을 실제로 알지도 못한다는 것을 깨달았다. 나는 그의 나라 파키스탄이나 고향인 남아시아에 대해 전혀 몰랐다. 그의 언어와 문화에 대해 아는 것도 없었다. 내 머릿속에는 사랑과 국제적 ‘형제애’에 대한 낭만과 이상만 있었다. 완벽하지 않은 현실이 낭만적 꿈보다 낫다는 페트라의 말은 마침내 나를 올바른 방향으로 돌려놓고 현실의 땅에 굳건히 발 딛게 했다. 나는 개종이나 전향과 같은 일을 겪고 이상주의자에서 현실주의자로 변했다. 페트라의 말 한마디가 부조리한 교리가 하지 못한 일을 해낸 것이다.

04

# 인도로 출발하다

## 푸네의 독일문화원

나는 중학교 교원 자격증을 받자마자 남아시아 지망으로 독일문화원 강사직에 지원했다. 놀랍게도 1962년 인도 푸네(당시 푸나)의 지소에서 내 지원서를 받아들여 자리를 제의했다. 나는 기쁨에 넘쳐 독일 학교 당국에 휴직을 요청했다.

나는 1963년 9월에 떠날 예정이었고 빨리 출발 준비를 해야 했다. 나는 독일문화원의 준비 수업에 참석해 '외국어로서 독일어'를 가르치는 방법과 독일연방공화국이 해외, 특히 개발도상국에서 추구하는 문화 정책의 목표를 배웠다. 내 이상주의는 독일의 문화 정책이 결국 경제적 이익을 위한 것이라는 말을 들었을 때 빠르게 증발되어버렸다. 나는 짐을 싸서 모르바흐의 아파트를 떠나 열대 지방에서 생활하는 데 무엇이 필요할지 결정해야 했다. 독일문화원 중앙 사무국은 내게 여성이 '인도 같은' 나라에서 사는 것은 쉽지 않다고 경고했다. 인도의 독일문화원

다섯 곳을 통틀어 여성은 단 한 명뿐이었고 그녀 역시 푸네에 있었다. 우리는 독일문화원에서 근무한 최초의 여성이었지만 나는 전혀 위험하다고 느끼지 않았다. 당시 어떤 독일문화원 동료는 해외 파견지로 차를 보내기도 했다. 나는 그러고 싶지 않았지만 운전면허를 따려고 재빨리 준비했고 다행히 시험에 바로 합격했다. 나는 지금도 그 점을 자랑스럽게 생각한다.

여러 가지 일이 빠르게 일어났고 모두 잘 진행되는 것 같았다. 내 삶의 조류는 미지의 해안을 향해 달려갔다. 내가 항상 원하던 바였다. 9월에 나를 제노바에서 뭄바이까지 데려다준 배는 빅토리아호로 이 항로를 항해한 로이드 트리에스티노 사 선박 두 척 중 하나였다.

이 여행은 지중해에서 출발해 수에즈 운하, 홍해, 아덴만, 아라비아해를 거쳐 뭄바이까지 3주가 걸렸다. 내게는 열린 세상으로 나가는 진정한 여행이었다. 이후 다시는 이런 종류의 설렘을 느끼지 못했다.

밤에 나는 거친 배 갑판 위에 눕곤 했으며(더 멀리 항해할수록 날씨가 더 따뜻해졌다), 프리드리히 니체(Friedrich Nietzche)와 같은 구절과 노래가 머릿속을 계속 맴돌았다.

그 길이 나의 의지이다. 나는 믿는다
내 마음속과 내 고통 속에서.
계획 없이 광대함 속으로
열린 바다로 나는 배를 젓는다
모든 것이 빛난다, 새롭고 더 새롭게,
공간과 시간 위에 정오가 잠잔다.
오직 너의 눈만이—잔혹하게,

나를 응시하는구나, 무한이여![1]

빅토리아호가 뭄바이의 발라드 케이에 도착했을 때 나는 도착했음을 느꼈다. 마침내 내가 오랜 시간 동안 생각하던 그 나라에 온 것이다. 나는 내 마음이 집처럼 느끼는 곳에 있었다. 인도는 나의 나라가 되었다.

배에서 내려 새로운 독일인 동료인 프라우라인 프링스 가이젤러(Fräulein Frings Geiseler)와 푸네 독일문화원 소장 헤어 휠센(Herr Hülsen)을 만났다. 그들은 인도의 전통 방식으로 화환을 들고 인사했고 휠센 소장은 "집에 오신 것을 환영합니다!"라고 말했다.

'집에 오신 것을 환영합니다'는 처음부터 내게 빈말이 아니었다. 나는 인도를 여행하는 많은 사람이 '인도 쇼크'라고 부르는, 거리에서 잠자는 가난한 사람들·소음·냄새에 질리는 경험을 하지 못했다. 관광이나 사업차 인도에 온 사람들로부터 매운 음식이 마음에 들지 않는다는 말을 자주 들었다. 어떤 사람들은 인도 쇼크로 너무 심하게 고통받아 유럽으로 일찍 돌아갈 수밖에 없었다.

나는 이 중 어떤 것도 경험하지 못했다. 나는 먼지, 배설물 냄새, 사방의 소음에 방해받지 않았다. 그리고 처음부터 인도 음식을 맛있게 먹었고 이는 어떤 나라를 '집처럼' 느끼는 데 필수적이다. 나중에 나는 위—혹은 '뱃속'—의 반응이 어떤 상황을 친숙하거나 즐거운 것으로 경험하는지 아니면 위협으로 경험하는지와 밀접한 관련이 있음을 이해했다.

너무 많은 외국인과의 갑작스러운 만남, 인도 거리의 '군중'이 인도 쇼크를 촉발하기도 한다. 인구 전문가들은 이 첫 번째 정서적 반응으로부터 인구 과밀 이론을 발전시킨 다음 과학적 분석 및 통계를 통해 입증하려고 시도한다. 하지만 내 생각에 인도에서 낯선 군중을 맞닥뜨렸을 때 본능적 위협을 경험하는 이유는 쉽게 찾을 수 있다. 사람들로 붐비는 뭄바이의 교외선 기차를 보기만 하면 되는데 사람들이 창문과 출입구에 가득하고 심지어 기차 꼭대기에도 앉아 있다.

나도 이 모든 것을 보았다. 하지만 주된 감정은 호기심이었다. 나는 큰 호기심을 느끼며 사람들을 관찰했고 그들 모두가 아름답다는 것을 알았다. 남자와 여자 전부 마찬가지였다. 그들의 아름다운 옷, 사리뿐만 아니라 얼굴, 아름다운 머리와 피부 때문이었다. 나는 그들을 얼굴이 거칠고, 종종 통통하거나 네모난 백인들과 비교해보았고 어떻게 우리처럼 못생긴 백인종이 세계를 식민지로 삼을 수 있었는지 자문했다. 그리고 '군중' 사이에서 편안함을 느꼈다.

인도인들을 처음 보고 변한 것은 줄피카르를 만난 후 오랫동안 나를 고양했던 낭만적 감정이 곧바로 사라진 것이다. 여기에는 잘생기고 피부색이 어두운 남자가 수백만 명 있었다. 그들은 푸네에서 내 제자가 되기도 했지만 나는 더 이상 낭만적 열정의 방향으로 나아가지 않았다.

이는 나쁜 현실이 좋은 꿈보다 낫다는 페트라의 말을 가슴에 새겼기 때문만은 아니었다. 내 의지에 따른 의식적 행동이기도 했다. 나는—절망적일 수도 있는—사랑 이야기에 또다시 산만해지고 싶지 않았고 당장 해야 할 일과 인도에서 배울 수 있는 흥미롭고 새로운 것에 집중하고 싶었다.

우선 내 학생들이 있었다. 푸네 독일문화원은 당시 세계 최초로 비원어민 독일어 강사를 위한 연수 프로그램을 운영했다. 학생들은 인도 전역에서 푸네로 공부하러 왔다. 그들은 독일어로 1·2학년 과정을 수강했고 최종 시험을 성공적으로 마치면 독일 정부는 뮌헨에서 1년 반 동안 연수를 받을 수 있도록 장학금을 주었다. 그러고 나서 시험에 합격하면 인도에 있는 독일문화원의 5개 지소 중 한 곳에 독일어 강사 자리를 얻을 수 있었다. 이 지소는 뭄바이, 콜카타(당시 캘커타), 첸나이(당시 마드라스), 벵갈루루, 푸네에 있었다. 독일 정부는 모국어와 문화를 홍보하기 위해 5년 동안 해외로 나갈 의향이 있는, 자격을 갖춘 독일인이 부족한 상황의 해결책을 이런 식으로 구했다.

이 조치는 독일 정부가 아시아, 남아메리카, 아프리카에서 문화 정책을 추진하는 데 큰 비중을 두었음을 보여준다. 이 모든 것은 그때 이후 급격하게 바뀌었다.

푸네 독일문화원에는 학생들이 4개월 동안 살 수 있는 하숙집도 있었다. 자연스럽게 성별로 구분한 집은 학교에서 몇 백 미터 떨어진 물라무타강변 보트 클럽 로드에 위치했다.

연구소는 파산한 파르시(인도의 이란계 민족—옮긴이)가 지은 큰 현대식 방갈로에 있었다. 독일문화원은 원래 미국인도학연구소(American Institute of Indian Studies)가 있는 데칸 대학의 일부로 계획했다. 처음에 독일문화원을 인도독일학연구소(Indian Institute of German Studies)라고도 불렀다. 이 연구소는 인도 독립운동 중 반식민 정서로 발달한 푸네의 독일 친화적 전통에 맞아들어갔다. 당시 푸네의 엘리트들은 학교에서 영어의 독점을 깨고 싶어 했고, 1911년 데칸교육협회는 독일어를 제1외국어로 하는 영어 학교를 설립했다. 푸네의 많은 주민은 일부러 영국이 아닌 독일로 유학을 떠났다.

그러나 푸네 독일문화원장은 인도의 연구 기관으로 편입하는 것을 원치 않았다. 1963년 내가 푸네에 갔을 때 독일문화원은 이미 다른 캠퍼스로 독립한, 완전한 독일 기관이었다.

우리는 학생들에게 독일어 외에 독일 지리, 역사, 문화에 대해서도 가르치기로 했었다. 그러나 어떤 학생들은 독일에 대해 나보다 더 많이 알고 있었다. 이들은 성인이었고 일부는 이미 직장에 다닌 경험이 있었다. 철학을 공부해 독일과 인도 철학에 익숙한 사람도 있고, 독일에 가고 싶어 하던 과학자나 기술자도 있었다. 인도의 다양한 지역에서 온 이들을 통해 나는 이 거대한 나라에 대해 배웠다. 인도에 주요 언어가 17가지이고 각각 고유의 문자와 문학이 있음을 알게 되었고, 다양한 결혼 관습과 의식에 대해 배웠고, 인도의 카스트 제도를 비롯한 전통을 이해하기 시작했다. 또한 인도의 정치 투쟁, 특히 1960년대 후반 벵골과 콜카타에서 농부와 학생들의 반란으로 이어진 투쟁에 대해 배웠다.

그러나 당시 나는 아직 '비정치적'이었다. '개발'을 믿었고 내가 독일 문화원에서 하는 일을 인도의 발전과 국제 이해에 기여하는 것으로 여겼다. 한 학생이 독일어로 게오르크 W. F. 헤겔(Georg W. F. Hegel)과 마르크스에 관한 훌륭한 글을 썼을 때, 처음으로 이들의 생각이 머나먼 타국에서도 생생히 살아 있음을 깨달았다. 이들의 이름은 들었지만 사상에 대해서는 아는 바가 거의 없었다. 전후 내 학창 시절 전반에 걸쳐 서독은 마르크스주의, 사회주의, 공산주의의 역사를 다루려는 진지한 노력을 회피했다. 토론은 독일의 이상주의와 전후 문학에 국한했다. 그러나 독일이 서구 자본주의 체제에 재통합한 것은 이후 1960년대, 특히 독일의 재건과 '경제의 기적' 시기였다.

처음부터 나는 인도 학생들이 왜 독일어를 배우길 원하는지에 대한 의문에 이끌렸다. 남성의 경우 그 이유는 분명했다. 그들 대부분은 과학자였고 공부를 계속하거나 일하기 위해 독일에 가려 했다. 그러나 여성은 어떤가? 학생 중 현저히 높은 비율이 여성이었다. 비록 숙소를 성별에 따라 분리한다 해도, 이렇게 가부장적인 나라에서 젊은 여성이 4개월 동안 낯선 도시에 남자들과 함께 살면서 공부하는 것이 어떻게 자연스러울 수 있는가? 어디서나 성별을 구분했고 심지어 기차에는 '여성 칸'이 있었다. 이들은 어떤 여성이었을까? 무엇이 그들에게 독일어를 공부하도록 동기를 부여했을까? 그들 중 일부는 이미 기혼이거나 결혼을 앞둬 독일어를 많이 활용할 수 없을 것임이 분명했다. 다양한 학생들과 토론하면서 나는 놀라운 이야기를 듣게 되었다. 젊은 여성이 한 명 있었는데 그녀를 푸시파(Pushpa)라고 하자. 푸시파는 라자스탄주의 자이나교 가정 출신이었다. 그녀는 결혼한 지 얼마 되지 않았지만 푸네로 가서 독일어를 몇 달 공부하면 가족에게 이득이 될 것이라고 남편과 시아버지를 설득할 수 있었다. 어떻게 이런 일이 가능했을까?

그녀의 이야기를 들으며 라자스탄이 전사 계급인 라지푸트족이 지배하는, 인도에서 가장 보수적이고 가부장적인 지역이라는 것을 알게 되었다. 자이나교도는 라지푸트족, 다른 힌두교 종파 및 카스트보다 자이나교도 여성을 더 엄격하게 대했다. 예를 들어 모든 여성이 퍼다(Purdah)[2]를 엄격하게 준수하도록 규정했다. 시아버지는 거대한 '대가족'에서 절대적 권위를 상징했다. 푸시파의 어머니는 그녀가 교육에 대한 갈증을 풀도록 도와주었다. 푸시파는 라자스탄으로 와서 그녀의 가족을 만나보라고 나를 초대했다. 도착했을 때 나는 **체제로서 가부장제**가 실제 무엇을 의미하는지 이해하기 시작했다.

나는 이들을 통해 가부장적 규범이 기독교인 여성뿐만 아니라 무슬림 여성에게도 결정적 영향을 미친다는 것을 배웠다. 뭄바이 출신의 젊은 이슬람교도 여성이 한 번에 한 과목씩 수강함으로써 **혼담**을 미루던 것을 기억한다. 그녀는 이미 학사뿐만 아니라 석사 학위도 취득했고 프랑스에서도 공부했다. 그녀의 가족은 진보적이고 깨어 있었다. 마침내 그녀는 독일어를 배우기 위해 푸네 독일문화원에 왔다. 사실 그녀는 독일어를 배워 무엇을 하고 싶은지 몰랐지만 공부하는 동안에는 가족이 결혼을 강요하지 않을 것임을 알고 있었다.

교육받은 중산층 사이에서 학업의 과정을 밟는 것은 심지어 여성에게도 용인하는 사회 규범이었다. 여성이 공부하는 한 혼담에 구애받을 필요가 없었다. 그러나 어느 시점에 그녀는 결혼해야 했다. 인도의 사회 제도가 현대화했다 할지라도 독립적 미혼 여성을 허용하지 않았고 지금도 마찬가지다. 이 무슬림 여성 역시 결혼해야 했다. 그것은—오늘날에도 대부분 그러하듯이—중매결혼이었으며 전통 이슬람 의식으로 거행했다.

이때 나는 평생 결정적 역할을 했던 **행복한 우연**을 다시 한번 경험했다. 세계적으로 유명한 문화인류학자이자 민족학자인 데칸 대학의 이라바티 카르베(Iravati Karve) 박사를 만난 것이다. 그녀는 남편 돈도 케샤브 카르베(Dhondo Keshav Karve)처럼 1930년대 베를린에서 공부했으며 인도의 친족 제도에 관한, 높이 평가받는 책을 출판했다(Karve, 1953 참고).

내가 카르베 박사에게 여학생들의 학습 동기 뒤에 있는 사회적 원인을 더 잘 이해하고 싶다고 하자 그녀는 "실증 연구를 해보는 것이 어떨까요? 설문지 구성을 도와드리겠습니다"라고 제안했다. 사회학이나 민족학을 한 번도 공부한 적이 없음에도 불구하고, 나는 호기심으로 가득 차 우리 학생들이 독일어를 공부하는 이유를 연구하기 시작했다. 그 제목은 〈왜 독일어인가?〉로 나의 첫 번째 사회학 연구였다. 이 연구는 매우 즐거웠고 나중에 인도에서 돌아와 '제대로' 공부하게 된 사회학 또는 민족학 분야에 대한 최초의 노력이었다. 내 논문은 92쪽 분량으로 데칸 대학 회보에 게재했다(Mies, 1967/68).

카르베는 뛰어난 여성이었다. 그녀는 인도 독립 투쟁에 참여한 세대에 속했다. 이 여성들은 공개적 페미니스트는 아니었고 가부장적 사회 규범을 일부 받아들였다. 그들은 결혼했고 자녀를 낳았으며 순종적 며느리였다. 그럼에도 불구하고 그들은 독일 여성에게서 본 적 없는 방식으로 힘, 용기, 독립성을 보여주었다. 카르베는 "나는 당신의 발에 머리를 얹고 축복을 청합니다"[3]라는 말로 저서를 남편에게 헌정했다. 그녀는 자신에 대한 믿음과 침착함으로 주변에 깊은 인상을 주는, 키가 크고 강한 여성이었다. 그녀는 푸네를 비롯해 어디서나 사람들이 자기에 대해 어떻게 생각하는지 관심이 없었다.

어느 날 그녀는 사무실 책상에 앉아 독일 고고학자와 결혼한 아들이 아내가 함께 가지 않는다는 이유로, 남부의 도시 콜라푸르에 있는 대학에서 새 직책을 맡을 의향이 없다고 말했다. "아니, 그럼 새 아내를 맞이해야죠!" 그녀가 너무 큰 소리로 분노했기 때문에 데칸 대학 사무실에 있는 모든 사람이 들을 수 있었다. 나는 그녀가 아들에게 순종을 요구한 것은 자격을 갖춘 젊은이들이 중앙의 편안한 자리에 머물지 않고 지방에서 일하는 것이 인도에 중요하다고 느꼈기 때문이라고 이해했다. 유명한 카르베 가문의 아들이 이 중요한 책임을 회피하는 것은 용납할 수 없는 일이었다.

그녀가 정치에 적극적이었던 이유는 인도 독립운동의 이념이 곧 배신당할 것임을 깨달았기 때문이다. 어떤 이들은 그녀를 푸네의 유일한 '사내'라고 불렀다.

나는 그녀를 비롯한 인도 여성의 힘이 어디서 나오는지 자문했다. 인도의 가부장적 규범과 사회 및 가족 안에서 이들의 실제 행동 사이 모순을 이해할 수 없었다.

이라바티 카르베의 정치 의식과 힘은 그녀의 배경, 즉 유명한 브라만인 마하라시 카르베(Maharashi Karve)의 며느리라는 데서 일부 비롯했다. 마하라시 카르베는 라자 람 모한 로이(Raja Ram Mohan Roy)와 벵골의 이슈와르 찬드라 비디야사가르(Ishwar Chandra Vidyasagar)처럼 국가 독립 투쟁을 여성 해방 투쟁과 연결한 위대한 사회개혁가였다. 그들은 조혼, 여아 살해, 죽은 남편을 화장하는 장작더미에 과부를 함께 태우는 것(사티)에 반대하여 싸웠다. 또한 미망인의 재혼권과 19세기까지 학교에 갈 수 없던 소녀들의 교육을 위해서도 투쟁했다.

이 시대의 또 다른 위대한 개혁가는 마하트마 풀레(Mahatma Phule)였다. 그는 브라만주의—브라만교의 지나친 지배—에 대항한 싸움을 여성 독립을 위한 투쟁과 연관지었다.

이런 움직임은 영국 통치하에서도 여러 사법 개혁으로 이어졌다. 1795년과 1802년 벵골에서는 여아 살해를 법으로 금지했다. 또한 1829년에는 사티를 금하고 1856년에는 과부의 재혼을 허용했다.

마하라시 카르베는 이런 개혁주의 사상을 장려하기 위해 자신도 미망인과 결혼했다. 그 아들 돈도 카르베는 이라바티의 남편이 되었다. 마하라시 카르베는 푸네에 미망인을 위한 학교를, 뭄바이에 인도 최초의 여성 대학교를 설립했다. 이 학교는 한국의 이화여자대학교와 함께 당시 세계 최초의 여대였다.

이라바티 카르베는 이런 역사를 잘 알고 있었다. 그녀는 페미니스트는 아니었지만 힘닿는 데까지 이를 따르려고 노력했다. 예를 들어 모든 종교 공동체에 동등하게 적용하는 보편적·세속적 가족법을 위해 싸웠다. 그러나 인도 독립 후 자와할랄 네루(Jawaharlal Nehru) 정부는 힌두교

도와 이슬람교도에게 양보해 그들의 가족법, 특히 결혼 및 상속법을 유지하도록 허용했다. 이는 나중에 힌두교도와 이슬람교도 사이의 끔찍한 갈등으로 이어졌다(2002년 구자라트에서 발생한 것과 같은 근본주의 학살은 궁극적으로 여성과 관련한 것이다). 또한 세속적 국가법에 반대해 종교 전통에 기초한 샤리아법을 시행하려는 이슬람주의자들의 투쟁은 일차적으로 여성에 대한 통제를 유지하려는 것이다.

하지만 그때 나는 이런 역사에 대해 알지 못했다. 다만 이라바티 카르베와 같은 강한 인도 여성들이나, 힌두교나 이슬람교의 가부장적 규범에 드러내놓고 반대하지는 않지만 공부를 더 하는 것과 같은 방식으로 자기 의지를 관철하는 여학생들에게 감명받았다.

소규모 실증 연구의 가장 중요한 결과는 남성 대부분은 자기 경력을 위해 독일어를 배운다는 것이었다. 반면 여성 상당수는 어학을 공부하면서 혼담을 미루기 위해 푸네에 왔다.

인도에 처음 체류하는 동안 내게 생긴 의문은 한편으로는 사회 규범, 다른 한편으로는 인도 여성들의 실제 행동에 대한 것이었고 독일로 돌아와 이를 논문 주제로 삼았다.

## 나의 첫 번째 여성 모임

당시 프랑스 인도학자인 샤를로트 보드빌(Charlotte Vaudeville) 박사도 포르투알레그리에서 근무했다. 그녀는 중세 힌두 시인 카비르(Kabir)의 문학과 신비주의에 대해 연구했으며 여름에는 파리의 소르본, 겨울에는 인도에서 일했다. 나는 독일문화원에서 주최한 다양한 행사에서 그녀를 만났다.

샤를 드 푸코(Charles de Foucauld)의 영적 가르침을 따랐던 샤를로트

보드빌은 뭄바이 출신의 여성 교사 두 명, 푸네 출신의 여학생 한 명과 작은 모임을 만들었다. 나는 독일에 있을 때 이미—노동자 예수, 가난하고 겸손한 사람들의 예수를 뜻하는—'작은 예수'를 영성의 중심에 두고자 했던 샤를 드 푸코에게 매료됐다. 노동하는 사제회와 예수의 작은 형제자매회도 그에게 영향을 받았고, 그 영적 가르침을 따르는 평신도 집단도 있었다.

샤를로트의 집단은 전 세계에 지부를 두고 있는 전문직 여성 평신도 모임이었다. 이것이 내가 그 모임에 가입한 이유일 것이다. 비록 나는 신앙심이 그다지 깊지 않았고 교회가 나를 밀어낸다고 느꼈지만, 내 사랑 이야기의 시점부터 직면한 심오한 질문을 해결할 수 있는 영적 공동체를 찾고 있었다. 나를 푸네의 여성 모임으로 이끈 것은 또 다른 **행복한 우연**이었다.

이는 내 생활에 큰 변화를 일으키지는 않았다. 유일한 영적 의무는 가난한 사람들과 동일시하고, 복음을 정기적으로 읽고 묵상하는 것이었다.

나는 평범한 사람으로 살기 위해 이전 영국 통치자들의 여름 별장이 있고 동료들이 살던 지역인 코레가온 파크의 큰 방갈로가 아닌, 개조한 차고로 이사했다. 뮌헨 독일문화원 책임자는 직원이 내보일 만하지 않고 초라한 곳에 사는 것을 전혀 기뻐하지 않았다. 하지만 여성 모임은 우리 집에서 정기적으로 만났으며 나는 이곳에서 편안함을 느꼈다. 학생들도 기쁘게 찾아왔다. 푸네는 뭄바이보다 높은 데칸고원에 위치해 뭄바이 여성에게는 이곳이 피서지와 같았다.

내가 받아들이기 어렵던 것은 인도에서 '정상적' 직장 생활을 원하면—여성이든 남성이든—집에 하인을 고용해야 한다는 사실이었다. 직업과 가사를 병행하는 것은 불가능했다. 독일인 동료들은 운전사, 요리사, 청소부, 도비(세탁부), 정원사를 두었고 아이가 있으면 유모도 데려왔다.

내게는 모든 일을 해준 단 한 명의 여성 락스미(Laxmi)가 있었다. 그녀는 장을 보고 요리를 하고 우리 집을 청소하고 내 옷을 세탁해주었다. 처음에는 차가 없어 자전거를 타고 독일문화원까지 갔다. 나중에 케케묵고 항상 고장 나는 2인승 피아트를 샀다. 하지만 나는 이런 삶이 좋았다. 이 생활은 내가 만나고 싶은 사람들, 즉 검소한 **다른 쪽** 사람들과 교제하는 데 방해가 되지 않았다.

당시—그리고 오늘날에도—인도를 방문한 사람 대부분은 불교를 통해서든, 많은 지도자 중 한 명을 통해서든, 아슈람[4]에서든 새로운 영적 지향과 깨달음을 찾았다. 나는 이런 욕구를 느끼지 못했지만 호기심은 있었다.

지인이 '어머니'를 만나러 (당시 퐁디셰리라고도 했던) 푸두체리에 같이 갈 것인지 물었을 때 나는 수락했다. 프랑스 식민지이던 첸나이(마드라스) 남부에 위치한 푸두체리는 인도 독립 투쟁 중 아우로빈도 고시(Aurobindo Ghosh)가 피신한 도시였다. 영국 식민 정부는 그를 테러리스트로 낙인찍고 추적했다. 고시는 동서양 사상의 연결을 목표로 푸두체리에 아슈람을 설립했고 파리 출신의 한 여성이 그를 스승으로 따랐다. 그녀는 터키계 이집트인 가정 출신이라고 했다. 고시가 죽은 뒤 그녀는 아슈람의 중심이 되었고 처음에는 인도에서, 나중에는 전 세계에서 '어머니'로 유명해졌다.

아슈람에 들어가려는 사람은 자기 재산을 그녀의 '발 아래' 놓아야 했다. 그 결과 아슈람은 매우 빨리 부유해졌다. 어린이와 젊은 학생들이 음악, 미술, 심지어 자연과학까지 원하는 무엇이든 공부할 수 있는 현대식 학교를 운영했다. 스포츠 또한 큰 비중을 차지했다. 그들이 반바지를 입은 채 자전거를 타거나 수영복을 입고 해변에 누운 모습이 자주 보였다. 그 당시 인도에서는 보기 드문 광경이었다. 물론 푸두체리를 찾아온 이들은 부유한 집안 출신이었다. 놀라운 것은 그 도시가 내가 인도에서 본 가장 더러운 곳이었다는 것이다. 반대로 아슈람은 높은 방어벽, 부겐빌레아를 비롯한 온갖 열대식물을 갖춰 작고 안락한 낙원처럼 보였다. 고시와 '어머니'는 프랑스 식민 정부로부터 그 건물을 인수했다. 그러나 문을 나서자마자 악취가 나는 하수구를 뛰어넘어야 했다. 나중에 나는 푸두체리가 인도에서 나병의 발병률이 가장 높다는 말을 들었다. 이 모순을 마주했을 때 아슈람 회원들은 그들의 사례가 궁극적으로 인도 전역으로 '확산'할 것으로 기대한다고 했다.

나중에 아슈람은 오로빌(Auroville)로 발전했다. 사람들은 여전히 그 사례가 인도 전체로 퍼지기를 기다리고 있다.

윤년이던 1964년 2월 29일 '어머니'는 자신의 생일을 자축하기로 했다. 수천 명의 사람들이 이 행사를 위해 푸두체리를 찾았다. 이날 행사에 참석한 모든 이들이 '어머니'의 집 앞에 모여 묵상했다. 나는 처음으로 집단 명상을 경험했다. 다른 사람들과 마찬가지로 나도 두 다리를 꼬고 앉아 마음을 '비우고' 깨달음을 경험하기를 기다렸다. 하지만 아무 일도 일어나지 않았고 다리만 아팠다. 마침내 '어머니'가 발코니로 나와 이해할 수 없는 말을 몇 마디 한 뒤에야 자리를 떠날 수 있었다. 나는 확신할 수 없었다.

그 후 우리는 설립자 라마나 마하르시(Ramana Maharshi)로 인해 유명해진 아슈람을 한 번 더 방문했다. 이 아슈람은 훨씬 소박했고 나는 이

곳이 더 좋았다. 그러나 첫 번째 아슈람 여행과 인도 남부의 위대한 사원 방문으로 호기심은 완전히 충족했다.

이는 내 취향이 아니었다. 나는 구원을 찾고 있지 않았고 명상하려 할 때마다 회의와 현실감이 끼어들었다. 복음이나 예수의 비유를 묵상할 때도 그랬다. 나는 결코 실제 교회에 뉴감을 수 없었다. 교회에 대한 내 비판은 여성 친구들(뭄바이 출신의 두 교사)이 이야기한 그곳 가톨릭 학교의 심각한 결함을 듣고 더 커졌다. 그들은 교회가 부자와 가난한 아이들, 높은 카스트와 낮은 카스트, 간디가 하리잔[5]이라고 부른 불가촉천민 아이들을 구분했다고 말했다. 이것이 어떻게 예수의 가르침과 일치할 수 있을까?

푸네 독일문화원에서 일한 시간은 매우 행복했다. 직업은 만족스러웠고, 흥미로운 사람들을 알게 되었고, 남성과 여성 친구가 모두 있었으며, 그들과 깊이 소통하며 큰 즐거움을 누렸다. 또한 세계적 공동체에 속해 있었다. 나는 인도를 진정으로 알고 사랑하게 되었으며 이 나라는 두 번째 고향이 되었다. 이렇게 자유롭다고 느껴본 적이 없었고 몇몇 프로젝트를 주도할 수 있었다.

예를 들어 1966년 여름, 즉 5~6월에 내 제안으로 인도인 독일어 교사들을 위한 추가 연수 과정을 마련했다. 그때는 섭씨 40~50도로 엄청나게 더울 때가 많았고 에어컨도 없이 천장 선풍기뿐이었지만 자전거를 타고 수업에 가는 것은 즐거웠다. 우리는 재미있는 활동을 너무나 많이 했고 모두 이 시간을 즐겼기 때문에 나는 이 과정을 큰 기쁨과 함께 기억한다. 저녁이면 근처의 유일한 중국 음식점에 가거나 연극 공연을 했다.

1967년 5월 특별히 기억에 남는 저녁 식사 자리가 있었다. 다른 사람들은 모두 자리를 떠났지만 나는 하이데라바드에서 온 독일어 강사와 함께 앉아 있었다. 그는 이전 학생인 사랄 사카르(Saral Sarkar)였다. 우리는 종교에 관해 토론하게 되었다. 사카르는 콜카타 출신으로 무신론자였다. 나는 그에게 무신론자가 세계를 더 나은 곳으로 만들고자 하는 영감을 어디서 얻는지 물었다.

물론 하루 저녁에 논의를 만족스럽게 결론지을 수는 없었으나 우리는 다양한 사회적 의문에 답하기 시작했다. 하지만 나는 대화가 너무 개인적인 방향으로 흘러가지 않도록 확실히 했다. 나는 남자와 또 관념적 연애 관계를 맺고 싶지 않았다. 한 번으로 족했기 때문이다. 그리고 결혼해서 자유를 포기하고 싶지도 않았다. 그러나 1960년대 중반에도 나는 페미니스트가 아니었고, 이 시기에 인도를 비롯해 세계 곳곳에서 벌어지던 정치적·이념적 투쟁에 대해 전혀 몰랐다.

### 현대사 한 토막

1964년 무렵 인도공산당(CPI)에서 소련 지향의 급진파인 인도마르크스주의공산당이 갈라져 나왔다. 이들은 벵골 연방정부를, 인도공산당은 케랄라를 장악했고 이는 지금도 마찬가지다.

그러나 이념 갈등은 이 분열로 끝나지 않았다. 학생과 농민들, 특히 벵골 사람들은 인도마르크스주의공산당이 너무 관료적이고 느리다고 느꼈다. 1966년은 중국 문화대혁명의 해였다. 이는 벵골에서 학생 봉기를 촉발했고 1967년 인도마르크스주의공산당의 분열과 인도마르크스레닌주의공산당 설립으로 이어졌다. 같은 해 벵골 낙살바리에서도 농민 봉기가 일어났다. 봉건 계급에 대항해 '폭력 투쟁'을 선동한 이 '중국 노선'의 추종자들을 낙살라이트(Naxalite)라 불렀다. 그들은 벵골·비하르·안드라프라데시주의 외딴 산악 지역에서 주로 활동했다.

푸네 독일문화원에서는 이런 봉기에 대해 아무 말도 듣지 못했다. 나는 여전히 비정치적이었고, 계급·카스트·가부장제 체계와 그 결과를 목격하고 경험했지만 이해할 수 있는 위치는 아니었다.

나중에는 "일단 계급 투쟁을 보았다면 어떻게 이해할 것인가?"라는 마르크스의 말을 이해하게 되었다. 보는 것과 이해하는 것이 같은 일이 아니라는 사실을 페미니스트가 되어 여성 해방을 위한 투쟁에 동참하기 전에는 깨닫지 못했다.

이것도 푸네에서 시작했다. 어느 날 사서인 파렉(Parekh)이 내게 다가왔다. 그녀는 신이 나 내 코앞에 책을 한 권 들어 보였다. 바로 미국에서 여성 운동의 시작을 알린 베티 프리단(Betty Friedan)의 《여성성의 신화》(1963)였다. 파렉은 인도인과 결혼한 독일인이었다. 나는 그녀의 결혼 생활이 행복하지 않다는 것을 알았지만 그녀는 벗어날 방법을 찾을 수 없었다. 이 책이 그녀에게 그 길을 보여주었다. 나 역시 이 책을 읽었고 인도와 독일에서 관찰한 많은 것이 분명해졌다. 또한 앞으로 여성 해방이 나의 주제가 될 것임을 깨달았다.

05

# 고향으로 돌아오다—새로운 연구와 교육

## 1968년 학생 운동

### 사회학

1967년 12월 자매로부터 어머니가 매우 편찮으셔서 살 수 있을지 모르겠다는 편지를 받았다. 나는 바로 집에 돌아가 어머니와 함께 있고 싶었다. 나는 독일문화원 본부에 휴직과 1968년 5월 만료 예정이던 5년 계약의 조기 종료를 신청했다. 독일문화원은 동의했고 나는 급히 푸네를 떠나 어머니가 있는 곳으로 갔다. 어쩌면 내 상상이었을지도 모르지만 그 뒤 어머니는 상당히 빨리 회복해 곧 퇴원할 수 있었다.

이제는 독일에서 어떻게 살고 싶은지 생각해봐야 했다. 나는 중학교 교사로서 해외 독일문화원에서 일하기 위해 독일 교육 당국에 5년 휴직을 요청한 것뿐이었고 이는 1968년 4월에 끝날 예정이었다. 즉—아마도 편협한 교장의 지시 아래—영어와 독일어 교사라는 직업을 다시 택해야 한다는 의미였고 나는 그 생각을 견딜 수 없었다. 세계가 문을 열어줬는데 시골집의 둥지로 돌아가라고? 불가능했다! 그런 상황에서 어머니가 늘 하던 말대로 "죽음이 나를 쿡 찌르는 것 같았다."

지난 몇 년 동안 나는 '항상 앞으로, 뒤로는 절대(FORWARD EVER—BACKWARD NEVER)'라는 좌우명에 따라 세계로 뛰어들었다. 이 신조는 1960~1970년대 전체를 나타내는 것처럼 보였다. 내가 '뒤로' 가야 하나? 그럴 수도 없었고 그러고 싶지도 않았다. 그렇다면 뭘 할 수 있을까?

나는 인도에서 시작한 여러 연구를 계속하고 싶었으며 인도 사회, 특히 인도 여성에 대해 더 알고 싶었다. 그래서 인도와 관련한 사회학 과정이 있는 독일 대학을 찾기 시작했다. 그러나 이미 언급한 바와 같이 본이나 쾰른처럼 인도학 연구 과정을 갖춘 몇 안 되는 대학은 인도 언어학과 철학, 특히 산스크리트어에 국한했다. 나는 그것보다 현대 인도 사회에 관심이 있었다. 하이델베르크의 동남아시아연구소를 찾았지만 거기서도 나를 도와줄 수 없었다. 더욱이 독일 어디에서도 인도 여성에 관한 현대 문헌은 찾을 수 없었다. 참고할 수 있는 유일한 책은 영국 식민주의 민족학자 로베르 브리포(Robert Briffault)가 쓴 《어머니들: 사회적 기원에 대한 모계 이론》(1927)이 전부였다.

나는 쾰른에 있는 가장 가까운 대학교에서 사회학을 공부하기로 결정했다. 쾰른은 우리 마을에서 불과 100킬로미터 떨어져 있었다. 이는 내가 어머니를 정기적으로 만날 수 있음을 의미했고 그녀에게 도움이 될 것 같았다. 한 번(1963년)은 우리 형제 셋이 해외로(한 명은 칠레, 한 명은 미국, 나는 인도로) 떠났는데 그때도 어머니가 아팠다.

나는 강의 목록을 가지고 쾰른 대학교 사회학 교수인 르네 쾨니그(René König)를 방문했다. 그는 따뜻하게 맞아주었고 내가 인도에서 한 일과 하고 싶은 연구를 설명하는 동안 관심 있게 들었다. 인도 여성들이 어떻게 가부장제 사회에 살면서도 공부와 직업에 대한 의지를 관철할 수 있는지 궁금하다고 했더니 그는 열의를 보였다. 그는 아름다운 인도 여성과 사리에 매료되었고 특히 당시 인도 총리이던 인디라 간디(Indira Gandhi)에게 깊은 인상을 받았다. 그는 인도에 대해 아는 것이 많지 않았지만 개방적이고 호기심이 많았으며, 그의 제자로 사회학을 공부할 뿐만 아니라 박사 논문을 시작하도록 나를 격려해주었다. "지금 당장 박사 학위부터 시작하는 게 어때요?" 그가 물었고 나는 "음, 왜 안 되겠습니까?"라고 대답했다.

나는 박사 학위 취득에 대해 생각하지 않았고 단지 관심 있는 주제를 계속 탐구하고 싶었다. 야망도 경력의 사다리에 오를 생각도 없었다.

이 만남은 내 인생에서 경험한 **행복한 우연** 중 하나였다. 쾨니그 교수는 구식 학교에 있었지만 진보적이고 관대한 사람이었다. 그는 당시 쾰른 대학교의 경제과학에 통합한 학문 분야인 사회학 박사 학위뿐만 아니라 인문학 박사 학위를 수여할 권한도 있었다. 그는 사실 독일의 마지막 통합적 학자였다. 그의 전공 분야는 가족사회학이었는데 내가 하고 싶은 연구와도 통했다. 또한 그는 법과 의료사회학을 가르쳤고 아메리카 원주민 부족에 대한 민족학 연구도 했다. 그와 함께한 연구는 시작부터 흥미로웠다.

### 외국이 된 독일

인도라는 '넓은 세계'에서 독일로, 이 작고 사고가 좁은 나라로 돌아온 것은 충격이었다. 운 좋게 흥미로운 학문 분야를 찾았음에도 불구하고 나는 고향에서 마치 이방인이 된 것처럼 느꼈다. 다시 학생이 되고 나서 6개월 동안 나는 쾰른의 거리를 걸으며 길을 잃었다는 느낌을 받았다. 계속해서 "나는 이 나라에서 뭘 하고 있는 걸까? 이 사람들과 내 공통점이 뭘까?"라고 자문했다. 소외감을 지울 수 없었다.

내가 인도에 있던 5년 동안 독일인들은 부유해졌고 경제의 기적을 이루기 위해 분주히 움직이고 있었다. 떠나기 전보다 자동차와 상점이 늘어났다. 인도와 독일의 '경제의 기적' 사이를 갈라놓는 틈이 그 어느 때보다 깊게 느껴졌다. 사람들에게 인도에 대해 이야기하고 왜 그 '가난한 나라'에서 편안함을 느끼는지 설명하려 할 때면 무관심, 몰이해와 마주하곤 했다.

### 학생 운동과 마르크스주의의 발견

1968년 독일로 돌아와 사회학 공부를 시작했을 때 학생 운동은 정점에 이르렀다. 나는 이 운동의 한가운데 떨어져 한 번도 들어본 적이 없는 것을 배우기 시작했다. 학생들은 어디에서나 마르크스의 《자본론》 강좌를 들었다. 그들은 비정치적이거나 전통적이라고 생각하는 교수의 사무실에서 농성을 벌였다. '그들의 학위복 아래 천년 묵은 구태가 있다'는 표어는 쾰른 대학교에도 적용할 수 있었다. 당시 쾰른 대학교와 '프랑크푸르트학파' 사이에는 실증주의 논란이 한창이었다. 그것은 사회 연구의 방법에 관한, 매혹적인 이론 관련 논쟁이었다. 그러나 쾰른에서 이 논쟁은 문명화한 담론에만 한정한 것이 아니었다.[1] 좌파 학생들이 대학을 점령했고 결국 다른 대학과 마찬가지로 달걀과 토마토를 던지는 가운데 경찰이 그들을 퇴거시켰다. 하지만 독일사회주의학생동맹(SDS)이 주도권을 잡고 사회학을 전공하는 학생들이 학생 시위의 의제를 설정하는 와중에도 쾰른 학생들은 프랑크푸르트, 베를린, 뮌헨만큼 급진적이지 않았다.

나는 당시 38세로 그들보다 나이가 많았지만 학생 운동에 참여했다. 학생들이 조직한 학습 모임에 참여해 마르크스주의의 핵심 문헌과 학생들이 무단으로 다시 출판한 저작, 즉 마르크스의 《공산당 선언》(Marx, 1848)과 프랑크푸르트학파의 글, 그중에서도 실증주의 논쟁에 관한 막스 호르크하이머(Max Horkheimer), 테오도르 아도르노(Theodor Adorno), 유르겐 하버마스(Jürgen Habermas), 윌리엄 라이히(William Reich), 에리히 프롬(Erich Fromm)의 글을 읽었다. 나는 도서관에 가서 헤겔의 《정신현상학》(Hegel, 1807)과 《역사철학 강의》(1837)를 깊이 파고들었다.

나는 특히 마르크스주의에 관심이 많았다. 전후 서독의 많은 젊은이처럼 나도 역사에서 이 부분을 거의 모르고 있었다. 1960년대 학생 운동으로 이 주제는 더 이상 금기가 아니었다. 나는 큰 흥미를 느끼며 마르크스와 엥겔스의 《독일 이데올로기》(Marx and Engels, 1845a)와 마르크스의 《포이어바흐에 대한 테제》(1845b)를 읽었으며, 후자에서 독일의 이상주의를 비판한 부분이 영감을 주었다. 특히 그의 제11테제는 주요한 주제가 되었다. "철학자들은 세계를 다양한 방식으로 해석했을 뿐이다. 그러나 중요한 것은 세계를 바꾸는 것이다"(Marx, 1845b, pp. 14~15).

포이어바흐에 대한 제11테제와 《독일 이데올로기》 전체가 새 시대의 시작을 알리는 것 같았다. 나는 처음으로 이전의 관념론적 개념을 버리고 교회에 대한 비판의 근거가 되는 명확한 이론적 토대를 발견했으며, 형이상학적 관점을 역사적·유물론적 관점과 맞바꿨다. 또한 모든 종교가 역사 속에서 발전했다는 것과 기독교, 이슬람교, 힌두교 등 주요 종교가 왜 가부장적이고 여성을 억압하는지 본질적으로 이해하기 시작했다. 나는 억압과 고통을 겪었지만 전에는 이 경험을 설명할 개념이 없었다. 마르크스주의는 **가부장제와 자본주의**라는 개념을 제공했다.

이 모든 것이 새롭고 흥미로웠다. 나는 대학에서 열정적으로 공부했을 뿐만 아니라 거리에서 보거나 학생 운동이 비판한 모든 것을 분석했다. 베트남전과 비상법 시행에 반대하는 국제 시위와 부활절 평화 행진에 참여했고, 미국 제국주의에 맞선 이른바 제3세계 국가의 투쟁 공론화를 도왔다. 1967년 6월 2일 베를린에서 이란 군주 샤의 방문에 반대하는 시위 도중 학생인 베노 오네조르크(Benno Ohnesorg)가 경찰의 총에 맞아 사망하자, 학생 운동 전체가 급진화하고 국가의 탄압과 기독민주당·사회민주당(SPD) 연합정부의 부르주아 주류 정치 비판에 집중했다. 루디 두치케(Rudi Dutschke)가 이 운동의 지도자가 되었다. 그는 스프링거(Springer) 언론사에 반대하는 폭동을 촉구했는데 이유는 이들이 출간하는 〈빌트(Bild)〉 신문이 긴 머리에 청바지를 입은 지식인과 학생들에 대한 '마녀사냥 분위기'를 조성해 '법치민주주의 국가'의 적으로 낙인찍었기 때문이었다.[2]

1968년 2월 베를린에서 국제베트남의회(International Vietnam Congress)를 개최했고 여기에 5000명이 참여했다. 스프링거 사가 이에 반대하는 시위를 주도했다. 이 반대 시위는 머리가 긴 사람들을 악마화했을 뿐만 아니라 1968년 4월 11일 루디 두치케가 나중에 소련 요원으로 밝혀진 청년에게 총격당하는 결과를 낳았다. 두치케는 회복하지 못하고 몇 년 후 사망했다.

그 여파로 독일 전역에서 반스프링거 시위가 열렸고 의회 밖 야당이 생겼다. 급진적 청년들은 이 경험 때문에 의회민주주의에 대한 믿음을 잃었다. 그들은 학생과 노동자들에게 의회 밖에서 저항하고 스프링거 출판물 불매 운동에 참여할 것을 요구했다.

학생 운동은 내게 마르크스주의를 가르쳤을 뿐만 아니라 책을 넘어 실제 행동과 투쟁을 통해서도 이론적 통찰을 할 수 있게 해주었다. 실천과 이론은 함께한다는 깨달음은 그때부터 내 인생의 주제가 되었다. "……중요한 것은 세계를 바꾸는 것이다"라는 마르크스의 말은 나를 지금까지도 행동하게 만들었다.

## 야간 시국 기도회

학생 운동의 정신은 사회 전체에 스며들었고 놓치거나 무시할 수 없었다. 모든 가정과 사회 계층에서 '머리 긴 히피들'이 교수를 비롯해 권위를 존중하지 않는 행동, 관공서 및 대학 점거 농성과 직접 행동 등 새로운 시위 형태, 경찰과의 충돌에 대한 격렬한 논쟁이 벌어졌다. 더 이상 이 운동은 사회적 소수자들의 저항으로 치부할 수 없었다. 학생들의 급진주의를 혐오하던 부르주아 집단은 이들이 제기한 문제를 해결하지 않을 수 없었다. 처음으로 나는 **사회 운동**이 무엇인지를 배웠다.

1967년 베노 오네조르크가 사망한 뒤 비판적 기독교인들은 베트남전에 공개적으로 반대하는 학생들과 합류할 때가 된 것인지 자문하기 시작했다. (이 시기부터 일반 용어가 된) '기득권층'과 마찬가지로 교회 지도자들은 그때까지 미국에 대한 비판을 자제해왔다.

쾰른에서 개신교인, 가톨릭교인, 불신자들 30명이 처음으로 교회에 항의 의사를 전달하기 위해 모였다. 이 발의는 도로테 죌레가 주도했는데 그 직전 교회는 그녀의 저서 《대표자 그리스도》(Sölle, 1967)[3]를 공식적으로 비난하며 거부했다. 이 단체는 1968년 쾰른 노이마르크트광장에서 시위와 성금요일 미사를 조직하고 야간 시국 기도회(Politisches Nachtgebet)를 시작했다. 목표는 신앙과 정치를 공개적으로 통합하는 것이었다. 도로테 죌레는 나중에 이 모임이 "……정치적 결과가 없는 신학적 묵상은 위선이라는 사실을 깨달았"으며 "그러므로 모든 신학적 진술은 정치적 진술이어야 한다"(Sölle, 1999, p. 71)고 썼다.

친구가 나를 쾰른의 안토니터 교회에서 열리는 야간 시국 기도회에 데려갔고 나는 여기에 참여하기로 했다. 그때 나는 학생이고 종교를 비판했음에도 불구하고 여전히 교회의 일원이었다. 야간 시국 기도회의 접근 방식이 마음에 들었고 처음으로 교회에서 정치 문제를 토론하는 것을 목격했다. 교회 구성원들은 더 이상 '위에서부터의' 설교를 들으며 침묵을 지킬 운명이 아니었다.

이 단체는 정보를 제공했을 뿐만 아니라 사회와 정치 문제도 논의했다. 야간 시국 기도회를 진행하는 각 단체는 상황을 바꾸기 위해 취할 구체적 행동과 조치도 고민했다. 순수한 분석과 비판만으로는 충분하지 않았다. 그리고 '기도'나 묵상, 복음서나 구약뿐만 아니라 베르톨트 브레히트(Bertolt Brecht)의 시, 엘데르 카마라(Helder Camara)의 노래, 마르크스주의 작가들의 인용문에도 충분한 여유를 주었다. 이렇게 정보, 토론, 명상, 행동의 네 부분으로 구성한 과정은 그야말로 혁명적이었다. 도로테 죌레는 야간 시국 기도회의 주제를 가능한 한 구체적이고 정확하게 설명할 필요성을 강조했다. "사안을 규정 가능한 한도로 유지할수록 정보 제공이 가능해지고, 문제가 구체적일수록 토론과 행동이 생산적이다"(Sölle, 1999, p. 72).

주제를 구체적으로 정하지는 않았지만 혼자 혹은 여럿이 어떤 문제를 다룰지 제안할 수 있었다. 그런 다음 야간 시국 기도회를 준비하고 수행하며 후속 작업을 할 집단을 구성했다. 단지 제안만으로는 충분하지 않았다. 다음 야간 시국 기도회에는 그 행동을 어떻게 진행했는지 알리는 시간이 있었다. 또한 집단은 기도회 대본을 (영화 각본처럼) 타자하고 복사해 사람들이 집에 가져갈 수 있도록 했다.

이 작은 책자는 도시 경계를 넘어 널리 퍼졌으며 독일과 해외의 많은 도시에서 이를 복사했다. 야간 시국 기도회는 아직 완전히 사라지지 않은 기존 교회의 흔적 안에서 새로운 급진적 정치 운동으로 발전했다. 이 단체는 전문가를 통해 정보를 수집할 수 있었지만, 우리의 주요 사회·정치 문제에 대한 대중 토론을 교회를 활용해 조직하는 일반인 집단으로 남았다.

나는 야간 시국 기도회 모임 중 세 곳에서 활동했다. 첫 번째 모임의 이름은 "개발에 대한 원조—악의 고리"였다. 나는 사회학 모임의 학생들에게 합류하고 싶은지 물었고 일부는 동의했다. 지금도 이때의 책자를 읽으면 문제에 대한 우리의 분석이 인상적이라고 느낀다. 크로이츠 출판사가 발간한 최초의 야간 시국 기도회 기도문 선집에는 아래와 같은 구절이 있다(Sölle and Steffensky, 1969, p. 86).

> 당신은 가난하기 때문에 죽어야 한다
> 가난은 당신을 저축하지 못하게 한다
> 저축 없이는 자본을 만들 수 없다
> 자본 없이는 투자를 할 수 없다
> 투자 없이는 생산을 늘릴 수 없다
> 생산을 늘릴 수 없다면 가난해진다
> 당신은 가난하기 때문에 죽어야 한다

## 가부장제 체제의 발견

두 번째로 진행한 야간 시국 기도회 제목은 **여성 해방**이었다. 이는 내 계획에 따른 것이었는데, 내가 학위 논문을 위해 인도에서 현장 조사를 하는 동안, 그리고 젠더 관계에 관한 고대 인도 문헌을 연구하는 동안 **체제로서** 가부장제를 발견했기 때문이다. 동시에 현대 독일에서도 여전히 유사한 가부장제 체제에서 살고 있음을 깨달았다. 인도의 가부장제를 연구하면서 독일의 가부장제도 발견한 것이다. 나는 야간 시국 기도회를 통해 이 체제를 포착하고 비판하며 변화를 촉구하고 싶었다. 도로테 죌레, 우르술라 에를러(Ursula Erler), 에리카 클루크(Erika Klug)가 이 기도문을 준비하는 데 참여했다. 우리는 "여성은 (여전히) 맨 아래 있다"는 에른스트 블로흐(Ernst Bloch)의 말을 수정해 표어를 만들고 소책자 표지에 인쇄했다(Politisches Nachtgebet, 1971).

여성 차별과 억압 문제를 독일 교회에서 공개적으로 논의한 것은 처음이었다. 1971년 1월 5일 야간 시국 기도회가 열렸을 때 작은 안토니터 교회는 가득 찼다. 기독교인뿐만 아니라 걸음마 단계인 쾰른 여성운동에 참여하는 여성도 많이 왔다. 우리의 비판은 전통적 가족의 노동분담 구조, 즉 남성은 돈을 버는 '공급자'인 반면 여성의 가사 노동은 중요치 않게 여기는 구조를 향했다. 우리는 수많은 일반적 편견의 목록을 만들었다.

> 남자는 머리이고 여자는 마음이다. 남자는 과학, 예술, 세계를 창의적으로 설계하는 전문가이다. 여자는 사랑의 전문가이다. 인생에서 여성의 역할은 기쁨을 주는 것이다(Politisches Nachtgebet, 1971, p. 7).

이 기도는 큰 영향을 미쳤다. 쾰른시민대학에서 여성의 의식을 고취하는 개방적 집단을 만들라는 우리의 요구를 받아들여 여러 해 동안 이어갔다. 이 야간 시국 기도회는 쾰른의 여성 운동을 크게 촉진했다.

내 세 번째 야간 시국 기도회의 제목은 "방글라데시: 시작인가 끝인가?"였다. 1971년 동파키스탄의 해방 운동 세력은 서파키스탄으로부터 독립하기 위해 분투하고 있었다. 동파키스탄 주민들은 서파키스탄이 자신들을 억압하고 착취하고 식민지화했다고 느꼈고 앞으로 생길 새로운 (벵골) 자치주를 방글라데시(벵골 사람들의 나라)라고 부르고 있었다.[4]

이 야간 시국 기도회는 1972년 1월 11일에 열렸다. 조직한 사람은 클라우디아 폰 베를호프, 요헨 카우프만(Jochen Kaufmann), 바르바라 스크리버(Barbara Skriver), 마리아 미즈, 자스팔 싱(Jaspal Singh)이었다. 이 주제 선택에서 야간 시국 기도회가 해결이 시급한 지역이나 국가 문제를 넘어 국제 문제로 확장했음을 볼 수 있다. 우리는 인도와 방글라데시에서 일어나는 일과 쾰른에서 하는 일 사이의 연결고리를 만들기 위해 노력했다. 국제적 관점을 더 발전시키고 싶다는 것이 우리—특히 나—의 소망이었다.

학생 운동과 야간 시국 기도회는 나를 정치화시켰을 뿐만 아니라, 인도에서 돌아온 이후 나를 사로잡던 소외감에서 마침내 벗어나게 했다.

### 여성의 문제[5]

나는 인도 독일문화원에서 일할 때부터 제도로서 가부장제의 폐해에 직면했다. 그 전에는 이슬람 선원과 끝이 없는 듯한 사랑 이야기를 나누면서 기독교와 이슬람교라는 주요 종교로 인해 교조의 가혹함을 경험했다. 또한 힌두교를 포함해 그들이 여성의 권리에 관해 견해가 비슷

함을 알았다. 여성에 대한 남성의 예속은 모든 종교와 이에 기반한 문화의 기본 원칙이었다. 힌두교 법전은 그 명확한 예를 제공한다. 박사학위 논문을 준비하면서 인도 최초의 힌두 법전인 마누 율법에서 다음 문장을 발견했다. "(그녀를) 아버지가 어린 시절에 보호하고 남편이 젊은 시절에 보호하고 아들이 노년에 보호한다. 여성은 결코 독립에 적합하지 않다"(Bühler, 1886, Chapter IX).

**여성 해방**에 관한 야간 시국 기도회 소책자의 한 장 전체를 교회의 여성 착취에 할애했다. 우리는 기독교 경전에 근거해 추론했으며 다음과 같이 썼다(Politisches Nachtgebet, 1971, pp. 10~11).

> 교회는 여성과 가정에 대한 개념을 형성하면서 남성의 여성 지배에 대한 종교적 정당성을 만들어냈다. 그들은 여성의 의존하고 시중드는 역할로부터 '주님의 하녀'라는 이상을 만들어냈다. 그러나 주님과 하느님은 남자였다…….
>
> '여자의 머리는 남편이다'라는 말은 성 바울(St. Paul)의 편지와 이를 여러 가지로 변형한 교부들의 진술에 그치지 않는다. 오늘날에도 희생과 봉사, 복종과 포기는 인류가 아니라 여성에게 가장 중요한 미덕이다.

요제프 회프너(Joseph Höffner) 추기경은 《신앙에 비추어 결혼과 가족》(1969)에서 어머니와 주부의 역할에 대해 다음과 같이 썼다. "헌신적으로, 지칠 줄 모르는 노력으로, 월급이나 휴일, 근무일과 일요일의 구분 없이 하루에 12시간 이상 일한다"(p. 11).

우리의 질문은 "왜 남성에게는 동일한 희생 정신을 요구하지 않는가? 그들 또한 급여와 휴일, 근무일과 일요일의 구분을 주장하지 않는 그리스도인이 아닌가?"였다.

도로테 죌레는 다음과 같이 덧붙였다(Politisches Nachtgebet, 1971, p. 11).

> 그리고 개신교에 존재하는 반계몽주의의 전형적 방식으로 …… 모든 직업이 원론적으로는 (여성에게) 열려 있지만 그녀의 타고난 성향은 모성을 향하고 영향력이 우선하는 영역은 가족임을 잊어서는 안 된다. 그러므로 그녀는 가족에게도 부합하는 경우에만 가정 밖에서 직무를 수행해야 한다.

교회의 남성들은 '여성의 역할'과 관련해 부르주아 사회에 존재하는 편견을 반복했다. 즉 남성이 여성보다 '개인적·정서적 애착'에서 더 '자유로운' 것은 그의 '강한 리더십'과 '객관성' 때문이라는 것이다.

나는 기독교 가부장제에 대한 이 비판의 결론을 다음과 같이 썼다(p. 12).

> 신학자들은 어떻게 하느님을 가부장제로, 예수를 스스로 부여한 칭호인 '사람의 아들' 대신 주인과 왕으로 만들 수 있는가? 기독교는 계속 예수의 뜻을 하찮게 여기고 은폐하고 배반했다. 그들은 지배 계급의 심복 역할을 했으며 기존의 가부장적 권력관계를 영원하고 신성한 권리로 제시했다. 오늘날에도 가족을 '익명의 현대 생활 풍경 속 오아시스'(회프너)라고 강권함으로써 착취 체계를 모호하게 만들 때 똑같은 일이 벌어진다. 그들은 '동반자 관계'를 이야기하지만 문제의 근원, 즉 남성과 여성 사이의 경제적·사회적 의존 관계를 근절하는 데는 손가락 하나 까딱하지 않는다.

1971년 독일에는 아직 페미니스트 신학자가 존재하지 않았지만 우리는 예수를 위대한 혁명가에 포함시켰다(p. 12).

> 성경을 믿는 사람들은 인본주의 사회를 믿었다. 인간다운 사회는 모두가 평등하고 차별 없이 소유할 때 성립한다는 것은 그들에게 자명한 일이었다. 아브라함과 예수뿐만 아니라 요아킴 데 피오레(Joachim de Fiore), 토머스 모어(Thomas More), 마르크스, 엥겔스, 피델 카스트로(Fidel Castro)도 세계가 꿈만 꾸던 '사물에 대한 인식'을 획득하기 위해 노력했다. 이들은 모두 세계를 더 나은 곳으로 만들기 위해 싸웠다. 마르크스의 분석처럼 우리는 과거에 대해 처음 생각하는 사람이 아니며 그 생각을 실천에 옮기는 것이 중요하다 …… **중요한 것은 세계를 바꾸는 것이다.**

우리는 안티고네(Antigone), 잔 다르크(Jeanne d'Arc), 클라라 체트킨(Clara Zetkin), "1919년 1월 15일 살해당할 때까지 일하고 고통받고 웃고 노동자 해방을 위해 헌신하는 삶을 즐긴"(p. 13) 로자 룩셈부르크(Rosa Luxemburg) 등 해방에 대한 열망을 증언한 '과거, 현재, 미래' 여성들의 말을 인용했다.

그러나 우리의 긴 글은 '남성'보다는 해방에 대한 '꿈'의 실현을 가로막은 성, 계급, 권력관계를 비판하기 위한 것이었다. 여기에는 우리가 가부장제 및 자본주의 체제로 인해 마음속에서 동일시하던 왜곡을 비판하는 것도 포함되었다. 도로테 죌레는 다음과 같이 썼다(pp. 13~14).

> 우리의 목표는 믿는 사람들의 인내를 연장하고, 반란과 폭동을 일으키고, 파업을 벌이는 사람들과 연대를 선언하는 것이다. ……지배를 지배로 대

체하는 것은 우리의 목표가 아니다. 여성으로서 우리는 우리를 지배하던 남성의 법에 복수하는 방법을 이해했다. 우리는 그의 근무 시간이 끝난 저녁 비밀리에 그 일을 했다. ……우리는 사소한 일로 화를 내는 것, 동정심 부족, 공허한 집안일을 하는 동안 쌓인 적개심으로 그를 지치게 하는 데까지 나아갔다. ……그리고 부의 사다리를 오르도록 그를 자극했다. 우리는 공동선을 위해 직장과 공공장소에서 저항하고 행동을 요구하도록 그를 격려한 적이 거의 없다…….

우리는 어떤 조치를 취할지 논의하면서 여성을 위한 의식 제고 단체 설립뿐만 아니라 남성과 여성 사이 새로운 노동 분담을 요구했다. 남성과 여성은 가사 노동을 나누고 함께 일하고 가정 경제에 기여해야 한다. 여성뿐만 아니라 남성에게도 이 새로운 분업은 유익할 것이다(p. 16).

이제 인간은 더 좋은 것을 더 많이 가지려고 더 일해야 한다는 끊임없는 강박에 굴복하지 않을 것이다. 가족을 부양할 수 없다는 두려움에 시달리지 않으면서 착취와 부당함에 맞서 파업할 수 있을 것이다. 그는 자신의 시민권을 자유롭게 행사할 수 있다. 직장에서 해고하겠다는 위협은 더 이상 그를 협박하는 수단이 될 수 없다.

이 야간 시국 기도회에서 공식화한 일부 요구, 이를테면 여성을 위한 시민대학의 토론 단체 설립 등은 즉각 실현되었다. 그러나 사회와 가정의 노동 분담을 바꾸라는 우리의 요구는 오늘날까지도 완전히 이뤄지지 않았다. 정치인들은 여전히 '가정과 일의 균형'을 요구한다. 이때 다룬 문제 대부분을 당시 국제 여성 운동에서도 논의했다. 1971년에는 아직 남녀 사이의 새로운 노동 분담 문제를 다루는 여성 단체가 없었기 때문에 이 야간 시국 기도회는 쾰른 여성 운동에 중요한 원동력이 되었다.

야간 시국 기도회에서 여성 해방 문제를 다룬 것은 내게 결정적 전환점이었다. 나는 이전 경험과 박사 과정을 밟으며 가부장제가 여성을 억압하는 제도이고 기독교를 포함한 모든 주요 종교의 기초임을 이미 알고 있었다. 그러나 이런 통찰만으로는 교회를 떠날 수 없었다. 1971년 1월 5일 야간 시국 기도회에서 이 체제에 대한 공개 비판을 하기 전까지 그 단계를 밟을 수는 없었던 것이다. 교회를 떠날 때까지 2년이 더 걸렸고 누군가 "마리아, 종교에 대해 어떻게 생각하세요?"라고 물을 때마다 읊조리던 시를 써서 매듭을 지었다. 그 시의 내용은 다음과 같다.

우리 여성에게는 신이 없다

우리 여성에게는 신이 없다
우리는 신을 버렸다

아브라함과 이삭과 야곱의 하느님,
가부장 중의 가부장
누가 그들에게 세상을 지배하도록
그리고 여성 정원사들의 들판을 파괴하도록 허락했는가
그들의 무리와 전쟁으로

그들이 불러낸 것은 이런 신이다
그들이 삶을 나누었을 때
남자와 여자로
위와 아래로
천국과 지옥으로
머리와 배로
정신과 물질로
정신노동과 육체노동으로
이론과 실천으로
주님과 종으로

그의 이름
여호와
우리 입술에서 나오지 않을 것이다
그리고 다른 이름
아버지는
우리 아이들 위에
그리고 우리 혀 위에 톱밥 먼지 같다

그리고 우리에게 알라는 무엇인가?
유일무이한 바로 그 사람이다
누가 아무도 아닌 사람을 필요로 하겠는가?
그의 질투심이 우리를 여기에 가두었다
하렘에

그리고 우리는 후리[6]로서 남자들을 섬긴다

그리고 예수?
형제?
그들이 그에게 무슨 짓을 했는지 보라
그의 피로 미사를 만들고
그리고 그의 이름으로
마녀들을 데려가
살해했다

우리는 시바도 알지 못한다
그가 사막으로 바꿔놓은
지구를 범하고
그 위에 자신의 남근을 세운
이제 가난한 사람들이 절망에 빠져
부미 데비(Buhmi Devi: 힌두교 여신)를 부르며
들판의 돌들을 붉게 칠하지만
위대한 어머니는 불임이 되었다
동서의 브라만들이
그녀의 생리혈을 너무 오래 거부했다
이제 그녀는 그들을 원치 않는다

크리슈나 역시
여자의 신이 아니다.

인간의 마음을 경멸하는 자
그는 아르주나(Arjuna: 힌두 신화의 인물)를 자기 형제와 싸우도록 보냈다
'율법이 명령하는 대로'
율법의 신으로 남아 있게 두자
그의 니슈카마(Nishkama) 업보[7]와 함께
그는 우리를 차갑게 내버려둔다

그렇다, 나의 자매들이여
우리는 신을 버렸다
그들의 천국에 우리가 있을 곳은 없다
아버지와 아들들의
주인과 하인들의
성직자와 교수들의
전사와 자본가들의
지구 위에도

(마리아 미즈, 쾰른, 1973)

후에 나는 다음과 같이 덧붙였다.

그리고 그 나이 많은 젊은이는?
늘 그 자리에 있던 사람
우리 안에
그리고 우리 주변에 있는 생명

왜 우리는 그것을 여신이라고 부를까?

(마리아 미즈, 쾰른, 1984)

## 박사 학위

내 인생에서 자주 그랬듯이 모든 일이 **동시에** 일어났다. 나는 사회학을 공부하고, 마르크스주의를 배우고, 학생 운동과 야간 시국 기도회에 참여하고, 여성 운동을 적극적으로 하고, 박사 학위 논문을 썼다.

나는 쾨니그 교수를 처음 만났을 때 이미 논문의 주제, 즉 교육받고 노동하는 인도 중산층 여성이 겪는 모순을 얼추 설명했다. 푸네에서 여학생들과 함께하며 부딪힌 갈등이었다.

쾨니그 교수는 이 주제를 곧바로 받아들였다. 그 역시 개발도상국에서 일어나는 **전통과 모더니즘** 사이의 갈등을 연구하고 있었다.

내 박사 논문 제목은 〈가부장제와 기회의 평등 사이의 인도 여성: 여학생 및 일하는 여성의 역할 갈등〉이었다. 실증적 근거를 얻기 위해 인도로 돌아가 현장 조사를 해야 했다. 쾨니그 교수가 인도 대학교에서 조사하는 데 도움이 되는 추천서를 써주었다.

나는 돈을 한 푼도 받지 않았다. 나는 이 연구뿐만 아니라 모든 사회학 연구 비용을 혼자 부담했으며 장학금을 신청하지도 않았다. 인도 독일문화원에서 강사로 일하는 동안 생활비가 매우 적게 들었기 때문에 돈을 약간 모아 학비를 낼 수 있었다. 학업을 다시 시작할 때 교사를 그만두고 공무원 지위도 포기했기 때문에 이는 위험한 일이었다. 하지만 나는 논문을 마치면 바로 취업할 것이고, 그러지 못하더라도 언제든지 다시 중학교에서 가르치는 일을 할 수 있을 거라 확신했다. 그러므로 돌이킬 수 없는 결정을 섣불리 하지 않았다. 나는 농민의 딸로서 남자에게 의존하고 싶지 않은 여성은 살아갈 수 있는 탄탄한 경제적 기반이 반드시 필요함을 알고 있었다.

인도에서 나는 뭄바이와 델리의 중산층 여성들과 만나려 노력했다. 푸네에서 만난 친구들이 여러 도시에 살고 있었기 때문에 여기에는 어려움이 없었다.

뭄바이에서는 타타사회과학연구소(TISS) 교수인 수마 치트니스(Suma Chitnis)가 여학생들과 교류할 수 있도록 도와주었다. 그녀는 내 논문에 큰 관심을 가졌는데 그 이유는 스스로가 자기 계급과 계층의 여성들이 주어진 사회적 역할을 어떻게 조화시키는지 보여주는 완벽한 사례였기 때문이었다. 그들은 아내, 며느리, 어머니 역할과 학생, 노동자, 정치 활동을 하는 여성의 역할을 결합했다. 이런 여성의 역할 다양성은 당시 독일에서는 상상할 수 없었다. 나는 델리에서 학생을 비롯한 여성들을 인터뷰할 때에도 같은 현상을 목격했다. 인도의 미혼 여성은 생존 수단도 사회적 지위도 없었기 때문에 그들 모두는 결혼해야 한다는 것을 알고 있었다. 이런 어려움에도 불구하고 여성 대부분이 직업을 갖고 싶어 했다. 내가 놀란 점은 이 가부장적 국가에 교수와 고위직으로 일하는 여성이 독일보다 훨씬 많다는 것이었는데, 더욱 놀라운 점은 남성이 여성 상사 '아래'서 일하는 데 아무 문제가 없다는 사실이었다. 이는 독일은 물론이고 유럽 전체에서도 상상하기 힘든 일이었다.

인도는 특히 가부장적인 국가로 보이기 때문에 나는 여기에 대해 설명해달라는 요청을 자주 받았다. 그럴 때면 인도 여성은 '강한 여성'이고, 높은 지위에 있는 여성들은 대부분 특권층 또는 그런 카스트에 속한다고 답했다. 나는 오늘날 인도 남성들이 인디라 간디와 같은 '강한 여성'을 받아들인다는 것을 알고 있는데, 그 이유는 인도 사회의 기본 구조가 여전히 **모계 중심**이기 때문이다. 어머니를 중시하는 유산은 완전히 사라진 적이 없다.[8]

1972년 9월 나는 박사 학위를 받았다. 지도교수인 쾨니그 교수는 이 논문에 열성을 보였다. 이는 독일어로 인도 여성에 관해 쓴 최초의 사회학 연구로 1973년 안톤 하인 출판사에서 펴냈다(Mies, 1973). 이 회사가 매각된 후 내 책은 1986년 EVA 출판사에 도착할 때까지 여러 곳을 거쳤고 《억압과 노예 해방 사이의 인도 여성》으로 제목을 바꾸었다. 내 남편 사랄 사카르는 이 책을 영어로 번역했고 1980년 뉴델리의 콘셉트 출판사에서 《인도 여성과 가부장제》(Mies, 1980)라는 제목으로 출판했다.

## 교육: 쾰른응용과학대학교

나는 박사 학위를 받은 해 12월에 새로 생긴 쾰른응용과학대학교(Fachhochschule Köln) 사회교육학과에 취직했다. 나는 다른 대학에서 자리를 찾는 데 시간을 낭비하지 않았다. 쾰른은 우리 마을에서 멀지 않았고 쾰른응용과학대학교는 학생 운동의 유산인 이론과 실천의 연결에 전념한다는 큰 이점이 있었다. 이는 내게 매우 매력적이었다. 면접에서 나는 교수진의 의지를 (올덴부르크, 브레멘, 오스나브뤼크 등) 독일 전역의 여러 대학과 같이 프로젝트 기반 연구 과정의 형태로 실현할 것을 제안했다. 당시 나는 파울루 프레이르(Paulo Freire)의 책 《억압받는 자들의 교육학》(1970)을 읽고 그의 '의식화' 교수법에 열광했다. 프레이르의 방법은 사회교육학, 특히 성인 교육에 대한 새로운 접근에 딱 맞는 것으로 보였다. 이 방법은 대학에서 지식만을 전달하는 관행을 타파하고 지식을 정치 의식 제고와 실천으로 연결하는 것이었다. 나는 1972년 파리에서 열린 회의에서 프레이르를 직접 만난 적이 있다.

지명위원회가 동의했고 나는 전문 분야인 가족사회학과 사회적 소수자 사회학을 맡게 되었다. 그리고 나는 사회교육학 교수진을 위한 프로젝트 기반 연구 과정을 구축하는 임무를 받았다. 얼마 후 동료인 메히틸트 회플리히(Mechthild Höflich)가 이 일에 합류했다.

나는 이미 야간 시국 기도회를 통해 노숙자 청년들과 '이야기(Die Etage)'라는 프로젝트를 함께한 메히틸트를 알고 있었다. 그녀는 우리가 새로 만든 프로젝트 기반 연구 과정을 통해 이 프로젝트를 계속할 수 있었다.

나는 학생들에게 어떤 프로젝트에 관심이 있는지 물어보았다. 상당수는 중등학교나 김나지움 출신이 아니었고 이미 직장에 다니고 있었다. 그들의 경험을 수업에 포함시키는 것이 중요했다. 동료들뿐만 아니라 많은 학생이 학생 운동의 정신에서 영감을 받았고 교수들의 어떤 권위주의적 행동도 용인하지 않았다. '모르는' 학생들의 머릿속에 자기 지식을 옮기고 시험을 통해 평가하는 것이 유일한 과업인 '아는' 사람이라고 뽐내기는 불가능했다. 토론, 집단 작업, 경쟁을 대신하는 협력, 연습, 독립적 계획, 아래서부터의 관점(관련 집단이 생각하는 의미)이 중요한 역할을 했다.

### 프로젝트 기반 연구 과정

우리 교수진의 프로젝트 과정에서 혁신성이 가장 명확하게 나타났다. 학생들에게 집단을 형성해(처음에는 프로젝트 집단에 남녀가 함께 있었고 여성만의 프로젝트는 없었다), 청년 노동, 성인 교육 및 훈련, 노숙자 관련 분야, 나중에는 여성 및 사회교육 분야에서도 진행할 프로젝트를 선택하도록 했다. 기존 기관의 전통적 인턴십과 달리 우리 학생들은 새로운 것을 만들어야 했다. 즉 이들의 활동은 필요한 사람들에게 도움을 줄 뿐만 아니라 **해방적 특징**이 있어야 했다. 또한 이런 프로젝트의 해방적 목표는 대상 집단뿐만 아니라 학생들에게도 적용했다. 내가 이해하기로 집단 작업, 공동의 실천과 성찰, 프로젝트 보고서를 위한 협력은 파울루 프레이르가 말한 것처럼 자유의 실천이었다. 이 프로젝트 기반 연구 과정은 대학을 지배하던 개인주의와 경쟁에 대한 압박을 극복하는 효과적 방법이었고, 학생들은 사회 문제에 대해 직접 배울 수 있었다. 이는 팀워크를 위한 역량과 사회적 창의력을 기르고, 이론적 통찰력을 얻기 **전**에 경험적 지식을 습득하고, 이론 연구에 현장이 필수적임을 이해하는 것이었다. 사실상 나는 이론을 먼저 배우고 이를 실행하는 기존 순서를 뒤집은 것이었다. **내게는 현장이 이론에 선행한다.**

학생들이 실제 사회생활을 직접 경험하고 청소년, 아동, 노인, 노숙자, 이주민, 여성 등 특정 집단의 문제를 접하면서 함께 구체적 해결책을 개발하는 것이 중요했다. 이는 학생들과 '고통받는' 사람들 모두에게 창의적인 상호 학습 과정이었다. 이런 경험이 바탕이 되어야 이론에 대한 진정한 관심을 기를 수 있을 것이다.

이 프로젝트 집단은 교수들까지 화기애애한 분위기에서 평생 우정을 쌓았다. 당시 모든 대학교에서 그랬듯이 학생과 교수들은 서로 격의 없이 대하고 말할 때도 체면을 차리지 않았다.[9] 험담하기 좋아하는 입들은 우리 학교가 있는 쾰른 남쪽의 '붉은 학생과 교수 집단'에 대해서 이야기했다.

그렇다고 프로젝트 연구에 문제가 없던 것은 아니다. 프로젝트 집단이 스스로 정한 목표를 모두 달성한 것도 아니고 일반적 집단 역학도 나타났다. 어떤 사람들은 동료들과 계속 작업할 수 없었다. 그러나 이 모든 어려움을 매주 열리는 프로젝트 회의에서 논의했다. 궁극적으로 실패한 프로젝트는 없다는 것이 내 좌우명이었다. 집단이 목표를 달성하지 못해도 실제 상황에서 중요한 경험을 하고 뭔가를 배울 수 있었다.

이렇게 '실패한' 프로그램 중 하나는 주로 포드 자동차 공장에서 일하는 스페인 이주 여성들을 위해 내가 시작한 이중 언어 프로젝트였다. 나는 파울루 프레이르의 방법에 따라 스페인 노동자들이 학생들에게 독일어를 배우고 스페인어를 가르치는 프로젝트를 설계했다. 즉 두 집단 모두 학생인 동시에 교사였고 언어를 배우는 과정에서 정치 의식을 높이는 경험을 하는 것이었다. 우리는 프레이르가 브라질 시골에서 성공한 방법을 이 프로젝트에 적용하고자 했다.

우리는 중요한 문제를 논의하고 그 문제를 예시하는 그림 또는 역할극, 즉 코드(code)를 개발했다. 그 후 핵심 단어를 뽑아내고 기록하고 학습해 문장으로 합쳤다. 언어 학습은 의식화 과정으로 변했고 교사와 학생의 통상적 위계가 허물어졌다.

이 과정은 독일 최대의 가톨릭 복지 단체인 카리타스의 쾰른 지부가 운영하는 기숙사에서 진행했다. 이는 잘 진행되어 우리가 개발한 코드, 핵심 단어, 문장에서 기본 원리를 조합할 수 있는 데까지 나아갔다. 비록 스페인 여성들이 독일인들보다 더 많이 배웠지만 이 과정에 참여한 모든 사람이 즐거워했다.

하지만 이 과정은 갑자기 중단해야 했다. 기숙사 사감은 "파울루 프레이르가 공산주의자기 때문에" 쾰른 주교가 교회 소유의 시설에서 이 프로젝트를 계속하도록 허락하지 않을 것이라고 말했다.

어쩌면 다른 곳을 찾거나 주교들과 싸워 계속할 수도 있었을 것이다. 하지만 우리는 스페인 여성들을 그렇게 난처하게 할 수 없었다. 그들은 교회 지도자들과 '다투고' 싶어 하지도, 하루 일을 마치고 독일어를 배우기 위해 운전해 다른 곳에 가고 싶어 하지도 않았다. 두 가지 이유 모두 일리가 있었다. 우리는 어쩔 수 없이 프로젝트를 포기했지만 많은 것을 배웠다. 파울루 프레이르의 방법을 실행에 옮길 수 있었을 뿐만 아니라 이 방법이 얼마나 효과가 있는지, 사람들이 정치 의식을 고취할 수 있도록 도우려는 시도에 교회가 얼마나 부정적으로 반응하는지도 알게 되었다!

공산주의자라는 비난은 어이없는 주장이었다. 나는 사회적 행동의 연구 방법론과 프레이르의 《억압받는 자들에 대한 교육학》에 관한 세미나를 계속 열었다.

우리는 실천을 지향하는 교육학의 맥락에서 다양한 행동도 했다. 이 중 하나가 우리의 '일회용품 반대' 행동이었다. 요한 갈퉁(Johan Galtung, 1975)이 만든 '제3세계' 및 환경 관련 개념인 '구조적 폭력' 문제에 대한 세미나가 끝난 후, 학생들은 내게 "구조적 폭력을 멈추기 위해 우리가 할 수 있는 일은 무엇일까요?"라고 물었다. 그래서 나는 그들에게 "지금 구체적으로 어떤 문제가 여러분을 괴롭히고 있지요?"라고 물었다. 누군가 매점에서 도자기 그릇을 플라스틱 제품으로 교체했다고 말했다. 매점을 담당하는 학생 지원처에서는 비용과 인력을 절약하고자 했다.

우리는 "이는 바뀌어야 한다. 플라스틱 제품은 쓰레기만 만들어낼 뿐이고 매점에서 사라져야 한다!"라고 말했다.

일회용품 반대 행동은 학생들이 학교 전체에서 사용한 플라스틱 식기를 모아 건물 로비에 거대한 쓰레기 더미를 만드는 것으로 시작했다. 다음 날 아침 건물 안으로 들어오던 학생과 교수들은 산더미같이 쌓인 플라스틱에 걸려 넘어졌다. 학생들은 행동을 설명하는 전단지를 배포했다. 또한 플라스틱 제품과 그 원료인 천연자원이 어디서 왔는지(예를 들어 남반구의 유전), 그리고 독일과 같은 부유한 국가에서 엄청난 쓰레기를 줄일 수 있는지 이론적으로 분석하고 기록했다.

쾰른사회주의자자조모임(SSK)[10]의 친구 로타 고테(Lothar Gothe)는 쓰레기를 만들지 않는 사람을 알았다. 나는 그를 세미나에 초대했고 그는 어떻게 쓰레기 없는 삶을 만들었는지 설명했다.

또한 화학자인 헝가리 친구가 플라스틱에 대해 강의했다. 그는 플라스틱을 만드는 데 얼마나 많은 석유가 필요한지, 어떤 종류를 재활용할 수 있는지 알려주었다.

학생들은 내구성이 뛰어난 도자기를 계속 구입해야 하는 플라스틱 제품으로 교체하는 것이 더 경제적인 이유를 설명해줄 것을 학생 지원처 책임자에게 요청했다. 그는 우리에게 고전적 비용 편익 분석을 제시하며 플라스틱이 '경제적 필요'라고 주장했다. 학생들은 "석유 생산, 운송, 실업, 쓰레기 처리 등 보이지 않는 비용까지 계산에 포함하면 플라스틱 제품은 감당할 수 없기 때문에 너무 단순한 평가"라고 반박했다.

우리의 전문가는 "그런 고려는 정상 경영이나 관리에서의 계산과 무관하다"고 딱 한마디만 했다. 이는 그의 책임을 넘어서는 일이었다. 이제 우리는 '구조적 폭력'의 구체적 사례를 알게 되었다.

우리의 일회용품 반대 행동은 성공이었다. 매점에서 플라스틱 식기가 사라졌고 쾰른 언론도 이를 보도했다. 쾰른시가 정한 환경의 날 우리는 노이마르크트광장에서 그 과정을 공개 발표하도록 초청받았다.

얼마 전 동료는 "일회용품 반대 행동은 완전한 성공이었어요. 매점에는 여전히 도자기 접시와 제대로 된 칼, 포크, 숟가락이 있고 플라스틱 제품은 없어요"라고 말했다.

### 사회적 소수자 사회학과 가족 사회학

나는 다른 사회학 세미나에서도 실천 중심 접근법을 적용했다. 나는 학생들의 실제적·이론적 지식 사이에 연결고리를 만들기 위해 그들의 경험을 수업에 활용했다.

나의 두 전문 분야, 즉 가족 사회학과 사회적 소수자 사회학은 이 접근법에 특히 도움이 되었다. 당시 '소외된 집단'이라고 하던 사회적 소수자에는 신생 학문인 사회교육학이 도움을 주어야 할 사람들이 광범위하게 포함되었다. 나는 이론과 실제에서 어떤 집단에 집중하고 싶은지 결정하는 일을 학생들에게 맡겼다.

가족사회학 세미나도 비슷한 방식으로 진행했다. 모두가 가족과 관련한 경험이 있지만 **가족의 역사**에 대한 지식은 없었다. 가족의 역사를 비판적으로 성찰한 가족사회학자는 드물었고, 보수적이든 진보적이든 부르주아 핵가족을 모든 문화에서 변치 않는 전형으로 제시했다. 이 결함을 바로잡기 위해 나는 엥겔스에 대한 페미니즘의 당시 비판에도 불구하고 그의 《가족, 사유 재산, 국가의 기원》(Engels, 1884)을 필독서로 소개했다.

지금까지 어떤 사회 제도도 가족 제도만큼 이념과 관련해 심각하게 논의하지 않았다. 따라서 가족사회학은 집권당과 그 **가족 정책**의 영향을 받았다. 이 예를 통해 나는 사회과학이 가치로부터 자유롭지 않으며 그렇게 될 수도 없다는 것을 깨달았다. 남성과 여성, 그리고 **성별 사이의 관계**를 말하지 않고서는 '가족'을 말할 수 없다. 그 결과 나는 이 관계의 역사적 변화와 세계적 문화 차이를 선명히 하는 데 큰 가치를 두게 되었고, 이는 여전히 학생들과 나를 매료시키는 흥미롭고 시사적인 문제다.

나는 1971년 1월 야간 시국 기도회 이후 여성 운동에 적극적으로 참여했을 뿐만 아니라 페미니스트를 자처했다. 이 운동에 참여한 많은 여성처럼 나도 소수자로서 여성의 지위와 양성의 관계에 교육과 연구의 초점을 맞추려고 노력했다. 당시에는 인문학에서도 사회과학에서도, 자연과학에서는 더욱더 '젠더'라는 범주를 인식하지 못했다. 이론의 논의에 여성은 존재하지 않았다.

나의 두 전문 분야에서 여성을 무시하는 것은 특히 수치스러운 일이었다. 당시에는 통계를 활용하는 사회과학에서 성별에 따른 분석을 거의 하지 않았다. 그래서 나는 가르칠 때 사회는 두 성별 모두로 구성되고 여성은 다수를 차지하지만 사회적 소수자 취급을 받는다는 사실을 강조했다.

# 06

# 여성 운동

## 함께하는 여성은 강하다 / 자매애는 강하다!

쾰른응용과학대학교에 지원할 때 나는 여성 운동에 적극적이라고 밝혔다. 처음부터 내가 페미니스트임을 분명히 한 셈이다.

새로운 사회 운동은 사무실이나 도서관에서 잉태하지 않는다. 이는 **시기가 무르익었을 때** 일어난다. 오랜 임신 기간 끝에 아이가 태어나는 순간은 갑자기 **다가온다!** 사회 운동도 마찬가지다.

이것이 새로운 여성 운동이 일어난 방식이다. 마치 불현듯 나타난 것 같았다. 거의 동시에 전 세계에서 여성이 일어섰다. 그들은 모든 여성에게 영향을 미치는 착취와 억압, 직접적·구조적 폭력에 맞서 저항했다. 많은 사람이 주장하듯 미국과 같이 특정한 곳에서 시작한 것은 아니다. 인도, 방글라데시, 이집트, 태국, 홍콩, 한국, 일본을 비롯한 여러 국가에서 여성이 반란을 일으켰다. 국제 여성 운동은 **모든 대륙에 돌연**

**나타난** 것처럼 보였다.

1960~1970년대 새로운 국제 여성 운동이 등장할 때를 돌이켜보면 오늘날에도 가장 매혹적인 것은 여성 해방 투쟁이 전 세계적으로 발전한 **동시성**이다. 이는 시공간만을 의미하지 않는다. 전 세계 여성이 문화, 종교, 계급, 인종 차이에도 불구하고 한 가지 공통점을 발견했다. **고향이 어디든 여성이 된다는 것은 두 번째 또는 세 번째 계급의 인간이 된다는 의미였다.**

운동의 동시성을 경험하고 공통의 관심사를 기반으로 공동체를 실현하는 것은 여성에게 강한 힘과 유대감을 불러일으켰다. "자매애는 강하다"는 시대의 표어였다. 더 이상 혼자인 여성은 없었고 모두가 연결된 것으로 보였다. 운동에 참여하는 모든 여성이 우리는 **강하다**는 느낌을 키웠다.

우리의 힘과 추진력은 여성에 적대적인 구조와 세계를 바꾸려는 의지로 이어졌고 이는 "함께하는 여성은 강하다!"는 또 다른 표어에 반영되었다. 다양한 형태의 프로젝트, 활동, 시위가 도처에서 일어났고 노래를 작곡해 (컴퓨터의 도움 없이) 빠르게 전 세계로 퍼트렸다. 여성들은 여성 센터, 서점, 신문, 협회를 설립해 남성 지배 사회를 공격했을 뿐만 아니라 가부장제에 대한 진정한 대안을 개발하려 노력했다.

이런 맥락에서 여성 문제는 명백해졌고 예를 들어 여성 혐오적인 가부장제 체제가 언제 시작했는가와 같은, 오랜 질문에 대한 답을 새롭게 찾는 결과로 이어졌다. 이 체제는 왜 이렇게 오랫동안 지속했는가? 왜 여성의 노동, 특히 집안일은 가치가 없나? 이 체제는 전 세계에 존재하는 것인가? 아니면 자본주의의 산물인가? 이런 질문은 학문 연구의 결과는 아니었지만 그 답을 찾는 데는 여성 학자들이 참여했다.

이 운동의 전반적 분위기는 베로니카 벤홀트톰젠(Veronika Bennholdt-Thomsen)이 명명한 "생각에 대한 욕망", 즉 생각하려는 큰 욕구를 불러왔다. 이론은 재미있었다. 이는 '영원한 진리'를 선포하는 사람들의 말에 귀를 기울이지 않고도 오래된 질문을 받아들여 새롭게 제기하고 새로운 답변을 제공함을 의미했다. 이미 언급했듯이 나는 실천과 이론의 결합을 주장했고 이는 너무나 많은 창의성과 에너지를 생산해 모든 일이 가능해 보였다. 우리는 여성 억압의 가장 어려운 문제까지 해결하고자 노력하게 되었다.[1]

이런 문제 중 하나가 **여성에 대한 폭력**이었다. 이 문제는 '후진적' '전통적' 사회뿐만 아니라 '문명화한' 현대 산업화 국가 한가운데서도 나타났다. 1976년 여학생들과 나는 우리 주변, 즉 쾰른의 가정에서 여성에 대한 폭력과 맞서 싸우는 운동을 시작했다.

### 독일 최초의 폭행 피해 여성 자율 쉼터를 위한 투쟁

나는 1975년 멕시코에서 열린 제1차 유엔(UN)여성회의에서 영감을 받아 쾰른응용과학대학교에서 이 주제에 관한 강의를 시작했다. 당시 많은 여학생이 여성 운동에 대한 관심을 키우고 있었다. 우리는 세계의 다른 지역은 고사하고 유럽의 **이전** 여성 운동에 대한 지식도 없다는 것을 깨달았다.

19세기와 20세기 초 여성 운동에 관한 세미나가 끝난 후 학생들은 현재의 문제와 요구 중 상당수를 19세기 중반 페미니스트들이 이미 공식화한 사실을 알고 놀랐다. 왜 그 이후 여성 해방은 진전을 이루지 못했는가? 바이마르공화국에서 여성 운동은 왜 쇠퇴했는가? 우리는 왜 역사를 잊었는가? 왜 아무도 우리에게 이런 이야기를 하지 않았는가?

열다섯 명의 학생 집단은 “다시 이런 일이 일어나서는 안 됩니다”라고 말했다. 그들은 무엇을 할 수 있는지 논의했고 한 가지는 분명했다. 그들은 단지 의식 고취 집단이나 비공식 토론 집단에 머무르려 하지 않았다. 토론회에서 숙고한 문제를 해결하기 위해 실천적·정치적 조치를 하기를 원했다. 가장 중요한 문제는 여성에 대한 가정 폭력이었다. 이 무렵 에린 피지(Erin Pizzi)는 런던 치스윅 지역에 영국 최초의 폭행 피해 여성 쉼터를 설립했다. 여학생들은 쾰른에 폭행 피해 여성을 위한 최초의 쉼터를 설립하기로 결정했다.

학생들은 사회복지부 사무실에 대표단을 보내고 부서장인 헤어 쾨르너(Herr Körner)에게 요청 사항을 전달했다. 그러나 그는 쾰른시나 자선 기관에서 관리하는 시설에 도움을 구한 여성이 없었기 때문에 쉼터를 열 필요가 없다고 생각했다. 그는 학생들에게 쉼터나 위기 센터의 필요성을 통계에 기초해 판단할 수 있게 먼저 여성에 대한 가정 폭력 실태 연구 결과를 제시하라고 조언했다. 그의 목표는 연구를 요구해 문제를 미루는 것이었다.

학생들이 회의 결과를 보고했을 때 우리는 통계 조사를 하기보다는 ‘폭력 남편’ 문제에 대한 거리 행동을 조직하기로 결정했다. 그 이유는 첫째로 우리는 그런 장기 연구 자금을 조달할 수 없었고, 둘째로 그런 연구 결과가 현실을 반영하지 않는다는 것을 알았고, 셋째로 그 연구가 사회와 정치의 변화로 이어지지 않을 것임을 알았기 때문이다.

1976년 봄 학기 초 토요일에 우리는 쾰른에서 가장 분주한 쇼핑가인 쉴더가세에서 거리 활동을 벌였다. 여학생들은 포스터를 그리고 신문 기사를 모아 판지에 붙였다. 우리는 행인들에게 쾰른 여성들이 남편에게 구타당한다는 사실을 아는지, 이를 심각한 문제로 생각하는지, 쾰른에 폭행 피해 여성을 위한 집이 필요하다고 생각하는지 물었다. 또한 사람들에게 쾰른에 여성을 때리는 문제는 존재하지 않는다는 사회복지 부장의 말을 전했는데 그들은 바로 여성이 남편에게 폭행당하는 사례를 많이 안다고 말했다. 우리는 그들에게 여성에 대한 폭력이 문제임을 공개적으로 밝히고 폭행 피해 여성을 위한 쉼터 설립을 요구하는 청원서에 서명해주길 요청했다. 나는 카세트 녹음기의 도움을 받아 폭력 남편에 대해 들은 바를 기록했다. 우리는 이 날에만 쾰른 폭행 피해 여성의 집을 지지하는 2000명의 서명을 모았다.

쾰른의 일간지 〈쾰너 슈타트안자이거(Kölner Stadt-Anzeiger)〉의 여성 기자인 내 친구가 이 행동에 참여했고 다음 날 그 결과를 보도했다. 기사에는 폭력 남편으로부터 보호받고자 하는 여성들이 연락할 수 있도록 함께 생활하던 학생 공동체의 전화번호를 공개했다. 또한 폭행 피해 여성 쉼터를 어디에 어떻게 설립할지 논의할 회의 날짜도 광고했다.

여성 약 70명과 남성 몇 명이 왔다. 우리는 폭행 피해 여성 쉼터는 기본적으로 여성을 위한 것이며 남성은 접근할 수 없다는 점을 분명히 했다. 회의 참가자들은 '여성을 돕는 여성(FhF)'이라는 협회를 설립해 쾰른에 폭행 피해 여성을 위한 자율 쉼터를 만들기로 했다.

이 회의에서 우리는 쉼터의 개요를 소개했다. 또한 여성 대상 폭력 문제를 활발하게 홍보하며 이 활동에 책임자 학생들을 초대해 쉼터 사업에 대해 정기적으로 보고하도록 했다. 이는 사업을 위한 기부금을 모을 수 있는 반가운 기회이기도 했다.

이때 쾰너 신문사는 당시 70세의 시립 노인 요양원 거주자였던 크리스타 토머스(Christa Thomas)에 대한 기사를 게재했다. 그녀는 쾰른시에 노인 복지 시설 건물 중 하나를 폭행 피해 여성을 위한 쉼터로 제공할 것을 요구했지만 당국은 이를 거부했다.

프로젝트를 시작한 사람 중 한 명인 리 셀테(Lie Selter)는 즉시 그녀를 만나러 나섰다. 크리스타 토머스는 친구인 앙케 리거(Anke Rieger)와 함께 '여성을 돕는 여성' 발의와 행사에 적극적으로 참여했다. 그 결과 우리는 쾰른 여성사의 또 다른 장을 알게 되었다. 크리스타 토머스는 제2차 세계대전 이후 전쟁과 군국주의에 적극적으로 반대했다. 가톨릭교 신자인 그녀는 1950년대 기독민주당이 독일연방공화국의 재무장을 지지할 때 격렬히 반대했고 체포되기까지 했다. 그녀는 공적 군국주의와 여성에 대한 남성의 사적 폭력 사이 연관성을 분명히 보았다.

그녀는 죽을 때까지 핵 기술과 가부장제 체제에 반대하고 평화와 군축을 위해 싸웠다. 우리는 '여성을 돕는 여성' 협회가 '딸' '어머니' '할머니'의 여성 3대를 대표한다는 사실에 기뻤고 **존경받는 부인들**의 부흥을 기념하는 행사를 조직했다. 크리스타 토머스는 본·쾰른 주변과 라인란트 전역에 존재한 고대의 부인 문화에 대한 자료를 많이 수집했다.

'여성을 돕는 여성'의 창립 회원으로는 비르기트 하네어(Birgit Hanner), 리 셀테, 프라우케 마어(Frauke Mahr), 울라 스트루베(Ulla Struwe), 아네트 뢰닝(Annette Löning), 코니 패촐트(Conny Pätzold), 아스트리드 프라처실링(Astrid Frazer-Schilling), 우르술라 피페르스(Ursula Viefers), 앙케 리거, 마리아 미즈, 크리스타 토머스가 있다.

공공 캠페인만큼 중요한 것은 '여성을 돕는 여성' 협회 전화번호를 공개한 직후, 많은 여성이 아직 있지도 않은 여성의 집에서 쉴 곳을 찾기 위해 전화를 했다는 사실이었다. 그들을 폭력 남편에게 돌려보낼 수 없었기 때문에 우리는 그들과 자녀들을 우리의 집에 임시로 데려갔다. 이런 상황은 1976년 여름 내내 이어졌고 점점 더 어려워졌다. '여성을 돕는 여성' 협회는 설립했지만 돈도 건물도 유급 직원도 없었다.

그러나 여성에 대한 남성의 가정 폭력 문제는 더 이상 비밀이 아니었다. 사회복지부를 포함해 시 당국은 더 이상 쾰른에 이 문제가 존재하지 않는다고 주장할 수 없었다. 이 기간에 우리 협회는 폭력 피해 여성 쉼터 건물을 짓기 위해 시 당국과 계속 협상을 벌였다. 또한 도움을 구한 여성들의 수도 꾸준히 보고했다. 이 문제에 대한 대중의 관심에 시 당국은 항복할 수밖에 없었다.

마침내 그들은 얼마나 많은 여성이 폭력 남편으로부터 피난처를 찾는지 시립 및 민간 기관을 통해 연구하기로 결정했다. 1976년 여름 그 결과를 공개했고 시는 매달 평균 100명의 여성이 남성의 폭력을 피하려고 경찰에 신고하거나 시설을 찾아왔다는 사실을 인정해야 했다. 또한 가정 폭력을 사적 문제로 간주했기 때문에 이들이 도움을 받을 수 없다는 것도 발견했다. 드물게 여성이 가해 남성에 저항하고 신고하지 않는 한 경찰은 이들을 남편에게 돌려보내야 했다.

이 연구를 공개한 뒤 지방자치단체는 어떤 조치를 해야 한다는 **정치적** 압력을 받았다. '여성을 위한 여성' 협회에는 교회, 사회민주당, 언론의 능동적 일원이기도 한 여성들이 있었기 때문이다. 그 사이 협회는 쾰른을 넘어 널리 알려졌다. 다른 도시의 여성 단체도 '여성을 돕는 여성'이라는 이름으로 협회를 설립하기 시작했다.

가장 중요한 행사 중 하나는 유명한 지역 악단의 자선 공연이었다. 이는 우리의 조직과 생각을 대중에게 널리 알릴 수 있는 기회였고 우리가 여성 쉼터를 위한 투쟁을 이어가는 데 필요한 재정의 기반을 제공했다.

우리의 철학에 맞는 쉼터를 설립해야 한다고 주장했기 때문에 시와의 협상은 어려웠다. 우리는 도움을 구하는 여성들이 관리와 통제의 '대상'이 되는 시설을 또 만들고 싶지 않았다. 이 철학에 따르면 시는 여성이나 장소의 수를 제한할 권리가 없으며 도움을 구하는 사람들에게 서류를 요구해서도 안 된다. 우리는 쉼터가 위급한 상황에 처한 성인 여성들이 독립적·협력적으로 연대해 자기 삶을 조직할 수 있는 **자율** 시설이 되어야 한다고 주장했다. '여성을 돕는 여성' 협회와 시설에서 일하는 사회교육자들은 촉진자·중재자·지지자 역할만 해야 했다.

우리가 고수한 풀뿌리 민주주의 원칙에 따라 협회 여성들이 돌아가며 사회복지부와 협상을 진행했다. 우리는 도움을 구하는 사람들을 대하는 관료들의 방식에 모든 여성이 익숙해지기를 원했다. 여성들이 자의적 권력에 맞서 무엇을 할 수 있는지 그 경험을 제공하고 싶었기 때문이다. 이 또한 시 당국을 거슬리게 했다. 우리와 협상한 공무원들은 경험이 풍부하고 '유능한' 이사회 대신 매번 다른 학생 대표들을 상대하는 것이 귀찮다고 말했다. 또한 '여성을 돕는 여성' 협회가 기존 사회복지 기관에 가입할 것을 요구했다. 우리는 자율성의 원칙을 유지하고 싶었으나 마침내 가장 세속적인 기관인 독일자선단체연합회(DPWV)에 가입했다.

시의 교묘한 조치와 이에 따른 마찰로 인해 1976년 가을까지 쾰른에서 폭행 피해 여성 쉼터는 눈에 띄지 않았다. 시는 설립을 약속했지만 이를 언제 이행할지는 아무도 몰랐다. 그러는 동안에도 폭력 남편을 피할 곳을 찾기 위해 우리에게 전화하는 여성은 계속 늘었다.

상황이 한계에 다다랐기 때문에 우리는 '여성을 돕는 여성' 협회의 이름으로 집을 임대하기로 했다. 도움을 구하는 여성은 일정한 임대료를 지불하고 사회복지부로부터 법적으로 상환받았다. 결국 시 당국은 이런 식으로 폭력 피해 여성 쉼터 비용을 지불해야 했다.

우리는 협회에 도움을 구하는 여성이 법적 **특별 긴급 사례**로 인정받는 성과를 거두었다. 이로 인해 사회복지부는 연방사회복지법 제72항에 따라 쉼터 임대료를 포함해 "특별한 생활 상황에 대한 지원"을 제공해야 했다.

우리가 임대한 집은 쾰른 교외에 있는 철거 예정 건물이었다. 우리는 친구, 취지에 동감하는 사람들, 협회 회원들, 피난처를 찾는 여성들의 도움을 받아 이 집을 가구, 면직물, 가정용품으로 꾸몄다. 이 집은 1976년 11월에 문을 열었으며 처음부터 여성과 아이들로 붐볐다.

쉼터가 기정사실이 되자 이제 시 당국은 '여성을 돕는 여성' 협회에 적합한 건물을 제공하라는 압력을 받았다. 게다가 1976년 12월 시 의회는 쉼터를 관리할 전임 사회복지사에게 자금을 지원하기로 했다.

이 프로젝트를 시작한 학생들은 학업을 마치고 일자리를 찾고 있었다. 그들 중 네 명이 쉼터의 정규직 일자리 하나를 나누기로 결정했다. 그러나 이 자리에 대한 급여가 지급될 때까지 몇 주, 몇 달이 걸렸다.

그동안 협회는 여성 회원들로 구성한 24시간 자원봉사 서비스를 마련했다. 폭력 남편이 강제로 아내를 데려가려고 문간에 나타날 위험이 있기 때문에 우리는 구타당한 적이 없는 여성들이 항상 함께할 필요를 느꼈다. 쉼터에 있는 여성들을 보호하기 위해 주소를 비밀로 유지했을 뿐만 아니라 폭행 피해 여성을 데려오는 복잡한 체계도 유지했다. 누군가 우리에게 도움을 구하면 협회 여성 한 명이 그녀를 만나 쉼터로 데려갈 모종의 장소로 가야 했다. 귀중품, 서류, 아이들을 집 밖으로 몰래 빼내야 하는 경우도 많았으며 이때는 협회의 여러 여성이 함께해야 했다.

나는 '근무 중'일 때 쉼터에 있는 여성들이 자기 경험을 계속 이야기 하고 싶어 하고, 왜 남성이 그렇게 폭력적인지 스스로에게 반복해 묻는 모습을 보았다. 그들은 폭력의 경험담을 털어놓기 위해 우리를 필요로 했는데 이는 믿을 수 없는 정도인 경우가 많았다. 시간이 지나면서 나는 이것이 일종의 치유 과정임을 깨달았다. 그래서 나는 그들의 이야기를 녹음하자고 제안했다. 우리는 그들의 가정에서 '폭력의 경력'이 어느 단계에서 시작했는지, 여성들이 이를 어떻게 관리했는지, 왜 그렇게 오랫동안 학대를 방치했는지, 마지막으로 어느 시점에서 그들이 상황을 바꾸기 시작했는지 알아내고자 했다.

한 학생 집단이 연구 프로젝트로 이 여성들의 삶 이야기를 기록하고 검토하기로 했다. 이는 독일 가정에 존재하는 '폭력의 경력'에 대한 더 깊은 통찰을 얻고 여성들 스스로 상황을 이해하고 변화시킬 수 있도록 돕는 실행 연구 프로젝트로 기획했다.

그 결과는 여성들의 이야기와 함께 《사랑의 게토에서 온 소식》(Frauenhaus Köln, 1980)이라는 책에 실었다. 그들의 이야기를 기록한 것은 여성이 이혼을 원하거나 재정 지원을 요구하는 경우 그 사례를 문서화하는 데 도움이 되었다. 이 프로젝트에 참여한 여학생들은 우리가 '사랑'이라고 부르는 것과 남성의 폭력 사이 연관성을 가시화할 수 있었다.

나는 이 모든 이야기를 내 글 〈페미니스트 연구 방법론을 향하여〉[2] (Mies, 1983a, pp. 117~139)에 썼다. 실제적인 동시에 이론적이던 이 연구 프로젝트에서 얻은 가장 중요한 통찰은 **여성이 끔찍한 상황을 이해하고 싶다면 그 상황을 바꿔야 한다는 것이다.** 우리가 쉼터에서 도움을 구하는 여성들에게 '표준' 통계 조사를 실시했다면 그들은 폭력으로 고통받고 있다는 사실을 인정하지 않았을 것이다. 비참한 상황을 바꾸려 하는 것

많이 그들이 경험을 공개적으로 발할 수 있는 위치에 서게 했다.

베를린에서는 폭행 피해 여성 쉼터가 가족부의 지원으로 문을 열었지만, 쾰른에서는 독일연방공화국 최초로 정부 지원 없이 설립했다. 동일한 자율성 원칙에 따라 다른 '여성을 돕는 여성' 협회가 독일에 다수 생겨났다.[3]

## 새로운 연구 접근법: 실행 연구

쾰른 폭행 피해 여성 쉼터를 위한 투쟁은 내게 우리 사회의 실상, 즉 평화롭다고 생각하는 중산층 가족의 허울 뒤에 얼마나 많은 폭력, 특히 (우리의 행동 이전에는 언급이 금기이던) 여성과 아동을 대상으로 한 폭력이 숨어 있는지 눈뜨게 해주었다. 또한 나는 일반적으로 '객관적 과학'이라고 받아들이는 분야에서 이런 현실을 전혀 이해하지 못하고, 가정 폭력의 피해자가 여성임을 가시화할 수 없으며, 그렇게 하고 싶어 하지도 않는다는 사실을 알았다. 여성들은 주로 남성인 사회과학자들에게 자신에게 고통을 준 폭력에 대해 이야기하지 않았다. 이는 수치심 때문인 경우가 많았고 의사나 경찰이 그들의 이야기를 신뢰하지 않기 때문이기도 했다.

나 자신도 사회과학자로서 밤낮으로 여성들의 이야기를 듣는 데서 오는 분노와 걱정을 받아들이고, 이를 바꾸기 위해 **다른 사람들과 함께** 행동해야 한다고 느꼈다. 나는 곧 전통적·경험적·정량적 사회 연구 방법으로는 이렇게 할 수 없음을 깨달았다. 고통받는 사람들에 대한 관심과 연대, 과학자이자 이론가로서의 주관성은 '객관적 과학'에서 금기였기 때문이다. 이 방법론을 고수하는 것은 불가능했다. 나는 나만의 여성 연구 방법론을 개발했다. 객관성에 대한 잘못된 주장과 함께 널리 퍼진 "개입하지 않는 관찰자 연구"(Huizer, 1973)에 대한 비판을 바탕으로, 여성학이라는 새로운 분야의 연구를 위한 방법론의 일곱 가지 기본 가정을 개발했다. 이는 쾰른 폭력 피해 여성 쉼터를 위한 투쟁의 경험에서 발전했다.

이 접근법은 상아탑에서 만든 것이 아니라 우리가 대학과 사회에서 실천적·이론적 투쟁을 벌인 결과였고 곧 더 많은 결과로 이어졌다. 1976년 빌레펠트에서 열린 독일 사회학 연례 대회에서 어떤 분과나 연구 집단도 '여성의 문제'를 다루지 않는다는 것을 깨달았을 때, 클라우디아 폰 베를호프와 베로니카 벤홀트톰젠은 대회장 로비에 탁자를 놓고 독일사회학회에 여성학 분과 설립을 촉구하는 포스터를 걸었다. 여성 70명이 함께 모여 청원서를 제출했다. 물론 거절당했으나 우리는 포기하지 않았다. 우리는 '여성을 위한 사회학 이론과 실천'이라는 협회를 결성하기로 했다. 우리는 이듬해 겨울에 다시 모이기로 약속하고 "여성 운동에서 이론은 무슨 의미인가?" "여성 운동의 맥락에 어떤 연구 방법이 적절한가?"와 같은, 그때까지 할 '숙제'를 분담했다.

나는 두 번째 질문에 대해 연구하기로 했다. 당시 매일 학생들과 쾰른의 폭력 피해 여성 쉼터를 위한 투쟁에 참여했기 때문에 '과학적' 논문을 쓸 시간이 없었다. 나는 1977년 2월 카롤라 묄러(Carola Möller)와 프랑크푸르트로 운전해가는 동안, 폭행 피해 여성 쉼터의 경험을 바탕으로 중요하다고 생각하는 요점을 재빨리 적었다. 나는 이를 〈페미니스트 연구 방법론의 가정〉[4]이라는 제목으로 프랑크푸르트 회의에서 소개했다. 네덜란드 네이메헌에서 열린 '마녀대학(Heksencollegen: 1977년 네덜란드에서 처음 열린 여성 대학. 중세에 여성을 마녀로 몰아 화형에 처한 것을 기억하기 위해 붙인 이름이다—옮긴이)'에서 내용을 공개할 때까지 이를 기록하지 않다가 나중에 마녀대학의 네덜란드어 문서에 처음 썼다.

여성학 연구 방법론의 일곱 가지 가정은 단지 폭력을 당한 여성을 돕고 대학의 여성들이 기존 연구 분야에서 더 나은 지위를 위해 싸울 수 있도록 개발한 것이 아니다. 그보다 주류 사회과학을 혁명적으로 변화시키기 위해 고안했다.

〈방법론의 가정〉은 곧 전 세계 페미니스트 연구의 고전이 되었다. 처음에는 칭찬보다 비판을 더 많이 받았을지 모르지만, 이는 기존의 가부장적 접근 방식과는 근본적으로 다른 연구 방식에 대해 활발한 논쟁을 불러일으켰다. 이는 사회과학 연구 방법론에 대한 비판에서 시작했다.

내 접근 방식은 페미니스트 집단을 제외한 독일의 '주류' 과학계에서는 그다지 인기가 없었다. 하지만 다른 나라에서는 반대였다. 이 글은 네덜란드어와 영어로 빠르게 번역되었으며, 과학자들·정치·경제로 인해 차별받고 식민화하고 억압받는 사람들이 도구화하지 않도록 보장하면서 연구하는 방법에 대한 학술지와 서적에서도 계속 재인쇄했다.

페미니스트 연구에 관한 진지한 책이라면 〈방법론의 가정〉을 무시할 수 없었다. 이는 2006년 런던 세이지 출판사의 《페미니스트 연구 편람》에 마지막으로 등장했다. 나는 이 책에서 반세계화 운동 경험에 비추어 내 방법론을 비판적으로 재평가했다(Mies, 2006, pp. 664~665).

## 기타 협회, 연구, 이론

우리가 '여성을 위한 사회학 이론과 실천' 협회를 설립했을 때 우리는 〈페미니즘 이론과 실천에 대한 기여〉라는 학회지를 발행하기로 결정했다. 제목에 '페미니스트'라는 단어를 쓸 것인지 열띤 토론을 벌인 기억이 난다. 당시에는 자신을 '페미니스트'라고 부르는 것이 여전히 금기였다. 나는 '페미니스트'가 역사적 용어이자 우리의 입장을 분명히 알리는 투쟁적 개념이라고 주장했고 결국 승리했다.

이 학회지의 1978년 창간호에는 실비아 콘토스(Silvia Kontos)와 카린 발저(Karin Walser)의 〈가사 노동은 과학이 아니다〉, 일제 렌츠(Ilse Lenz)의 〈여성, 식민지, 신식민지〉, 시그리드 메츠 괴켈(Sigrid Metz-Göckel)의 〈여성의 일과 생산성〉, 클라우디아 폰 베를호프의 〈여성의 일: 정치경제학 비판의 사각지대〉, 나의 〈여성학에 대한 방법론의 원리—여성에 대한 폭력 예시를 중심으로〉와 같은, 가사 노동에 관한 획기적인 글을 수록했다(*beiträge zur feministischen theorie und praxis*, 1978).

쾰른의 폭행 피해 여성 쉼터를 위한 투쟁은 정치, 과학, 이론, 방법론과 관련해 중요한 경험이었다. 이후 내가 모든 연구, 교육, 정치적 투쟁에서 실천한 실행 연구는 우리가 연구하는 사람들을 **대상이 아니라** 공동 연구자로 삼기 위한 것이었다. 이 방법은 내 평생에 걸쳐 매우 효과적인 것으로 입증되었다.

07

# 여성과 일

## 자급 접근

### 자급과 자본 축적: 주부, 농민, 식민지

나는 1978~1979년 수행한 인도 남부 시골의 여성 자급 생산 프로젝트에 **실행 연구**를 적용했다. 나는 이전에 논문을 준비하면서 인도 중산층 여성에 대한 연구 프로젝트를 진행했고 이제 농촌 여성의 자급 생산을 연구하고 싶었다.

우리는 쾰른 폭행 피해 여성 쉼터를 위한 운동으로 여성에 대한 사적 폭력을 공적 사회 문제로 만드는 데 성공했다. 그러나 당시 연구비를 지원하지 않던 쾰른응용과학대학에서 교수직을 맡은 상황에서는 여성 운동에서 발전한 이론적 문제의 종류를 명확히 하기가 어려웠다. 이런 문제 중 하나는 **자본주의에서는 가사 노동을 '일'로 간주하지 않으므로 무급이라는 것**이었다. 당시 독일을 비롯해 전 세계의 많은 페미니스트가 이 문제를 다루고 있었다(*beiträge zur feministischen theorie und praxis*, 1978 참고).

이 문제는 민족학을 공부할 때부터 알고 지낸 내 친구 베로니카 벤홀트톰젠, 그리고 쾨니그 교수의 대학원 세미나 이후 절친해진 클라우디아 폰 베를호프에게도 중요했다. 우리는 1970년대 여성 운동에 참여한 많은 사람처럼 마르크스주의 이론의 관점에서 이 문제에 접근했다. 우리는 끝없는 설명을 받아들이고 싶지 않았고, 가사 노동의 맥락에서 '일'이라는 개념을 다룬 이론적 접근 방식을 마르크스주의 외에 알지 못했다. 문제를 해결하는 과정에서 멕시코 농민들 사이의 베로니카, 중앙아메리카의 클라우디아, 인도의 나 이렇게 우리 셋은 이른바 개발도상국에서 상당 기간 생활하고 일하고 연구하며 성과를 얻었다. 우리는 많은 사람이 거의 혹은 전혀 보수를 받지 않고 일하고 이는 **임금 노동**으로 간주하지 않는 것을 알았다. 그들의 목표는 자본주의 시장을 위한 **상품** 생산이 아니라 자신의 **생존**과 자급을 보장하는 것이었다.

마르크스주의 또는 서구 이론가 대부분은 이런 종류의 일을 어떻게 정의할지 몰랐다. 프롤레타리아트, 노동 계급, 하위 프롤레타리아트, 생산적 노동 등과 같은 용어는 이들에게 적용할 수 없었다. 유엔의 설명에서는 그들을 농민이든 농촌 노동자이든 빈민가 거주자이든 비공식 부문에 배정했다. 명백히 그들의 일은 자본주의 생산 수단 너머에 있었다.

이 무렵 라틴아메리카의 좌파 지식인들은 다양한 생산 수단을 두고 논쟁을 벌였고 처음으로 **자급 생산**이라는 용어가 등장했다. 그러나 이들은 자급 부문 전체를 전(前) 자본주의적·후진적인 것으로 묘사하며 이 부문은 산업화를 수반하는 부르주아 혁명과 프롤레타리아 변혁의 대상이라고 주장했다. 그래야 자본주의를 극복할 프롤레타리아 혁명이 일어날 수 있었다.

베로니카는 멕시코 농민에 관한 논문을 썼고 이런 논쟁에 대해 잘 알았다. 그러나 그녀와 안드레 군더 프랑크(André Gunder Frank)는 초기부터 자급 부문이 자본주의 체제에서 떨어져 있거나 소외되지 않았다고 주장했다. 반대로 그것은 자본주의의 정수였다. 그녀는 단계 이론을 거부하고 농민과 농촌은 낙후한 반면 노동자와 도시는 진보적이라는 생각에 맞서 싸웠다. 이 의견은 오늘날에도 여전히 유효하다.

베로니카와 클라우디아가 빌레펠트 대학교에서 개발사회학 연구원 자리를 얻은 후에도 우리는 이 토론을 계속했다. 처음에는 우리의 접근 방식을 '빌레펠트 접근 방식'이라고 했으나 나중에 **자급 접근**으로 바꾸었고 지금까지 이렇게 부르고 있다. 많은 남성 동료가 우리의 자급 접근에 동의했지만 여기에 가사 노동을 포함한다는 사실을 받아들이지 못했다.

이 논의에 따르는 많은 실제적·이론적 문제를 명확히 하기 위해 1978~1979년 빌레펠트에서 "자급, 개발, 축적"이라는 주제로 다양한 국제회의가 열렸다. 나는 1979년에 이 회의에 한 번 참석했다.

이 회의 이전 이미 우리 셋은 가사 노동과 자본주의에 관해 논의하며 여성·농민·어린이·비농민 남성을 포함한 사람들의 자급 생산을 전자본주의적이라고 간주하지 말고, 자본 축적에 확실히 기여하는 비공식 부문의 일부로 보아야 한다는 예비 이론을 만들었다. 우리의 가설은 무급 가사 노동, 식민지 사람들의 노동, 천연자원을 통한 자유로운 생산 역시 자급 생산에 속하며 자본 축적을 위해 착취당하고 있다는 것이었다.

## 로자 룩셈부르크가 길을 보여주다

가사 노동과 자본주의는 당시 페미니스트들이 가장 많이 논의한 주제였다. 일부는 가사 노동이 전 자본주의적이라고 했고 다른 사람들은 봉건적 유물로 여겼다. 많은 사람이 가사 노동이 단지 '재생산'인지 아니면 사실 '생산'인지에 의문을 제기했다. 마리아로사 달라 코스타(Mariarosa Dalla Costa)는 그것이 '노동력'이라는 상품의 생산이라고 주장했다(1972).

우리는 이 접근이 마음에 들었지만 충분치 않다고 느꼈다. 라틴아메리카와 인도 시골과 도시 빈민가에서 일하면서 우리는 주부와 비슷한 노동 조건을 마주했다. 그들은 임금을 받지 못하거나 '재생산'을 확보할 수 없을 정도로 낮은 임금을 받았기 때문에 여러 일을 해야 할 때도 있었다. 그들의 임금은 너무 낮아 생계를 유지하기도 어려웠다. 그러나 자급과 가사 노동 사이의 연관성은 어디 있는가?

여기서 로자 룩셈부르크가 더 나아갈 수 있도록 우리를 도왔다. 우리 셋 중 베로니카가 마르크스 이론에 대한 지식이 가장 깊었다. 그녀는 쾰른 대학교에서 이른바 자본에 관한 강좌[1]에 참가하기만 한 것이 아니라 직접 가르치기도 했다. 반대로 마르크스에 대한 내 지식은 절충적이었다. 나는 '노동' '생산 노동' 같은 용어를 명확히 하고 싶을 때마다 마르크스의 파란색 책을 꺼냈다. 그러나 내 생각에 그의 정의는 자본주의에서 가사 노동의 의미를 만족스럽게 설명하지 못했다. 1972년 로자 룩셈부르크의 《자본의 축적》(Luxemburg, 1913)을 읽은 사람은 베로니카였다. 그녀는 룩셈부르크가 '자본 축적을 확대'하기 위해서는 고전적 프롤레타리아트를 착취하는 것만으로는 충분치 않고 '비자본주의 환경'도 점점 더 많이 이용해야 한다는 점을 어떻게 증명했는지 우리에게 말했다. 그녀는 이 '비자본주의 환경'이 농민, 소규모 수공업자, 일용직 및 식민지 노동자라고 주장했다. 따라서 유엔에서 정한 '비공식 부문'의 착취는 필연적으로 이들의 생계를 파괴한다(Bennholdt-Thomsen, 1981, pp. 16~21).

"그것이 자본주의에서 여성의 노동이야." 베로니카는 말했다. "가사 노동은 소위 비자본주의 부문에 표면적으로 속할 뿐이야. 자본주의는 농민, 식민지, 자연을 대하는 것과 같은 식으로 (가사 노동을) 착취하고 합리화하는 거야."

로자 룩셈부르크는 페미니스트가 아니었다. 그러나 그녀는 우리가 '자급 생산'이라고 부르는 것을 설명할 방법을 보여주었다.

이 통찰은 나뿐만 아니라 우리 모두에게 이론과 실천의 결정적 돌파구였다. 1983년 공동 저서인 《여성, 마지막 식민지》(Bennholdt-Thomsen, Mies and von Werlhof, 1983, 영문판은 1988년에 출판)에서 이 문제에 대한 우리의 관점을 논의했다.

그러나 우리가 답하고 싶은 이론적 질문은 많이 남아 있었다. 우리의 가설을 검증할 실증 연구를 수행하기 위해 베로니카는 멕시코로, 클라우디아는 베네수엘라로, 나는 인도로 돌아갔다.

08

# 인도로 돌아가다

## 인도 여성과 자급

1977년 나는 인도에서 연구 프로젝트를 수행하기 위해 국제노동기구(ILO)로부터 적으나마 지원을 받았다. 이 프로젝트는 국제노동기구 세계고용 프로그램의 일환이었다. 나는 농촌에서 자급 생산하는 여성들의 상황을 연구하고자 했다.

### 나르사푸르의 레이스 작업자들

인도 여성을 대상으로 한 내 첫 번째 경험적 연구 프로젝트는 교육받은 중산층 여성이 일하며 경험하는 역할 갈등에 관한 박사 논문을 준비할 때였다(5장 참고). 자급 생산에 관한 논의 이후 나는 이제 자급 생산과 자본 축적 사이 연관성에 대한 우리의 명제가 인도 농촌 여성들에게도 맞는지 알고 싶었다.

나는 안드라프라데시주의 두 지역에서 연구[1]를 수행했다. 한 곳은 서고다바리 구역에 있는 나르사푸르 마을이었고 다른 곳은 하이데라바드 근처의 텔랑가나였다. 나는 지역어인 텔루구어를 몰라 보조원 랄리타(Lalitha)와 크리슈나(Krishna)가 통역을 해주었다. 첫 번째 연구는 세계 시장에 판매하는 크로셰 레이스 가내 수공업자 여성에 관한 것이었다. 나르사푸르는 인도 남부 동쪽 해안 고다바리강의 삼각주 지역에 위치한 작은 마을이었다. 이 가내 공업은 19세기 초 유럽의 고전적 선대제(先貸制)를 따라 조직했다. 이는 가난한 여성이 오두막에 앉아 레이스 제품을 만들면 '제조업체'가 이를 모아 미국, 유럽, 캐나다, 오스트레일리아 같은 세계 시장으로 수출한다는 의미였다. 크로셰 레이스는 1900년경 중산층 여성 사이에서 인기가 높았다. 식탁보, 베갯잇, 블라우스 장식과 같은 레이스 제품은 숙녀의 높은 지위를 상징했다. 기근이 들었을 때 아일랜드 수녀들이 나르사푸르와 주변 마을의 가난한 여성들을 돕고자 레이스 제작을 소개했다. 이념적으로 볼 때 이 산업은 여성을 타고난 가정주부, 즉 집에 한가롭게 앉아 여가 시간을 누리는 사람으로 정의하는 데 기반했다. 그들은 '노동자'가 아니었고 부양자는 남편이었다. 오늘날에도 직업을 물으면 많은 여성이 "나는 일을 하지 않아요. 가정주부고 엄마예요"라고 답한다. 아일랜드 수녀들은 이처럼 '집에 앉아 있는' 인도 여성이 시간을 더 생산적으로 쓸 수 있다고 생각했다. 그들은 서구 시장을 위한 레이스를 생산함으로써 가족에 대한 의무와 외부 시장을 위한 노동을 편리하게 결합하고 돈을 조금 벌 수 있었다.

레이스 작업자들이 받는 임금은 끔찍할 정도로, 지주의 들판에서 일하는 일용직 노동자의 최저 임금보다 훨씬 더 낮았다. 여성들은 어린 아이부터 여든 살까지, 아침부터 밤까지 오두막에서 크로셰 레이스를 뜨며 집안일을 병행했다. 나는 레이스 노동자들의 노동 조건 및 조직을 연구하면서 왜—나르사푸르 전체에 유일하던—레이스 수출업자가 그의 저택 규모로 볼 때 자명한, 엄청난 이익을 얻을 수 있었는지 이해했다.

이 수익성의 이유는 다음과 같다.

- 레이스 작업자들의 임금은 경제 체제 전체에서 가장 낮았다. 수출업자는 지불해야 할 노동 비용이 거의 없었다.
- 여성들이 함께 모여 일하는 공장을 지을 필요가 없었다. 그들은 여기저기 흩어진 각자의 오두막에 고립되어 앉아 있었다. 한 여성이 레이스를 모아 수출업자에게 가져갔다.
- 이런 원자화로 인해 여성들은 노동조합을 결성할 수 없었다. 그들은 이른바 조직화하지 않은 사람들에 속했다. 노동조합조차도 그들에게는 관심이 없었는데 그 이유는 그들이 '그저' 가정주부였기 때문이었다.
- 여성들은 식탁보와 같은 제품을 전부 만드는 것이 아니라 그들이 '꽃'이라고 부르는 구성 요소만 만들었고, 제품을 완성하려면 다른 고립된 여성이 이를 붙여야 했다. 이런 분업 노동을 통해 수출업자는 레이스 노동자들이 완성품을 스스로 지역 시장에서 판매할 수 없도록 했다.
- 이 산업은 전혀 보이지 않았다. 내가 표현한 대로 이 산업은 '수면 아래 잠겨 있었다'. 나르사푸르를 비롯한 마을에 들어가도 여성들은 모두 자기 오두막에서 일했기 때문에 그 모습을 볼 수 없었다. 레이스 수출업자에게 이는 가장 효율적인 노동 통제였다.
- 수출업자는 원자재 비용을 거의 부담하지 않았다. 그는 여성들에게 필요한 실을 주되 그 값을 그들의 임금에서 뺐다.

- 부유한 국가에서 레이스에 대한 수요가 없으면 여성들은 일거리가 없었고 수출업자는 그들의 생계를 위해 돈을 지불할 필요가 없었다(1929~1933년 대공황 기간에 이런 일이 벌어졌다).
- 손으로 만든 레이스를 사는 서구 여성들은 레이스 노동자들의 처지를 전혀 몰랐고, 자신의 사치품이 극도로 열악한 노동 조건의 결과물이라는 점을 이해하지 못했다. 이런 착취는 그들의 관심사가 아니었다.
- 수출업자에게 이 산업이 매력적인 또 다른 이유는 레이스 노동자가—가사 노동을 의미하는—'재생산 노동'을 외부 시장, 심지어는 세계 시장을 위한 '생산 노동'과 병행해야 한다는 것이었다.

나는 이런 가내 공업이 자본주의에서 가장 수익성이 높은 노동 형태임을 이해했다. 사실 이는 어떤 자본가에게나 최적이었다. 이것이 바로 내가 이런 현상을 '노동의 가정주부화'라고 한 이유였다.

심지어 자유화·민영화한 보편적 경쟁이 원칙인, 오늘날의 세계화한 경제에서도 이런 유형의 노동은 여전히 자본 축적에 수익성이 가장 높다. 이제 남성들도 이런 '가정주부화한 노동'을 해야 한다(Bennholdt-Thomsen, Mies and von Werlhof, 1983 참고). 유일한 차이점은 노동자들이 오두막이 아닌 현대식 아파트에서 컴퓨터 앞에 앉아 미지의 기업, 외주를 맡긴 기업가, '자유로운' 세계 시장에 있는 소비자를 위해 온갖 노동을 한다는 것이다.

오늘날 누구도 '가정주부화한 노동'에 대해 말하지 않고 대신 '유연한 노동'이라는 용어를 사용한다. 그게 더 괜찮게 들린다. 그러나 이런 노동관계의 조직과 목적은 70년대 후반 나르사푸르의 여성 레이스 작업자들의 경우와 동일하다. '노동의 가정주부화'는 자급과 자본 축적에 관한 우리의 논의에서 중요한 용어가 되었고 여전히 논쟁적 개념으로 남아 있다.

나는 7장에서 언급한 빌레펠트 회의에서 이 용어를 소개했고 격렬한 항의에 부딪혔다. 두 친구와 내게 처음부터 명확하던 것은 '노동의 가정주부화'가 현대 경제에 최적화한 노동 유형을 (지금도) 대표하며 노동의 미래를 결정한다는 점이었다. 우리의 첫 번째 공동 저서인 《여성: 마지막 식민지》(Bennholdt-Thomsen, Mies and von Werlhof, 1983)에는 '노동의 가정주부화에 관하여'라는 부제가 붙었다. 이 책은 클라우디아 폰 베를호프의 획기적인 글 〈프롤레타리아는 죽었다. 가정주부 만세!〉를 수록하고 있다. 이 글에서 그녀는 왜 가사 노동이 자본이 원하는 최적의 노동인지 분석할 뿐만 아니라, 남성 역시 '가정주부화한 노동'을 수행하도록 강요당할 것이라고 예견한다. 목표는 마르크스주의자들이 예측한 모든 노동자의 프롤레타리아화가 아니라 그들의 **가정주부화**이다.

### 텔랑가나의 빈농과 농업 노동자

나는 텔랑가나의 봉기르 주변 여러 마을에서 두 번째 연구를 수행했다. 가내 산업과 자본 축적 사이의 연관성을 분석한 후 나는 이것이 농촌 여성 노동자에게도 해당하는지에 관심을 갖게 되었다.

랄리타, 크리슈나, 나는 여성 농민이나 농촌 노동자처럼 살았다. 우리는 그들이 하는 것처럼 요리하고, 우물에서 물을 길어오고, 집안일을 하고, 우기에 비가 내린 후 벼를 심는 일을 도왔다. 일이 끝난 후 저녁이면 그들과 함께 노래하고 춤췄다. 그들의 언어를 이해하지 못해 활동에 많이 참여할 수는 없었지만, 농민의 자녀로서 내 경험을 바탕으로 사정을 이해하기 쉬워 빨리 어울릴 수 있었다. 랄리타는 놀라운 가수였다. 그녀는 여성들의 노래를 알았고 급진적 학생 조직에서 배운 혁명가도 불렀다.

나는 이 여성들이 길고 힘든 일을 마친 후에도 노래하고 춤출 수 있는 시간과 에너지가 있는 데 놀랐다. 그들은 우리를 기쁘게 하기 위해서가 아니라 스스로를 위해 그렇게 했다. 일하면서 노래하는 것이 그들의 즐거움이었다.

그들은 우리의 삶에 대해 질문하기도 했다. 저녁이 되면 여성들이 남자들은 출입할 수 없는 우리의 마당에 들어오곤 했다. 그들은 이렇게 물었다.

"결혼하셨나요?"

"네"라고 우리는 대답했다.

"자녀는 있으신가요?"

"아니요."

"왜 없으세요?"

우리는 어깨를 으쓱했다.

"월경이 찾아오면 어떻게 하시나요? 무엇을 사용하시나요?" 우리는 생리대를 사용한다고 설명했다.

그들은 호기심이 한없이 많았다. 한 네덜란드 여성이 우리를 방문했을 때(그녀는 키가 매우 컸다) 그들은 그녀의 알몸을 보고 싶어 했다. 백인 여성의 옷 아래 피부가 어떤지 알고 싶었던 것이다. 그들은 백인 여성의 몸도 자신들과 다르지 않음을 발견했다. 또한 우리의 남편을 궁금해하고 자신들의 마을로 초대하기도 했다. 그리고 여기에 응해 하이데라바드에서 남편들이 왔다. 마침내 마을 여성들은 우리가 그들과 같은 평범한 여성이라는 사실에 만족했다.

루카마

나는 이 프로젝트를 수행하면서 퀼른 폭행 피해 여성 쉼터를 설립할 때 내가 개발한 실행 연구의 원칙을 적용했다. 랄리타, 크리슈나, 나는 이미 민간 개발 기구 CROSS가 토지 없는 농민을 '상감(sangam)'이라는 마을위원회로 조직하고 있는 상황에서 현장 조사를 시작했다. 그러나 여성들은 상감의 저녁 회의에 가지 않았다. 지주가 소유한 들판에서 일용직 노동자로 일하면서 집안일을 하고 아이들을 돌봐야 했기 때문이다. 게다가 여성은 남성들의 회의에서 발언할 기회도 거의 없었다. 그래서 CROSS 대표는 여성을 위한 상감을 별도로 구성하자고 제안했다. 이는 성공적이었다. 우리가 봉기르 주변 지역에 왔을 때는 여성 상감이 있는 마을이 일곱 개나 되었다.

나는 상감의 여성들과 협력해 현장 조사를 수행하기로 했다. 내 방법론에 따라 한 명과 인터뷰하지 않고 모든 여성과 그들에게 가장 시급한 문제를 논의하고자 했다. 이런 문제로는 (급여, 생활비, 노동 시간과 같이) 자급과 관련한 구체적인 것 외에도 지주의 폭력과 억압, 남편의 폭력과 음주가 있었다.

이 여성들은 '불가촉천민'으로 카스트가 없는, 카스트 바깥에 위치한 사람들이었다. 간디는 그들의 사회적 지위를 높이기 위해 그들을 '신의 자녀'라는 뜻의 하리잔이라고 불렀다. 높은 카스트는 그들을 경멸했고 그들이 마을 우물을 쓰도록 허용하지 않았다. 카스트가 높은 여성들은 내게 왜 자신들에게 오지 않고 '그들'에게 가는지 물었고 마을에서 무슨 일이 일어나는지 자신들이 더 많이 안다고 말했다. 그러나 이는 '아래서부터의 접근'과 부합하지 않는 것이었다.

또한 내가 '상호적 연구'라고 부르는 연구를 수행하는 데 특별한 가치를 두었다. 이는 마을 여성들의 삶과 일을 연구하는 동안 그들이 원한다면 우리를 연구할 수도 있어야 한다는 의미였고, 우리가 마을에 도착하자마자 그들은 그렇게 했다.

우리는 거리를 두는 전통적 '관찰자'의 방식으로 연구하지 않았다. 이 연구의 목표는 현 상태를 바꾸는 것, 즉 이 여성들이 살고 있는 억압적 상황을 변화시키는 것이었다. 우리 역시 연구자로서 연구 결과를 배타적으로 '취해' 외국에서 출판하기보다 여성들에게 '돌려주고자' 했다. 이는 우리의 방법론에 따른 접근이 얼마나 생산적이었는지 보여주며, 현장 조사 당시 일어난 사건을 자세히 설명하려고 하는 이유다.

우리는 함께 일하던 여성들을 봉기르의 한 대학에서 조직한 주말 캠프에 초대해 연구 결과를 보고했다. 여러 마을에서 70명의 여성이 왔다. 그들은 처음으로 남자와 아이들의 방해 없이 주말 내내 시간을 보냈다. 그들에게 우리의 관찰과 통찰을 이야기하고 슬라이드를 보여주었다. 여성들은 환영했지만 우리가 발견한 내용에 동의하지 않는 부분도 말해주었다. 그들은 역할극을 통해 무엇이 가장 중요한 문제라고 느끼는지 명확히 표현했다. 우리는 카스트에 따른 위계, 지주와 남성의 폭력, 알코올 중독, 착취와 빈곤의 악순환 사이 연관성에 대해 많은 것을 배웠다.

가장 중요한 점은 하리잔 여성들이 즐거운 시간을 보낸 것으로 이는 자신의 '주인'들을 공개적으로 놀릴 수 있었기 때문이었다. 그들은 웃고 노래하고 춤췄으며 적어도 한 달에 한 번은 주말 캠프에 모이기로 결정했다. 처음에는 CROSS의 지원을 받아 그렇게 했다. 하지만 그들은 나중에 남자들이 이 캠프를 심각한 문제로 생각하는 것을 알고 여성들을 막고 싶어 했다. 그러나 여성들은 "차를 그만 마시거나 버스비로 일당의 일부를 저축해야 한다 해도 우리는 이 캠프를 계속할 거예요"라고 반박했다. 현장 조사가 끝나고 1년 뒤 나는 이런 주말 캠프가 열세 번이나 열린 것을 알았다.

이 캠프에서는 여성 참가자들이 자신의 노동에 대해 더 높은 임금(사실상 남편과 동일한 임금)을 요구해 받아내는 것뿐만 아니다, 부부싸움과 같은 이른바 구체적 '여성 문제'도 '일반 문제'로 명확히 규정했다. 또한 여성들은 마을 대표들이 함께 모여 이런 문제의 해결책을 논의하고 발전시키는 지역위원회를 구성했다.

나는 비라발리 마을에서 열린 캠프에서 이런 여성들의 모임에서 나타나는, 일종의 혁명적 힘을 경험한 적이 있다. 공간이 없었기 때문에 집회는 마을 야외 광장에서 열렸다. 사람들을 햇빛으로부터 보호하기 위해 천막만 임시로 설치했다. 혁신은 여성들이 마이크를 준비한 것이었다. 마을 아이와 남성들이 여성들의 토론을 보고 들을 수 있었고 상류 카스트 및 계급을 포함해 많은 여성이 참석했다. 그들은 먼저 발언하고 가난한 여성들에게 자녀를 학교에 보내는 것의 중요성을 가르치고 싶어 했다. 그들은 스스로를 마을 여성들의 '지도자'로 생각했다. 하리잔 여성들은 그들이 먼저 말하도록 허용했으나 잠시 후 그들 중 한 명이 마이크 앞으로 다가가 부유한 여성들이 착취자이자 억압자라고 질책했다. 그들은 여기서 말할 권리가 없었다. 그들은 하리잔 여성들이 어디서 자녀의 교복을 사줄 돈을 구할 수 있다고 생각한 것일까?

이후 가난한 여성과 부유한 여성들은 노골적 계급 전쟁을 시작했다. 하리잔 여성들은 침묵하기를 거부하고 자신들의 상황을 개선하기 위해 놀라운 제안을 했다. 이는 지주들의 착취와 폭력뿐만 아니라 줄곧 뒤에서 아내들이 하는 말을 놀라움과 경악으로 듣고 있던 남편들의 폭력과

도 관련이 있었다. 여성들은 역할극에서 문제의 핵심을 파고드는 동시에 '주인'들을 조롱했다.

이 캠프에서 여성들은 처음으로 자신들이 함께할 때 강하다는 것, 자신감을 가지고 행동하며 억압자들을 공개적으로 공격할 수 있다는 것을 경험했다. 이는 전에 없던 일이었다.

루카마(Rukamma)는 거기서 가장 용감하고 강력히 웅변하는 여성이었다. 비라발리 캠프 이후 그녀는 2주마다 열리는 지역위원회 의장으로 선출되었다. 그러나 그녀가 회의에서 돌아올 때마다 남편은 그녀를 구타했다. 그는 자신이 술고래라고 그녀가 캠프에서 공개적으로 폭로한 것을 잊을 수 없었다. 루카마는 다음 회의에서 여성들과 이에 대해 논의했다. 그들은 토론을 거쳐 그는 즉시 구타를 중단해야 한다고 결정했다. 루카마는 더 이상 자신이 구타당하도록 허용해서는 안 된다. 그는 그녀 앞에 엎드려 사과해야 한다. 그가 거절할 경우 어느 여자도 그에게 물, 빵, 음식을 주어서는 안 된다. 이는 그가 어머니에게 돌아가야 한다는 의미였다. 가부장적인 남자에게는 가장 큰 불명예였다!

이 여성들은 루카마의 문제를 동떨어진 이야기로 생각하지 않았다. 여성에 대한 폭력은 어디에나 있었다. 이런 맥락에서 여성들은 혁명적 결의안을 내놓았다.

> 여성과 남성이 함께 평화롭게 살 수 없다면 헤어져야 한다. 이 경우 집은 여성의 것이기 때문에 남성이 집을 떠나야 한다! 여성은 아이들과 함께 일과 집이 있는 마을에 머물러야 한다. 남성은 도시로 이사해서 그곳에서 일자리를 찾을 수 있다!

나는 이 문장을 잊지 않을 것이다. **집은 여성의 것이다!** 시간이 지나서야 나는 이 문장이 얼마나 혁명적인지 깨달았다. 이는 우리가 독일에서 폭력 남편에 맞서 싸우기 위해 쓴 전략과 정반대였다. 우리는 남성으로부터 여성을 보호하기 위해 그녀를 집에서 데리고 나왔다. 그 결과 여성은 물질적 부분을 포함해 생활의 기반을 포기하고 처음부터 다시 시작해야 했다. 하리잔 여성들은 이를 지켰다. 더욱이 그들은 가부장적 소유 또는 재산 구조를 직접 공격했다. 그들은 법이 바뀔 때까지 기다리지 않고 즉각 사회적 거부라는 방법을 적용했다.

그러나 그들은 고립된 개인 주택에 남성과 살며 지원해줄 공동체가 없는 서구 중간 및 노동 계급 여성보다 그렇게 하기 나은 조건에 있었다. 또한 '집은 여성의 것이다'라는 문장을 상징적으로 이해해서는 안 된다. 인도 시골 사람들은 주로 여성이 지은 진흙 벽돌집에 산다. 먼저 진흙을 반죽해 벽돌을 만들고 그것으로 벽을 쌓는다. 남성들이 돕기는 하지만 그들의 일은 아니다.

나는 하리잔 여성들이 보여준 힘, 명료함, 지혜에 너무나 감명받아 독일로 돌아온 뒤 학생들에게 루카마의 이야기를 수없이 들려주었다. 이 이야기는 학생들에게도 깊은 인상을 주어 그들은 여성을 보호하기 위한 프로젝트를 수행할 때 이 전략을 적용하기도 했다.

그러나 독일에서 여성이 폭력 남편을 고소하고 그가 함께 사는 집을 떠나도록 강제하는 법을 통과시키기까지는 약 5년이 더 걸렸다. 대조적으로 인도 시골 여성들은 이를 훨씬 빠르고 직접적으로 해냈다(Mies, 1982a, pp. 18~46).

물론 나는 연구에서 그들의 소득 수준, 노동 시간, 재산에 관한 '과학적' 질문도 했다. 또한 그들이 남편의 땅을 공유하는지, 무언가를 팔 수 있는지도 물었다. 멍청한 질문이었다. 남성 대부분은 땅이 없었다. 그러나 진흙 벽돌집은 여성이 지었기 때문에 그들의 소유였다. 그들이 아침부터 밤까지 일하는 들판은 부유한 지주의 소유였고 이는 남성이 대부분 소작인이나 일용직 노동자라는 의미였다.

이때는 '녹색 혁명'의 전성기였고 지주들은 쌀을 팔아 막대한 이익을 얻었다. 그러나 그들을 위해 일용직 노동자로 일하는 여성은 최저 임금을 받았다. 당시 최저 임금은 하루에 3루피였다(2024년 현재 환율로 1루피는 약 16.5원이다—옮긴이).

다시 한번 분명해진 것은 나르사푸르의 레이스 산업에서도 가난한 여성들은 가족뿐만 아니라 지역 자본가인 지주와 국제 기업을 위한 자급 기반을 만들어낸다는 점이었다. 이들의 자급 생산이 없었다면 이윤은 불가능했을 것이다. 자급 생산은 과거에도 지금도 모든 생산의 필요조건이다.

오늘날 우리는 소위 제3세계뿐만 아니라 산업 국가에서도 이런 상황을 목격한다. 여성과 남성 모두가 컴퓨터로 재택근무를 하고 지구 반대편에서 조립하는 부품을 만들며, 외주를 받은 하청업자처럼 가정주부화한 노동을 하고 있다. 고용 구조는 1970년대 후반 나르사푸르의 레이스 노동자들의 사례와 다르지 않다. 자본에 있어 이점은 명백하다. 공장과 기계에 드는 고정 비용이 없거나 매우 낮다. 생산을 가사 노동과 결합하는 전 세계의 남성과 여성 노동자는 고립·개별화되어 있다. 노동조합을 조직하지 않는 노동자들은 사실상 파업할 수 없는데, 왜냐하면 주문이 들어오지 않는 한 혼자이기 때문이다. 회사는 이들을 책임지지 않는다. 컴퓨터 기술의 혁신으로 가정주부화한 노동이 늘어났다. 오늘날에는 이를 '유연한' 노동이라 부른다. 현재 세계인 대다수가 이런 '유연한' 또는 '가정주부화한' 노동을 하지만, 나는 세계화한 자본주의에서 이런 새로운 형태의 고용에 대한 새로운 분석을 보지 못했다. 우리는 여전히 정규직 노동 조건을 생산 노동자인 남성의 노동 조건으로 간주한다. 그는 가장으로서 공급자인 반면 여성은 가정주부로서 재생산 노동을 수행하며 생산 노동은 부분적으로만 한다.

당시 출판한 내 연구 결과는 여성 운동의 여러 부문에서 열광적 지지를 받기도 했지만 격렬한 비판 또한 받았다. 종종 페미니스트 출판물을 읽는 소수의 남성도 이를 비판했다. 일반적으로 학계 남성들은 우리의 페미니즘 글쓰기가 **그 자체로** '비과학적'이라고 생각하고 무시했다. 이런 견해는 이후 다소 바뀌었지만 내 친구 클라우디아와 베로니카는 남성이 지배하는 학계의 거부로 개인적 고통을 겪었다. 그들은 박사 및 박사 후 과정의 탁월한 연구에도 불구하고 독일 대학교에 자리를 얻을 수 없었다. 결국 클라우디아는 오스트리아로 건너가 1988년 인스부르크 대학교에서 정치과학 및 여성학 학과장을 맡았다. 베로니카는 독일과 해외에서 많은 출판물을 냈지만 실업 상태로 남아 있다. 해외에 있는 많은 동료들은 이를 이해하지 못한다.

학계의 지배적 위치에 있는 남성들이 싫어하는 것은 페미니즘에 대한 우리의 대중적 발언, 노동의 마르크스주의적 정의에 대한 비판, 노동의 가정주부화에 대한 이론뿐만이 아니다. 그들이 거부한 것은 가사 노동자, 시골 농민, '비공식 부문' 노동자, 즉 우리가 자급 생산자로 정의한 모든 노동자에 대한 분석에서 도출한 결론이었다. 그 주요 내용은 **자급 생산—삶의 생산—이 자본주의적 생산을 포함한 모든 생산의 영구적 전제조건일 뿐만 아니라 미래에 대한 유일하고 실행 가능한 관점을 대표한다**는 것이었다.

이런 주장은 **삶이 슈퍼마켓에서 나오며**, 산업 사회와 기술이 야기하는 문제—생태 파괴, 오염, 기후 변화, 실업, 다른 국가와 민족에 대한 착취, 사회 부정의, 여성·아동·소수자에 대한 폭력, 또 다른 전쟁—를 산업 사회와 기술을 통해 해결할 수 있다고 믿는 이들을 어리둥절하게 만든다. 더욱이 동유럽에서 사회주의가 몰락한 이후에는 오직 자본주의 맥락에서만, 특히 세계화한 자본주의의 신자유주의적 형태 속에서만 해결책을 모색하고 있다. 이에 대해서는 나중에 자세히 설명한다(9장 참고).

나는 학계의 주류 남성 엘리트로 인해 큰 고통을 겪지 않았다. '빠른 출생'의 이점을 누린 것이다. 나는 클라우디아와 베로니카보다 나이가 열다섯 살쯤 많았고, 페미니즘이 무엇이고 내가 나중에 어떤 이론적 입장을 취할지 아무도 모르던 1972년 이미 쾰른응용과학대학교에 자리를 잡았다. 게다가 나는 처음부터 여성 운동의 국제적 성격을 강조했고 내 첫 페미니즘 세미나는 국제 여성 운동의 역사를 다루었다. 나는 (예를 들어 페미니스트 방법론과 인도의 농민 반란에 관한) 첫 글과 책을 독일어뿐만 아니라 영어로도 썼고 영어권 출판사에서 이를 출간했다. 인도 농촌 여성의 자급 생산에 관한 내 연구 결과의 경우 영어로는 나왔지만 현재까지도 독일어로는 출판하지 않았다.[2] 이로 인해 일찍부터 영어권에 이름을 알렸고 미국·캐나다·네덜란드 그리고 물론 인도로 초청을 받았으며, 인도에서는 박사 학위를 마친 뒤 정기적으로 방학을 보냈다.

나는 인도에서 연구를 마치고 독일 및 해외 페미니스트들과의 토론을 통해, 산업화 사회의 경제 구조에 대한 통찰을 다음 그림과 같은 형태로 명확히 했다.

자본주의 가부장제 경제의 빙산 모델

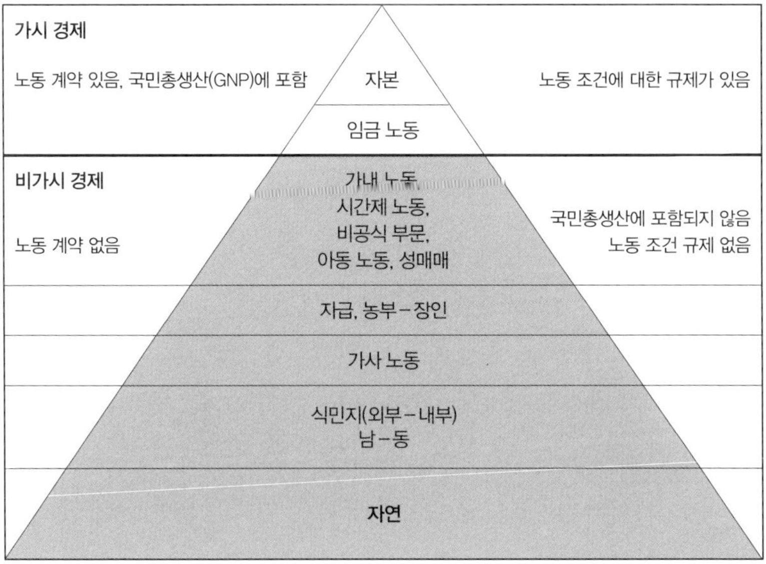


경제에 대한 주류 개념은 수면 **위에** 위치한 **가시 경제**, 즉 자본과 임금 노동 또는 소위 **공식** 부문으로 한정되어 있다.

**비가시 경제**는 주류 경제학자들이 숨기고 무시하는 다양한 층위의 노동으로 구성된다. 혹은 자연에서 비롯한 생산과 같은 자유재로 정의한다. 이런 층위는 '수면' 위의 경제, 즉 공식 부문의 화폐나 자본 경제와 근접성에 따라 아래서 위로 정렬한다.

우리는 비가시 경제의 모든 층위가 자급 경제에 속한다고 생각한다(Bennholdt-Thomsen and Mies, 1997, p. 38). 나중에 왜 자급이 자본주의 가부장제 사회 및 경제에 대한 우리의 비판에서 핵심인 동시에 더 나은 경제 및 사회에 대한 관점을 나타내는지 설명할 것이다(9장 참고).

## 인도 현대사 한 토막(1978~1979년)

나는 푸네에 거주한 이래 인도와 접촉을 유지했지만 새로운 접점도 생겼다. 1963~1968년 독일문화원에서 근무하는 동안 인도와 '제3세계'의 문제를 모두 개발 원조로 해결할 수 있다고 믿었다. 이런 믿음은 1968년 학생 운동, 야간 시국 기도회 참여, 초기 여성 운동 이후 변화했다. 1972년 박사 학위를 받은 후 인도로 돌아왔을 때 나는 이곳에도 비슷한 학생 또는 여성 운동이 있는지 알고 싶었다.

나는 하이데라바드로 갔는데 이전 학생이던 사랄 사카르가 그곳 독일문화원에서 강사로 일하고 있었다. 나는 그의 아파트에 머물 수 있었고 그가 인도 학생 운동에 관해 이야기해주기를 바랐다.

사랄은 하이데라바드 학생 운동에 대해 잘 알았을 뿐만 아니라, 혁명 사상에 열광하면서도 마르크스주의 이론에 대해서는 지식이 없던 젊은 이들에게 일종의 지도자였다. 젊은 남성과 여성들이 그의 작은 아파트에서 만나 마르크스의 정치경제학 비판과 그 기본 원칙을 논의하고, 연설이나 학생 행동을 준비하고, 혁명가도 불렀는데 이때 사용한 텔루구어는 인도 전역의 사람들을 정치적으로 동원하는 중요한 수단이었다.

다른 연방주에도 다양한 언어로 부르는 노래가 있었지만 그 효과는 같았다. 노동자와 농민이 그 노래를 이해하고 부르며 춤출 수 있었다. 노래 대부분은 정치 상황을 정확하게 분석하고 동참과 변화를 촉구하는 내용이었다. 가장 중요한 것은 노래가 사람들에게 연설이나 소책자의 글보다 더 많은 영감을 준 것이었다. 빈곤층, 특히 농촌의 빈곤층 대다수가 문맹인 국가에서는 사람들을 정치적으로 교육할 수 있는 다른 방법이 없었다.

인디라 간디가 총리로 재임하던 시절이었다. 당선 전 그녀는 빈곤 퇴치를 약속했다. 처음에 가난한 사람들은 '어머니 인디라'를 믿고 그녀에게 투표했다. 그러나 당선 뒤 그들은 그녀가 약속을 어기는 것을 목격했다. 사실 반대의 일이 일어나 부자는 더 부유해지고 가난한 사람은 더 가난해졌다. 1976년경에는 농민과 농촌 노동자들이 거대 봉건지주에게 이전보다 더 가혹하고 폭력적으로 착취당하는 것이 분명해졌다. 나는 지주 한 명이 "하리잔을 통제하려면 여성을 강간하고 남성을 때리고 오두막을 불태워야 한다"고 말한 것을 기억한다. 그런 잔혹 행위에 대한 보도가 실제로 매일 신문에 등장했다.

경찰은 지주 편을 들었다. 그들은 지켜보면서 아무것도 하지 않았다. 여당인 의회당의 정치인들은 지주 계급을 보호했고, 유일한 야당—인도공산당과 인도마르크스주의공산당[3]—은 인도 연방주 중 단 두 곳에서만 집권했다. 케랄라에서 인도공산당이, 서벵골에서 인도마르크스주의공산당이 권력을 잡은 것이다. 다른 주에서는 인디라 간디가 이끄는 의회당에 대한 정치적 반대가 없었다. 그러므로 이 기간에 젊고 정치에 관심 있는 학생들이 더 급진적인 해결책을 찾다가 중국에서 성공한 마오쩌둥의 농민 혁명으로 눈을 돌린 것은 놀랍지 않다. 1946~1951년 이미 텔랑가나에서 대규모 농민 혁명이 일어났고, 다음 반란의 물결은 북벵골 낙살바리 지역의 농민 반란이 촉발했는데 이 반란에는 낙살라이트 운동이라는 이름이 붙었다.

### 낙살라이트

낙살바리 농민 반란은 1967~1968년 처음 시작했다. 이는 비록 오래가지 못했지만 인도 전역의 억압받는 농민뿐만 아니라 도시 학생들에게도 영감을 주었는데 처음에는 서벵골의 콜카타, 다음에는 인도의 다른 여러 도시에서 일어났다. 1972년 내가 하이데라바드에 왔을 때 알게 된 학생들은 대부분 낙살라이트나 그 동조자들이었다. 인도마르크스레닌주의공산당은 중국을 따라 명확한 급진 혁명 노선을 추구했다. 즉 혁명 간부들은 지하로 들어가 봉건적 착취와 농민에 대한 폭력이 가장 극심한 지역에서 활동했다. 그들은 비하르와 안드라프라데시주(특히 스리 카쿨람) 근처 산과 정글 지역에서 게릴라 단체를 결성하여 최악의 지주들을 살해하거나 몸값을 갈취했다. 그들은 이런 식으로 '해방된 지역'을 조금씩 창출하려 했다.

인도마르크스레닌주의공산당은 농촌에서 무장 투쟁을 전개했을 뿐만 아니라 도시 노동자와 학생들 사이에서도 활발하게 활동했다. 무력 충돌은 분명 그들의 이념이었다. 낙살라이트는 인도공산당과 인도마르크스주의공산당은 너무 수정주의적이고 사회민주주의적이어서 그들이 필수라고 생각한 사회 혁명을 할 수 없다는 입장이었다.

낙살라이트에 동조하는 남녀 학생들은 중국, 베트남, 캄보디아, 팔레스타인, 라틴아메리카, 아프리카 등 전 세계에서 혁명의 새로운 단계가 시작했다고 믿었다. 그들은 가까운 장래 제국주의가 종말에 이를 것으로 생각했다. 그들은 자신을 이런 반제국주의적 국제 운동의 일부로 간주하고 미국과 유럽의 학생 운동에도 관심을 가졌다.

나는 진보민주학생연맹(PDSU)과 밀접하게 접촉했는데 이는 혁명 지도자가 이끄는 세 집단 중 하나였다. 오늘날에도 인도에는 이런 낙살라이트 집단이 남아 있다.[4]

## 새로운 인도 여성 운동

나는 이들 집단의 이념 차이를 잘 이해하지 못했지만 그들의 혁명적 열정과 헌신에 깊은 인상을 받았다. 내게는 이 집단의 여학생들이 가장 인상 깊었다. 1973년 그들은 이미 진보민주학생연맹 내에 **진보여성위원회**(POW)라고 하는 여성 집단을 만들었다. 이는 초기 인도 여성 운동으로 설립한 최초의 여성 조직이었으며 빠르게 인기를 얻었다. 나는 하이데라바드에서 열린 그들의 첫 번째 모임에 참석했다. 모일 공간이 없었기 때문에 그들은 공원의 나무 아래 앉아 가부장적 인도 사회의 시급한 문제를 어떻게 해결할 수 있을지 열띤 토론을 벌였다.

그들이 논의한 문제 중 하나는 부모가 공부하는 딸에게 오후 5시까지 집에 오라고 요구하는 것이었다. 집에 늦게 오면 문제가 되었다. 또 하나의 보다 중요한 사회 문제는 중매결혼 제도, 특히 신부 가족이 신랑 가족에게 지불해야 하는 **지참금**이었다. 딸이 많은 가족의 경우 이는 큰 빚을 의미할 수도 있었다. 지참금 액수가 너무 적을 경우 젊은 신부들이 불에 타 사망하는 비극적 사건으로 이어지기도 했다.[5] 이 모든 사실로 여학생들에게 분명해진 것은 지참금을 폐지해야 한다는 것이었다.

그들은 용감하게 인도 최초라고 할 수 있는 지참금 반대 운동을 시작했다. 진보여성위원회 회원들은 안드라프라데시주의 모든 대학을 방문했다. 그들은 젊은 여학생들을 청중으로 강의하고 새로운 회원을 모집하며 지참금 제도에 맞서 싸울 것을 촉구했다. 이 운동은 젊은 여성들 사이에서 즉시 큰 성공을 거두었다. 젊은 남성들은 상대적으로 덜 열정적이었다. 나와 대화한 어떤 남성들은 부모가 지참금을 고집했다고 변명했다. 이 젊은 혁명가들은 여전히 부모가 정한 결혼을 하는 경우가 많았는데 이는 부모가 신부를 선택한다는 의미였다. 카스트, 계급, 신분이 '어울려야' 했다. 이들은 부모의 뜻과 가부장적 전통에 저항할 용기가 없었다.

나는 그들의 혁명적 의식, 그리고 결혼과 가족 및 여성과의 관계에 대한 전통적·가부장적 행동 사이의 이분법을 이해하지 못했다. 나중에 나는 이런 이분법이 교육받은 중산층에게도 존재한다는 것을 알았고, 부모는 물론이고 때로는 젊은이들 스스로도 연애결혼 대신 중매결혼을 선호하는 이유를 이해했다.

오늘날 진보적 중산층 가정의 젊은 남성과 여성은 큰 자유를 누린다. 그들은 함께 춤을 추거나 영화를 보러 갈 수 있다. 그러나 결혼에 관해서라면 젊은이들은 여전히 부모가 상대를 선택하고 결혼을 주선하는 것을 선호하는 경우가 많다. 그들은 부모의 풍부한 경험과 인간에 대한 이해를 신뢰한다. 더 중요한 점은 그들이 여전히 카스트, 계급, 부가 서로 일치하는 것을 중시한다는 것이다. 이제는 젊은 연인이 함께 대중 앞에 모습을 드러내는 것을 허용하지만, 사랑이 결혼의 전제 조건은 아닌 경우가 많다. "사랑은 결혼 후에 온다"는 유명한 말이 있다. 교육받은 젊은이들조차 결혼 실패의 위험을 차라리 부모의 손에 맡기고자 한다. 이런 사회 현실을 생각해볼 때 하이데라바드 진보여성위원회의 지참금 반대 운동은 믿기 힘들 정도로 용기 있는 혁명적 행동이었다.

진보여성위원회는 새로운 인도 여성 운동으로 설립한 최초의 정규 조직이었으며 푸네, 뭄바이, 뉴델리, 첸나이 등 다른 도시에도 유사한 집단이 많이 생겼다. 주목할 점은 널리 퍼진 편견과 달리 그들은 단순히 서구 여성 운동을 모방한 것이 아니라 인도 여성들이 겪고 있는 가장 시급한 문제인 가부장제에 관한 운동을 즉각 기획하고 시작했다는 것이다. 이 운동에서는 지참금으로 인한 살인(위 참고)뿐만 아니라 인도 사회의 소녀 방치, (산전 검사 도입 이후) 여아 낙태, 여성과 소녀에 대한 폭력, 1975년 비상사태 이후 벌어진 여성에 대한 집단 강간 등을 다루었다. 여성들은 설탕, 기름, 쌀, 밀가루 등 생필품 가격 상승에 항의하기 위해 전국에서 거리로 나섰다. 또한 새로운 여성 운동의 한 가지로 자치 단체, 〈마누시(Manushi)〉 같은 페미니즘 잡지, '여성을 위한 칼리(Kali for Women)'[6] 같은 페미니즘 출판사를 설립했다. 그들이 우리 서구 여성보다 나은 점은 여성의 권리를 위한 투쟁을 식민시 농지에 맞서는 투쟁에 통합한 이전 여성 운동과의 접촉을 유지하는 능력이었다. 이런 식으로 젊은 페미니스트들을 독일보다 인도 사회에서 더 널리 받아들이게 되었다.

인도 여성 운동은 항상 내게 영감을 주었다. 이 젊은 여성들이 직면한 문제와 그들이 수년에 걸쳐 용감하고 창의적으로 얼마나 많은 일을 해내는지를 봤을 때 독일에서 우리가 겪는 문제는 사소하고 하찮은 것처럼 보였다. 그들을 지켜보면서 내 상황을 올바른 시각으로 보고 용기를 잃지 않을 수 있었다. 나는 인도 자매들에게서 많은 것을 배웠고 그들은 나를 자신들의 일원으로 여겼다.

신여성 운동의 영향은 교육받은 중산층 여성에 국한하지 않았다. 이는 내가 자급 생산에 관한 연구를 수행한 텔랑가나 마을의 여성 농민과 농촌 노동자들 사이에서 더욱 강력했다. 이들 대다수는 문맹이었지만 도시 여성들보다 훨씬 분명한 방식으로 여성 문제에 접근했다. 더욱이 도시는 물론 농촌 여성도 가부장적 성별 관계를 바꾸기 위한 그들의 투쟁이 폭력이라는 결과를 초래할 것을 잘 알았다. 그들은 남편뿐만 아니라 시댁, 지배 계급과 카스트, 특히 경찰의 폭력적 반응도 고려해야 했다. 가부장적 남성의 지배는 인도 사회 구조와 깊숙이 얽혀 있어 이에 대한 저항은 전체 사회 구조에 대한 의문으로 이어졌다. 특히 여성들이 낙살라이트와 같은 혁명 집단에 합류했을 때는 더욱 그랬다.

1975년 전국에 걸친 시위의 물결에 인디라 간디는 인도 전역에 비상사태를 선포했다. 비상법에 근거해 정부는 모든 혁명 정당·집단·운동과 그들의 글을 금지하고, 지지자들을 감옥에 가두고, 자유주의 법을 폐지하고, (원인을 고지하거나 법정에 회부하지 않고도 체포를 허용하는) 새 법을 공포할 권한이 생겼다.

시민권은 급격히 축소했고 나라 분위기는 전체주의적으로 변했다. 대부분은 내부보안유지법, 폭동금지법, 예방구금법을 두려워했다. 이런 극단적 조치를 촉발한 것은 1973~1974년 노동자·농민·학생의 대규모 시위, 1974년 철도 노동자들이 조직한 총파업, 그리고 사회주의적 간디주의자인 자야프라카시 나라얀(Jayaprakash Narayan)이 주도한 민족 운동이었다. 나라얀은 '총체적 혁명'과 '인민의 힘'이라는 표어 아래 모든 운동을 하나로 묶어 주요 민족 운동을 건설하고자 했다.

나라얀은 진정 국민의 희망에 기초한 민주주의, 분권화하고 마을 구조를 지향하고 반자본주의적이며 정부 권력의 중앙 집중화와 반대인 민주주의를 확립하기를 원했다. 알라하바드 고등 법원이 인디라 간디를 부정 선거 혐의로 기소하자 그녀는 국가 비상사태 선포로 대응하며, 식민지 시절 유래한 새로운 비상법률 제정과 농촌 빈곤을 근절하고 발전을 가속화하기 위한 20개 항목 프로그램 시행을 선포했다. 이 프로그램에서는 농촌 노동자들에게 더 높은 임금을 약속했지만 극단적 인구 통제 조치도 취했다. 서구 과학자들은 오랫동안 인도의 '계속되는' 인구 증가가 이 나라와 '제3세계' 전역에서 빈곤의 주요 원인이라고 진단했다. 세계은행 또한 인도에 출산율을 낮추라고 압력을 가했으며 비상사태를 선포할 것을 권고했다고 알려졌다.

1975년부터 인도 정부는 비상법령을 구실로 야만적 조치를 취했다.[7]

인도 정부는 공무원들에게 자기 가정뿐만 아니라 관할권에서도 출산율을 낮출 것을 요구했는데 여기에는 강압과 부패가 따랐다. 이 중 가장 극단적인 조치는 농촌 및 도시 빈곤층 남성에 대한 **강제 불임** 시술이었다. 남성들은 트럭에 실려 불임 센터로 이송되었고 가족의 지위나 자녀 수에 관계없이 신속하게 시술받았다. 이는 다음 1977년 선거에서 인디라 간디가 극적으로 몰락하는 주요 원인이었고 비상사태는 종식되었다.

하이데라바드에 있는 친구들도 비상조치의 영향을 받았다. 몇몇은 중국에 동조하는 내용의 책자를 발행했다는 이유로 체포당했다. 많은 진보여성위원회 회원도 감옥에 갇혔고 지도자는 선동 혐의로 체포되기도 했다. 일부는 감옥에서 남성 동료들보다 긴 기간인 1년 반을 보냈고 비상법령을 폐지할 때까지 석방되지 못했다. 이는 가부장적 체제에 대한 공격이 계급과 제국주의에 대한 저항보다 더 가혹한 처벌에 직면했음을 보여준다.

나는 박사 학위를 마친 후에도 정기적으로 인도를 방문했다. 한편으로는 '제2의 고향'과 긴밀한 접촉을 유지하길 원했고, 다른 한편으로는 친밀한 관계를 맺은 사랄 사카르를 보기를 원했다.

나는 1975년과 1976년 방학에 여느 때처럼 그를 만나러 하이데라바드로 갔지만 전처럼 쉽게 움직일 수 없음을 깨달았다. 내 친구 대부분은 좌파였고 몇몇은 감옥에 있었다. 나는 그들과 접촉하면 경찰이 그들을 더 의심할 수 있다는 것을 깨달았다. 사랄 또한 좌파로 알려졌기 때문에 나 역시 **불청객**으로 추방당할 위험에 처해 있었다. 이런 상황 때문에 우리는 1976년 9월 결혼하고 관계를 합법화하기로 했다. 결혼식은 인도의 시민결혼법에 따라 이루어졌고 화려함이라곤 없었다. 친구 몇 명이 화환을 갖다주었고 사랄과 나는 이를 서로의 목에 걸어주었다.

사실 나는 결혼을 원치 않았다. 페미니스트로서 나는 결혼을 함정이라고 생각했다. 사랄도 생각이 같았기 때문에 우리는 혼인 신고 없이도 관계를 유지하는 데 아무 문제가 없었고, 이는 우리의 관계가 장거리로 제한되기 때문이기도 했다. 나는 그의 아내로서 인도로 영구 이주하거나 인도에서 의존적 아내로 살기 위해 독일의 유급 일자리를 포기하고 싶지 않았다.

가장 중요한 점은 정치적 활동을 자유롭게 할 수 없는 나라로 이주하고 싶지 않은 것이었다. 만일 그랬다면 친구들이 제국주의 국가에서 왔다고 나를 비난했을 것이다. 나는 서구 인종주의와 제국주의에 대한 그들의 억눌린 증오를 마주하는 것이 두려웠고 이를 매일 경험하고 싶지 않았다. 이것이 내가 결혼 후에도 독일에 머물며 1년에 한두 번 사랄만 방문하기로 한 이유였다. 사랄 또한 인도를 떠나 독일로 이주하기를 원치 않았다.

이제 나는 우리가 관계 초기에 '장거리 결혼'을 유지한 것이 옳은 일이었는지 자문한다. 사랄이 독일로 이주한 것은 1982년이었다. 그는 자신의 고국, 하이데라바드 독일문화원의 보수가 높은 교사직을 떠나 독일로 와서 실업에 직면했다. 모두 나를 위해서였다.

### 사랄

사랄은 교육, 특히 아들에 대한 교육에 큰 가치를 두는 콜카타의 중산층 가정에서 태어났다. 그의 아버지는 공무원이었고 많은 시간을 일하면서 가족과 떨어져 보냈다. 그는 매우 엄격한 사람이었던 것 같다. 출장에서 돌아올 때마다 자녀들이 학교에서 진전을 보이고 있는지 점검했다. 당시 벵골에서 딸은 결혼할 것이기 때문에 영어를 배우지 못했다. 나중에 사랄은 "내 아들 한 명은 케임브리지에 보내고 다른 한 명은 옥스퍼드에 보낼 거다"라는 아버지의 말을 인용하곤 했다. 사랄은 여섯 자녀 중 가장 재능 있는 아이였다. 그는 어려서부터 영어가 유창하고 언어 전반에 뛰어났다. 또한 책을 많이 읽었으며 지리, 역사, 정치에 관심이 많았다. 그는 문학사 학위를 받은 뒤 은행에서 일했는데 (컴퓨터의 도움 없이) 숫자를 끝없이 더하는 그의 업무는 지루했으며 은행의 공허하고 따분한 분위기에 답답함을 느꼈다.

그는 흥미로운 지적 활동을 찾기 시작했다. 그러다 유럽 언어를 배우자는 생각을 떠올렸고, 우연히 독일문화원 콜카타 분원에서 열리는 6개월짜리 독일어 강좌 광고를 접했다. 사랄은 이 강좌에 등록해 퇴근 후 저녁에 3년간 독일어를 배웠다. 그 뒤 독일 연방정부 장학금을 받아 독일어 교사가 되기 위한 연수 프로그램에 참여했다. 수혜 조건 중 푸네 독일문화원의 강좌 3개월 수강이 있었다. 1963년 그는 내가 맡은 첫 학생들 중 한 명이었다. 그가 받은 장학금에는 독일문화원 뮌헨 본원의 독일어 교사들을 위한 심화 과정도 포함되었다. 1966년 여름 그곳에서 그는 시험에 합격하고 하이데라바드 독일문화원의 독일어 교사직에 부임했다.[8]

한번은 조카가 우리의 문화적 배경이 다른 것이 문제가 되는지 물었다. 아니, 그렇지 않았다. 문화 차이는 우리의 결혼 생활에 영향을 미치지 않는다. 처음부터 사랄은 무신론자이자 국제주의자였다. 그는 종교적인 힌두교도가 아니다. 나 역시 더 이상 종교적이지 않다. 그가 나의 페미니즘에 어려움을 겪을 때도 있지만 우리는 정치적 견해를 공유한다. 독일에서 우리의 일상생활에 문제를 일으키는 것은 문화가 아니라 계급의 차이다. 사랄은 문화와 지적 분위기로 유명한 도시인 콜카타에서 교육받고, 존경받는 인도 중산층 가정 출신인 반면 나는 작은 아이펠 마을 농부의 자녀다.

내 삶 이야기를 계속하기 전에 연구에서 얻은 이론적 관점과 통찰에 관해 좀 더 자세히 설명하고자 한다. 이는 특히 앞서 언급한 자급 관점과 관련이 있다.

# 09

# 자급—미래를 위한 관점

## 자급이란 무엇인가

나와 친구들은 함께 연구하고 세계 정치와 경제의 발전 과정을 지켜보며, 자급 관점은 지배 체제에 대한 비판의 출발점으로 적절할 뿐만 아니라 세계의 미래를 위한 새로운 관점을 대표한다고 확신하게 되었다. 일반적으로 자급은 빈곤, 저개발, 고난을 의미하는 것으로 이해한다. 이와는 대조적으로 베로니카 벤홀트톰젠, 클라우디아 폰 베를호프, 나는 이 용어를 초기 여성 운동의 맥락에서 자본주의의 특징, 즉 재화의 일반 생산과는 모순인 노동 및 생산 방식으로 재정의했다. 1970년대 후반 나는 이 용어를 다음과 같이 규정했다.

> 자급 또는 삶의 생산은 삶의 직접 유지 외에 다른 목적이 없는 일을 모두 포함한다. 자급 생산은 상품 및 잉여 가치 생산과 정반대에 위치한다. 자

급 생산의 목적은 '삶'인 반면 상품 생산의 목표는 '돈'으로, 이 돈은 더 많은 돈 또는 자본 축적을 '생산'한다.

이런 생산 양식에서 삶은 말하자면 우연한 '부작용'일 뿐이다. 자본주의 산업 체제의 전형은 무상으로 착취하고자 하는 모든 것을 자연이나 천연자원이라고 부르는 것이다. 여기에는 제3세계 농민의 노동뿐만 아니라 여성의 가사 노동, 자연의 모든 생산성 역시 포함된다(Mies and Bennholdt-Thomsen, 1999, pp. 20~21).

만일 인류가 상품 생산에만 의존했다면 살아남지 못했을 것이고, 오늘날 그런다면 미래는 없을 것이다.

## 여성과 자급 생산

전 지구에서 자급 생산의 상당 부분을 여성이 수행한다. 즉 그들은 자녀를 낳고 기르며, 무급 가사 노동을 하고, 노인과 환자를 돌본다. 한마디로 이른바 무임금 '재생산 노동'을 하는 것이다. 경제학자들은 자연, 태양, 공기 같은 것을 자본이 비용을 지불하지 않고도 전유(專有)할 수 있는 자유재라고 설명한다. 이런 자유재는 가사 노동뿐만 아니라 소규모 농업이나 농민, 자급, 식민지의 생산물, 그리고 물론 자연 그 자체도 포함한다. 자본주의 경제학자들은 생산적·가시적 노동만을 화폐 단위로 측정해 국민총생산으로 계산한다.

우리는 페미니스트로서 자본주의에서 가사 노동의 역할을 연구하면서 여성의 비가시 노동과 자본 축적 사이 연관성을 발견했다. 임금 없이 가사 노동을 전유하기를 원하는 사람들은 구조적·직접적 폭력이라는 수단을 사용할 수밖에 없다. 이런 폭력은 인간과 자연, 농민과 산업,

수도와 식민지 사이 모든 착취 관계의 특징이다. 이것이 바로 우리가 남성과 여성의 관계에서 핵심은 식민지와 같다고 간주하는 이유다. 자유주의 여성 운동 진영은 평등을 목표로 삼는 치명적 오류를 범했다. 착취적·식민지적 체제에서 평등은 이 체제로 이익을 얻는 사람들과 같은 지위에 오르는 것을 의미할 뿐이다. 평등은 명백히 가난한 사급 농민과의 평등을 의미하지 않는다. 자급 관점은 이런 식민지적 관계의 철폐를 의미한다. **오늘날에도 많은 사람이 자급 관점의 역사에 여전히 친숙하다.**

자급 관점이 우리의 발명은 아니다. 이 관점은 제2차 세계대전 때까지 모든 산업화 국가에 존재했으며 그 자취는 오늘날에도 남아 있다. 자급은 인간 욕구를 충족하는 다양한 범위의 활동을 포함한다. 소규모 농업뿐만 아니라 도시와 농촌의 텃밭과 정원, 채소·과일의 저장, 공예(목공, 재봉, 주조), 농산물 직거래, 물물 교환, 이웃의 도움을 받는 수리나 수선도 모두 해당한다.

자급의 실천에는 제대로 기능하는 지역 공동체가 필요하다. 다시 말해 공유지—혹은 상호 부조의 원칙이 작동하는 이웃의 최소 단위—에서 상호성, 공동체에 대한 책임감, 공동체에 필요한 일을 대가 없이 하려는 의지를 요구한다. 이런 원칙은 역사적으로 농촌뿐만 아니라 도시에도 존재했다. 미국의 연구 조사에 따르면 이런 자급 활동은 1960년대까지도 여러 산업화 도시에 존재했다.

자급 생산은 '저절로' 사라진 것이 아니었다. 1930년대 미국에서는 프랭클린 루스벨트(Franklin Roosevelt) 정부가 뉴딜 정책을 시행하면서 새로운 가족 및 임금 정책을 통해 의도적으로 소멸시켰다. 이런 정책은 개인, 부르주아 또는 중산층 핵가족, '노동하지 않는' 가정주부 중심으로 시행했다. 유럽에서는 산업, 화학, 수출에 의존하는 농업으로 전환하는 새로운 농업 정책이 자급자족 및 소규모 가족 농장의 붕괴로 이어졌다. 독일과 같은 '산업화' 국가에서는 농민 수를 줄이는 것을 '진보'로 여겼다. 유럽연합(EU)은 이런 농업 정책이 환경을 파괴하고, 인간과 동물에게 해롭고, 실업률을 높이고, 생물 다양성을 파괴하는 등 인류의 자급자족 능력을 저해한다는 사실이 알려졌음에도 불구하고 계속 추진해왔다. 반대로 미래를 위한 관점으로서 자급은 인간이 식량 생산의 통제권을 다시 획득한다는 의미로, 우리는 이 통제권을 식량 주권이라고 부른다.

### 새로운 정책이 세계에서 가장 가난한 사람들에게 미친 영향

소위 제3세계 농민들은 똑같은 종류의 농업 정책(예를 들어 '녹색 혁명')으로 인해 몰락하고 있다. 결핍이 그들을 대도시로 몰아넣고 그곳에서 결국 빈민가에 이르며, 어느 산업에서도 생존을 보장해줄 유급 일자리를 찾지 못한다. 이런 개발은 세계은행, 국제통화기금(IMF), 세계무역기구(WTO)와 거대 기업이 의도적으로 시행한 정책이다. 남은 것은 단일 작물을 재배하고 다국적 기업의 원자재를 생산하는 대규모 농장이다.

1990년대 이후 신자유주의 정책은 세계 모든 시장의 개방을 목표로 삼았다. 이는 가난한 국가의 농민뿐만 아니라 소규모 산업체도 망가뜨렸다. 이들은 서구와 달리 복지 국가로부터 지원받지 않는다. 다국적 기업은 이들의 곤경을 자양분 삼아 섬유, IT, 자동차 공장을 세우고 세계에서 가장 낮은 임금을 지불한다. 이런 특별경제구역과 세계 시장용 공장에서 일하는 노동자의 최대 90퍼센트가 젊은 여성이라는 사실은 임금 삭감의 본질은 성별 문제임을 보여주며, 이는 오늘날 성 주류화(정책 기획의 초기 단계부터 성평등에 미치는 구체적 영향을 파악하고 이를 전제로 모든 일반 정책과 제도를 시행하는 것. 1995년 베이징 유엔여성회의를 계기로 전 세계로 확대했다—옮긴이)에 대한 많은 논의에도 불구하고 어느 때보다 그러하다.[1] 가난한 나라 사람들은 살충제와 인공 비료를 거부하고, 오래된 형태의 생태 농업을 고수하고 재발견하며, 전통을 지키고, 의식적으로 다국적 기업을 거부함으로써 자급의 기반—물, 유전적 문화적 다양성—을 빼앗기는 데 저항하고 있다. 인도의 반다나 시바(Vandana Shiva), 방글라데시의 파리다 아크테르(Farida Akhter), 아프리카 여성들은 여성이 저항을 조직하고 자급의 기반을 유지하는 최전선에 서 있음을 보여주는 증거다.

### 왜 자급 관점은 더 나은 경제와 사회를 향한 구조적 요인을 포함하는가

우선 자급 관점은 사람들이 식민적 착취의 희생자로 전락하는 것을 방지하는 물질적 조건을 제공한다. 그들이 자급 수단(예를 들어 토지, 물, 숲, 공유지, 지식)에 접근할 수 있고 잘 기능하는 공동체에 살고 있는 한 화폐에만 의존하는 경우가 많은 개별화한 임금 노동자보다 약탈에 덜 취약하다.

그러나 사람들을 자급 기반에서 분리하여 강제로 노동력을 팔고 상품 소비자로 머물게 하는 것이 자본의 전략이었고 지금도 마찬가지다. **전쟁**과 **부채**는 사람들로부터 자급 기반을 **강탈하는** 수단이다. 최근의 예는 이전에는 부유하던 이라크와 아프가니스탄으로, 미국의 정복 전쟁으로 빈곤에 빠져 서구의 원조와 세계 시장에 의존하게 되었다.

### 자급 관점은 이미 시작했다

수년 동안 나와 친구들은 자본주의의 대안은 자급 관점이며 이는 이미 시작했다고 강조했다. 다음은 몇 가지 예이다.

자급 관점은 경제 모델이 아니라 하나의 관점, 사회적 발상과 행동을 위한 하나의 방향이다. 그렇다고 단지 희망 사항에 불과한 것은 아니다. 전 세계 사람들은 먼저 생계 수단의 파괴에 저항해야 한다. 이런 저항은 가난한 국가와 마찬가지로 산업 국가에서도 자급 경제 활동을 전개하려는 움직임으로 이어졌다.

한 예는 1990년대 새로운 농민 운동을 뜻하는 '나야크리시 안돌론(Nayakrishi Andolon)'이 탄생한 방글라데시다. 이 운동으로 많은 마을에서 '다국적 기업'이 접근할 수 없는 '독극물 없는 지역'이라고 선언할 수 있었다. 이런 지역에서는 인공 비료, 수확량이 많은 종자, 살충제를 사용하지 않고 빗물 모으기와 같은 오래된 농법을 부활시켰다. 이곳의 수확량은 현대 농법을 활용했을 때보다 높은데, 수출을 위한 단일 작물 재배 대신 필요에 맞는 다양한 상품을 생산하기 때문이다. 여성이 운동을 주도했기 때문에 투쟁 과정에서 기존의 가부장적 성별 관계가 변화했다. 여성들이 아주 오래된 방법에 따라 보존하는 공동 씨앗 저장소를 여러 마을이 공유한다. 이들은 서구 기업으로부터 독립해 있다. 몇 년 전 방글라데시 다카를 방문했을 때 내 친구 파리다 아크테르는 여성들이 농민과 직공을 위한 지역 시장을 설립하기 위해 어떻게 단합했는지 보여주었다. 또한 일부 공동체에서는 지참금 제도를 폐지하고 무농약을 선언했음을 자랑스러워한다.

자급을 위한 노력의 예는 산업 국가에도 존재하는데, 유럽의 협동조합 네트워크인 롱고 마이(Longo Maï) 및 독일 카셀 근처의 니더카우풍엔 코뮌에서는 네트워크를 구축하고 지역 화폐 및 경제를 확립할 방안을 모색한다. 특히 후자는 우리에게 익숙한 성장과 축적 지향 자본주의 경제와 다른 경제를 조직할 수 있음을 입증한다.

주목할 만한 예는 미국[2]과 독일[3]의 도시에 조성한 **커뮤니티와 다문화 텃밭**이다. 독일 괴팅엔에서는 보스니아, 에리트레아, 에티오피아를 비롯한 국가에서 온 난민 여성들이 처음 텃밭을 일구기 시작했다. 이 여성들은 교회에서 제공한 토지에 과일과 채소를 재배했을 뿐만 아니라 자국 농산물을 길러본 뒤 공유하기도 했다. 그들은 자본주의 시장을 위해 생산하지 않았고 종종 공동 텃밭에서 잔치와 행사를 열었다. 남성들은 오븐을 만들어 각 집단이 빵을 굽고 다른 집단과 나눌 수 있도록 했다. 오늘날 독일에는 이런 텃밭이 100곳 넘게 존재하며 자체 재단으로부터 지원받아 운동을 이어간다.

이 예에 특별히 주목해야 하는 이유는 자급이라는 용어는 사용하지 않아도 그 **원칙**을 '한번에' 적용하고 있기 때문이다.

- 필요한 식료품 일부는 구매하지 않고 직접 생산한다.
- 공동 기반 위에서 생산한다. 그 결과 새로운 공동체 또는 이웃이 생긴다.
- 토지는 사유 재산이 아니라 공유 재산이다. 소유관계 대신 사용권이 존재한다.
- 정치적 적대감은 공동체 활동을 통해 극복할 수 있다. **자급은 단결시키고 돈은 분열시킨다!**
- 자존을 책임지고 자선에 의존하지 않는 **자신의 힘과 능력**을 경험하는 것은 인간의 존엄성을 위한 기본 조건이다.
- 커뮤니티 텃밭 농부들은 자급이 **결핍**이 아니라 **풍요로운 삶**임을 경험한다. 좁은 땅에서도 필요한 것보다 더 많이 거둘 수 있다. 이는 생산물을 나눌 수 있다는 뜻이다.
- 텃밭의 경험은 자본주의 주요 원칙 중 하나, 즉 자연은 인색하며 경제는

그 희소성을 극복하려는 목표로 시작했다는 것을 반증한다.

- 텃밭에서는 **인간과 자연, 세대와 문화적 배경이 다양한 사람들, 남성과 여성 사이에 새로운 관계**가 발전한다. 이것이 바로 텃밭이 성공적 통합의 훌륭한 사례인 이유다.
- 그들은 **좋은 삶**에 대해 슈퍼마켓에 기반한, 돈과 상품의 풍요를 바탕으로 하는 자본주의에서 전파하는 것과 다른 생각을 할 수 있다.
- **좋은 삶**에 대한 다른 생각은 사람들이 경제라는 개념을 **희소성**이 아니라 **풍부함**으로 이해하는 기초다.

**좋은 삶**에 대한 이 새로운 개념은 산업 국가에서도 많은 사람들이 느끼는 결핍을 충족해준다. 그들은 왜 그토록 일했는데도 **좋은 삶**은 오지 않는 것인지 스스로 묻기 시작했다.

### 상품 교환, 국제 무역, 기술, 임금 노동

**자급 경제는 폐쇄 경제가 아니며 무역, 심지어 국제 무역도 마다하지 않는다.** 그러나 무역용 상품은 필요를 초과해 생산한 것뿐이다. 사과, 우유, 채소 등 국내에서 생산하는 제품 수입은 금지해야 한다. 이런 무역은 오로지 이윤 창출에만 기여하며, 외국산 수입으로 가격이 하락한 생산물을 판매할 수 없는 지역 농민에게는 손해다.

기술도 중요한 역할을 한다. 경제 전반을 자급 원칙에 따라 조직하면 다양한 기술을 활용해야 한다. 그러나 기술은 중립 요소가 아니며 (소모와 낭비 같은) 자본주의 구조는 산업 기술에 내재하는 것이다.

임금 노동 역시 존재할 것이다. 그러나 가치를 창출하는 유일한 노동이라는 현재 성격은 상실하고 인간 존재를 유지하는 많은 노동 형태 중 하나가 될 것이다. 그 결과 예를 들어 가사 노동을 더 이상 비생산적이거나 가치 없게 여기지 않을 것이다. 따라서 경제 가치에 대한 우리의 개념도 바뀌어야 한다.

**자급 경제는 필연적으로 생태적이어야 한다.** 지구에서 사람을 비롯한 동식물의 미래가 없을 정도로 자원을 소모하거나 파괴할 수는 없다. 그동안 사용한 지속 가능성 개념은 자연 파괴를 막지 못했다. 자급 경제에서는 **자본주의적-식민지적 생산에 단호히 '아니요'**라고 말해야 한다. 계속 성장하는 산업 사회와 건강한 환경 두 가지 모두가 가능할 것이라는 희망을 품은 사람들은 여전히 있다. 그들이 기대하는 바는 이 희망이 사회관계가 아니라 '기술의 데우스 엑스 마키나'의 존재주로 이뤄지는 것이다. 그러나 나는 자본주의와 기술의 '지속 가능성'이라는 개념을 신뢰하지 않는다.

## 결론

자급 관점은 필연적으로 생태, 사회, 정치, 문화, 경제의 기반 위에 존재한다. 이는 도시와 농촌, 빈국과 부국 어디서나 가능하며 다양한 문화적·생물학적 배경을 바탕으로 할 수 있다. **자급 관점은 이미 다양한 방식으로 시작했으며** 이 다양성을 존중하고 유지한다.

- 먼저 사람들은 자본이 제공하는 것과는 다른, **좋은 삶**에 대한 생각을 정립해야 한다. 즉 상품 생산과 화폐의 무한한 증식 대신 **삶의 생산**이 사회 및 경제 활동의 중심에 자리해야 한다. 자급 노동은 남성과 여성이 동등하게 해야 한다.
- 자급 관점은 남반구뿐만 아니라 북반구 국가에서도 시작했다. 우리의

책《자급의 삶은 가능한가: 힐러리에게 암소를》(Bennholdt-Thomsen and Mies, 1997)에서 사람들이 무의미한 노동을 하며 무의미한 자본을 축적하는 광기, 공허함, 모욕감으로부터 스스로 벗어나기 시작했다는 예를 많이 제시했다.

- 자급 관점은 바람직할 뿐만 아니라 불가피하기도 하다. 이는 신자유주의의 약탈에 희생양이 되어 버린 (여러 남반구 국가와 같은) 국가와 사회뿐만 아니라 세계자본주의의 중심지에서도 마찬가지다. 오늘날의 위기는 우리에게 더 작고 생태적 기반을 둔 경제에서만 식량 주권과 행복한 삶을 이룰 수 있음을 어느 때보다 선명하게 보여주었다.
- 그러므로 자급이란 '**필요에서 벗어나는** 자유가 아니라 **필요 속에서의** 자유'를 의미하며, 자본가와 마르크스주의자들이 이해하는 것처럼 필요를 극복함을 의미하지 않는다. 이런 접근은 우리가 익히 아는, 자연에 대한 지배 기반 모델과 다른 이해를 요구한다.
- 자급은 남녀 사이에 평화를 확립해야 한다는 의미임이 가장 중요하다. 그러나 이 평화를 위한 전제 조건은 가부장제와 자본주의의 지배를 반드시 극복해야 한다는 것이다. 이는 여성을 남성과 같은 '더 높은 지위'로 '끌어올리기'(즉 성 주류화를 통한 평등)를 통해서는 달성할 수 없으며, 남성과 여성이 **좋은 삶**을 향해 방향을 재설정함으로써만 가능하다.
- 자급은 빈곤과 퇴보가 아니라 상호성, 새로운 공동체 및 사회 조건에 기반한 풍요, 새로운 형태의 국제주의를 의미한다.

# 10 여성과 개발

## 네덜란드 사회과학연구소(1979~1981년)

1975년 멕시코에서 제1차 유엔여성회의가 열렸다. 그 목적은 전 세계 국가에서 여성의 지위를 평가하는 것이었다. 예상대로 결과는 실망스러웠다. 어느 국가에서도 정치, 경제, 사회, 교육과 관련해 여성의 지위는 남성과 동등하지 못했다. 총회는 '행동 계획'을 통과시켜 각국 정부가 다음 회의까지 이런 결점을 시정하도록 요청했다. 그러나 대부분은 자국에서 여성 운동이 성장하고 있음에도 불구하고 이 계획을 무시했다.

일부 여성은 이에 굴하지 않고 어떻게 여성 문제를 홍보하는 데 유리하도록 상황을 전환할 수 있는지 이해했다. 그중 한 명이 네덜란드 헤이그에 있는 사회과학연구소(ISS)의 미아 베르덴(Mia Berden)이었다. 사회과학연구소는 유엔여성회의 이후 그녀가 이른바 제3세계, 즉 아프리카, 아시아, 남아메리카 여성과 함께 워크숍을 조직하도록 '허용'했다.

이 워크숍에 참석한 여성들은 공식 결의안을 만들어 다음번 사회과학연구소 선임 강사 자리를 **여성과 개발**에 초점을 맞출 수 있는 여성에게 주도록 요구했다.

미아 베르덴은 은퇴를 앞두고 있었지만 매우 활동적인 페미니스트였다. 그녀는 60명 중 단 2명만이 여성이었던 사회과학연구소에서 이 결의안을 신속하게 받아들이도록 했다. 일단 구인 공고를 내고 적격한 후보자를 찾아야 했다. 네이메헌 대학교의 데르데 베렐트 연구소(Derde Wereld Institut) 교수이던 내 친구 게리트 후이저(Gerrit Huizer)가 나를 추천했다. 우리는 그가 1977년 조직한 '마녀대학'에서 처음 만났다. 나는 쾰른응용과학대학교의 교수직보다 급여도 적고 지위도 낮았음에도 불구하고 그 자리에 지원했다. 마음을 끈 것은 '제3세계' 여성들과 함께 일할 수 있으며 이것이 내 연구와도 관련 있다는 사실이었다.

1979년 2월 내게 그 자리가 주어졌고 사회과학연구소에서 일을 시작했다. 나는 네덜란드에 머물게 될지 확신이 없었기 때문에 쾰른응용과학대학교를 휴직했다. 당시 네덜란드에는 '제3세계' 여성 연구와 관련해 전문 지식을 갖추고 박사 학위를 취득한 여성이 거의 없었다. 더욱이 1977년 '마녀대학'에 참석한 이후 '여성학 연구 방법론'에 관한 내 글을 네덜란드어로 출간해 네덜란드 페미니스트들은 나를 알았다.

나는 사회과학연구소에 도착해 곧 그들이 내 지위를 그다지 진지하게 받아들이지 않는다는 것을 깨달았다. 소장인 루이 에메리(Louis Emmerij)는 나를 저녁 식사에 초대해 새로운 동료와 프로그램에 친숙해지고, 그들과 함께 술을 마시고, 일을 어디서 어떻게 시작할지 결정하려면 시간을 내야 한다고 말했다.

사회과학연구소의 목표는 이미 학사 학위를 취득한 뒤 일하고 있는

'제3세계' 사람들을 교육하는 것이었다. 사회과학연구소는 그들에게 '농촌 개발' '산업 개발' '행정' '소통'을 비롯한 전문 분야의 자격증과 장학금을 제공했다. 그들은 학업을 마치면 개발학(Development Studies) 석사 학위를 받았다. 영국의 서식스 대학교 말고는 세계 어느 대학교에서도 이런 학습 과정을 제공하지 않았다.

내 임무는 여성을 위해 특화한 '개발학' 석사 학위 프로그램을 개발하는 것이었다. 나는 연구소장의 제안을 따르는 대신 여학생 열 명을 위한 장학금을 요청하여 인도, 방글라데시, 네덜란드에 거주하는 아르헨티나와 기타 '제3세계' 국가 출신 난민 여학생을 선발하고자 했다. 나는 사회과학연구소에서 성공은 헌신적인 학생들을 가능한 한 빨리 모으는 데 달렸음을 알았다.

또한 관심을 보인 젊은 네덜란드 여성들도 프로그램에 받아들였다. 이는 당시 이례적인 일이었다. 그러나 나는 남반구[1]와 북반구 여성들이 공부하면서 서로 알아가는 것이 편견을 해소하는 데 중요하다고 느꼈다. '여성과 개발' 프로그램에 처음 참여한 학생들은 인도, 방글라데시, 에티오피아, 남아프리카, 아르헨티나, 트리니다드토바고, 네덜란드, 벨리즈 출신이었다.

프로그램을 보호하기 위해 처음부터 다양한 혁신을 도입해야 했다. 나는 계획을 세우면서 사회 변화에 관한 과학을 무미건조하고 무의미하게 만드는, 천편일률의 실증주의 규범이 특징인 주류 과학의 관행을 비판적으로 분석할 수 있는 능력을 키우는 것에 역점을 두었다.

이것이 내가 사회과학연구소에서 '네덜란드 현지 조사'라고 부른 '여성과 개발' 프로그램을 시작한 이유다. 남반구에서 온 학생은 네덜란드 여성들이 스스로 믿어온 것처럼 실제로 해방되었는지 경험을 통해 조사해야 했다. 그들은 스스로 소집단을 조직해 네덜란드 페미니스트 집단과 접촉하고 일정 기간 함께 작업한 뒤 보고서를 작성했다. 학기 말에는 모두가 이 보고서를 평가하는 워크숍에 참여했다. 네덜란드 학생들이 사람들을 연결하는 데 도움을 주었기 때문에 그들의 '현지 조사' 참여는 큰 도움이 되었다. 또한 쾰른에서 프로젝트 연구를 통해 내가 개발하고 실행한 방법론을 수정해 적용하기도 했다.

많은 남반구 여학생에게 '네덜란드 현지 조사'는 계시적 경험이었다. 그들은 네덜란드 여성들이 '해방'되었고 교육을 잘 받았고 직업이 있다고 생각하며 네덜란드에 왔다. 그러나 현지 조사를 하면서 현실을 알게 되었다. 다음은 그들의 이야기 중 일부다.

한 집단은 여성의 부인과 자가 진단 실천을 돕는 위트레흐트의 페미니스트 조직과 접촉했다. 여성 운동에서는 여성을 주류 부인과 진료 및 처방에서 해방하는 수단으로 여성 생식기에 대한 자가 진단 방법을 택했다. 많은 여성이 자기 몸을 모른다는 것을 깨달았다. 위트레흐트에서 돌아온 그들은 자가 진단에 놀라며 열광했다. 한 방글라데시 출신 여성은 **"왜 안 돼?"**라고 외쳤고 방글라데시, 인도, 남아프리카, 네덜란드 여성들은 즉시 '왜 안돼 집단'을 만들었다. 이 집단은 여러 해 동안 이어졌으며 사회과학연구소를 떠난 뒤에도 가까운 친구로 남았다. 또한 그들은 서로 정보를 공유하기 위해 〈자매애 속에(Insisterhood)〉라는 소식지를 발행했다.

한 필리핀 여성은 암스테르담의 자발적 미혼모 집단과 접촉하며 여성들이 자녀를 낳지만 결혼은 원하지 않는 이유를 알게 되었다. 그녀—가톨릭교인—는 돌아와 네덜란드 여성들이 교육받고 취업했음에도 여성 운동이 필요한 이유를 이제야 이해했다고 보고하며 놀라워했다.

> 나는 항상 서구의 가치가 서구 사회에 좋고 동양의 가치가 동양 사회에 좋다고 생각했다. 이제 나는 서구의 가치관이 서구 사회에도 좋지 않다는 것을 이해한다.

나는 필리핀 학생 루즈비민다 탕안코(Luzviminda Tanganco)의 이 현명한 말을 자주 인용하곤 했다. 그녀도 나도 책에 담긴 지식만으로는 그런 통찰을 할 수 없었을 것이다. 한 아프리카 여성은 현지 조사 후 다음과 같이 보고했다.

> 나는 네덜란드 여성들이 왜 항상 남자 이야기를 하는지 이해가 안 된다. 싱글이든 기혼이든 이혼했든 그들은 늘 남성과 '사랑'에 대해 이야기한다. 우리는 고향에서 이렇게 하지 않으며 그런 점에서 우리는 서구 여성보다 훨씬 독립적이다.

사회과학연구소는 내가 독일로 돌아온 후에도 수년에 걸쳐 '네덜란드 현지 조사'를 중요한 방법론으로 유지했다. 여성학을 '재창조'하는 것은 방법론뿐만 아니라 프로그램의 내용 면에서도 중요했다. 해당 주제에 관한 교과서나 모범이 될 만한 다른 대학교의 예가 없었기 때문이다. 이런 상황은 우리가 여학생들에게 자기 나라는 물론이고 '제3세계' 여성 운동의 현황과 역사를 알려줄 자료도 없다는 사실로 인해 악화했다. 첫해가 지났을 때 나는 남편이 브뤼셀 주재 대사이던 스리랑카 동료 쿠마리 자야와르데나(Kumari Jayawardena)의 지원을 받아, 함께 교과서를 써서 사회과학연구소의 자체 출판사에서 출간하기로 결정했다.[2]

이는 학생들뿐만 아니라 나 또한 많은 것을 빨리 배워야 함을 의미했다. 학생들은 교수뿐만 아니라 서로에게서도 배웠다. 이때 나는 인도에서 한 연구에 대해 집필 중이기도 했다. 배우고, 가르치고, 워크숍을 조직하고,[3] 이론을 개발하고, 글을 쓰는 이 모든 일은 나뿐만 아니라 학생들에게도 집중적·창의적·생산적 과정이었다.

내가 그들로부터 배운 몇 가지는 다음과 같다.

1. 소말리아에서 온 라키아 두알레(Raquia Dualeh)는 소말리아 여성 할례에 관한 석사 학위 논문을 썼는데 그때까지 내가 들어본 적 없는 내용이었다. 이는 원주민 여성이 여성 혐오 관행에 대해 쓴 최초의 논문이다.
2. 조상이 노예였던 트리니다드토바고 출신의 로다 레독(Rhoda Reddock)은 '트리니다드토바고의 여성과 노예 제도'에 관한 박사 학위 논문을 썼는데, 여기서 그녀는 노예 제도가 자본주의 전 단계가 아니라 진정한 자본주의 생산 수단이었음을 입증했다. 노예 여성도 남성과 마찬가지로 상품으로 취급했으며 비용 편익 원칙에 따라 거래했다. 이것이 그들에게 자녀를 허용하지 않은 이유로, 소유주에게는 노예가 자녀를 낳고 키우는 것보다 새로운 노예 여성을 사는 것이 더 저렴했다. "번식시키는 것보다 구매하는 것이 수익성이 높다"는 것이 노예 무역상들의 기본 원칙이었다. 노예 여성이 임신하면 강제로 낙태당했다.
3. 인도의 크하야 다타르(Chhaya Datar)는 가내 공업으로 담뱃잎 한 장을 말아 궐련 비디(Bidi)를 만드는 여성들에 대한 석사 학위 논문을 썼다. 그 체계는 나르사푸르의 레이스 산업과 유사했다.

또한 이때 내 가장 중요한 이론적 저서인 《가부장제와 자본주의: 여성, 자연, 식민지와 세계적 규모의 자본축적》(Mies, 1986a)을 쓰기 시작했다. 영국 출판사인 제드북스가 바로 출간할 예정이었기 때문에 나는 이 책을 영어로 먼저 썼다. 여성 운동에서 종종 그랬던 것처럼 모든 일을 한꺼번에 진행해야 했다.

남성 동료 몇몇은 우리를 지지했다. 그러나 다수는 우리가 나아가는 속도와 강렬함을 두려워했다. 우리는 남반구에서 온 학생들에게 연구 장학금뿐만 아니라 시간과 공간도 더 많이 제공할 것을 촉구했다. 또한 남반구 7개국 여성 운동에 관한 새로운 연구 프로젝트에 더 많은 지원금을 요청했다. 이 모두가 기존 프로그램과 경쟁을 의미했다.

동료들의 불안에는 다른 이유도 있었다. 내가 여성과 개발 프로그램의 기반으로 삼고 동료 쿠마리 자야와르데나도 공유한 **페미니스트 접근법**이었다. 동료들이 아내와 문제가 있거나 그녀가 떠나기로 결정했을 때(이런 경우가 한 번 있었다) 나는 "마리아와 그녀의 여성학에 책임이 있어"라는 말을 들었다. 그러나 나는 그 여성을 알지도 못했고 만나거나 얘기해본 적도 없었다! 그러나 괴로워하던 동료의 말은 우리의 존재와 프로그램으로 인해 남성들이 얼마나 불안해했는지를 보여준다.

이런 불안은 우리의 접근법이 시종일관 페미니즘, 반가부장주의, 반자본주의, 반식민주의에 기반했다는 사실에 기인했다. 게다가 나는 이른바 빌레펠트 접근법에 따라 고전 마르크스주의를 비판했다. 우리는 '여성 문제'가 모든 착취적 권력관계를 포괄하므로 둘을 분리해 볼 수 없다는 견해였다.

동료들이 나를 어떤 범주에 두어야 할지 모른 것도 당연하다. 남성 동료 대다수는 여성 운동의 과거와 현재, 우리의 목표·역사·이론에 대해 알지 못했다. 페미니즘에 대한 그들의 반응은 '직감'에서 나온 것이었는데 '합리성' '객관성'에 대한 그들의 믿음과 흥미로운 대조를 이루었다.

그러나 몇몇 동료는 우리 프로그램에 공감했을 뿐만 아니라 이론적·정치적으로 지원할 가치가 있다고 생각했다. 이런 남성 중 한 명이 켄 포스트(Ken Post)였다. 원래 영국에서 온 그는 트로츠키주의자였으며 처음부터 여성 프로그램에 연대감을 느끼고 있었다. 하지만 그는 남성이 이 프로그램에 들어오지 못한다는 것을 받아들일 수 없었다. 그는 우리 프로그램에서 일하고자 하는 포부가 있었다. 또 다른 지지자는 피터 워터맨(Pieter Waterman)이었다.

당시 페미니즘의 관점에 따르면 여성은 남성과 별개로 먼저 여성의 문제, 역사, 미래에 대한 생각을 명확하게 세우고 그 이론과 실천에 익숙해져야 했다. 경험에 따르면 남녀가 섞인 집단에서는 언제나, 50명 중 남성이 겨우 두세 명만 있어도 토론을 지배했다. 이것이 내가 남성이 학생으로서든 교사로서든 여성과 개발 프로그램에 참여하는 것을 제한해야 한다고 주장한 이유다. 켄 포스트는 실망했지만 계속 우리를 지원해주었고 나는 그에게 이 공을 돌린다.

또 다른 동료 쿠르트 마틴(Kurt Martin)은 친구들과 내가 가사 노동과 자급에 관해 쓴 글을 읽은 유일한 사람이었다. 그는 독일 출신이며 나치 지배 초기에 강제 이주당한 유대인이자 마르크스주의자로 원래 이름은 쿠르트 만델바움(Kurt Mandelbaum)이었다. 우리가 처음 만났을 때 그는 나이가 매우 많았고 은퇴한 상태였지만 여전히 기억력이 놀라웠다. 그는 로자 룩셈부르크, 칼 리프크네히트(Karl Liebknecht)와 친분이 있었으며 1920년대에는 바이마르공화국에서 집권한 사회민주당에 대해 가혹한 비판을 발표했다. 그는 내게 바겐바흐 출판사가 1978년 재출간한 자신의 오래된 논문(Mandelbaum, 1978, pp. 17~18)을 건넸다. 마틴(당시 만델바움)은 사회민주당이 제1차 세계대전에서 독일이 패한 후에도 식민지를 유지할 '문명국'의 권리를 강조한다고 비난했다. 사회민주당은 유럽 국가가 생산력을 발전시키기 위해 식민지가 필요했으며 '원시 민족' 즉 식민지에도 개발에 필요한 노동 계급의 규율을 심어줄 것이라고 주장했다(Mies, 1986a/1988도 참고). 나는 그와 연구소 구내식당에서 점심을 먹으며 자주 토론했다. 그는 자급 접근에 기초가 되는 글을 쓴 로자 룩셈부르크와 우리를 함께 비판했다. 그는 우리—로자와 우리 세 명의 자급 페미니스트(베로니카 벤홀트톰젠, 클라우디아 폰 베를호프, 나)—가 마르크스의 노동 가치 개념에 대한 비판에서 역사적으로는 올바른 관점에 기반하고 있지만 이론적으로는 그렇지 못하다고 했다. 나는 그가 이렇게 솔직하고 명확하게 의견을 표명해준 것이 기뻤다. 이는 우리를 진지하게 받아들이고 다른 남성과 달리 우리의 이론을 흥미로워함을 의미했다. 그러나 나는 '역사적 유물론'에 입각한 마르크스주의자인 커트가 왜 이론적 관점만 주장하는지 이해하지 못했고 이상주의적일 뿐만 아니라 몰역사적이라고 느꼈다.

약 1년 후 연구소 회의에서 독립적 학습 과정으로서 '여성과 개발' 프로그램을 해체하기로 결정했다. 쿠마리 자야와르데나와 나는 다른 프로그램에서 '여성 영역'만을 강의하고 우리 여학생들도 다른 과정으로 흩어져야 했다. 내게는 사회과학연구소에서 여성학의 종말이 명확했고 이는 분명 네덜란드에 온 목적이 아니었다. 나는 쿠마리와 학생들에게 이 사실을 바로 알렸는데 그들은 화를 내며 받아들일 수 없다고 했다.

그들은 거대한 포스터를 그려 사회과학연구소 로비에 걸었다. 포스터에서는 만약 사회과학연구소가 여성학 프로그램을 폐지한다면 즉시 이를 네덜란드 여성 운동에 공개해 모든 신문에 실리도록 할 것이라고 선언했다. 학생들은 그 결과로 대규모 저항이 일어날 것이라고 경고했는데, 이때는 여성학 프로그램이 사회과학연구소에서 가장 성공한 프로그램으로 유명했기 때문이었다.

실용주의자였던 소장은 학생들을 한 명씩 만났다. 그는 마리아가 그런 행동을 하도록 선동했는지 물었고 모두 아니라고 답했다. 그는 어떻게 그렇게 다양한 개발도상국 출신에 함께 짧은 시간을 보낸 젊은 여성들이 프로그램을 유지하기 위해 열정적으로 싸울 수 있는지 이해할 수 없었다. 나중에 그는 내게 "마리아, 학생들에게 물어보았는데 전부 당신의 프로그램을 지지합니다"라고 말해주었다. 그는 대중의 부정적 반응을 두려워했고 그 결과 계획을 중단하기로 결정했다.

이 행동을 통해 종교적·문화적 배경이 다양한 학생들은 함께 모이면 뭔가 바꿀 수 있다는 것을 알았다. 그뿐만 아니라 종교와 문화의 차이가 공동 행동에 장벽이 아니라는, 훨씬 더 중요한 경험을 했다. 그들은 로비에 건 항의 포스터 외에 다른 아름다운 포스터도 그렸는데 거기에는 다음과 같은 문구가 있었다.

> **우리의 문화는 다르지만,**
>
> **투쟁은 우리를 묶는다!**

이것이 그들이 (그리고 나도) 배운 주요한 교훈이었다. 나는 이 문장을 잊어본 적이 없다. 그리고 다양한 인종적·문화적·종교적 '정체성'과 구분에 초점을 맞추고, 이것이 갈등과 전쟁을 초래할 수 있다고 여기는 오늘날과 같은 때 특히 의미 있다고 생각한다.

'정체성 정치'는 이후 여성 운동으로 확산해 내가 지금까지 대표하는 종류의 정치를 대학에서 제거했다. 이런 정치적 지향의 전환은 내가 떠난 후 사회과학연구소에 영향을 미쳤다. 이와 대조적으로 나는 우리가 직면한 문제는 차이가 아니라 공통점, 즉 가부장제·식민주의·자본주의라는 조건 아래 착취와 억압을 경험한 데서 비롯한다는 점을 강조했다. 그러나 나중에 페미니즘 정치(특히 포스트모던 정치)의 초점은 여성이 이성애자인지 동성애자인지, 기독교인인지 무슬림인지, 흑인인지 백인인지였다.

그렇지만 사회과학연구소에서의 작업은 매우 만족스러웠다. '여성과 개발' 프로그램은 그 모든 반대에도 불구하고 전 세계에서 성공을 거두었다. 우리 프로그램에서 석사 학위를 받은 남반구 출신 여성들에게 자국에서 좋은 자리를 제안했다. 이는 1980년대 초 세계은행과 같은 국제기구가 남반구 국가에 여성 차별에 반대하는 조치를 취하라는 압력을 가했기 때문이다. 졸업생들은 자국에서 일할 기회를 얻었을 뿐만 아니라 업무를 어떻게 수행할지 결정할 수 있는 위치로 갔다. 정치, 행정, 대학, 고용, 노동의 책임 있는 자리에 있으면서 여성 해방이 실제 무엇을 의미하는지 아는 사람들이 또 어디 있었겠는가?

사회과학연구소의 여성학 프로그램은 가장 인기 있는 프로그램이 되었고 전 세계 여성들을 끌어들였다. 또한 내가 개발한 방법론의 기초를 수년 동안 활용했다. 첫 번째 과정에 참여한 네덜란드 학생 한 명은 사회과학연구소에 들어가 여성과 개발 프로그램에서 '네덜란드 현지 조사' 과정을 소개하는 일을 하게 되었다.

나 역시 교사로서뿐만 아니라 저자로서도 성공을 거두었다. 나는 당시 영어, 스페인어, 일본어, 한국어로 출판한 책을 여러 권 썼다. 이 모든 것이 만족스러웠고 일은 내 삶의 전부였다. 내가 알던 유일한 공동체는 학생과 동료들의 국제 공동체였다. 그러나 네덜란드에서 일했음에도 불구하고 동료들 말고는 그 나라 사람들이나 풍경을 접하지 못했다. 나는 고립되어 섬처럼 살던 셈이었다.

나는 1976년 결혼한 이후 남편을 여름방학 때나 그가 나를 보기 위해 인도에서 네덜란드로 왔을 때만 만났다. 때때로 혼자 모래 언덕을 따라 돌아다니거나 해변을 산책하면서 여기서 뭘 하고 있는지 자문했다. 어느 시점엔가 나는 성공에도 불구하고 매우 외롭다는 것을 깨달았다. 게다가 사회과학연구소는 내가 독일에서 누리던 종신 교수직을 주는 것을 고려조차 않고 있었다.

1981년 계약이 끝나자마자 독일로 돌아가 쾰른응용과학대학교에 복직하기로 결정했다. 비록 사회과학연구소에 세계 최고의 여성학 프로그램을 구축해놓고 떠나기가 아쉬웠지만 말이다. 1982년에는 남편이 하이데라바드 독일문화원의 보수가 좋은 교사직을 그만두고 독일로 와 나와 함께 살기로 결정했다. 그 이후로 지금까지 우리는 쾰른에서 같이 살고 있다.

11

# 이후 운동과 캠페인

네덜란드 사회과학연구소에서 일하며 시야가 넓어졌기 때문에 쾰른응용과학대학교로 돌아왔을 때 강의 범위를 사회학 연구로만 제한하기는 불가능했다. 독일로 돌아와서도 나는 여성 운동의 투쟁, 성공과 실패, 시련과 고난에 적극적으로 참여했다. 이 과정에서 명확해진 것은 여성으로서 우리가 철학이라고도 할 수 있는 논리를 추구한다는 점, 이것이 주류 인식론의 직선형 논리와 정반대라는 점이었다. 실제로 내 삶을 '객관적' 관점에서 바라보는 독자는 내가 혼란스럽게 살았다는, 즉 변덕과 공상에 따라 한 주제에서 다음 주제로 계속 건너뛰었다는 인상을 받을 수도 있다.

그러나 내게는 그렇지 않다. 내 삶에 걸쳐 처음에는 한 방향으로 가다가 상황에 따라 다른 방향으로 이어지는 '붉은 실'이 있다. 나는 이 실을 꾸준히 따라갔을 수도 있고 혹은 이미 '지났다'고 생각하던 장소로 되돌아갔을 수도 있다. 그리고 이 과정에서 나는 많은 문제에 내가 처음에 인식한 것보다 깊은 차원이 있음을, 그리고 같은 문제가 다른 역사적 맥락에서 다시 나타날 수도 있음을 깨달았다. 예를 들어 "마리아, 종교에 대해 어떻게 생각하세요?"라는 질문, 유토피아와 지배 체제의 대안에 관한 질문, 과학과 기술이라는 복잡한 문제가 그렇다. 이렇게 문제가 반복되는 경험을 바탕으로 나는 다음과 같은 좌우명을 세웠다. **어떤 것도 결코 끝나지 않는다.** 많은 페미니스트가 이렇게 다양한 논리와 체계를 미로나 구불구불한 강으로 묘사하려고 한다. **'모든 면에서 동시에**(From all sides at once)'는 이를 설명하기 위해 전 세계 페미니스트들이 사용하는 표현이다.

## 유전자 및 재생산 기술에 반대하는 여성들

1984년 전 세계 페미니스트들이 유전자 및 재생산 기술 반대 운동을 시작하기 위해 모였을 때 나는 그 다양성에 다시 한번 놀랐다. 이 운동은 1984년 네덜란드 흐로닝언에서 열린 제2차 국제여성학제간회의에서 시작했으며 이 회의에서 몇몇 여성이 재생산 기술과 시험관 속 생명의 '성공적' 창조에 대해 보고했다. 불과 몇 년 전인 1978년 최초의 시험관 아기인 루이스 브라운(Louise Brown)이 영국에서 태어난 바 있었다. 레나테 두엘리 클라인(Renate Duelli Klein), 얄나 한머(Jalna Hanmer), 지나 코리아(Gena Corea), 로빈 롤랜드(Robyn Rowland)를 비롯한 이들은 이 발명이 여성, 특히 출산과 관련한 결정을 하는 여성을 더 착취할 것이라고 주장했다.

인공 수정은 불임 부부가 임신할 수 있게 했다는 점에서 '인류'의 위대한 업적으로 찬사받았다. 그러나 우리는 이 기술이 인간 생명의 산업적·상업적 생산에 수문을 열 것임을 인식했다. 생명공학 산업에서 여성은 원재료, 즉 난세포와 자궁의 단순한 공급자('대리모')로 격하했다.

호로닝언에서 미국 기자이자 작가인 지너 코리아는 '재생산 매춘'을 언급하기도 했다. 그때까지 여성들은 매춘을 통해 자신의 질을 남성들에게 팔거나 임대했다. 그들은 이제 '대리모'로서 자궁을 임대 또는 판매한다(Corea, 1984). 또한 그녀는 모든 경우의 수를 처음으로 실험한 대상은 소였다고 보고했다. 이는 수의사가 불임인 소의 임신을 돕고자 한 것이 아니라 이 기술로 송아지를 늘릴 수 있기 때문이었다. 이는 모두 자본주의의 생산성 증가와 관련한 것이었다. 이 기술로 자연의 순환을 쉽게 무시할 수 있었다. 지너 코리아가 "처음에는 소, 다음에는 당신"이라고 지적했듯 말이다.

우리가 느낀 공포와 분노는 유전자 및 재생산 공학자들의 발명에 맞서 싸우기 위한 국제 네트워크의 자발적 설립으로 이어졌다. 이 주제에 관한 주류 언론 기사 대부분은 생명공학의 성취에 대한 찬사 일색이었다. 그러나 우리는 전 세계 여성 건강 센터와 대학에서 일하는 많은 페미니스트가 우리와 마찬가지로 이 새로운 발전을 우려한다는 것을 알았다. 그래서 우리는 이들이 세계 여러 곳에서 정보를 공유하러 오리라고 기대했다.

우리는 흐로닝언에서 이 문제에 관한 추가 국제 '긴급회의'를 조직할 것을 결정했다. 이 회의는 1985년 7월 스웨덴에서 열렸다. 그동안 지너 코리아(Corea, 1985)와 리타 아르디티(Rita Arditti), 레나테 두엘리 클라인과 셸리 민덴(Shelley Minden)은 이 주제에 관한 책을 출판했다(Arditti, Klein and Minden, 1984). 이 문제는 즉시 전 세계 여성을 불러 모았고 많은 여성이 긴급회의에 참석했다. 나는 "이 모든 것이 왜 필요한가?"라는 제목의 발표를 했다. 나는 인류 역사의 시초부터 존재한 문제—비자발적 무자녀—를 기술 혁신으로 해결해야 한다고 믿기를 지금도 거부한다. 몇 가지 선택만 예로 들더라도 인간은 좋은 이웃 관계를 통해 친족이나 혈연으로 이어지거나 그렇지 않은 아동의 입양과 같이, 불임에 창의적으로 대처하는 방법을 찾아왔다. 친자녀를 갖고자 하는 욕구는 자본주의 핵가족에 존재하는 일종의 재산(財産) 사고를 반영한다. 새로운 생명공학 및 제약 산업이 이득 증가를 기대하며 아이를 '갖고자' 하는 욕구를 강하게 뒷받침했다.

나는 우리의 네트워크가 이 기술에 분명한 입장을 취해야 하며 그 발전을 관망하는 것만으로는 충분치 않다고 느꼈다. 그래서 '재생산 기술 및 유전공학에 저항하는 페미니스트 국제 네트워크(FINRRAGE)'라는 명칭을 제안했다. 불가능한 이름이었다! 회의에 참석한 일부 여성은 이 이름이 길 뿐만 아니라 지나치게 급진적이어서 보조금을 받을 수 없다는 이유로 거부했다. 우리는 국제 네트워크의 목표에 관해 열띤 토론을 벌였다. 일부 참가자는 유전공학 그 자체에 반대하지 않았다. 어느 미생물학자는 회의에서 "이걸(유전자를) 가지고 노는 건 정말 재미있어요"라고 말했다. 어떤 동성애자 여성들은 재생산 기술을 통해 남성에게 의존하지 않고 자녀를 갖고 싶은 소망을 실현할 수 있기를 바랐다(그러면 가부장적 기술에 의존하게 된다는 사실을 깨닫지 못한 것 같다). 그러나 파리다 아크테르, 인도의 요츠나 굽타(Jyotsna Gupta), 나는 소위 제3세계의 인구 통제 방법과 재생산 기술에 사용하는 방법 사이에 이미 존재하는, 인종차별과의 연관성을 지적했다. 인도와 방글라데시 같은 국가에서는 여성이 가능한 한 적은 수의 자녀를 가져야 하는 반면 서구 국가의 백인 여성은 이 기술을 이용해 더 많은 자녀를 낳아야 한다. 제약 회사는 이 두 가지 모두에서 막대한 이익을 기대했다. 우리는 많은 논의 끝에 마침내 긴 이름에 그대로 동의했다! 또한 1985년 7월 나이로비에서 열리는 다음 유엔여성회의에서 발표할 결의안도 통과시켰다.

이 결의안에는 우리가 그해 초 독일에서 시작한 유전자 및 재생산 공학 반대 운동의 요구를 반영했다.[1] 우리가 1985년 4월 본에서 개최한 국제 대회 "유전자 및 재생산 기술에 반대하는 여성들(Frauen gegen Gen- und Reproduktionstechnik)"은 대성공이었다. 우리는 독일, 영국, 미국뿐만 아니라 일본, 인도, 방글라데시 여성 과학자와 연구자들도 회의에 초대했다.

이 대회의 목적은 기술에 대한 우리의 저항이 여성으로서 재생산 기술에 반대하는 것일 뿐만 아니라 동식물에 대해서도 마찬가지임을 보여주는 것이었다. **우리는 이런 유전자 기술 자체가 근본적으로 잘못된 경로라고 생각했다.** 나는 지금도 여전히 그렇게 생각한다.

우리는 모든 생명체—식물, 동물, 사람—의 상호 연결을 가시화하기 위해 본 대학교 강당 연단에 식물과 해마를 올려놓았다. 그들은 우리의 대표로 거기 있었고 우리는 그들을 대변했다.

이 대회는 성황리에 끝났다. 홍보를 많이 하지 않았는데도 2000명의 여성이 본에 모였고, 대회 이후 유전자 및 재생산 기술에 반대하는 여성 단체가 독일 전역에 생겨나 곳곳에서 격렬한 토론을 촉발했다. 이나 프레토리우스(Ina Praetorius) 같은 페미니스트 신학자들이 재생산 기술의 윤리에 의문을 제기한 것은 특히 중요했다. 교회에서는 공식 입장을 표명하지 않았다. 그리고 기존 정당—사회민주당, 기독민주당, 자유민주당—은 침묵을 지키거나 '과학'을 모든 진실의 원천으로 삼아 유전공학과 재생산 기술에 대한 지지를 표명했다. 우리 편에 서서 이 기술을 명확히 거부한 유일한 정당은 녹색당으로 1985년 대회 자금도 지원해주었다.

그러나 돈은 우리의 관심사가 아니었다. 당시 페미니스트들은 자매들의 연대에 의지할 수 있음을 알고 있었다. 도시 밖에서 온 대회 참가자들이 그 지역에 사는 여성의 집에서 묵는 것은 자연스러운 일이었다. 여행 경비가 필요한 경우 지급했고 비용을 청구하는 경우는 거의 없었다. 우리는 모임을 학술 대회가 아닌 정치 집회로 이해했고 이는 우리가 모이는 방식에도 영향을 주었다. 이는 서로 정보를 알려주고 동기를 부여하고 행동을 계획하기 위한 것이었지 여성 과학자나 연구자들의 경쟁이 아니었다.

본 대회와 1985년 스웨덴에서 열린 FINRRAGE '긴급회의'는 모두 성공이었다. 유전공학과 재생산 기술의 발전에 맞서 싸우는 여성 단체를 전 세계에 설립하는 데 자극제가 되었기 때문이다. 우리가—독일의 자원에만 집중했다면 불가능했을—전 세계에서 정보를 얻는 네트워크를 이루었다는 사실은 국제 운동을 조직하려는 노력을 분명히 정당화했다. 또한 우리가 생물학자, 의사, 사회학자, 가정주부, 노동자, 노동조합원, 정치학자, 경제학자, 심리학자, 교육자, 신학자가 협력하고 소통할 수 있도록 과학 분야 사이의 장벽에 의문을 제기한 것도 옳았다. 이 운동은 항상 필요했지만 그때까지 한 번도 이루지 못했던, **공통 관심사에 기초한 진정한 학제 간 연구**에 기여했다.

이 운동은 독일에서는 물론이고 국제적으로도 성공을 거두었다. 1985년부터 FINRRAGE는 페미니스트들이 충분한 전문 지식을 바탕으로 회의를 조직할 의향과 능력을 갖춘 여러 국가에서 연례 국제회의를 개최했다. 이 무렵 FINRRAGE는 35개 이상의 국가에 존재했으며 이 국제회의는 스페인, 오스트레일리아, 브라질, 방글라데시에서 열렸다(http://www.finrrage.org 참고).

## 새로운 과학을 찾아서

이 회의에서 수준 높은 독창적 논문이 다수 발표되어 우리는 이를 자체 학술지 〈재생산 및 유전공학: 국제 페미니스트 분석(Reproductive and Genetic Engineering: Journal of International Feminist Analysis)〉에 게재하기로 했다. 이 학술지는 수년 동안 영국의 페르가몬 출판사에서 발간했다. 이 출판사가 재정 곤란으로 계약을 취소하고 폐업했을 때 학술지는 사라졌다.

페미니즘을 바탕으로 한 우리의 저항은 성공이었지만 과학 공동체, 주류 언론, 그리고 (녹색당을 제외한) 정치인들마저 이를 무시한다는 사실을 간과할 수 없었다. 이들은 우리가 하는 일을 진지한 과학으로 여기지 않았다. 첫째는 우리가 이른바 '객관적' 과학의 규칙을 따르지 않기 때문이었고 둘째는 우리가 여성이기 때문이었다. 당시 일반적으로 여성이 하는 일은 모두 편향이고 감정적이어서 객관적·과학적이지 않다고 간주했다. 대학에서 일하는 여성들은 종종 이런 편견에 부딪혔고 이는 마침내 유전자 기술의 위험성을 깨닫고 베를린에서 유전자 윤리 네트워크(Genethisches Netzwerk) 운동을 시작한 많은 남성의 머릿속에도 존재했다. 그들이 재생산 기술을 농업 관련 유전공학 문제만큼 진지하게 고려하기까지 수년이 걸렸다.

더욱이 1987년 12월 에센 유전자 아카이브에 대한 갑작스러운 수색으로 유전공학과 재생산 기술에 대한 우리의 급진적 비판을 바람직하지 않을 뿐만 아니라 심지어 '위험한 것'으로까지 간주한다는 것을 깨달았다. 한 가지 이유는 우리 중 상당수가 유전자 기술에 '찬성' 또는 '반대'하는 토론 참여를 거부했기 때문이다. 우리는 근거에 기반해 이 기술에 명확한 반대 입장을 취했다. 유전자 아카이브에서는 다음과 같이 언급했다.

> 윤리의 문제를 과학적 결과를 적용할지 결정하는 영역으로 축소하는 것은 윤리의 파산을 의미합니다. 이런 소극적 윤리로는 항상 과학자들이 하는 작업을 무기력하게 추적하고 (독일의) 재생산 기술에 관한 의회윤리위원회처럼 가장 해로운 효과만 제한하려고 할 것입니다(Mies, 1986b, pp. 214~215).

기술이 모든 일을 가능케 한다는 주장을 받아들인다면, 더 이상 자연과학에 의문을 제기할 필요가 없다면, 가능하다는 이유로 가능한 일을 다 한다면, 그다음에는 불가피하게 그 이상의 단계를 정당화할 수단이 필요하다. 생명윤리가 이 새로운 도구의 이름이었다.

나는 이 운동에 참여하면서 많은 것을 배웠다. 나는 자연과학자도 의사도 아니지만 소위 생명과학이—특히 여성의 경우—삶을 근본적으로 변화시킬 것임을 깨달았다. 특히 이런 '생명과학'에는 문제가 있을 수밖에 없음을 이해했다. 왜냐하면 윤리와 도덕에 관한 의문이 연구에 아무 역할도 하지 못하고 '시장에 출시할 준비가 된' 제품을 개발한 이후에야 관심을 받았기 때문이다. 정치는 유전공학적 혁신의 적용 여부를 결정하는 윤리위원회를 임명함으로써 이 문제를 회피한다. 그 결과 시장, 차라리 경제적 이해관계가 제품 수용 여부를 결정하게 된다. 과학자들은 무제한으로 연구하고 실험한 후에 새로운 유전자 조작 제품이나 절차를 적용할 것인지에 대한 결정은 정책 입안자들에게 맡겨야 한다고 주장함으로써 책임을 회피한다. 정책 입안자들은 그들대로 과학자와 윤리위원회의 권위 뒤에 숨는다.

유전학자인 쾰른 대학교의 페터 슈타링거(Peter Starlinger) 교수가 쾰른 응용과학대학교에서 유전공학의 이득과 위험에 대해 강의했을 때, 나는 그에게 어느 시점에 자신이 핵물리학자 로버트 오펜하이머(Robert Oppenheimer)처럼 반응하는 것을 상상할 수 있는지 물었다. 오펜하이머는 히로시마와 나가사키에 원자 폭탄을 투하한 후 핵분열을 발견하지 않았더라면 좋았을 것이라고 말했다. 내 물음에 그는 "뭐, 후회하려면 우선 그 일을 해야 할 겁니다"라고 답했다. 이 대답은 내게 주류 과학의 완전한 윤리적 파산을 보여주었다.

나는 과학이 여성 운동의 시작과 대조적으로 가치 중립성의 가정에 따라 여성과 주체성을 배제하며 기초 연구에서는 원칙적으로 도덕성이 없어야 한다는 것을 깨달았다. 도덕과 윤리의 역할은 과학 연구의 적용에 한정한다. 윤리는 이미 존재하는 모든 것을 정당화할 뿐이라는 유전자 아카이브의 평가는 정확했다. 먼 장래를 내다보는 윤리는 기초 연구에서 아무 역할도 하지 못한다.

내가 산업, 경제, 생명공학, 정치 사이의 연관성을 이해할수록 대기업과 과학계의 공통 이익에 대해서도 깨닫게 되었다. 나는 생명공학 뒤에 숨은 경제적 동기를 더 깊이 살펴봐야 한다는 것을 알았다. 자본주의적 사고는 유전자 연구뿐만 아니라 과학 자체의 목표도 결정했다.

로리 B. 앤드루스(Lori B. Andrews)가 쓴 논문 〈나의 몸, 나의 재산〉(1986)을 읽은 후 나는 이제 여성이 그들의 몸—그리고 그 모든 부위—

이 그들의 재산으로 간주된다는 것을 배워야 함을 알았다. 여성들은 자기 몸의 부위를 판매하거나 임대하기 위해 경제적 기준에 따라 보는 법을 배워야 한다. 이에 대한 답으로 나는 〈개인에서 개별로: '생식 대안'의 슈퍼마켓에서〉(Mies, 1988)라는 글을 썼다.[2] 새로운 해체적 혹은 분석적 사고는 이윤 극대화라는 자본주의의 목표를 질병, 빈곤, 무자녀로부터 사람들—특히 여성—을 해방한다는 목표와 결합했다. 이런 사고에 따르면 결국 (자연, 여성의 몸, 다른 국가에 대한) 폭력적 침입 없이는 이익을 낼 수 없다. 따라서 폭력은 필연적으로 이런 '과학'과 연결된다(Mies, 1987c).

이 깨달음과 더불어 내가 과거는 물론이고 새로운 여성 운동을 하면서도 유지한 중요한 신념 하나가 무너졌다. 슐러미스 파이어스톤(Shulamith Firestone), 시몬 드 보부아르(Simone de Beauvoir)와 같은 이들이 믿었듯이 여성 해방과 몸에 대한 **자기 결정**이 피임약이나 재생산 기술과 같은 **기술** 혁신을 통해 이뤄지리라는 것이었다. 나는 〈자기 결정-유토피아의 종말?〉(Mies, 1989)이라는 글에서 기술을 여성 해방의 수단으로 평가하는 것을 비판했다.

### 기술에 대한 비판

나는 좌파, 심지어 마르크스도 인간의 모든 진보가 기술 혁신의 결과, 정확히 말하면 생산력 발전의 결과일 것으로 예상했음을 알았다. 하지만 나를 비롯한 많은 여성의 경험, 특히 인도에서의 연구는 기술 혁신이 가부장제 성별 관계를 근본적으로 바꾸지 못했음을 가르쳐주었다. 반대로 인도에서, 나중에는 중국에서도 현대의 산전 진단은 여아 고의 낙태로 이어졌다. 인도 여성 운동가들이 이런 여성 혐오 관행에 항의한 후에야 이를 공론화해 금지했다. 오늘날 중국은 심각한 여성 인구 부족으로 어려움을 겪으며 인도도 마찬가지다. 한편 여아는 계속 낙태하고 심지어 줄기세포 산업을 위해 팔기도 한다.

나는 식물·동물·사람의 유전자 조작이 자본의 만족할 줄 모르는, 성장에 대한 갈증을 충족하는 데 필수라는 점을 이해한 후로 유전공학과 재생산 기술에 반대하는 운동, 특히 모든 생명체에 대한 특허에 반대하는 운동에 적극적으로 참여했다. 과학자들은 이런 기술을 필요하게 만들 방법과 이유를 개발한다. 어떤 회의에서 한 젊은 남성 유전학자는 생명 특허에 대한 나의 비판에 "만일 유전자 혁신에 대한 특허가 없다면 대체 누가 유전공학 연구를 계속하려고 하겠어요?"라고 반박했다.

나는 모든 생명체에 특허를 부여하는 것에 분노해, 쾰른의 거리 활동을 위해 다음과 같은 노래를 썼다.

특허를 받으세요!

(베토벤의 9번 교향곡에 맞춰)

1. 특허를 받으세요
   당신이 자본이라는 걸 잊지 마세요.
   당신의 모든 팔다리와 기관
   그리고 물론 당신의 유전자도요.
   특허를 받으세요
   당신은 유일한 존재예요
   유전자 가위가 당신을 자르기 전에
   먼저 선택하고 마음의 평화를 누리세요.

2. 유전자, 유전자 그리고 특허,

그것은 가장 훌륭하고 새로운 거예요.

당신의 은퇴를 위한 최고의 수익률,

가장 강력한 왕의 삶을 사세요.

크고 작은 모든 생물

모든 식물과 새와 나무

모든 것은 시장 가치를 지니고 있어요

모든 것은 상품이에요.

3. 머크(Merk), 몬산토(Monsanto), 치바 가이기(Ciba Geigy)

회흐스트(Hoechst)와 바이엘(Bayer)이 게임을 하고,

특허를 내기 위해 배회하고,

돈벌이를 위해 달려가고 있어요.

오, 위대하고 새로운 어머니들이여

우리에게 음식을 주시고 상처를 치료해주세요.

돈이 계속 늘어나는 한

우리는 인간의 마음이 필요하지 않아요.

4. 이 인생이 아름답지 않나요

아무것도 자연스럽게 일어나지 않아요.

여자는 아이를 낳지 않아요,

아니요, 아이는 연구실에서 만들어져요.

자연은 더 이상 필요하지 않아요.

이 영원한 비애의 골짜기에서.

기술은 우리의 어머니이고

우리의 아버지는 자본입니다.

5. 삶을 사는 게 무슨 소용이 있나요

영원한 단조로움 속에서.

보세요, 당신의 유전자는 불멸이에요

그들이 당신의 몸에서 풀려나면.

당신의 유전자가 살아갈 자유

네, 정자은행에서 행복하게요.

얼마나 훌륭하고 흥미로운 진보인지,

다국적 기업 덕분에요.

(마리아 미즈, 쾰른, 1996년)

ⓒ Common Intellectual Property of People with Resistance Genes (CIPPRG)

## 아이를 낳을 것인가 낳지 않을 것인가

때때로 사람들은 유전공학과 재생산 기술에 맞서 싸우는 데 그토록 열정적으로 헌신하면서 아이를 낳고 싶어 한 적이 있는지 질문했다. 어린 조카 에바는 어머니에게 "왜 마리아 이모는 아이가 없어요?"라고 물은 적이 있다. 어머니는 "마리아는 자유롭길 원해"라고 대답했다.

아이를 낳을까 아니면 낳지 말까? 모든 여성에게 이는 결정적·실존적 질문이다. 나는 여성이고 아이를 낳을 수 있다. 하지만 나는 여성에 대한 착취와 억압에 맞서 싸우는 정치적 여성이기도 하다.

나는 1968년에 38세의 나이로 쾰른에서 사회학을 공부하면서 새로운 여성 운동에 참여하게 되었다. 낙태를 범죄로 규정한 독일법 218조에 반대하는 캠페인은 모든 여성이 아이를 낳을지 결정할 수 있는 자유를 요구하는, 초기 여성 운동이 조직한 최초의 주요 활동이었다. 다른 많은 국가와 마찬가지로 독일에서도 수만 명의 여성들이 거리로 나와 낙태법 폐지를 요구했다. 그들은 시위에서 "내 몸은 내 것이다!" 혹은 "아이를 낳을지 안 낳을지는 우리가 결정한다!"와 같은 구호를 외쳤다.

나도 시위에 참여해 이 구호를 외쳤다. 나는 교회, 정부, 경제가 아동을 신도, 군인, 노동자로 이용하는 방식에 대한 여성들의 분노에 공감했다. 어떤 정부, 교회, 남성도 여성이 아이를 낳을지 말지 결정할 권리가 없다. 그러나 나는 어떤가? 에바의 질문에 대한 내 대답은 무엇인가?

나는 아이를 원하는지 결정해야 하는 상황에 직면한 적이 없었다. 나는 남성 몇 명을 사랑했지만 항상 그들과 거리를 두었다. 어머니가 말씀하신 대로 자유롭기를 원했기 때문이다. 그러나 나는 임신을 중단할 수 없었을 것이다. 독일어에서는 임신한 여성을 '좋은 희망이 있는 사람'으로 묘사한다. 태아는 자라는 암세포도, 많은 유전자 및 재생산 공학자들이 주장하듯이 '식물'이나 단순한 세포 덩어리도 아니다. 그렇지만 나는 임신 중단을 한 여성을 결코 비난하지 않을 것이다. 어떤 여성도 가볍게 임신을 중단하지 않는다.

만일 내가 임신했다면 기꺼이 아이를 키웠을 것이다. 그때쯤에는 그렇게 할 수 있는 경제적 여유가 있었다. 인공 수정 기술이 등장하자 아이를 갖기를 간절히 원하고 의사가 아이를 만드는 것을 기꺼이 허용하는 여성도 많았다. 나는 이를 선택지로 두지 않았을 것이다. 진짜 여성이라고 느끼기 위해 '내 살과 피'를 가진 아이가 필요하지는 않았다. 나는 '내' 아이가 없어도 삶에 매우 만족했고 지금도 그러하며, 아이들을 사랑하고, 아이·여성—그리고 궁극적으로 남성—이 좋은 삶을 살 수 있는 세상을 만들기 위해 할 일이 너무나 많다. 이것이 내가 가부장제와 자본주의에 맞서 싸우는 이유다.

## 성공과 갈등

1985년 본 "유전자 및 재생산 기술에 반대하는 여성들" 회의는 이 문제에 대한 여성들의 광범위한 토론을 촉발하는, 큰 성공을 거두었다. 이는 또한 〈페미니즘 이론과 실천에 대한 기여〉 학회지 편집자이던 우리에게 재정적 성공이기도 했다. 우리는 대회를 준비하면서 "선택과 제거 사이의 여성"이라는 주제로 특집호를 발행했다(*beiträge zur feministischen theorie und praxis*, 1985). '선택'과 '제거'는 나치가 아리안 종족의 '순수'를 위협한다고 단정한 사람, 예를 들어 유전 장애가 있는 사람을 제거하기 위해 사용한 용어였다. 이 학회지는 대회에서 날개 돋친 듯 팔려나갔다. 여성들의 유전자 및 재생산 공학 반대 운동이 국내외에서 모두 성공했다는 점에는 의심의 여지가 없다. 그러나 그것이 우리 여성 사이에 쓰라린 갈등을 불러일으키기도 했다는 사실을 숨기고 싶지는 않다.

처음으로 우리의 학회지 〈기여〉 판매를 통해 많은 돈이 들어왔다. 그때까지 우리 편집팀은 인쇄 비용을 충당하기 위해 자금을 융통해야 했다. 우리는 학회지 작업을 자발적으로 해야 한다는 규칙에 모두 동의했다. 학회 사무실에서 일하는 여성만 급여를 받았다. 임대료는 학회지

판매와 '여성을 위한 사회학 이론과 실천 협회'의 모든 여성 회원이 납부하는 회비로 충당했다. 학회지는 이 협회의 기관지였다. 나는 정기적 수입이 있는 모든 회원에게 지속적 기부를 요청하자는 제안도 했다. 그럴 여유가 있는 사람은 주로 대학에서 일하는 교수들이었다.

1978~1985년 이 계획은 순조롭게 진행되었다. 여성 사무원은 장부 및 구독 관리, 학회지 관련 교신을 담당했다. 또한 편집부의 일원으로서 특집 기획, 논문 선정, 편집에 관한 토론에 참여했다. 그 보답으로 모두가 학회지 발송 작업을 도와주었다. 우리는 지적 노동과 육체노동 및 업무 관리 사이의 차별화를 거부했고 모든 일을 함께하고자 했다.

이는 8년 동안 완벽하게 이뤄졌다. 우리에게는 돈이 없었다. 우리의 학회지가 독일 최초로 페미니스트 이론과 실천을 다뤄 빠르게 인기를 얻었지만 수입은 미미했다. 전환점은 1985년 본 회의의 성공이었다. 갑작스러운 '돈의 과잉'이 일어나자 여성 사무원이 급여 인상을 요구했다. 그녀는 독일 공무원 급여 등급에서 두 번째로 높은 세율에 해당하는 금액을 받기를 원했다. 우리 편집부는 이에 대해 논의했다. 대다수는 급여 인상을 지지했으나 나는 반대했다. 대다수는 우리—편집부—가 고용주라고 주장했다. 나는 이 주장을 받아들일 수 없었다. 여성 사무원이 더 많은 돈을 요구하는 데 반대한 것이 아니었다. 내가 거부한 것은 많은 독일 여성이 수년 동안—대가를 요구하지 않고—그토록 열성적으로 일해온 공동 페미니즘 프로젝트가 이제 자본주의 방식에 따라—자본가를 의미하는—'고용인'과 '피고용인' 계급으로 분열하는 것이었다.

합의가 불가능했기 때문에 나는 '여성을 위한 사회학 이론과 실천 협회'의 다음 총회에서 이 문제를 다룰 것을 요청했다. 나아가 우리에게 온 뜻밖의 횡재가 미래에는 이어지지 않을 것을 염려해 모든 기부자에게도 의사를 묻길 원했다. 이것도 편집부 대부분이 거부했다. 그들은 편집부가 '자율적'이며 재정 문제를 스스로 결정할 수 있다고 주장했다. '계급 분할'에 이어 이 새로운 자율성 개념 또한 내게는 충격이었다.

세 번째 충격은 대다수 편집자가 수적으로 열세인 나에게 다수결을 따르라고 요구한 것이었다. 이로 인해 내가 우리 학회지의 정책으로 이해하던 풀뿌리 민주주의, 즉 정신노동과 육체노동 분리의 해체, 재정에 대한 집단의 통제, 합의의 원칙이 무너졌다. 대신 우리는 다수결 원칙을 따르게 되었고 '아래서부터 위로'라는 학회지의 원칙은 폐기되었다. 우리는 이제 가부장제 자본주의의 통상적 학회지 사업과 차별화할 부분이 없는 지점에 있었다.

우리의 갈등 소식이 독일 여성 운동계로 퍼졌다. 내 입장을 이해하는 여성은 거의 없었다. 나는 공개적 논쟁에 관심이 없었고 이는 "공무원이자 교수인 마리아 미즈가 여성의 급여 인상을 원하지 않는다"는 평가 때문이기도 했다. 상황은 점점 더 견딜 수 없게 되었다. 편집진 대다수는 갈등을 돈 문제로 축소하고 정치적 이유에 대해서는 논의하고 싶어 하지 않았기 때문에 대화가 불가능했다. 나는 잠들지 못하고 창의력도 떨어졌다. 이 학회지는 내 가장 중요한 페미니스트 프로젝트이자 '가장 사랑하는 아기'였다. 나는 편집진을 그만두는 것 말고 다른 대안을 찾지 못했고 1986년 5월 그렇게 했다.

2008년 3월을 끝으로 〈기여〉는 더 이상 존재하지 않게 되었다. 하이데 외스트라이히(Heide Oestreich)는 2008년 2월 22일 자 〈타게스차이퉁(die tageszeitung)〉에 다음과 같이 썼다.

> 더 이상 〈페미니즘 이론과 실천에 대한 기여〉는 없다. 30년 만에 자율적 페미니스트 운동의 가장 오래된 학회지가 조용히 퇴장했다. 이 학회지는 여성 운동의 아이였고 갈등을 겪었다. 그리고 이제 여성 운동의 많은 주인공처럼 은퇴했다.

그러나 〈기여〉는 단순히 구독 감소로 인해 '은퇴'하거나 중단한 것이 아니었다. 훨씬 전부터 편집자들은—포스트모던 페미니즘이든 성 주류화든 상관없이—주류 페미니즘 담론을 비판 없이 받아들이기 시작했다. 내 '가장 사랑하는 아기'는 운동을 지향하던 초기의 급진적 입장을 점점 잃어갔다.

나는 성공, 갈등, 패배의 관계에 대해 생각했고 다른 페미니스트 프로젝트와 재단, 견딜 수 없는 사회 조건에 대한 분노로 '아래서부터' 발전한 사회 운동에도 영향을 미치는 유사한 과정을 발견했다. 처음에 나는 돈이 범인이라고 생각했다. 돈은 초기의 열정적 협력 집단을 부식시키고, 평등주의적 협력을 경쟁·다수결·파벌로 변질시켜 마침내 원래의 급진적 목표에 변화를 가져왔다. 나중에 나는 사회 이니셔티브나 운동을 익숙한 위계 구조로 되돌리는 데 돈이 중요하지만, 유일한 요소는 아님을 이해했다. 처음의 열정을 파괴하는 것은 돈과 물질을 향한 경쟁 외에도 가시성, 명성, 평판, 유명세에 대한 집단 구성원 개개인의 욕구이기도 하다. 또한 큰 운동은 대중 매체로부터 영향을 받는데 이는 체제에 의문을 제기하는 계획과 운동이 겪는 '정상화와 수용' 과정에 결정적 역할을 한다.

독일 녹색당의 운명은 이 과정을 잘 보여주는 예다. 녹색당은 급진적 평등주의·생태주의 관련 목표를 유지하기 위해 스스로 '비정당'으로 규정했지만 일단 의회에 들어가자 결국 '정상 정당', 심지어는 기회주의 정당으로 변하고 말았다. 매체, 특히 텔레비전은 페트라 켈리(Petra Kelly)와 '야생의 스폰티(sponti: 1970~1980년대 독일 좌파 활동가 집단—옮긴이)' 요슈카 피셔(Joschka Fischer)에게 관심을 집중했다. 또한 그들을 당의 '대변자'이자 비공식 지도자로 간주해 빠르게 차별화함으로써 녹색당에 큰 긴장을 불러왔다. 당내 갈등은 페트라 켈리의 살해와 요슈카 피셔가 거친 정상화 과정으로 '해결'되었다.

1980년대 독일 여성 운동은 이런 제도화 과정에 일조하기를 꺼렸다. 우리는 급진적 평화주의, 반가부장제, 반자본주의라는 목표와 풀뿌리 민주주의의 구조를 유지하기를 원했다. 나를 포함한 많은 이들이 이렇게 느꼈다. 한편 여성 운동이 안정성과 지속성을 확보하기를 바라는 이들은 우리의 문화가 '버섯 문화'라며 비웃었다. 이는 한 여성이 다른 여성들보다 머리를 약간 위로 내밀면 운동의 평등 원칙을 위반했다고 깨닫기도 전에 머리가 잘린다는 뜻이었다. 다른 나라에서는 '키 큰 양귀비 증후군'이라고도 한다.

나는 〈기여〉와의 갈등이 이런 버섯 문화의 결과임을 이해했다. 당시 여성 운동의 평등 개념에는 융통성이 없었다. 그래서 우리는 전 세계 여성들의 무한한 다양성을 강점으로 인식하지 못했고, 운동에 긍정적으로 활용하지 못했으며, 차이를 위협으로 인식했다. 이런 경향은 새로운 '프랑스 페미니즘'(미국산!)과 철학의 영향 아래 차이 이론과 구성주의[3]가 독일 여성 운동 담론으로 들어오며 심화했다.

12

# 여성 평화 운동에서 에코페미니즘으로

새로운 여성 운동 과정에서 나를 비롯해 많은 여성은 '여성 문제'—혹은 여성과 남성의 관계—가 우리 사회의 심오한 포괄적 문제임을 이해했다. 어떻게든 이 문제를 건드리지 않는 사회적 질문은 없었다. 그 결과 여성 운동은 **모든** 주요 사회 문제를 다뤄야 했다.

이런 문제 중 하나는 1983년 '동쪽의 적'을 겨냥하여 서독에 핵 순항 미사일을 배치하기로 한 나토(NATO)의 결정이었다. 이 순항 미사일은 나중에 퍼싱 II 미사일로 이어졌다. 나토의 이중 정책에 반대해 서독과 유럽을 비롯한 서구 세계 전체에서 강력한 반핵 평화 운동이 일어났다. 여성 운동은 이 운동의 중요한 부분이었다. 1981년 11월 3000명의 페미니스트가 미국 국방부를 둘러싸는 거미줄을 치고 여성의 전 세계적 '연결망'이 그들의 핵무기보다 평화를 만드는 능력이 더 크다는 것을 보여주었다. 영국에서는 순항 미사일이 있는 그린엄 커먼(Greenham Common) 기지 앞에서 3만 명이 야영하며 입구를 봉쇄했다.

1983년 서독 페미니스트들은 비트부르크 근처 비어스도르프와 뷔슈하임, 즉 훈스뤼크에서 두 곳의 유럽 중앙 순항 미사일 실험 기지 앞에 저항 캠프를 조직했다. 매년 여름 여성들은 그곳에 모여 기지에서 실천할 행동을 계획하고, 군국주의와 가부장제, 여성에 대한 일상적 폭력과 전쟁, 영화 감독 헬케 잔더(Helke Sander)가 말한 것처럼 "연애 관계와 중거리 미사일", 가부장제·자본주의·제국주의와 핵전쟁, 핵무기와 환경 파괴 사이 연관성에 대해 논의했다.

한 이탈리아 여성은 우리의 분석을 다음과 같이 요약했다.

> 지배자들이 다시 한번 세계를 종말로 몰아넣으려 애쓰고 있다. 파괴에 대한 그들의 욕망은 권력과 폭력이라는 수 세기에 걸친 남성의 원칙, 즉 경쟁, 성취를 위한 투쟁, 억압, 권력 추구, 인간과 자연에 대한 착취, 무자비하고 무책임한 기술 위에 세운 체제의 전형이다. 체제 그 자체가 여성에게 진짜 위험이다.
>
> 우리는 이런 파괴적 폭력을 전쟁 기계에서 경험하며 이는 중거리 미사일 대신 강간, 포탄 파편 대신 구타, 환경 파괴 대신 미묘한 억압(가부장제, 남성의 권력 행사, 차별)의 형태를 취하기도 한다. 우리는 사무실, 학교, 공장, 보건 체계, 가정에서 노동을 통해 이 체제를 지원하도록 강제당한다…….
>
> (훈스뤼크 캠프에서 배포한 전단지에서 인용)

전 세계 여성들이 파괴의 체제에 맞서고 있다는 사실은 우리에게 힘, 용기, 놀라운 창의력을 선사했다. 캠프는 "우리 여성은 멈출 수 없다!"라는 말로 행동을 촉구하며 마무리했다.

1983년 여름 나는 훈스뤼크 캠프에 참여했고 그 멋진 분위기를 기억한다. 처음에는 우리가 깃발을 들고 미사일 기지에 진입해 점령에 성공할 것이라고 믿을 수 없었다. 그 지역은 뚫을 수 없는, 높은 울타리로 둘러쌌고 관문은 미군이 지키고 있었다. 그러나 미리 합의한 날짜에 갑자기 정신을 차리고 보니 우리는 기지에 있었다. 지금까지도 나는 우리가 어떻게 거기에 들어갔는지—울타리를 통해서였는지 관문을 통해서였는지—확신할 수 없다. 마치 마술이라도 부린 것처럼 우리는 현수막을 들고 영내를 점령한 채 구호를 외치며 노래를 부르고 있었다. 그린엄 커먼 여성들에게 배운 노래 한 곡이 특히 기억에 남는다. "영혼을 죽일 수는 없어! 그녀는 오래되고 강한 산과 같고, 그녀는 계속해서 가지, 계속, 계속……." 이 노래는 오랫동안 나와 함께했다.

이런 캠프만이 여성들이 세계 최대의 군사력에 적극적으로 저항한 장소는 아니었다. 또한 캠프는 우리가 핵 기술의 위험, 군국주의와 여성에 대한 폭력의 연관성에 대한 강의를 듣고 자연과 우리 존재 기반의 파괴를 논의하는 '야외 대학교'의 역할도 했다. 나는 훈스뤼크 캠프에서 전 세계의 많은 이야기를 듣고 에코페미니즘의 의미를 배웠다.

여성 평화 운동에서 조직한 다양한 활동, 예를 들면 지타 테르메어(Zita Termeer)의 활동에도 참여했다. 그 일환으로 우리는 1983년 10월 17일 유명한 쾰른 대성당 앞에 사과나무, 장미, 포도나무를 심고 겨울 곡물 씨앗을 뿌렸다. 이 행동을 통해 생명이 미사일, 원자로, 컴퓨터로부터 오지 않는다는 것과 인간, 특히 여성이 자연과 협력해 끊임없이 생명을 창조해나간다는 것을 보여주고자 했다. 서독라디오방송국(Westdeutscher Rundfunk Köln)은 우리의 행동을 생중계했다. 이 활동은 평화 운동에서 조직한 많은 상징적 행사와 마찬가지로 원자력 기술의 위험에 대한 경각심을 높였다. 그러나 정부와 나토의 이중 정책이 변하지는 않았다. 반대로 헬무트 콜(Helmut Kohl) 총리의 기독민주당 정부에서는 독일에 미사일을 배치했고 오늘날에도 아이펠의 뷔헬 근처에 여러 기가 남았다.

우리의 목표는 높은데 '현실 정치'에서 권력은 없다는 모순은 여성 운동가들의 격렬한 논쟁을 불러일으켰다. 1983년 우리는 〈페미니즘 이론과 실천에 대한 기여〉 제8호를 발간했고 그 제목은 "어떤 전쟁에 반대하여—어떤 평화를 위하여?"였다(*beiträge zur feministischen theorie und praxis*, 1983). 이 주제는 당시 여성 운동에서 논의하던 쟁점 대부분을 포함했다. 예를 들어 크리스티나 튀르머로어(Christina Thürmer-Rohr)는 전쟁에서 여성은 언제나 피해자라는 통념에 의문을 제기하며 여성의 공모(共謀) 개념을 도입했다. 테레자 보베(Theresa Wobbe)는 전후 동서 갈등과 전쟁에 대한 선동 뒤에 숨은 경제적 동기를 강조했다. 그리고 울리케 슈마우흐(Ulrike Schmauch)는 자신의 글 〈여성의 평화 활동에 관한 자기비판적 사고〉에서 여성 운동이 수상한 평화로움 뒤에 숨어 남성에게 다음과 같이 요구하기를 주저한다고 비난했다.

> ……남성이 군 조직 및 전쟁의 기반인 남성 폭력 문제에 맞서야 한다. 그들이 자기비판의 몫을 짊어져야만 여성 운동의 구성원인 우리가 고발자 역할, 남성 폭력에 대한 고착, 일방적 책임 전가와 분노를 조금이나마 포기할 수 있다(Schmauch, 1983, p. 116).

여성의 힘을 보여주는 수단으로 가사 노동 전면 중단을 포함하는 여성 총파업이 필요한지를 심각하게 논의했다. 또한 페미니즘 잡지 〈엠마(EMMA)〉의 편집자 알리스 슈바르처(Alice Schwarzer)는 여성의 전투 부대

입대를 제안했다. 그녀는 여성이 폭력의 도구, 즉 무기에 똑같이 접근하지 않는 한 남성이 우리를 진지하게 받아들일 수 없다고 주장했다.

나도 이 문제에 대한 논문을 썼고 우리나라에서는 전쟁을 거부하면서 (베트남, 캄보디아, 짐바브웨, 니카라과를 비롯한) 이른바 제3세계의 해방 전쟁은 지지하는 모순에 대해 언급했다. 우리는 이런 전쟁에 여성이 참여하는 것이 정당화되었다고 생각했다. 이 기사에서 나는 여성이 수행하는 정치적·군사적 역할을 분석하고, 조국 해방을 위해 남성과 함께 무기를 들어야 했던 여성들이 왜 전쟁이 끝난 후에는 으레 아내·어머니·주부의 역할로 되돌아가는 것인지 의문을 제기했다. 여성들은 이전처럼 계속해서 '재생산'에 묶인다. 여성과 남성의 분업은 변하지 않았다. 예를 들어 지금도 남성은 가사 노동을 하도록 직접 요구받지 않으며 그렇게 많이 하지도 않는다. 이런 역사적 모순에 대한 분석은 여성 문제와 관련해 사회주의 이론의 기초를 비판적으로 검토하도록 이끌었다. 나는 **자본주의**뿐만 아니라 〔독일민주공화국(DDR)이 우리에게 보여준 것처럼〕 **현실 사회주의**도 가부장제를 없애는 데 실패했고, 사실상 **새로운 사회주의 가부장제**를 수립했다는 결론에 이르렀다. 그래서 주류 사회주의 혁명 이론에 의문을 제기했다. 정치권력을 위해 투쟁하는 것만으로는 충분치 않았다. 완전히 다른 경제와 성별 관계가 필요했다. 그리고 이는 여성과 마찬가지로 남성의 과제이기도 했다(Mies, 1983c, p. 78). 나는 여성 문제만 여성 해방과 관련 있는 것으로 받아들이기를 거부했다. 분명한 것은 여성과 남성이 **함께** 관계를 변화시키기 위해 노력해야 하며, 남성은 자본주의 국가에서든 사회주의 국가에서든 여전히 '숙제'를 시작하지 않았다는 점이었다.

우리는 여성의 전투 부대 입대라는 알리스 슈바르처의 터무니없는 요구에 대응하여 쾰른 노이마르크트광장에서 항의 시위를 조직했다. 우리의 구호는 "군대에 여성을? 우리는 거절한다!"였다. 그녀가 〈엠마〉에서 이 문제에 대해 발언한 이후 나는 그녀를 진지하게 받아들일 수 없었다. 여성을 어리석은 남성처럼 만드는 것은 어떤 종류의 해방인가? 전쟁은 지금까지 어떤 사회 문제도 해결책이 되지 못했고 앞으로도 그럴 것이다.

자발적 여성 운동을 하는 많은 여성이 같은 생각을 했다. 다음은 오랫동안 여성 평화 운동에 헌신한 두 여성에 대한 이야기다.

### 지타 테르메어

순항 미사일 정책이 문제가 되기 전부터 자발적 페미니스트들은 무기가 아닌 핵 기술의 위험성에 대해 경고했다. 1978년 여성지 〈용기(Courage)〉와 쾰른 여성 서점은 "핵 기술과 군대에 반대하는 여성들"을 주제로 학술 대회를 조직했다. 이 학술 대회에서 오스트레일리아 소아과 의사인 헬렌 칼디콧(Helen Caldicott)은 원자력 기술이 어린이와 유아에게 미치는 위험을 설명했다. 나중에 독일 녹색당 창당에 참여한 환경운동가 페트라 켈리는 핵 기술의 비군사적 사용과 군사적 사용 사이 연관성을 지적했다.

당시 60세로 여섯 딸의 어머니이던 지타 테르메어도 이 학술 대회에 참석했다. 지타는 내가 존경하는 사람이었고 지금도 그렇다. 나는 그녀가 산 방식, 모든 역경에 맞서 독립을 위해 싸우고 마침내 여성 운동에서 자기 자리를 찾은 방식을 존경한다. 그녀는 홀거 슈트롬(Holger Strom)의 조사 자료인 〈평화롭게 재앙 속으로〉(1977)를 읽고 너무 충격받고 화가 나 핵 위협에 대항해 뭔가를 하고자 했다. 학술 대회에서 그녀는 다른 여성들과 반핵 버스를 타고 전국을 돌며 사람들에게 모든 핵 기술의 위험을 알리고 싶다고 말했다.

당시 정치적 여성 운동의 분위기에서는 지타가 말한 것과 같은 계획을 논의를 넘어 실행으로 옮겼다. 여성들은 열의를 보였고 나중에 개별 집단의 활동 결과를 발표하자 한 여성이 일어나 지타가 시작할 수 있도록 바로 돈을 모으겠다고 했다. 다른 여성 세 명은 즉시 그녀의 반핵 버스 프로젝트에 참여하고 싶다고 말했다.

그들의 첫 여행은 1980년 부활절에 시작했다. 지타의 딸이 기증한 스테이션왜건에 오른 그들의 목표는 핵폐기물 처리장 설치 계획에 반대하는 국제 여성 시위가 열리던 고르레벤에 도착하는 것이었다. 스테이션왜건은 스티커로 꾸미고 지붕은 커다란 태양으로 장식했다. 여성들은 도시와 마을에 들러 원자로 운영자 중 수천 년 동안 인간과 동물을 비롯한 전체 환경을 오염시킬 수 있는 유독성 핵폐기물 처리 방법을 아는 사람이 아무도 없고, 원자로는 핵폭탄을 생산하는 데 사용할 수 있다는 사실을 알렸다. 오늘날에도 원자로의 고방사성 폐기물을 제거할 수 있는 방법을 찾은 사람은 아무도 없다.

시간이 지나며 더 많은 여성이 프로젝트에 참여해 22명이 되었다. 그들은 전국을 돌며 원자로나 핵 재처리 공장 앞에서 항의 시위를 조직한 반핵 단체를 지원했다. 지타와 여성 반핵 버스는 당시 반핵 평화 운동의 선두 주자였다. 그녀는 언론에 자주 등장했고 2000년 한 인터뷰에서 다음과 같이 썼다.

> 우리는 시위와 부활절 저항 행진을 향해 반핵 버스를 몰았습니다. 평화 운동의 "크레펠트 호소"를 지지하는 서명을 모아 연방정부에 중거리 미사일

(독일) 배치를 불허할 것을 요구했습니다. 저항이 매우 커 미사일 배치를 저지할 수 있었습니다(Stolzenberg, 2000, p. 204).

가장 인상적인 것은 지타가 전국에 걸쳐 공공 교육을 실행한 용기였다. 그녀는 정당이나 노동조합과 같이 자신을 보호해주는 대규모 조직의 일원이 아니었다. 또한 슈투트가르트 근처 무트랑엔의 퍼싱 II 미사일 기지에서 연좌 농성을 조직한, 유명한 반핵 여성 활동가 집단에 속하지도 않았다. 그녀는 평범한 주부, 어머니, 시민이었다.

나는 그녀가 활동할 때마다 전쟁, 핵무기 경쟁, 군국주의와 여성에 대한 폭력 사이 연관성을 지적하며 여성 문제를 과감히 거론하는 데 감탄했다. 그녀는 이 문제가 어떻게 남녀 평화 운동가들 사이에서 첨예한 논쟁이 되었는지 썼다. 젊은 페미니스트 상당수처럼 그녀도 "핵전쟁은 남성과 여성을 똑같이 위협합니다. 그런데 왜 그것을 여성 문제로 만듭니까?"라는 말을 자주 들었다.

### 엘렌 디드리히

엘렌 디드리히(Ellen Diederich)는 여성 평화 운동뿐만 아니라 다른 저항 운동에도 관여했다. 1987년 그녀는 위에서 언급한 "핵 기술과 군대에 반대하는 여성들" 학술 대회에 참여했다. 1980년대 초에는 비핵 지대 및 도시를 요구하며 코펜하겐에서 파리까지 이어진 대규모 여성 평화 행진에 참여했다. 그녀는 여성 노동과 평화를 의제로 나이로비에서 열린 1985년 유엔여성회의를 공동으로 조직한 사람이기도 했다. 가장 중요한 것은 '여성 친화적·인도적' 군대를 만들기 위해 여성이 군대에 가야 한다는 주류 언론의 의견에 동의한 알리스 슈바르처로 인해 그녀가 불쾌감을 느낀 것이다.

알리스 슈바르처는 독일 페미니즘의 아이콘이 되었다. 다음은 2007년 〈엠마〉 창립 30주년을 맞아 엘렌 디드리히가 알리스 슈바르처에게 쓴 '생일 축하'에서 발췌했다.

엘렌은 "30주년을 맞은 〈엠마〉에게"라는 제목으로 다음과 같이 썼다.

> 알리스 슈바르처는 오늘날 페미니즘을 정의할 때 빼놓을 수 없는 인물이다. 그녀는 널리 존경받는 페미니즘의 아이콘으로 연방공로십자상과 명예메달을 수상했고, 롤란드 코흐(Roland Koch, 보수적인 기독민주당의 지도자), 귀도 베스터벨레(Guido Westerwelle, 역시 보수적인 자유민주당의 지도자), 타블로이드 잡지 〈빌트〉로부터 높은 평가를 받았다. 기념호 머리기사에는 '〈엠마〉, 알리스 그리고 앙겔라. 우리가 이뤄낸 성취! 독일 총리가 된 여성'이라는 제목이 붙었다. 〈엠마〉 편집진은 베를린에 가서 앙겔라 메르켈 총리와 사진을 찍기 위해 자랑스럽게 포즈를 취한다(Diederich, 2007).

여성이 전투 부대에 들어가야 한다는 슈바르처의 주장에 대해 엘렌은 다음과 같이 덧붙였다.

> 페미니스트 운동은 분열했다. 일부 여성은 스스로 정의한 평등에 기초해 전쟁 참여를 지지한다. 우리가 어떤 권리를 평등하게 누려야 하는지는 질문하지 않는다. 이런 열렬한 지지자 중 한 명이 알리스 슈바르처다. 〈엠마〉의 창립자이자 편집자인 그녀는 이 주제에 관한 특집호에 '립스틱을 바르는 우리나라 최고의 군인들'이라는 제목을 붙였다.
>
> 군대에서 평등은 전쟁 참여를 의미한다. 여성 폭격기 조종사도 폭탄을 투

하한다. '여성적' 폭탄 투하란 무엇인가? 여성 조종사들은 폭탄에 향수를 뿌리고 나비매듭을 지어서 떨어뜨리는가? 땅에서는 여성과 어린이들이 목숨을 걸고 도망치는데 우리는 하늘에서 손을 흔들며 "이 폭탄은 여성이 투하했습니다. 여성이 평등을 누리는 부유한 나라에서 인사드립니다"라고 신호하는 것인가! 아니다. 우리는 이를 여성을 위한 평등이나 직업이라고 볼 수 없다. 남성이든 여성이든 참전을 거부하며, 전쟁을 가장 큰 범죄로 규정하고 완전히 폐지해야 한다(Diederich, 2007).

1991년 3월 4일 엘렌 디드리히는 오버하우젠에 여성 평화 아카이브를 설립했다. 그녀는 여성 평화 운동 관련 증언을 수집하고 기록하지 않는다면 미래 역사가들은 전쟁과 환경 파괴에 맞서는 여성의 투쟁을 언급조차 하지 않을 것임을 알았다. 여성 평화 아카이브는 여전히 오버하우젠에 있지만 자금 부족으로 폐쇄될 위험에 시달린다.

1991년 겨울 쾰른의 페미니스트들은 자발적으로 제1차 걸프전에 반대하는 정기 수요 평화 시위를 조직했다. 이 시위는 미등록이었지만 경찰은 우리가 행진하도록 두고 지원하기까지 했다. 매우 추운 겨울이었으나 우리는 석유를 차지하려는 미국의 비이성적 전쟁과 걸프 지역에 대한 헤게모니가 멈출 때까지 계속 나아갔다.

### '남성의 문제': 람보와 동화 속 왕자 사이에서

'남성 해방'이 공적 의제가 되기까지는 10년 이상 걸렸다. 이는 1994년 노르트라인베스트팔렌주 녹색당 지부가 남성 해방에 관한 정치적 논의의 출발을 목표로 부퍼탈에서 남성 회의를 조직하며 시작했다. 나는 기조연설을 하도록 초청받았다. 연설에서 남성 개개인이 공원에서 유아차를 밀거나 가사 노동을 돕는 것만으로는 충분치 않다고 강조했다. 나는 "우리에게 필요한 것은 생명에 적대적인 자본주의 가부장제에 남녀가 함께 맞서 싸우는, 기반이 폭넓은 남성의 정치와 경제 운동입니다. 이 과정에서 첫 과제는 남성이 호전적 남성성의 이미지를 공개적으로 공격하는 것입니다"라고 말했다.

연설 후 박수는 보통 정도에 그쳤다. 이어진 토론에서 다양한 남성이 내게 '남자 같이' 연설했다고 말했다. 처음에는 이 말에 놀랐지만 나중에는 이해하게 되었다. 많은 참여자는 남성 해방이 소위 '여성성'이라는 사적 미덕에 대한 남성의 참여를 의미한다고 생각했다. 이는 그들이 자기 감정을 표현하고, 동성과 이성의 어깨에 기대어 울며 인간관계의 문제에 관해 이야기하는 방법을 배우길 원한다는 뜻이었다. 그들은 경제, 정치 분야가 '딱딱하고' 경쟁적인 남성의 영역이기 때문에 떠나고자 했다. 이것이 많은 여성과 페미니스트들이 요구하던 것 아니었나? "국가에는 다른 남성이 필요하다"가 그들의 표어 아니던가?

그리고 나는 경제, 정치, 가부장제, 자본주의에 맞서는 투쟁에 관해 이야기했는데 이것이야말로 그들이 잊고 싶은 것이었다! 나는 초기 남성 운동뿐만 아니라 여성 운동도 큰 오해를 받고 있음을 깨달았다. 사람들은 주류의 이원론을 통해 '남성적' '여성적'이라는 말을 생물학적 성과 관련한 속성으로 이해했다. 이 맥락에서 해방은 자본주의 가부장제의 특징인 이원론적·위계적 지배 체제 전체에 의문을 제기하거나 이를 바꾸는 것이 아니라, 다른 성에 부여한 성 역할을 떠맡는 것을 의미한다.

이런 오해는 전 세계의 남녀평등 프로그램에 문제를 야기하고 오늘날 '성 주류화' 담론 및 정책의 기초다(Mies, 2005b). 과거와 현재의 부르주아, 사회주의자, 여성 운동 및 그 목표를 연구한 결과, 나는 단순히 남성과 같은 지위에 오르는 것은 아무 의미 없음을 깨달았다. 마르크스주의자들은 계급 갈등이 사회의 주요 갈등이라고 선언했다. 그들은 우선 계급 투쟁에서 승리해야 법적 '평등'을 확립해 (그들이 '2차 갈등'이라고 부르는) 성별 갈등의 잔재를 해결할 수 있다고 했다. 민법에서는 남성과 여성의 동등한 권리를 명시한다. 그러나 우리는 가부장제가 자본주의보다 훨씬 오래되었음을 안다. 시민 혁명, 사회주의 혁명, 혹은 둘 모두를 통해 여성 문제가 해결되리라는 우리의 희망은 차별금지법이라는 위장에도 불구하고 실현되지 않았다.

나를 비롯해 많은 여성이 여전히 자신에게 묻는다. 만일 여성이 남성과 동등하다면 왜 착취, 억압, 차별, 구타, 학대, 강간을 당하는가?

## 에코페미니즘

나는 성별에 따른 분업의 사회적 기원에 관해 처음 글(Mies, 1983b)을 쓰면서, 가부장적 자본주의 사회에서 남성과 여성의 관계는 인간과 자연의 관계에 상응한다는 것을 분명히 알았다. 두 관계의 특징은 모두 위계, 폭력, 지배다. 유전공학 및 재생산 기술 반대를 비롯해 여성 운동 과정에서 많은 사례를 통해 이 통찰을 확인할 수 있었다. 1986년 체르노빌 원전 사고 이후 어떤 러시아 여성은 이렇게 말했다. "남성은 생명에 대해 생각하지 않아요. 그들은 그저 자연과 적을 정복하고 싶어 합니다"(Mies and Shiva, 1993, p. 15). 핵미사일의 자국 배치에 항의하던 시칠리아 여성들은 여성에 대한 남성의 폭력과, 자연 및 외국에 대한 폭력 사이 더 명백한 연관성을 제시했다.

> 전쟁에 대한 우리의 '아니요'는 해방을 위한 우리의 투쟁과 일치한다. 핵무기 확대와 근육질 남성 문화 사이 연관성, 전쟁의 폭력과 강간의 폭력 사이 연관성을 이렇게 명확하게 본 적이 없다. 사실 이것이 전쟁에 대한 여성들의 역사적 기억이다……. 그러나 이는 '평화로운 시기'에 우리가 일상으로 경험하는 것이기도 하며 이런 점에서 여성은 끊임없는 전쟁 속에 있는 셈이다……. (남성 대부분이 즐기는 것으로 보이는) 이 끔찍한 전쟁놀이는 공격, 정복, 소유, 통제 등 전통적 성적 관계와 같은 단계를 거친다. 여성이든 땅이든 별 차이가 없다(Mies and Shiva, 1993, p. 15).

나를 비롯한 많은 여성이 체르노빌 참사로 이런 상관관계에 눈떴다. 나는 어린 자녀를 둔 여성의 운명을 특히 걱정했다. 이때 마리나 감바로프(Marina Gambaroff)가 《체르노빌은 우리의 삶을 바꾸었다》(1986)라는 책을 출판했다. 이 책에 실린 내 글 제목은 〈누가 자연을 우리의 적으로 만들었는가?〉이다.

> 드디어 봄이 와 모든 것이 푸르게 꽃피고 날씨는 다시 따뜻해졌다. 하지만 눈에 보이지 않게 도처에 '만지지 마시오! 오염되었음!'라는 금지 표지판이 붙어 있다. 우리는 나무, 풀, 꽃, 샐러드를 마치 텔레비전 프로그램처럼 눈으로만 즐길 수 있다. 더 이상 생명체로서 자연과 소통할 수 없다.
> ……많은 여성이 이를 마치 몸속으로 스며든 방사능 같이, 삶에 대한 열정과 용기에 대한 공격으로 경험한다.
> ……날씨가 좋은 날에도 아이들을 집에 두고 계속 씻겨줘야 한다. 아이

들의 불평을 들어주고 즐겁게 해줘야 한다. 방사능 기술 '책임자'는 "아이들은 모래 상자에서 놀 수 없습니다"라고 쉽게 명령할 수 있다. 아이들을 돌보는 것은 그들의 임무가 아니다(Gambaroff et al., 1986, p. 147의 Mies, 1986c).

너무 일찍 세상을 떠난 베를린 출신의 내 친구 크리스텔 노이쥐스(Christel Neusüss)는 방사능 낙진을 끊임없이 측정하는 것 말고 뾰족한 수가 없는 과학자와 정치인들의 지적 맹목성에 경악했다. "봐, 낙진을 측정한 다음 그걸 먹고 있어!" 그녀는 정치인들이 아내를 옆에 세워두고 무해하다며 샐러드를 먹을 때 이렇게 울부짖었다.

여성, 특히 원자력 기술 및 산업에 반대하는 어머니들의 격렬한 저항을 모든 페미니스트가 공유하는 것은 아니다. 클라우디아 폰 베를호프는 같은 책에 〈우리는 진보를 위해 아이들의 생명을 희생하지 않을 것이다〉(Gambaroff et al., 1986, pp. 8~24)라는 글을 출판한 후 그녀를 '체르노빌 엄마 짐승'이라고 부르는 〈엠마〉 기고가에게 공격을 받았다. 이 사람은 클라우디아가 여성 해방이 계몽주의와 기술의 진보에 얼마나 빚졌는지 망각했으며, 그녀의 기술 비판은 단지 동물적 모성 본능을 따르는 것이라고 비난했다.

이후 나는 "체르노빌이 여성과 자연에 초래한 결과"에 관한 회의에 참석해 일본 페미니스트들도 '어머니' 문제로 분열했음을 알았다. '좌파' 페미니스트들은 이들이 여성으로서가 아니라 어머니로서 자기들만의 원자력 기술 반대 시위를 조직했다고 비판했다.

'어머니 문제'로 많은 여성이 시몬 드 보부아르처럼 기술 진보를 여성 해방의 도구로, 비판 없이 바라보는 것이 명확해졌다. 보부아르가 생각한 해방은 여성이 월경, 임신, 출산을 의미하는 '야생의' 성적 주기를 통제하고 정복할 수 있을 때까지 계속 남성 세계의 문화적 성취에서 배제당할 것이라는 이해에 기반한다. 보부아르는 통제를 달성하기 위해서는 기술과 도구뿐만 아니라 여성과 그녀의 신체 사이 관계도 달라져야 한다고 주장했다. 여성은 자신을 둘로, 즉 통제하는 머리인 '인간' 부분과 하체인 '동물' 부분으로 나누어야 한다. 이런 도구적 접근 방식에 대한 숭배는 지난 수십 년 동안 남성뿐만 아니라 여성에게서도, 특히 자기 몸을 온전히 받아들일 수 없는 젊은 여성들 사이에서 놀랍고 위험한 형태로 나타났다.

나는 지금도 기술과 진보의 문제를 고찰하고 있다. 보부아르의 도구적 해방 개념을 비판하자 내가 기술과 진보에 적대적이라는 주장이 나왔다. 이는 내가 환경 운동에 참여하고 서구식 소비 모델이 세계의 빈곤과 환경 파괴의 원인이라고 고발하자 더 심해졌다. 나는《소비로부터의 해방: 생태적 페미니즘 사회를 향한 길》(Mies, 1987a)이라는 소책자를 출판했다. 본의 소비자 이니셔티브가 이 책자를 출판했다. 나는 이런 비판이 오늘날 더 타당해졌다고 생각한다.

### "하지만 난 바나나를 원해요!"

1986년 에바 퀴스토르프(Eva Quistorp)가 "여성과 생태학"을 주제로 쾰른에서 개최한 회의에서 나는 녹색당의 지원을 받아 소비에 대한 비판을 처음 발표했다. 연설에서는 '에코페미니즘 사회의 윤곽'을 설명하며 미래 세대를 위해 자연을 보존하고 더 이상 '제3세계'를 착취하지 않으려면 서구 산업 국가의 소비 모델을 지속할 수 없음을 보여주었다. 우리는 해롭고 불필요한 소비를 줄여야 한다. 예를 들어 자국에서도 좋은 과일을 재배할 수 있는데 왜 뉴질랜드, 칠레, 남아프리카공화국에서 과일을 수입하는가? 대중교통을 잘 갖춘 도시에 사는 사람들에게 자동차가 왜 필요한가? 나는 차를 없애고 해방감을 느꼈다.

이런 이야기는 회의 참가자들 사이에서 폭풍 같은 항의를 일으켰다. 많은 이들은 왜 여성이 또 희생해야 하는지 이해하지 못했다. 한 젊은 여성은 화난 목소리로 반항하듯 "하지만 난 바나나를 원해요!"라고 소리쳤다. "합리적 주장을 듣고 싶지 않은 세 살짜리 아이 같구나"라고 나는 생각했다. 어쨌든 그 문장은 기억에 생생하게 남았다. 이는 페미니스트들이 자신의 해방을 세계적 정의 및 생태적 청지기 역할과 결합하고자 할 때 현실에서 직면하는 갈등을 보여준다. 많은 이들은 자기 차를 갖는 것이 해방을 향한 필수 단계라고 느낀다.

앙겔리카 비르크(Angelika Birk)와 아이린 슈퇴르(Irene Stoehr)는 이 문제를 수면 위로 끌어올렸다. 연설에서 그들은 계몽 이후 우리에게 익숙한 해방의 논리와 생태학의 논리 사이 뿌리 깊은 모순에 주목했다. 전자는 인간의 자연 지배에 기반하며 기술로 인한 자연과 인간 본성의 파괴를 포함한다. 반대로 후자는 우리 인간, 곧 여성과 남성이 자연의 일부라는 이해에 기초한다. 따라서 우리는 생명체를 대하듯 자연을 부드럽게 대하고 협력해야 한다(Birk and Stoehr, 1987).

여성들에게조차도 진보의 정의는 주로 해방의 논리에 기반한다. 이는 여성 해방의 단계 대부분이 기술 혁신으로 이루어졌다고 인정하는 반면, 성별 관계나 인간과 자연의 관계에서 일어난 변화의 공은 인정하지 않음을 의미한다. 그 유명한 사례가 피임약의 발명이다.

곰곰이 생각해보면 지금도 이 모순은 해결하지 못한 것 같다. 오히려 1990년대 녹색당이 사회민주당과 연립 정부를 세운 후 우리가 지금까지 해온 방식으로 산업 사회에서 계속 살아가면서도 다음 세대를 위해 건강하고 생명력 있는 자연을 유지할 수 있다는 환상이 확산한 것 같다. 기후 변화라는 부인할 수 없는 사실에 직면해 이 환상의 거품도 터졌다. 그러나 남성과 여성 모두 세상을 변화시키려는 열정이 바닥났다. 많은 사람이 주어진 상황에 적응했다.

이미 언급한 바와 같이 다양한 국제 여성 운동에서 여성과 자연에 대한 폭력 사이의 상관관계가 분명히 드러났다. 동시에 비판뿐만 아니라 미래에 대한 새로운 관점도 담은 에코페미니즘 서적이 잇달아 나왔다.[1] 내가 이런 책을 통해 배운 것은 모든 것은 서로 연결되며, 자연 파괴는 전쟁이나 평화와 마찬가지로 페미니즘의 문제이기도 하다는 점이었다. 많은 여성이 상황에 대한 이런 거시적 견해에 압도당하는 느낌을 받았다. 그들은 "우리가 온 세상을 짊어져야 합니까? 여성 문제를 계속 다루는 것만으로도 충분하지 않나요?"라고 물었다. 나로서는 이것이 불가능했다.

언제나처럼 나는 다양한 실제 활동에서 통찰을 얻었다. 나는 여성들이 전쟁과 환경 재앙의 첫 희생자인 동시에 계속 저항하는 사람들이기도 함을 발견했다. 고르레벤, 바커스도르프, 바일[2]의 용감한 여성들이 이런 저항의 빛나는 사례였다.

이 모든 경험을 거치며 '에코페미니즘'에 관한 책을 쓰고 싶었지만 이 책은 독일 여성만을 대상으로 해서는 안 됐다. 다른 나라, 특히 제3세계 여성의 경험을 포함해야 했다. 내 책 《가부장제와 자본주의》(Mies, 1986a)의 성공 이후 출판사에서 새로운 책을 쓰고 싶은지 물었다. 1988년 베를린 세계은행 및 국제통화기금 회의에서 반다나 시바(Vandana Shiva)를 만났을 때 나는 그녀에게 에코페미니즘에 관한 책을 공동 집필하고 싶은지 물었다. 그녀는 바로 동의했다.

몇 년 전 반다나가 남편, 세 살배기 아들과 함께 쾰른에 있던 나를 방문했을 때 우리는 처음 만났다. 반다나는 미국에서 핵물리학을 공부하고 양자 이론에 관한 논문을 쓴 뒤 돌아오는 길이었다. 나는 그녀에게 내 책《가부장제와 자본주의》를 선물했다. 그녀는 나중에 썼듯이 이 책으로 페미니즘에 눈떴다. 그때까지 그녀는 페미니스트도 생태주의자도 아니었다. 그녀는 우리의 공동 저서《에코페미니즘》에 다음과 같이 썼다.

> 1970년대 핵물리학자가 되기 위해 공부하던 나는 여름 훈련 과정을 마치고 집에 돌아왔고, 특권 있는 소수인 원자력 관련 기관의 일원이라는 데 '도취해' 있었다. 그러나 의사인 여동생은 핵의 위험성에 대한 내 무지를 폭로해 나를 현실로 돌아오게 했다. 우리는 핵 전문가로서 핵반응이 어떻게 일어나는지 알았지만 방사선이 생명체에 어떤 영향을 미치는지는 알지 못했다. 방사선 감지용 배지와 보호복은 단지 회원제 클럽에 가입했음을 상징하는 의식용 복장에 불과했다. 신진 핵물리학자로서 내 무지를 깨달았을 때 나는 충격을 받았고 속았다고 느꼈으며 이론물리학 연구로 전환하게 되었다(Mies and Shiva, 1993, pp. 22~23).

그녀는 10년 후 임신했을 때 제왕 절개 수술을 해야 한다는 여성 의사의 말을 듣고 또 한 번 충격을 받았다. 그동안 에코페미니즘의 비판에 익숙해진 반다나는 왜 이 수술이 필요한지 이해할 수 없었다. 의사는 그녀가 '자연스럽게' 출산하기에는 나이가 너무 많다고 말했다. 그녀는 서른 살이었다. '전문가와 일반인의 지식 사이 모순'에 대해 생각해

본 후 그녀는 '보통' 병원으로 옮겼고 그곳에서 제왕 절개술이나 합병증 없이 출산했다.

두 경험을 통해 그녀는 주류 과학, 경제, 정치는 물론이고 성별 관계에 대해서도 비판적으로 검토하게 되었다. 그녀의 비판은 이론에 머물지 않고 인도의 환경 파괴와 히말라야의 산림 벌채 반대(칩코 운동), 세계화·자유화·민영화 경제 정책에 대한 저항 운동 지지로 이어졌다. 그녀는 자신을 활동가이자 학자로 보았고 곧 강사이자 저자로서 전 세계에 유명해졌다. 우리의 책《에코페미니즘》을 출판한 해인 1993년 그녀는 대안 노벨상이라고 하는 바른 삶 상(Right Livelihood Award)을 받았다.

우리는 공동 저서의 내용과 목적에 신속하게 합의했지만 실질적 측면에는 문제가 있었다. 예를 들어 우리는 데라둔에 있는 반다나의 집에서 2주를 함께 보내며 책의 개념과 내용을 논의하고 작업할 계획이었다. 하지만 우리의 만남은 이뤄지지 않았다. 내가 약속한 시간에 델리에 도착했을 때 반다나는 이미 세계화 정책에 저항하는 농민 모임에 참석하기 위해 오리사로 떠났다. 우리는 둘 다 초대받은, 유럽이나 인도 아대륙에서 열린 회의에서 우연히 만났다. 반다나는 네팔 카트만두에서 일하던 남편과 "여성과 산악 개발"에 관한 회의를 조직하고 인도, 스리랑카, 파키스탄의 많은 유명 페미니스트를 초대했다. 나 역시 초대받았다.

이 회의에서 책에 관해 이야기를 더 나눌 수 있었다. 또한 페미니즘과 관련한 반다나의 새로운 일이 결혼 생활에 엄청난 부담을 주고 있다는 것도 알았다. 그녀의 남편은 아내의 활동을 받아들이는 데 어려움을 겪고 있었다. 더욱이 그녀는 강연과 저작으로 인도와 전 세계에서 남편보다 유명해졌다. 오래지 않아 둘은 헤어졌다. 나중에 우리가 다른 인도 페미니스트들과 이 문제를 논의했을 때 나는 명성을 쌓고 남편보다 두각을 나타낸 '강한' 인도 여성 대부분이 같은 문제를 겪는다는 것을 알았다. 이혼 후 반다나는 아들의 양육권을 위해 길고 고통스러운 싸움을 해야 했다. 그녀는 가부장제 법체계의 함정에 수없이 맞닥뜨렸다. 남편은 그녀가 아들을 기숙 학교에 입학시켰기 때문에 좋은 엄마가 아니라고 비난했고 반다나는 계속 공판에 출석해야 했지만, 양육권을 받을 때까지 용감하게 포기하지 않았다.

우리는 책을 쓰면서 이 모든 개인적 문제를 해결해야 했다. 나는 진세계 여성이 대부분 이런 조건에서 일하고 글 써야 함을 깨달았다. 그들이 아무리 노력해도 사적 삶을 정치 활동과 분리할 수는 없다. 나는 우리 책의 서문에서 모든 어려움에도 불구하고 **개인적인 면과 정치적인 면을 결합할 필요**는 불리한 것이 아니라 풍요로움을 더해주는 것이라고 강조했다.

13

# 세계화에 반대하는 국제 투쟁

## 다양성을 위한 다양한 여성

1996년 11월 식량농업기구(FAO)는 로마에서 식물 유전 자원과 식량 안보에 대한 세계식량정상회의를 개최했다. 1996년 6월 다양한 비판적 집단과 조직이 이 회의에 대비할 전략을 공유하기 위해 라이프치히에 모였다. 이 대책 회의 주제는 "안전한 손에: 식량 안보를 위한 공동체의 생물 다양성 보호"였다.

반다나 시바와 나는 '식량 안보'에 관한 토론에서 먼 옛날부터 매일 식탁에 음식을 차리는 사람들에 대한 언급이 전혀 없다는 데 주목했다. 이는 식사 준비뿐만 아니라 식량 생산에 직접 참여하는 여성에도 해당했다. 아프리카에서는 식량 생산의 80퍼센트가 여성의 손에 달렸으며 아시아에서는 50~60퍼센트, 라틴아메리카에서는 30~40퍼센트이다. 우리는 〔라이프치히 회의에 참여하는 여러 비정부기구(NGO)와 식량농업기구도〕 식량 안보에서 여성의 역할을 더 이상 간과해서는 안 된다고 결의했다. 또한 반다나는 1992년 리우데자네이루 지구정상회의에서 채택한 생물 다양성 의정서를 그때까지 모든 회원국이 비준하지 않고 과정을 중단한 데 주목했다. 신자유주의 세계화 정책으로 지구의 생물 다양성 보호 및 유지에 관한 리우 합의는 퇴색하고 있었다. 특히 산업화한 국가들은 관세 및 무역에 관한 일반 협정(GATT)의 일부인 무역 관련 지식 재산권에 관한 협정(TRIPs)을 통해, 소위 제3세계의 생물 다양성에 대한 통제권을 확보하려 했다. 우리는 "이런 '발전'을 막기 위해 여성을 움직이야 합니다"라고 말했다.

우리는 "여성의 식량 안보를 위한 라이프치히 호소"를 작성해 2020년까지 산업형 농업과 세계 자유 무역을 통해 전 세계에서 기아를 종식하려는 식량농업기구의 전략이 정반대의 결과를 가져올 것이며, 여성과 자연은 피해자가 될 것이라는 점을 분명히 했다.

우리는 다음을 요구했다.

- 세계화 대신 현지화와 지역화
- 공격적 지배 대신 비폭력
- 자연과 종의 완전성에 대한 존중
- 인간을 자연의 지배자 대신 자연의 일부로 이해
- 생산 및 소비에서 생물학적·문화적 다양성 보호
- 식량 안보에 대한 책임을 남성과 여성이 동등하게 공유

우리는 '제3세계'뿐만 아니라 모든 여성의 네트워크를 만들어 남반구와 북반구 여성 사이에 진정한 연대가 발전하기를 원했다. 우리는 기업

이 이끄는 세계화와 그들이 신봉하는 자유 무역이 사람들의 생계는 물론 지구의 생물학적·문화적 다양성에 심각한 위협임을 깨달았다. 우리는 이 네트워크에 '다양성을 위한 다양한 여성(DWD)'이라는 이름을 붙였다.

1996년 6월 반다나와 나는 "라이프치히 호소"에 서명했다.[1] 우리는 이를 친구와 지인은 물론 우리가 아는 전 세계 모든 조직에 보내 지원을 요청했다. 또한 같은 해 6~11월 '다양성을 위한 다양한 여성'이 주최한 행사, 즉 9월 샌프란시스코, 10월 미국에서 열린 여러 토론회, 11월 아르헨티나 부에노스아이레스에서 "라이프치히 호소"를 공개했다.

1996년 11월 로마 식량정상회의가 열릴 때까지 남녀 모두 약 1000명이 호소에 서명했고 우리는 이를 정상회의 측에 제출했다. 식량농업기구는 농업과 식량 안보에 관한 성명에서 여성의 관점을 더 고려함으로써 우리의 요구에 긍정적으로 반응했다.

## 여성과 식량

식량농업기구의 변화는 여성들이 조직한 다른 이니셔티브를 통해서도 이뤄졌다. 예를 들어 1996년 로마 회의에서 '여성과 식량의 날(Women's Day on Food)'이 그런 역할을 했다. 여성에게 하루를 할당하는 식량농업기구 정상회의에 대한 발상은 UBINIG[2] 조직의 대표이자 정상회의의 공식 참관인으로, 다양한 비정부기구의 사전 회의에 참여한 내 친구 파리다 아크테르에게서 나왔다. 사전 회의에 참석하던 그녀는 내게 전화를 걸어 "식량농업기구는 여성을 위한 회의를 조직하지 않았어요. 우리가 이를 바꿔야 해요"라고 말했다. 우리는 논의 끝에 하루를 '여성과 식량'에 할애하도록 지원하기로 결정했다. 파리다는 바로 신청서를 제출하고 500명을 수용할 수 있는 공간을 요구했다.

행사를 주최한 비정부기구 측은 처음에는 놀랐지만 결국 우리의 요구를 수용했다. 그들은 적어도 행사 하나는 여성의 입장에서 조직하게 된 것을 기뻐했다. 파리다는 '다양성을 위한 다양한 여성'을 대신해 '여성과 식량의 날' 신청서를 냈다. 말 그대로 '다양성을 위한 다양한 여성'의 첫 공개적 등장이었다. 늘 그랬듯이 우리에게는 자금도, 지원해줄 후원자나 공식 조직도 없었다. 하지만 우리에게는 새로운 생각이 있었고 전 세계에 (남성과 여성을 불문하고) 친구들이 있었다. 그리고 '여성과 식량의 날'이 열리는 것을 알면 많은 여성이 참여할 것을 알고 있었다. 예상대로 '여성과 식량의 날' 행사는 성공이었다. 식량농업기구 정상회의에서 비정부기구 토론이 열린 장소는 로마의 폐쇄한 공항 터미널 중앙 홀이었다.

그때 나는 참신하고 창의적인 생각을 많이 들었는데, 그중 하나는 농업과 식량 생산이 농촌뿐만 아니라 도시에서도 이뤄질 수 있다는 것이었다. 우간다에서 온 모니카 오폴레(Monika Opole)는 "나는 잡초다"라는 말로 '문화로서의 식량'에 관한 연설을 시작했다. 그녀는 시골 출신 어머니가 도시 곳곳에서 식용 식물을 발견해 전통 조리법에 따라 채집해 준비했다고 보고했다. 모니카는 이런 '잡초'를 수집해 씨앗을 얻고 재배하는 모임을 설립했다. 또한 이 모임은 오래된 조리법을 모으고 알렸다. 그녀는 자기 문화 전체가 식량을 중심으로 돌아간다고 설명했고 이에 힘입어 많은 여성이 경험을 이야기했다. 모에마 비제르(Moëma Viezzer)는 브라질에서 비슷한 활동을 했다고 보고했다.

이런 예를 통해 '식량'은 단순히 열량을 채우는 것이 아니라 자연, 사회, 몸, 건강, 안녕과 맺는 문화적 관계에 관한 것임을 증명했다. 이는

'야생'과 '문화', 도시와 시골의 관계에 대한 것이다. 동식물을 원료 취급하는 다국적 식량 기업의 세계화한 자유 무역은 이런 관계를 유지할 능력이 없으며, 식량에 대한 총체적 접근을 파괴할 뿐이다. 우리는 여성과 식량의 날을 진행하며 문화적·생물학적 다양성을 존중하고 기념하는 행동의 의미를 발견했다. 다양성은 지구에서 삶을 위한 전제 조건일 뿐만 아니라 사는 기쁨의 원천이기도 하다. '다양성을 위한 다양한 여성'은 여러 성명을 통해 이런 윤곽을 놀랍도록 잘 그려냈다.

'다양성을 위한 다양한 여성'은 기업이 주도하는 세계화, 자유화, 민영화에 맞서 싸우는 국제 운동이 되었다. 우리는 모든 주요 회의에 참석했고, 자체 회의와 워크숍을 조직했으며, 각 회의 주제에 대해 성명을 발표했다. 그 결과 전에는 세계화에 대해 들어본 적 없는 많은 여성이 이 새로운 자본주의 전략에 대해 알고 맞섰다.

'여성과 식량의 날' 이후 1998년 슬로바키아 브라티슬라바에서 제4차 생물 다양성 협약 회의가 열릴 예정이었다. 이 회의에서 우리는 문화, 식량, 지식의 다양성을 기념하고 나아가서 다음 세계무역기구 제네바 회의를 준비하고 싶었다. 우리는 세상이 시장이며 다양한 생물종과 문화가 세계 경제의 원료일 뿐이라고 생각하는 이들에게 명확한 메시지를 보내고자 했다. 우리는 모든 생물종·남성·여성은 지구촌 가족으로서 보호받고 생존할 권리가 있다는 것, 공동체에서 권리를 박탈당하고 배제된 사람들을 포함한 모든 존재를 위해 이런 권리를 보호할 의무가 있다는 것을 보여주고 싶었다.

우리는 브라티슬라바 생물 다양성 협약 총회에서 성명을 낭독했다. 브라티슬라바 성명에는 우리 네트워크의 핵심 목적이 담겼다. 다음은 그 발췌문이다.

우리는 풍요로운 삶의 지속에 헌신하는 다양한 지역과 운동에 속한 여성이다. 우리의 배경은 다양하며 우리의 문화, 정치, 역사를 안다. 우리는 인간이 지구의 다양한 생명체를 이용하고 전유하는 데는 한계가 있어야 한다고 믿는다. 우리는 지구를 이용하는 데 책임을 지며 다른 이들도 모두 그렇게 할 것을 요구한다.

우리는 도덕적 인간이다. 우리는 주어진 시공간을 점유하고 있으며 미래를 위한 여지를 남겨둬야 하는 조건에서 어떻게 살아가는지에 대한 책임이 있음을 알고 있다. 우리는 불신, 탐욕, 폭력, 공포를 다른 존재와 관계를 맺는 방식으로 받아들이지 않는다. 우리는 그런 식의 관계 맺기를 거부한다. 그것이 개인의 부정적 행동, 용납할 수 없는 제품, 힘들게 이뤄낸 사회 및 환경 보호 정책을 후퇴시키고 무기를 거래하며 전쟁을 무릅쓰는 다국적 기업과 중앙 정부의 자유 무역 동맹, 그 외 지구의 생물 다양성을 독점하며 우리의 민주주의, 농장, 생계, 문화, 공동체를 위협하는 형태 중 어떤 것이든 상관없다.

우리는 공동체에 경계와 권리가 있다는 것을 알기 때문에 이 협약 제8조를 지지한다……. 우리는 생명에 대한 특허권을 어떤 형태라도 거부하며 모든 생명체의 식량 안보, 건강, 복지를 위협하는 기술과 제품도 피한다…….

우리는 종, 문화, 사고방식의 다양성과 상호 연관성을 인식하고 기념한다. 우리는 삶과 문화의 다양성을 파괴하기를 거부하며 그래서 세계은행, 국제통화기금, 세계무역기구, 다자간 투자 협정(MAI)과 여타 공모를 거부한다. 그리고 생물 다양성 협약을 지지한다…….

('다양성을 위한 다양한 여성' 성명, 브라티슬라바 생물 다양성 협약 제4차 당사국 총회, 1998년 5월 4일)

브라티슬라바 회의 이후 이 성명을 다양한 국제 행사에서 공개 낭독했다. 예를 들면 1998년 5월 제네바와 10월 캐나다 몬트리올에서 열린 세계무역기구 회의, 같은 해 제네바 무역 관련 지식 재산권에 관한 협정 회의, 1999년 미국 시애틀 세계무역기구 회의, 2001년 인도 뉴델리 평화와 정의에 관한 회의가 있다. 이런 회의에서 우리는 생물 다양성에 대한 기존 원칙만 반복하지 않고 그동안 전 세계를 뒤덮은 문제와 사건에 대해서도 입장을 밝히려 애썼다. 그래서 이런 사건에 대한 새로운 성명을 작성해 공개했다. 예를 들어 시애틀 성명에서는 신자유주의, 세계무역기구, 공동체·여성·농민이 주관하는 식량 주권을 다루었다. 2001년 9월 11일이 지난 뒤 '다양성을 위한 다양한 여성'은 뉴델리에서 회의를 열어 미국 정부의 정책과 이슬람에 대한 전쟁 계획을 규탄하고 거부했다.

### '다양성을 위한 다양한 여성'은 무엇을 달성했는가

'다양성을 위한 다양한 여성' 네트워크는 남반구와 북반구 여성의 국제 운동이자 공동 연합이었다. 삶의 기초로서 생물학적·문화적 다양성에 대한 관심은 새로운 국제주의로 이어졌는데 이는 중앙위원회, 세계 차원의 위계질서, 특정한 구조가 영감을 주거나 지탱하지 않았다. '다양성을 위한 다양한 여성'은 비정부기구도 정당 부속 기관도 협회도 아니었으며, 단일 경작을 비롯한 독점을 확립하려는 다국적 기업에 저항하고 삶의 다양성을 보존하는 세계적 운동이었다.

이 네트워크 구성원들은 단일한 정치적·이념적 목표를 추구하지 않았다. 우리는 모두 여성이었지만 많은 이들은 자신을 페미니스트로 정의하지 않았을 것이다. 그러나 모두 어떤 식으로든 기업의 세계 지배에 반대했다. 그렇다고 해서 우리가 자본주의에 반대하고 사회주의를 지지했다는 의미는 아니다. 이 여성들 중에는 기독교인, 인본주의자, 사회민주주의자, 무정부주의자, 성 소수자가 모두 있었다. 우리는 성명을 발표할 때 일부러 이념과 정치의 차이를 강조하지 않았다. 우리는 공통점에 관심이 있었다.

'다양성을 위한 다양한 여성'은 스스로를 기업 주도 세계화에 반대하는 세계적·정치적 운동의 일부로 간주했다. 운동에 참여한 이들은 학문적 분석에 그치지 않고 거리의 투쟁에 참여했고 거기서 그들은—나도—세상이 처한 상황을 배웠다. 많은 이들이 반다나와 나처럼 자신을 '활동가이자 학자'로 이해하며 대학 안팎에서 싸웠다.

남반구에서는 이미 많은 농촌과 도시 여성들이 세계적 자유 무역과 세계무역기구의 부정적 영향에 저항하고 있었다. 그들은 물과 공교육 및 보건 체제 민영화, 공유 재산의 착취, 서구 제약 회사로 인한 생물다양성 박탈, 생계 전반의 붕괴와 싸우고 있었다. 많은 북반구 국가와 대조적으로 (오스트레일리아와 뉴질랜드를 제외한) 남반구 국가는 약탈적 귀족자본주의의 희생자가 그 부정적 영향을 흡수하도록 도와주는 복지 국가가 아니었다. 많은 북반구 중산층 여성은 세계화의 결과를 직접 느끼지 못했다.

'다양성을 위한 다양한 여성'의 국제주의는 과거의 주요 사회 운동과 달리 **연대에 대한 수평적 이해**를 달성했다. 연대를 더 많이 가진 사람들—또는 국가, 공동체, 북반구의 조직—이 덜 가진 혹은 가진 것이 아무것도 없는 남반구 사람들과 공동체를 지원하는 활동으로 이해하곤 한다. 이것은 **위에서 아래로의 수직적 연대**다. 연대에 대한 이런 이해는 온정주의로 이어지며 결국 수신자는 깊은 분노로 반응한다. 그들은 자선의 대상이 되길 원하지 않으며 존엄성과 독립성을 유지하고자 한다.

'다양성을 위한 다양한 여성'은 이 함정에 빠지지 않았다. 무엇보다 '다양성을 위한 다양한 여성'은 뭔가를 나눠주는 구호 단체가 아니었다. 반대로 북반구 여성들이 남반구 여성들의 연대에 더 의존했다. 남반부 여성들이 지역에서 생계를 유지하기 위해 투쟁한 경험, 그들의 용기, 분석, 결론은 북반구 사람들을 세계화의 현실에 눈뜨게 했다. 내 남반구 자매들은 셀 수 없이 많은 것을 가르쳐주었다. 그들이 세계화 반대 시위, 세계무역기구, 관세 및 무역에 관한 일반 협정, 세계경제포럼(WEF), 서비스 무역에 관한 일반 협정(GATS) 관련 회의와 G7 정상 회담 장소에 나타난 것은 우리가 진정한 국제 운동, 내가 '아래서부터의 세계화'라고 부른 것의 일부라는 느낌을 전해주는, 더없이 귀중한 연대의 표현이었다.

우리의 운동이 생물학적·문화적 다양성을 요구하며 큰 성과를 거두고 '다양성을 위한 다양한 여성'이 많은 남성과 여성의 관심을 불러일으켰음에도, 페미니즘이나 생태 문제에 민감하지 않거나 영향을 받지 않은 사람들에게는 도달하지 못했다. 주요 반세계화 포럼과 네트워크는 반다나 시바와 같은 유명인이 포함되었는데도 '다양성을 위한 다양한 여성'을 무시했다. 한 예는 1990년대 미국에서 설립한 국제세계화포럼(International Forum on Globalization)이었다. 그 설립자들은 '젠더'의 영역을 다른 이론에 추가할 수 있다고 믿었다. 〔이는 2008년 5월 본에서 개최한 비정부기구 회의 '행성 다양성(Planet Diversity)'도 마찬가지로 여기서도 '다양성을 위한 다양한 여성'에 거의 주목하지 않았다.〕

그러나 많은 에코페미니스트와 같이 나도 이런 접근을 거부했다. 미국 페미니스트 샬럿 번치(Charlotte Bunch)는 이를 비웃으며 "'여성'을 추가해서 휘저어라(Add 'Women' and stir)"라는 표어를 만들었다. '여성 문제'를 넣고 휘저어도 이론의 수프는 나아지지 않았다. 우리에게 '여성 문제'란 환경 문제 못지않게—좌파를 포함한—주류 세계관 전체에 근본적으로 도전하는 문제였다. 좌파 남성과 조직은 그동안 환경 문제를 위해 생태학을 프로그램에 넣었지만 페미니즘 문제에 관해서는 그렇게 하지 않았다. '다양성을 위한 다양한 여성'의 창의적·변혁적 잠재력은 대학과 연구소의 많은 페미니스트가 '주류'가 되었기 때문에 완전히 발전할 수 없었다. 그들은 왜 우리가 '세계화'의 전 영역에 걸쳐 싸우는지 이해하지 못했다. 많은 이가 신자유주의와 포스트모더니즘에 따른 학계의 변화에 신세 지며 연구비, 직위, 혹은 둘 다를 받았다. 언론 역시 주류 노선에 발을 들여 인쇄 매체, 라디오, 텔레비전에서 신자유주의 경제 정책에 대한 비판적 분석은 점점 더 어려워졌다. 기껏해야 반다나 시바와 아룬다티 로이(Arundhati Roy) 같은 저명한 여성 개인에게 발언권이 주어지는 것이 전부였고 앞으로도 그럴 것이다. 세계적 자유 무역에 대한 그들의 비판은 심지어 환영받는 것처럼 보일 때도 있으며 이는 맛없는 수프에 소금을 넣는 것과 비슷하다.

'다양성을 위한 다양한 여성'은 모든 여성에게 다가갈 수는 없었다. 그러나 생존, 물과 식량의 자율적 통제, 건강, 생물 다양성, 토지를 활용할 권리를 위해 투쟁하는 많은 여성에게 풀뿌리 수준에서 다가갔다. '다양성을 위한 다양한 여성' 활동은 인도를 비롯해 많은 나라에서 계속되고 있다.

14

# 변방에서 주류와 맞서다

## 변방에서 주류로?

나는 1980년대 유전공학 및 재생산 기술 반대 운동에 참여하면서 새로운 발전의 배후에 있는 가장 중요한 동인이 '정치'나 '과학' 자체가 아니라는 것을 깨달았다. 발전의 동기는 이런 기술 혁신을 통한 성장을 기대하는 화학·제약·생명공학 산업의 **경제적 이익**이었다. 이렇게 자연을 위협하는 비인간적 발전에 맞서 뭔가를 하려면 **경제와 경제학**을 보다 면밀히 검토해야 했다.

네덜란드의 페미니스트들은 1993년 6월 암스테르담에서 여성과 경제에 관한 국제회의를 조직했다. 이 회의 제목은 "변방을 벗어나—주류 속으로"였다. 주최 측은 '변방'에 있던 여성의 경제적 기여를 '주류'의 중심에 놓음으로써 페미니즘 경제를 구축하고자 했다. 그들은 이런 노력에 적절한 무게를 부여하기 위해 미국의 젊은 노벨경제학상 수상자 게리 베커(Gary Becker)를 초대했다. 그는 모인 여성들에게 왜 그들이 '인적 자본'의 잠재력을 완전히 발전시킬 수 없었는지 설명했다. 통계와 도표로 무장한 채 여성이 경력 단절을 어떻게 경험하는지 보여주면서, 결혼과 자녀 양육으로 남성과 같은 유선형 경력 개발을 방해받고 있다고 주장했다.

나는 놀랐다. 우리가 이런 통찰을 듣기 위해 미국인 남성 노벨상 수상자를 비행기에 태워야 했나? 이는 1970~1980년대 가사 노동에 관한 우리의 페미니즘 캠페인 초창기에 인정받아 이미 출간한 바 있다. 나는 주위를 둘러보고 그 자리에 있던 거의 모두가 연설에 열정적으로 박수를 보내는 것을 알았다. 오직 나이 든 여성 몇 명만이 나처럼 어리둥절한 표정을 짓고 있었다. 나중에 우리는 이야기를 나누며 참석한 젊은 여성들이 가사 노동과 자본주의에 관한 우리의 이전 투쟁에 대해 전혀 아는 바가 없는 것 같다는 결론에 이르렀다. 그 결과 베커의 정보가 그들에게는 실제로 새로웠다. 이 정보는 a) 그가 **남자**이고 b) 노벨상 수상자라는 사실로 더 중요해졌다. 나이 든 페미니스트들은 대중이—심지어 여성도—우리의 통찰과 결론을 저명한 남성이 제시할 때만 받아들일 가치가 있다고 여긴다는 사실을 깨닫고 분노했다.

이런 현상은 늘 관찰할 수 있는데 예를 들어 '가족' '아동' 정책에 관한 현재의 논의에서도 그렇다. 나는 왜 이런 제목의 회의를 1993년에 개최했는지 자문했다. 우리는 '주류'라는 용어를 어떻게 이해해야 하는가? 왜 가부장제와 자본주의에 맞서 싸우던 여성의 '구석' '변방' '벽감', 즉 정치적·경제적으로 거의 주목받지 못하던 곳으로부터 여성을 데리고 나와야 했는가? 왜 여성을 '주류'에 넣어야 하는가? 나중에야 여성을 '주류'로 끌어들이려는 전략이 1980~1990년대 경제 정책 전반의 변화와 관련 있음을 이해했다. 그것은 산업화한 국가가 복지 국가로부터 신자유주의적이고 기업 주도적이며 오로지 이윤 지향적인 세계 경제 체제로 이행하는 것과 관련이 있었다. 여성은 이 체제에서 가장 저렴하기 때문에 최적의 노동자였으며 지금도 그렇다. 그리고 이 모델—가정주부화—은 클라우디아 폰 베를호프가 1980년대 초 예언했듯이 이제 남성에게도 마찬가지로 적용한다(von Werlhof, 1983).

그러므로 '주류'는 신자유주의적 약탈자 자본주의에 지나지 않으며, 자본주의가 인간과 자연을 착취하는 경향에 대항해 이전 세대가 정해 놓은 모든 규제를 자유 무역의 교조(세계화, 자유화, 민영화)를 통해 없애는 것을 목표로 한다.

나는 이 새로운 도전에 대한 페미니스트들의 답에 만족하지 못했다. 많은 이가 주류화를 여성이 일자리를 얻을 새로운 기회로 여겼다. 여성 대다수는 경제학에 별로 관심이 없었기 때문에 '이행'이 일어난다는 사실조차 인식하지 못했다. "나는 경제에 대해 아무것도 모른다"는 여성들이 많이 듣고 하던 말이었다. 한편 경제를 이해하거나 경제학자였던 이들은 여성에게 있다고 믿던 돌봄과 양육 능력에 기반해 완전히 다른 경제를 구축할 것이라고 믿었다. 이 경제는 무제한의 성장과 이윤 창출에 지배당하거나, 사람들—어린이·노인·여성·자연—을 단지 착취를 위한 재료로 간주하지 않을 것이었다.

나는 이들 페미니스트 경제학자가 주최한 각종 회의에 참석했지만, 그들이 가부장제와 자본주의에 대한 비판을 통합하지 않고 여성에게만 초점을 맞춰 새로운 경제를 구상하는 것이 불안했다. 나는 남성이 어떤 역할을 하지 않는, 사실상 여성만의 고립된 영역과 같은 새로운 경제를 상상할 수 없었다. 나는 에코페미니즘에 대한 고찰로부터 시작해 우리가 현재의 틀을 뛰어넘어 새로운 원칙과 세계관, 특히 여성과 남성, 인간과 자연, 농촌과 도시, 수작업과 정신노동, 젊은이와 노인, 자연과 문화 사이 새로운 관계에 기반한, 지금까지와 다른 경제와 사회를 창출해야 함을 깨달았다. 한마디로 우리는 **새로운 경제와 사회 패러다임**을 확립해야 했다. 그때부터 내 표어는 이것이 되었다. **변방을 벗어나 주류에 맞서자.**

## 거리의 대학: 다자간 투자 협정 반대 운동(1997~1998년)

나는 경제학자가 아니었다. 나는 사회학을 공부했지만 정치경제학이나 경영학은 하지 않았다. 그러나 막스 베버(Max Weber)에 따르면 한 사회의 경제 조건을 살펴보지 않고는 그 사회를 이해할 수 없다. 더욱이 나는 마르크스의 《정치경제학 비판》을 검토하고, 자본주의에서 가사 노동을 페미니즘을 통해 분석하고, 인도에서 연구하면서 경제가 사회 조건의 형성에 결정적 요인임을 깨달았다. 그러나 이런 깨달음은 추상적이었다. 나는 일반적 의미의 '페미니즘 경제학자'가 되지는 못했다.

1997년 쾰른에서 다자간 투자 협정에 맞서 싸우기 위해 남녀 모두 참여하는 소규모 조직을 결성하면서 나는 주류 경제, 즉 실제 자본주의를 진정 이해하기 시작했다. 우리 중 누구도 다자간 투자 협정이 어떤 의미인지 몰랐다. 1997년 캐나다의 페미니스트 친구가 내게 편지를 보내 캐나다인 모두가 다자간 투자 협정에 반대하는 투쟁에 참여하고 있다고 말했다. 그녀는 다자간 투자 협정 초안을 포함한 서류를 동봉했다. 이때 경제협력개발기구(OECD)는 비공개로 파리 협정에 대해 협상

중이었다. 초안은 영어로만 작성했고 독일이 협상 당사국임에도 불구하고 독일어 문서는 없었다.

우리는 영어 초안을 읽으면서 다자간 투자 협정이 세계 경제 발전에 완전히 새로운 시대를 열 것임을 알았다. 당시 세계무역기구 의장이던 레나토 루지에로(Renato Ruggiero)는 1996년 싱가포르 다자간 투자 협정을 '단일 세계 경제의 헌법'으로 묘사했다. 다자간 투자 협정의 핵심 측면 중에는 모든 국경을 국제 투자에 개방하는 것도 있었고, 이는 기본적으로 외국인 투자자에게 어디든지 자신이 선택한 국가에서 원하는 대로 할 수 있는 백지 위임장을 제공하는 것이었다. 이 협정에서는 다국적 기업이 국가 경제의 모든 영역에 자유롭게 접근할 수 있도록 환경법과 노동법을 비롯한 규정에서 '탈규제화' 혹은 '자유화'를 요구했다. 우리는 다자간 투자 협정 초안의 문구를 분석하면서 기존의 그리고 새로운 신자유주의 자유 무역 교리가 실제 무엇을 의미하는지 깨달았다. 그것은 궁극적으로 복지 국가는 물론이고 환경 정책에 따른 국가 규제를 모두 폐지하는 것이었다.

다자간 투자 협정과 관련해 우리가 가장 분노한 부분은 협상을 진행하는 동안 내용을 비밀에 부치고 민주주의와 투명성을 결여한 것이었다. 우리 조직에는 노동조합원과 사회민주주의자들이 있었다. 그들은 노조 지도자들에게 다자간 투자 협정에 대항해 어떤 조치를 할 계획인지 물었다. 그들의 반응은 무관심이었다. 우리가 인쇄 매체, 텔레비전, 라디오에 문제를 제기했을 때도 마찬가지였다. 대부분은 다자간 투자 협정에 대해 아무것도 몰랐고 알고 싶어 하지도 않았다. 클라우디아 폰 베를호프와 내가 편집한 책 《약탈 면허》에서 우리는 비슷하게 무관심과 무지를 드러낸 유명 정치인들의 진술을 인용했다(Mies and von

Werlhof, 1998, p. 7).

주요 조직이 저항에 함께하지 않을 것이 분명했다. 우리는 어떻게 해야 하는가? 포기해야 하는가? 그것은 불가능했다.

1998년 1월 나는 로자 룩셈부르크 서거일을 맞아 베를린에서 열린 회의에서 연설하도록 초대받았다. 이 회의는 마르크스주의를 지향하는 전국 일간지 〈젊은 세계(Junge Welt)〉가 주최한 것이었다. 나는 주최 측에 총회에서 다자간 투자 협정과 그 위험에 관해 알릴 시간을 달라고 요청했다. 그들은 거절했다. 여기서도 역시 관심이 없었다. 나는 포기하지 않고 회의에 참석한 베를린공과대학교 학생들에게 다가갔다. 그들은 즉시 다자간 투자 협정에 대해 이야기하도록 나를 학교로 초대했다. 나는 협정의 영어 초안을 가져가 그곳에 모인 학생들에게 다자간 투자 협정이 새로운 세계 경제 정책에 궁극적으로 어떤 의미일지 알렸다. 학생들은 분노했다. 그들은 초안을 바로 독일어로 번역하자고 제안했고 법학과 학생들은 편집을 도와주기로 했다. 이 모임 이후 독일 학생들은 즉각 다자간 투자 협정 반대 캠페인을 시작했고, 베를린 학생들은 이 운동이 다른 독일 대학교로 신속하게 확산하도록 도와주었다.

1998년 12월 마침내 경제협력개발기구 회원국들은 만장일치로 통과해야 효력이 생기는 다자간 투자 협정에 투표하게 되었다. 한 국가라도 반대하면 이 협정은 실패였다.

우리의 소규모 '다자간 투자 협정 반대위원회'는 베를린에서 돌아와 대중에게 협정의 위험성을 알리고 저항을 촉구하는 회의를 열기로 했다. 우리는 "다자간 투자 협정—세계화의 정점"이라는 제목으로 독일을 비롯해 전 세계의 여성과 남성을 회의에서 연설하도록 초대했다. 말레이시아의 마틴 호르(Martin Khor), 캐나다의 토니 클라크(Tony Clarke), 베클린의 카를라 불불레(Carla Boulboullé), 오스트리아의 클라우디아 폰 베를호프 등 많은 사람이 연사로 참석했다. 유럽기업관측소의 에릭 베셀리우스(Erik Wesselius)는 암스테르담에서 왔다. 회의는 본 대학교에서 개최했다(다자간 투자 협정에 대한 논의는 Hawthorne, 2002, pp. 345~349 참고).

늘 그렇듯이 우리는 회의를 제대로 조직할 돈도 시간도 없었다. 하지만 무슨 수를 써서라도 다자간 투자 협정을 막고 싶었다. 위원회는 학생들과 함께 이 회의를 위해 할 수 있는 수단을 최대한 동원했다. 클라우디아 폰 베를호프와 다른 여성 친구들도 '인스부르크에 다자간 투자 협정은 없다'라는 모임을 빠르게 결성했다.

1998년 4월 25일 회의를 시작했을 때 약 500명이 대학 강당에 모였다. 우리가 보기에 회의는 큰 성공을 거두었다. 그러나 철저한 준비에도 불구하고 독일 기자들은 나타나지 않았고 주요 일간지는 이 회의를 거의 보도하지 않았다. 그러나 다자간 투자 협정과 새로운 경제 정책에 대해 배우기 위해 본에 온 사람들은 큰 관심이 있었다. 그래서 우리는 먼저 회의 자료집을 발간한 다음 모든 연설과 연설자의 분석을 편집해 《약탈 면허》를 출판하기로 했다.

독일의 다자간 투자 협정 반대 운동은 세계화에 저항하는 독일 최초의 캠페인이었다. 이는 우리의 노력과 확실한 성공에도 불구하고 소박한 움직임으로 남았다. 이 운동은 프랑스, 캐나다, 미국에서 더 큰 추진력을 얻었다. 우리는 자국의 운동에 관한 자료를 보내준 세계의 친구들과 계속 접촉했다. 이 모든 일은 컴퓨터와 인터넷 없이 이루어졌다. 대신 우리는 우편, 전화, 팩스, 다양한 모임을 통해 연락했다.

1998년 12월 경제협력개발기구 최종 협상에서 프랑스와 캐나다가 다자간 투자 협정에 서명하기를 거부했다. 프랑스인들은 자국의 문화 산업을 다국적 기업의 통제하에 두고 싶어 하지 않았다. 프랑스인들은 "우리는 미키 마우스를 차기 문화부 장관으로 삼고 싶지 않다"고 말했다. 그 결과 협정은 실패했다!

많은 사람에게 이는 다자간 투자 협정과 그 세계 경제 정책에 반대하는 운동이 끝났음을 의미했다. 그러나 우리에게는 이 협정이 한 시점에서는 중지되었을 수 있지만 언젠가 다른 이름으로 다른 장소에서 모습을 드러낼 것이 자명했다. 우리가 새로운 자유 무역 정책에 국제적으로 저항하면서 분명히 배운 것은 다자간 투자 협정은 제2차 세계대전 이후 확립한 주류 경제 정책을 다국적 기업 입장에서는 신자유주의 정책, 시민 입장에서는 민주주의 축소로 전환하려는 첫 번째 시도일 뿐이라는 점이었다.

### 시애틀(1999년)

미국, 캐나다, 프랑스, 인도, 말레이시아 친구들도 같은 생각이었다. 마틴 호르는 전 세계 모든 활동가에게 다국적 기업을 비롯한 '글로벌 플레이어(Global Player)'들의 차기 회의, 즉 1999년 11월 시애틀에서 개최할 세계무역기구[1] 제2차 각료 회의를 준비할 것을 촉구했다. 이 회의는 이미 '밀레니엄 라운드'로 명명했고 세계 경제 및 무역에 관한 규제 목록 전체를 통과시킬 예정이었다. 이는 실패한 다자간 투자 협정의 기본 원칙과 일치했는데 한 가지 차이점은 OECD 회원국뿐만 아니라 전 세계 모든 국가가 대상이라는 것이었다.

마틴 호르는 1999년 봄 저항을 준비하기 위해 제네바에서 회의를 소집했다. 그는 우리에게 다자간 투자 협정과 같은 방식으로 밀레니엄 라운드를 무너뜨리는 것이 가능하다고 생각하는지 물었다. 우리는 프랑스와 캐나다가 다자간 투자 협정을 거부한 이유가 국내뿐만 아니라 국제 저항 운동이기도 하다고 확신했다. 우리는 이 성공에 힘을 얻어 물론 시애틀에서 열릴 세계무역기구 밀레니엄 라운드는 거품처럼 터질 것이라고 말했다. 우리는 성명서를 작성해 전 세계에 배포했다. 이 성명서에는 '밀레니엄 라운드 또는 새로운 포괄적 무역 협상에 반대하는 국제 시민 사회 구성원들'의 이름으로 서명했다(Third World Network, 1999).

나는 시애틀 여행을 준비했다. '다양성을 위한 다양한 여성'은 시애틀 세계무역기구 회의를 계기로 한 모임에 초대받았고, 우리 페미니스트들은 그곳에서 세계무역기구와 그들의 세계화 정책에 공개적으로 저항하기를 원했다. 반다나 시바는 새로운 자유 무역 원칙에 대한 가장 저명한 반대자였고 남반구 여성의 관점에서 이 정책을 계속 비판했다. 나는 그녀에게 신자유주의의 진정한 성격에 대해 믿을 수 없을 만큼 많은 것을 배웠다. 시애틀에서 '다양성을 위한 다양한 여성'은 자체 항의 모임을 조직하고 주요 시위에 참여했다. 밀레니엄 라운드 성명서로 인해 수십만 명의 사람들이 신자유주의 세계화가 지역은 물론 세계 차원에서 사람과 자연에게 어떤 의미인지 알았다. 이 성명서는 밀레니엄 라운드가 실패작임을 확인하는 데에도, 그리고 세계 자유 무역에 대한 국제적 반대가 내가 언급한 '아래서부터의 세계화'로 발전했음을 확인하는 데에도 기여했다(Mies, 2001).

1999년 11월에 시애틀에서 거대한 항의 시위가 일어났다. 이는 그때 거기 있던 사람들에게 놀라움으로 다가왔다. 베트남전 이후 미국에서 그렇게 많은 사람이 시위한 적은 없었다. 이들은 전 세계에서―남반구는 물론이고 북반구에서도―왔을 뿐만 아니라 노동자·환경운동가·노동조합원·사회주의자, 젊은이와 노인, 교회 대표자와 무정부주의자, 동물권 활동가와 페미니스트와 같이 수많은 집단, 조직, 이해관계자들이 모두 있었다.

반다나 시바는 나중에 "시애틀은 역사적 분수령이었다"(Shiva, 1999)라고 썼다. 세계의 주인이라고 자칭하던 사람들은 처음으로 세계 각국 '시민'이 그들의 정책을 거부하고 맞서 싸우는 것을 경험하지 않을 수 없었다. 그들이 호평한 '밀레니엄 라운드'는 대재앙으로 변했고 성과도 내지 못한 채 무너졌다. 거리 시위는 회의실까지 확대했다. 특히 남반구 회원국들은 자신들이 미국과 유럽연합이라는 경제 거인에게 속고 있음을 깨달았다. 그들은 "우리는 어디에도 서명하지 않을 것이다. 이것은 민주주의가 아니다"(Mies, 2001, p. 233)라고 말했다.

나는 우리가 시애틀에서 승리한 것에 놀랐다. 나중에 이것이 우연이 아니라 활동가들이 영민하게 준비한 결과임을 알았다. 이들은 세계무역기구의 의미가 무엇인지, 어떻게 창의적·비폭력적 행동을 조직할 것인지 젊은이들에게 알리기 위해 미국 전역의 대학교를 방문했다. 다른 이들은 노동조합, 환경운동가들과 접촉하여 동맹을 맺게 하는 데 성공했다.[2] 처음으로 환경운동가와 노동자의 이해관계가 하나로 모였다. 그리고 나는 이전에 사람들을 갈라놓던 장벽을 극복한 것으로 보이는 실질적 형태의 새로운 국제주의를 처음으로 경험했다. 희망과 자신감이 널리 퍼졌다.

한 시애틀 교회의 폐막식에서 목사는 "앞으로 전 세계 어디서든 '글로벌 플레이어'들이 모일 때마다 우리는 그들에 맞서 항의할 것"이라고 말했다. 그런 다음 그는 다음 세계화 회의, 즉 2000년 다보스에서 열리는 세계경제포럼, 워싱턴과 프라하에서 열리는 세계은행과 국제통화기금 회의를 나열했다. 그다음에는 G8 회의와 차기 세계무역기구 회의 날짜가 잡혀 있었다.

시애틀의 '아래서부터의 저항'의 성격과 성공은 내게 큰 영감을 주었고, 쾰른으로 돌아온 후 시애틀에 대해 강의하며 새 책을 쓰기로 결정했다. 나는 이 '거리의 대학'에서 배웠고 앞으로 내가 할 일이 무엇인지 알았다. '거리의 대학'이 영감을 준 것은 전 세계 사람들과 접촉하고 시위하며 창의성을 표현할 수 있었기 때문만이 아니었다. 우리가 함께 진정한 변화를 만들고 뭔가를 성취했기 때문에 '거리의 대학'은 고무적이었다. 더욱이 이런 '아래서부터의 세계화'는 새롭고 흥미로운 경험이었다. '거리의 대학'은 내게 우리 경제가 실제로 어떻게 작동하는지 가르쳐주었다. 나는 1997년부터 현재까지 배운 것을 경제학 과정이나 교재에서는 결코 배우지 못할 것이다. 세계무역기구와 자유 무역에 대한 국제적 저항에 참여하는 이들은 우리를 비판하는 사람들이 주장하는 것처럼 회의에서 회의로 옮겨 다니는 활동가가 아니었다. 우리는 이전에 없던, 다음과 같은 질문에 대한 답을 찾아야 했다. 신자유주의를 향한 전환은 어떻게 가능했는가? 복지 국가는 왜 이를 막을 수 없었는가? 왜 사람들은 불이익만 주는 신자유주의에 함께 반대하지 않는가? 왜 정당 정치인들과 노동조합은 마거릿 대처(Margaret Thatcher)의 1979년 표어인 "대안은 없다(There Is No Alternative: TINA)"처럼 이 '새로운' 경제 정책을 저항 없이 받아들이는가? 신자유주의 세계화와 전쟁 사이에 어떤 연관성이 있는가? 이 체제에 대한 대안은 무엇인가?

### 신자유주의 정책과 결과에 대한 정보 공유 활동

나토가 유고슬라비아를 상대로 전쟁을 시작하고 아프가니스탄과 이라크 전쟁이 이어졌다. 냉전 시대가 이제 막 역사가 되고 마침내 전 세계가 평화의 시대를 희망하던 때 왜 세계 최대의 경제력·군사력을 갖춘 강대국이 연이어 전쟁을 시작하는지, 이런 군사주의 열풍은 세계화와 어떤 관련이 있는지에 대한 의문이 나를 사로잡았다. 우리는 이 문제를 비롯해 많은 문제를 소집단 토론에서만 다루지 않고 〈기업 지배와 신자유주의 정책에 반대하는 소식지(Infobriefe gegen Konzernherrschaft und Neoliberale Politik)〉를 발행했다.

우리가 다자간 투자 협정 반대 운동을 하는 동안 많은 사람이 다자간 투자 협정의 진전과 저항 운동에 대한 정보를 어디서 얻을 수 있는지 물었다. 이미 언급했듯이 언론은 이 문제에 대해 침묵을 지켰고 정치인들도 마찬가지였다. 세계화와 신자유주의는 아직 공적 문제가 되지 않은 것 같았다. 그래서 우리는 전 세계 친구들로부터 받은 정보를 번역해 출판하기로 결정했다. 이는 이 문제가 중요하다고 생각하는 남성과 여성이 후원자, 사무실, 보조원, 협회나 비정부기구의 지원 없이 이 작업에 자발적으로 시간을 투자했음을 의미한다. 때때로 쾰른에서 사회 문제에 관한 행사도 조직했다.

나는 이 행사에 참석하는 사람 수에 놀랐다. 그들은 분명히 신자유주의화한 정책 실행 과정에서 다른 공공장소를 모두 폐쇄 또는 사유화하거나 목적을 바꾸었기 때문에 뜨거운 쟁점을 논의할 수 있는 토론의 장을 찾고 있었다. 예를 들어 쾰른시민대학은 프로그램에서 모든 비판적·정치적 강좌를 폐강했다. 좌파는 분열했다. 대학은 신자유주의적 비용 절감 조치를 강제당하며, 정보를 쌓아놓고 주입식 교육을 하는 장소로 변질했다.

나는 미국에서 강연하며 이런 탈정치화 과정을 관찰할 수 있었다. 1999년 코넬 대학교 학생들은 자기 학교가 주류인 세계화, 자유화, 민영화 추세에 반하는 어떤 것도 연구하거나 논의할 수 없는 민간 기업이 되어버렸다고 토로했다. 독일 대학 역시 널리 탈정치화해 더 이상 우리 시대의 중심 주제, 즉 학생을 포함해 누구에게나 해당하는 주제에 대한 개방적·비판적·창의적 담론의 장이 될 수 없을 정도였다. 반세계화 운동이 시작되고 나서야 신자유주의 정책을 비판하는 몇몇 집단이 대학에 자리 잡았다. 그중 하나가 자폐적 경제학 넘어서기 운동이었다.[3]

이런 이유로 우리는 부족한 국외 정보를 채우고 이를 〈소식지〉에서 논의하려는 조심스러운 시도가 정당하다고 느꼈다. 〈소식지〉가 성공했다는 사실은 우리가 올바른 결정을 했음을 보여준다.[4]

## 아탁과 사회포럼

2000년대가 온 지 몇 년 만에 국제회의마다 신자유주의 세계화에 대한 저항이 늘어나 새로운 국제 사회 운동으로 발전했다. 이 운동을 통해 시애틀의 의제를 언론과 정치인들이 더 이상 무시할 수 없을 만큼 알릴 수 있었다. 하지만 많은 이가 우리의 구조와 목표는 모호하고 부족하다고 느꼈다. 사람들은 "무엇에 반대하는지 이해합니다. 하지만 실제 목표가 무엇인가요?"라고 물었다.

이것이 2000년 독일 아탁(Attac Deutschland)을 설립한 배경이다. 아탁은 국경을 넘는 금융 거래에 대한 과세 및 토빈세를 통한, 금융 시장 규제를 위해 싸우는 국제 네트워크이다. 토빈세는 이를 제안한 경제학자 제임스 토빈(James Tobin)의 이름을 딴 세금이다. 아탁은 주소가 있고 구조를 갖춘 전 세계적 반세계화 운동이었다. 그러나 아탁의 구상을 담은 첫 문서에서는 내가 다른 나라의 운동에서 목격한 급진주의를 상당 부분 철회했다. 여기서는 아탁을 반세계화 관점에서 설명하기를 의도적으로 회피하며 세계화에 비판적인 네트워크로 묘사했다.

우리의 소규모 '다자간 투자 협정 반대위원회'는 이런 저항에 만족하지 않았지만 그래도 쾰른 아탁 지부 공동 창립 회원이 되기로 했다. 우리는 이념 차이에도 불구하고 독일에서 신자유주의와 세계화에 대한 저항 운동을 전개해 언론, 노동조합, 정치인들을 주목시키는 것이 중요하다고 생각했다. 하지만 자율적 지위도 유지하며 계속 〈소식지〉를 발행하고 자체 행사를 조직했다.

### 페미니스트 아탁

암스테르담에서 열린 회의 "변방을 벗어나"에 참석한 후 나는 더 이상 여성 문제에만 초점을 맞추고 싶지 않았다. 오히려 신자유주의적 세계의 '주류'에 의문을 제기하길 원했다. 하지만 나는 여성을 간과할 수 없었고 신자유주의 세계화와 여성 억압 사이 관련성을 계속 생각했다. 여기에 대해 침묵하는 것은 불가능했다. 더욱이 나는 1999년 시애틀에서 시위하는 젊은 여성을 많이 보았다. 2000년 베를린에서 열린 첫 번째 주요 아탁 회의에 참석했을 때도 같은 현상을 목격했다. 많은 여성이 회의에 참석했지만 연단에 오른 여성은 거의 없었으며, 세계화와 여성 문제가 분명함에도 이에 대해서는 어떤 연사도 언급조차 하지 않았다.

회의에 참석한 젊은 여성들은 여기에 괴로워하지 않는 것 같았다. 더 나이 든 페미니스트 중 일부는 독일 학생 운동, 특히 독일사회주의학생동맹(SDS) 초기를 떠올렸다. 1969년 헬케 산더는 남성 동지들의 얼굴에 토마토를 던져 인류가 두 가지 성별, 즉 말하는 성별과 침묵하고 봉사하는 성별로 구성되었음을 상기시키고자 했다. 휴식 시간에 나이 든 여성과 젊은 여성 몇 명은 함께 아탁 내 여성 네트워크를 구축하고, 회의가 끝나기 전 이를 새 실무위원회로 소개하기로 했다. 에바 퀴스토르프가 요청을 제출했고 수락받았다.

이런 성공에도 불구하고 나는 기시감을 느꼈다. 왜 여성이 관여하는 새로운 운동이 출발할 때는 항상 일종의 '쿠데타'를 통해 여성 문제에 관심을 집중시켜야 하는가? 왜 남성들은 성별 관계와 여타 사회 문제 사이에 연관이 있다는 사실을 아직도 깨닫고 싶어 하지 않는가? 궁극적으로 아탁의 조정 집단은 여성 네트워크를 포함하게 된 것을 기뻐했다. 나중에 이 네트워크는 오스트리아 및 국제 모델에 따라 페미니스트 아탁으로 이름을 바꾸었다.

나는 페미니스트 아탁의 창립 회원 중 한 명이었는데, 자본주의적 가부장제에 대한 우리 페미니스트들의 비판을 젊은 세대에게 전해 반세계화 운동 맥락에서 더 발전시키고자 하는 희망에서였다. 그러나 슬프게도 내 희망은 얼마 지나지 않아 산산조각났다. 왜냐하면 아탁의 조정 집단이 여성을 대하는 데 어려움을 겪었을 뿐만 아니라 젊은 여성들이 자본주의적 가부장제 분석보다 다른 문제에 관심을 두었기 때문이었다. 그들은 포스트모더니즘에 관심을 가졌고 주로 젊은 남성들과 함께 상상력을 펼치는 활동을 하고자 했다. 그들은 페미니즘이 남성에 대한 혐오를 수반한다고 생각하고 거부했다.

## 사회포럼

아탁 외에도 전 세계에서 '글로벌 플레이어'가 조직한 정상 회담에 초점을 맞춘 저항 활동이 점차 늘어났다. 그중 하나가 스위스 다보스에서 열리는 세계경제포럼 연례 회의였다. 매년 1월 세계의 경제·정치·문화 엘리트들이 유명한 스키 리조트에 모여 자본주의 경제의 미래 전략을 논의한다. 그리고 반세계화 시위대는 매년 과감하고 다양한 방식으로 이 회의를 방해했다. 2000년 스위스 정부는 시위대가 다보스에 오지 못하도록 경찰의 통행 제한과 여행 금지 같은 엄격한 조치를 하기로 결정했다. 주요 저항 행사는 취리히로 옮겨갔다.

준비 과정에서 스위스 개신교 여성들이 다른 여성들을 회의에 초대해 세계화의 결과, 특히 여성과 관련한 결과에 대해 비판적 입장에서 정보를 얻을 수 있도록 했다. 이 회의는 우리가 검증한 실천과 이론의 결합이라는 원칙에 따라 조직했다. 우리는 2000년 1월 20일까지 비밀리에 다보스에 가져갈 전단과 커다란 현수막을 만들었다. '의심스러워 보이는' 이들은 모두 경찰이 구금했지만 다소 보수적으로 보이는 개신교 여성들은 쉽게 다보스에 들어갈 수 있었다. 그들은 여러 교회에 전단지를 배포하고 시장에 현수막을 내걸었다.

주최 측에서 반다나 시바를 세계경제포럼에 대한 비판자로 초대했는데, 이는 그들이 비판자들과의 '토론'에 얼마나 개방적인지 보여주려는 의도였다. 시바는 신자유주의에 반대하는 열렬한 연설을 했을 뿐만 아니라 거리에서도 세계경제포럼에 대한 비판을 이어갔다.

이런 작은 성공에도 불구하고 다보스 시위대는 '글로벌 플레이어'들의 국제회의를 따라 다니며 시위하는 것이 별 의미가 없음을 분명히 깨달았다. 그동안 신자유주의 반대 운동이 수백만의 사람들에게 영향을 주고 무시할 수 없을 정도가 되었지만, 운동의 목표·전략·단계를 논의하기 위해 모이는 것은 불가능해졌다. 그래서 결정한 것이 사회포럼

(Social Forum) 창설이었다. 이 회의의 목표는 신자유주의 세계화에 대한 지역적·국가적·국제적 비판, 새로운 관점과 대안을 논의 및 개발하기 위한 자체 행사 조직이었다.

제1차 세계사회포럼(WSF)은 2001년 브라질 포르투알레그리에서 열렸다. 이 행사는 큰 성공이었다. 포르투알레그리에서는 **"다른 세계는 가능하다!"**는 표어를 만들었다. 이 표어는 전 세계로 퍼졌다.[5] 이는 사람들이 더 이상 자본주의·신자유주의 세계화를 유일한 대안으로, 경제를 운영하는 사람들이 원하는 방식으로, 자연의 법칙처럼 받아들이길 원치 않는다는 신호였다. 포르투알레그리에서는 이 '다른 세계'가 가능할 뿐만 아니라 이미 시작했다는 점이 명확해졌다. 시민들이 스스로 시의 재정 분배와 사용처를 결정하는 이 도시의 '참여 예산'은 곧 전 세계 많은 프로젝트의 본보기가 되었다. 나는 포르투알레그리와 2004년 인도 뭄바이에서 열린 세계사회포럼에 참석했다. 독일 아탁 회의 이후 아탁과 우리 사이에 최소한의 합의가 있지만 심대한 차이도 있음이 분명해졌다. 한 예는 아탁이 작성한 원칙 성명서로 여기서는 세계화에 **저항하는** 이들과 거리를 두었다. 아탁은 원칙적으로 자신들을 세계화에 대한 비판자로 간주했고 지금도 마찬가지다. 하지만 다른 사람들은 세계화에 대한 거부를 고수했다. 나는 이들 가운데 하나였는데, 진정 민주적·참여적·반자본주의적·환경 및 인간 친화적인 '세계 경제'를 상상할 수 없었고 지금도 그렇기 때문이다. 개인이 **그 혹은 그녀 고유의, 삶에 대한 주권**을 되찾을 어떤 가능성도 남겨두지 않은 채 소수의 최상위 엘리트에게 세계인의 일상생활을 직접, 깊이 좌우하는 권력을 주면 필연적으로 전체주의가 된다. 세계무역기구가 시행하는 정책과 다국적 기업의 사실상 세계 지배는 이미 일종의 전체주의와 우리를 기다리는 새로운 전쟁을 시사한다. 나는 이런 새로운 경제 정책에 반발하는 전 세계 수많은 이들의 분노를 이해한다. 그들이 자신의 삶에 대한 주권, 즉 일·생계·물·토지·인프라·문화·식량·주거·종자·숲·공기·교육·건강·정책·경제에 대한 주권을 회복해야 한다는 것을 이해한다. 그들은 세계무역기구와 같은 국제 관료제나 다국적 기업 경영진에게 지배당하기를 원치 않는다.

당시 독일 총리이던 게르하르트 슈뢰더(Gerhard Schröder) 연립 정부는 1999년 세계화에 관한 자체 전문가위원회를 소집했다. 위원회 보고서에서 '현재 세계화의 오류'(예를 들어 부국과 빈국의 양극화, 환경 파괴, 사회적 기준의 부재)를 상세하게 설명하기는 했지만, 그 결론은 세계화는 좋고 무엇보다 불가피하다는 것이었다. 당면한 과제는 예를 들어 '노동·환경 규범 도입'을 통해 세계화를 '민주적 형태'로 만드는 것이었다. 그러나 나는 경쟁이 주를 이루고 세계화, 탈규제화, 자유화, 민영화, 이윤 창출에 열중하는 다국적 기업이 지배하는 세계 경제에서 어떻게 이런 일이 가능할지 자문했다. 또한 아탁 일부는 세계화가 '인간화'할 수 있다고 믿었다.

이런 원칙의 차이 외에도 아탁 내부 구조, 나중에 우리의 큰 걱정거리가 된 아탁의 사회포럼 참여 문제도 있었다. 주요 사안 결정에 투명성이 부족한 것, 지도자 집단이 다시 나타나 활동 방침과 실무 집단을 결정하고 언론 관련 업무를 통제하고 돈을 어떻게 분배할지 정한다는 사실도 문제였다. 이 모든 것을 접하며 정당 구조를 떠올릴 수밖에 없었다. 나는 정당 가입에 전혀 관심이 없었다.

나는 성공을 참여자 수로 가늠하고(군중이 많을수록 성공도 커지는 것처럼 보였다……), 사람이 너무 많아 진짜 토론이 불가능한 이런 큰 행사에 전 세계를 누비며 참여하는 데 의미가 있는지 자문하기 시작했고, 더 이상 그런 행사에 참여하지 않기로 했다. 대신 늘 그랬듯 지역 차원에서 투쟁을 계속하길 원했다. 나는 우리, 국민, 풀뿌리들이 삶의 상업화, 모든 것을 시장 가치를 지닌 상품으로 전환하는 일에 지금 같이 체념하며 동조한다면 진정한 민주주의와 주권을 설코 누릴 수 없음을 깨달았다.

**세계는 상품이 아니다!** 이는 반세계화 운동에서 만들어낸 가장 중요한 표어였고, 반세계화 국제 회의를 통해 전 세계로 퍼져나갔다. '글로벌 플레이어'들은 이에 굴하지 않고 보다 큰 힘으로 전 세계, 삶, 생명을 이익만을 위한 상품으로 변화시키는 계획을 이어갔다. 이는 특히 서비스 무역에 관한 일반 협정에 반영되었다. 쾰른 폭행 피해 여성 쉼터를 위한 운동을 처음 시작한 이래 관심사이던, 여성에 대한 착취와 폭력이 이 협정을 통해 다시 나타났다. 여성은 무급 혹은 최저 급여를 받는 서비스 제공자의 전형이 되었다.

## 세계화와 여성에 대한 폭력

### 끝없는 폭력

1993년 암스테르담 "변방을 벗어나" 회의에 참가한 이후 주류 정치와 경제 엘리트들이 더 많은 여성을 끌어들이려 함을 알았다. 이 전략으로 전 세계 대다수 여성이 불리한 위치에 처하며 이런 변화를 '이해'나 '설명'할 수 없을 것임이 분명했다. 왜냐하면 그들이 잘 아는, 기존 좌파 이론·분석·방법론은 세계화한 자본의 의기양양한 전진을 막는 데 도움이 되지 않기 때문이었다.

나는 태국에서 열린, 여성에 대한 폭력 증가 문제를 풀기 위해 '여성을 위한 여성(Women for Women)'이라는 조직이 주최한 워크숍에서 이런 통찰을 처음 했다. 이 워크숍에서 여성에 대한 폭력의 보고는 끝이 없었다. 언제 이런 폭력이 증가하기 시작했는지, 이런 현상이 세계적 경제 재구조화와 관련이 있는지와 같은 질문에 태국 여성들은 아무 대답도 못했다. 그들은 성매매, 어린 소녀마저 대상으로 하는 강간, 여성 인신매매 증가를 남녀의 전통적·가부장적 관계로 인한, 시대를 초월한 현상으로 여겼다. 하지만 적어도 이 워크숍에서는 세계 경제의 새로운 신자유주의적 구조와 여성에 대한 폭력 사이 연관성으로 관심을 돌리는 것이 가능했다. 분석 없는 공포의 이야기에 나는 크게 당황하고 분노했다. 기억나는 사례가 하나 있다.

주로 변호사이던 워크숍 주최 측은 방콕에서 치앙마이까지 나와 함께 운전했다. 그들은 푸켓의 한 성매매업소에서 밤에 발생한 화재 사건을 해결하려 노력하고 있었다. 여기서 성매매 여성들이 불에 타 숨졌는데 그 이유는 사슬에 묶여 탈출할 수 없었기 때문이었다. '여성을 위한 여성'은 한 피해자의 가족을 방문했다. 그들은 농민인 가족이 대금업자에게 받은 대출금을 갚기 위해 딸을 판 것이 아닌가 의심했다. 그런 계약은 흔한 일이라고 여성들은 말했다. 이런 계약의 특징은 여성이 빚에 얽매이는 상황이 일정 기간으로 끝나지 않으며, 자신들이 얼마를 벌고 있는지 혹은 그중 얼마가 자기 몫인지 전혀 모른다는 점이다. 그들이 아는 것이라고는 성매매가 가족에게 도움이 된다는 것뿐이다.

우리가 농부의 오두막에 들어갔을 때 어머니와 침대에 앉은 다른 딸이 있었다. 아버지는 나중에 들어왔다. 곧 이들이 입을 열지 않을 것이 분명해졌고, 특히 빚이 있는지에 대해서는 말하려 하지 않았다. 아버지는 잠시 뒤 나갔다. 그런데 더 충격적이었던 것은 침대에 앉은 둘째 딸이 포르노 잡지를 보는 것이었다. 아마 그녀는 방콕이나 푸켓에서 성매매 여성으로 일할 '경력'을 준비하고 있었을 것이다.

지역 전체가 세계 농업 시장에 무릎을 꿇었다. 소규모 자급농들은 이제 자신, 지역, 수출 시장을 위해 타피오카를 재배하도록 강제당했다. 특히 돼지 사료용 타피오카를 가공하는 농산업은 유럽 육류 산업 확장에 주요한 역할을 했다. 태국 농민들은 빚을 지고, 농장을 팔고, 최후의 수단으로 딸들을 팔아야 했으며 이들은 방콕과 태국 남부의 관광 천국에서 유럽과 미국 남성을 섬겨야 했다. 그러므로 정부, 유엔, 세계은행이 **개발**이라고 부르는 것의 종착역은 성매매다.[6]

오랜 시간이 지난 뒤 나는 방글라데시 다카에 있는 독일문화원장의 초청을 받아 강연했다. 여기서도 젊은 여성에 대한 폭력이 급격히 증가했다. 태국과 마찬가지로 그 원인은 일차적으로 전통적 가부장제 구조로 거슬러 올라가며, 세계적 자본주의 자유 무역으로 인한 방글라데시의 경제 변화와는 관련이 없는 것처럼 보였다. 그러나 그 연관성은 곧 명확해졌다. 일본, 한국, 독일, 미국 섬유 회사가 섬유 생산을 방글라데시로 이전했고 그 이유는 저렴하고 고분고분한 노동자들이었다. 이들은 젊고 숙련되지 않은 여성들, 심지어 불평 없이 옷을 꿰매는 어린이들일 때도 있으며, 서구 시장을 위해 밤낮으로 초과 및 교대 근무를 했다.

내 친구 파리다 아크테르는 이런 방직 공장에서 화재가 자주 발생했고 계단과 비상구가 직물 더미로 막혔기 때문에 여성이 많이 죽었다고 말했다. 나는 파리다와 함께 다카 외곽의 소위 자유생산지대에 있는 한국 공장을 방문했다. 공장은 마치 감옥처럼 폐쇄적이었다. 관리자를 만나기 위해 검문소를 적어도 다섯 군데는 통과해야 했다. 마침내 만난 그는 방글라데시의 높은 경제 성장은 모두 섬유산업 덕분이라고 자랑했다. 공장의 노동 조건에 대해 질문하자 그는 여기에는 아동 노동이 없으며, 한 푼도 벌 수 없는 마을의 극심한 빈곤에 비하면 여성들은 공장을 통해 어느 정도의 소득을 얻고 있다고 자랑스럽게 말했다. 여성들은 마을과 공장을 오가는 버스를 탔고 이는 새벽 2시에 끝나는 야간 근무의 경우도 마찬가지였다. 여성에 대한 공격은 대부분 직장에서 놀아오는 밤에 발생했다.

세계 경제의 신자유주의 재구조화와 여성에 대한 폭력 증가 사이 연관성은 명백했다. 여성들은 세계화한 경제를 위한 최적의 노동자다. 그들은 노동조합을 조직하지 않고, 자신의 권리를 모르고, 가정과 일을 결합해야 하기 때문에 순응적이며 남성보다 적은 급여를 기꺼이 받아들인다. 우리는 이미 1980년대 초 가사 노동 논쟁을 통해 이런 문제를 분석한 바 있다. 그들은 가장 저렴한 생산 노동자이자 서비스 제공자이기도 하다. 그리고 폭력은 그들이 치른 또 다른 대가였다(Mies, 1999 참고).

## GATS와 민영화에 반대하는 쾰른 여성 회의(2003년)

세계화 과정, 특히 2003년 서비스 무역에 관한 일반 협정 재협상 기간에 세계화한 경제의 여성 노동 문제가 긴급 의제로 떠올랐다. 서비스에 관한 새로운 합의는 남성보다 여성에게 더 영향을 미치는 것으로 보였다. 전 세계에 걸쳐 여성은 실제 서비스 제공자이다. 즉 모든 분야에서

비서, 사무보조원, 간호사, 돌봄노동자, 식당 종업원, 학교와 보육원 교사, 사회복지사, 청소부, 성매매 종사자 그리고 물론 가정주부로도 서비스를 제공한다.

'서비스'라는 말에는 온갖 활동이 들어가는데 자유 무역 논리에 따르면 이런 활동은 상품으로 세계 시장에서 자유롭게 거래할 수 있다. 많은 서비스 영역이 우편, 대중교통, 보건 의료, 교육, 지방 행정(예를 들어 상하수도), 사회 복지 같은 공공 서비스와 관련 있다. 그때까지 이런 서비스는 항상 정부에서 관리했다. GATS 협정은 궁극적으로 이런 서비스를 민영화하라고 위협했다. 여성은 남성보다 부정적 영향을 훨씬 더 받을 것으로 보였으나 이런 '발전'에 대해 전혀 모르고 있었다. 우리는 페미니스트 아탁에서 이에 대해 논의한 후 2003년 5월 "여성이 GATS를 멈춘다(Women Stop GATS)!"라는 국제회의를 개최하기로 했다.

이 회의는 쾰른응용과학대학교에서 열렸고 이 문제에 관한 독일 최초의 그리고 유일한 회의였다. 여성 500명 이상과 많은 남성이 연사들의 이야기를 듣기 위해 쾰른에 왔다. 우리의 목표는 이미 전 세계에 걸쳐 나타난 GATS와 민영화 정책의 결과를 보여주는 것이었다. 우리는 남반구뿐만 아니라 북반구 여성들도 초대했다. 이 회의는 독일, 인도, 방글라데시, 영국, 캐나다, 오스트리아, 아르헨티나 여성들이 자국의 관점에서 서비스 민영화의 영향을 보고할 수 있었다는 점에서 성공이었다.

참가자들은 발표를 들으며 깊은 공포와 우려를 표했고, 방글라데시의 나일라 칸(Naila Khan)이 가난한 여성들이 의료 체계의 신자유주의 '현대화'로 병원 치료를 감당할 수 없게 되었다고 설명하자 감정은 더 격앙했다. 이는 정부가 공공 병원에 대한 지원을 줄인 결과로 부자를 위한 사립 병원이 늘었기 때문이었다. 영국의 벤테 마데이라(Bente Madeira)도 비슷한 상황을 보고했다. 이는 신자유주의 경제 정책의 영향이 전 세계에서 같음을 보여주었다.

이는 인도의 반다나 시바와 캐나다의 모드 발로(Maude Barlow)가 물 민영화 정책에 대해 보고했을 때 더 명확해졌다. 사람들을 가장 큰 충격에 빠뜨린 것은 인도 정부가 갠지스강의 물, 즉 '성스러운 어머니 강가(Ganga)'를 프랑스의 거대 전력 회사 수에즈(SUEZ)에 팔아 사유화하려 한다는 반다나의 설명이었다. 이는 사람들, 특히 농민들이 더 이상 물을 자유롭게 이용할 수 없다는 의미였다. 물은 이윤을 창출하는 상품이어야 했다.

그런 다음 그녀는 여성들이 정부와 거대 다국적 기업의 민영화 정책에 그들이 굴복할 때까지 지속적·조직적으로 반대했다고 전했다. 이런 반대 때문에 정부는 2003년 시브나스강 민영화도 철회해야 했다. 반다나 시바는 신자유주의 민영화 논리를 다음과 같이 비판했다.

> 민영화에 이용하는 주장은 건강, 교육, 에너지, 물에 공통이다. "오, 여기에 비용이 이만큼 드니 전액 회수해야 하는데 민영화야말로 사회가 실제 비용을 지불하게 하는 길이다"로 그들이 가장 좋아하는 말이다. (반다나 시바, "여성이 GATS를 멈춘다!" 회의, 쾰른, 2003년 5월 9일).

반다나 시바는 민영화가 다국적 기업의 이윤과 권력으로 이어지고, 천연자원은 모두 '원료'와 사유 재산이 되며 산업을 통해 가공한 후에만 '가치'가 생긴다는 것을 보여주었다. 예를 들어 수에즈 사는 갠지스강의 물을 '가공' '문명화'하고 물론 판매해야 하는 '원수(原水)'로 정의했다. 그녀는 이런 신자유주의 정책의 희생자는 지구 그 자체, 농민, 특히 여성이라고 보고했다. 그녀는 동료들과 함께 갠지스 물 프로젝트로 영향을 받은 마을을 방문했는데, 밭이 메마르고 물을 구하려면 너무나 먼 거리를 걸어야 하게 된 뒤 여성 100명 이상이 자살을 기도했다. 그들은 절망에 빠져 말했다. "강가는 언제나 우리의 어머니였어요. 이제 그녀는 우리의 무덤이 됐어요. 아시다시피 우리가 물에서 할 수 있는 일은 빠져 죽는 것뿐이에요"(Shiva, 2003b).

1985년 유전자 및 재생산 기술에 반대하는 여성 회의가 더 많은 행사로 이어진 것과 마찬가지로, 2003년 서비스 무역에 관한 일반 협정에 반대하는 여성 회의 또한 물·보건 의료 체계·교육·에너지 공급과 같은 서비스 부문 민영화와 삶을 상품으로 변형하는 것에 반대하는 새로운 활동을 낳았다. 그럼에도 이 회의 이후 나는 녹초가 되었고 이런 큰 행사를 계속 조직하는 일이 의미가 있는지 생각하기 시작했다.

## 세계화와 전쟁

그렇다고 세계화 문제에 등을 돌릴 수도 없었다. 반대로 그 후 몇 년에 걸쳐 과거와 미래 모두의 세계 무역 및 경제 체제는 무력 증강과 새로운 전쟁을 통해서만 유지할 수 있다는 것이 명확해졌다. 구유고슬라비아, 보스니아, 코소보에서 나토가 벌이는 전쟁은 (동서 갈등의 종식과 더불어) 이제 전 세계에서 전쟁이 가능할 뿐만 아니라 **정상적이고 바람직하다**고 선전하는 시대가 왔음을 명백히 보여주었다. 가장 큰 충격은 녹색당이 독일의 참전에 동의한 것이었다. 우리 중 상당수는 녹색당 지지자이자 당원이었다. 경제와 전쟁의 세계화 사이 연관성은 2001년 9월 11일 이후 조지 W. 부시(George W. Bush)가 인류에 대한 가장 큰 위협이라고 한 테러와의 전쟁, 이어서 이슬람교와의 전쟁을 선포한 뒤 더 뚜렷해졌다.

나는 '전쟁과 경제' 사이 연관성에 대한 자료를 수집했고 그 후 몇 년에 걸쳐 클라우디아 폰 베를호프와 함께 세계화와 전쟁의 관계에 대한 책을 썼다(Mies, 2004). 이 책을 집필하면서 세계화와 전쟁 사이 다양한 연계성에 눈뜨게 되었다. 전쟁과 가부장제가 서로 연결되었다는 것은 나와 친구들이 수년 전 분석한 내용이었다. 나는 클라우디아 폰 베를호프와 계속 연락하며 현대의 가부장적 자본주의 경제 체제와 전쟁 체제가 함께 세계적 전쟁 체제를 형성한다는 그녀의 연구 결과를 잘 알고 있었다. 이 통찰은 문제의 핵심을 꿰뚫었다. 그러나 우리는 이를 냉정하고 객관적으로 분석할 수가 없었다. 1999년부터 구유고슬라비아를 상대로 한 나토의 전쟁, 난민의 물결, 인종 청소, 학살에 관한 절망적 소식이 날마다 들려왔다. 이는 2003년 아프가니스탄의 탈레반과 이라크의 사담 후세인에 대한 미국의 전쟁으로 이어졌다. 이 모든 전쟁이 겉으로는 자유와 민주주의를 수호하기 위한 것이었다(Mies, 2003 참고).

그러나 이 중 어느 전쟁도 국제법에 부합하지 않았고, 국제법은 독일연방공화국이 두 전쟁에 참전하는 것, 그중 하나인 아프가니스탄 전쟁에 지금(독일어 원서 출간 당시인 2008년을 가리킨다—옮긴이)도 하고 있는 것을 막지 못했다. 언론도 전쟁에 대한 선전을 전파하는 데 동참했다. 세계가 **권리의 지배**라는 것을 던져버리고 **권력의 지배**로 되돌아갔음이 분명했다. 이는 우리가 오래전 극복했다고 생각하던 그런 종류의 지배로, 경제적 약자에 대한 강자의 잔혹한 공개적 폭력과 폭정을 특징으로 한다. 내부는 물론 외부에서도 세계적 전쟁을 계속하는 시대가 도래했다.

내 책 《무제한의 전쟁》(Mies, 2004)의 제목에 나타난 카산드라(그리스·로마 신화에 나오는 예언자—옮긴이) 같은 예언에 대한 반박은—불행히도—현재까지 없었다.

이 '새로운 전쟁'과 관련해 나를—이전의 낙관주의를 잃을 정도로—화나게 한 것은 서구가 석유 같은 새로운 자원의 통제권뿐만 아니라, **자급자족하고 자립할 수 있는** 사회의 능력 자체를 파괴하는 것을 목표로 테러와의 전쟁을 벌이고 있음을 깨달은 것이었다. 침공당한 국가는 사실상 '자유 무역'과 미국 및 유럽 다국적 기업에 스스로 개방하도록 강요받고 있었다. 오늘날 이들은 전쟁으로 피폐하고 빈곤해졌을 뿐만 아니라 서구 산업 국가에 전적으로 의존하게 되었다. 부유한 나라에서는 보편적 경쟁 원칙의 강요를 통해 '만인의 만인에 대한 투쟁'의 형태로 전쟁이 일어났다. 이는 복지 국가와 연대의 종말뿐만 아니라 '다른 세계'를 상상하고 그것을 위해 싸우는 사람들의 능력이 점점 약화함을 의미한다. 전쟁은 정상적인 일이 되었다.[7]

《무제한의 전쟁》 출간 이후 전국을 돌며 진행한 강의는 내게 상당한 영향을 미쳤다. '세계화와 전쟁' 문제는 문자 그대로 내 피부 아래로 들어갔다. 나는 지쳤지만 2006년에도 계속 유럽 전역에서 강의했다. 그러나 청중에게 범죄적 전쟁 체제에 대한 고무적이고 적용 가능한 대안을 제시하는 일은 점차 어려워졌다.

15

# 새로운 전망을 찾아서

겉으로 보이는 대로 판단하면 미래에 대한 전망은—남반구뿐만 아니라 부유한 북반구에서도—암울하다. 이는 우리 자녀들과 다음 세대가 점점 더 치열한 일자리 경쟁, 스트레스, 노년의 재정 불안에 직면한다는 뜻이다. 노인들은 사랑하는 사람들 곁에서 행복하고 충만하게 꾸려가는 삶을 기대할 수 없으며 오히려 요양원에서 외롭고 무료하게 지낼 것으로 보인다. 미국과 유럽은 세계화의 주요 수혜자이지만 국내에서는 우울증이 새로운 풍토병처럼 증가하고 있다. 많은 사람, 심지어 크게 성공한 사람도 무기력을 느낀다. 가장 비판적인 사람들, 더 나은 세상을 위해 용감하게 싸워온 사람들조차도 포기하지 않기가 어려워지고 있다. 그들의 눈앞에서 북반구는 물론 남반구에도 기후 재난이 다가오고 대량 실업이 나타나며 빈곤과 부정의가 늘어남에도 불구하고, 다국적 기업은 계속 세계화·자유화·민영화 정책을 추종하며 모든 것을 상품으로 변형한다. 사람들이 거리에서 분노를 표현하고 나서 그들이 초조해지기는 했지만, 지속적 성장과 축적이라는 기본 철학에는 아무 영향이 없었다.

강의하다가 때때로 "낙관주의와 희망을 어디서 얻나요? 당신의 이상은 무엇인가요?"라는 질문을 받는다. 매우 좋은 질문이다. 내가 낙관적인 이유는 아마 어렸을 때 **행복한 삶**을 살기 위해 '물건'이 많이 필요하지 않음을 경험해서일 수 있다. 어쩌면 남반구의 좋은 친구들 덕분일 수도 있는데, 이들은 물질 면에서 나보다 훨씬 열악한 환경에 살면서도 희망을 잃지 않으며, 오히려 또 다른 재난이 다가오고 있다는 소식을 듣거나 다국적 기업과 정부 동맹의 만행을 견딜 수 없을 때면 힘을 모아 밖으로 나서 뭔가를 **한다**. 앞에서도 말했듯이 도로테 죌레는 가난한 남아메리카 사람들의 낙관주의를 이렇게 묘사한 적이 있다. "가난한 사람은 비관할 여유가 없다. 비관주의는 부유한 사람들의 사치다." 나는 많은 미국인이 "우리는 일하고 또 일한다. 늙어 백발이 될 때까지 투자하고 소비한다. 도대체 '좋은 삶'은 언제 오는가?"라고 불평하는 것을 들었다.

많은 사람이 어쩔 줄 모르고 있으며 새로운 미래를 구상할 수 없다. 아탁은 "또 다른 세계는 가능하다"라는 표어를 만들었다. 그런데 이 세계는 어떤 세계여야 하는가?

2002년 오순절에 도로테 죌레, 내 전 동료 메히틸트 회플리히, 나는 쾰른의 안토니터 교회에서 서비스 무역에 관한 일반 협정에 관한 야간 시국 기도회를 마지막으로 조직했다. 우리의 표어는 다음과 같았다.

**다른 세계가 필요하다!**

**다른 세계는 가능하다!**

이런 표어는 너무 낙관적으로 들릴 수 있다. 하지만 그러지 않고 희망이나 전망이 없는 많은 사람, 특히 젊은이들의 갈증을 해소할 수 있는가? 우리가 정확히 어떤 세상에 살고 있는지 자문해보아야 하지 않는가? 그리고 '좋은 삶'이란 과연 무엇인가? 나는 새로운 전망을 세우기 어려운 것이 세계를 지배하는 주류 자본주의 체제가 사실 **새로운 종교**이기 때문임을 깨달았다.

## 종교가 된 자본

우리가 새로운 전망을 제시하지 못한다면 유일한 대안은 폭력과 전쟁에 굴복하고 제한 없는 상품 생산과 자본 축적을 받아들이는 것이다. 이 종교의 신은 자본, 정확히 말하면 **가부장적 자본**이다. 이 신은 **보이지 않고**(그렇다고들 말한다) **불멸하고 전지전능하고 편재하며** 영원히 성장해야 한다. 그는 삶의 근원이며 이 기업 주도 신자유주의 세계화의 시대만큼 분명했던 적은 없다(Mies, 2005a 참고).

이 신은 **교회**—은행과 기업 본사—는 물론이고 신학자와 **성직자**도 거느린다. 바로 경제학자, 과학자, 기술 관료, 그리고 가장 중요한 은행가이다. 그들은 이윤을 남기는 일은 할 수 있다면 무엇이든 한다. 이 종교도 다른 종교와 마찬가지로 신조에 기초하는데, 우리의 경험으로 미루어볼 때 새빨간 거짓말일지라도 모든 사람이 믿어야 하는, 돈과 이윤의 무제한 증가라는 신조다. 이 신자유주의 신조는 다음과 같이 요약할 수 있다. '세계적 자유 무역은 성장을 촉진한다. 성장은 모두를 위한 일자리와 번영을 창출하며 평등, 자유, 민주주의, 평화의 전제 조건이다.' 많은 사람이 이 신조를 믿는 이유는 세계적 자유 무역, 세계무역기구·세계은행 같은 기구나 기업의 이익을 위해 봉사하는 정치 지도자들의 행동이 전 세계에 미치는 실제 영향을 감추기 때문이다.

세계화한 자본주의의 전망에서 핵심은 사실 전망이 없다는 것이다. 이런 '무전망'은 중력의 법칙처럼 보여야 한다. 대안은 없다. 모든 종교에는 믿어야 하는 교리가 있다. 이 종교의 한 성직자는 그 교리를 다음과 같이 요약했다. "경쟁은 비록 그 과정이 힘들지라도, 궁극적으로 일자리를 만드는 데 가장 좋은 방법이다"(Mies and von Werlhof, 1998, p. 166에서 인용).

중요한 것은 경쟁 없이는 투자도 없고, 투자 없이는 일자리도 없고, 일자리 없이는 번영도 평등도 평화도 없다는 **믿음**이다. 우리는 이런 주장이 거짓임을 매일 경험하는데도 믿도록 요구받는다. 표어는 '**터무니없기 때문에 나는 믿는다**'이다.

## 모든 종교는 희생을 요구한다

10년이 넘는 자유 무역 정책 이후 일부 개인과 기업의 무제한 무역 및 부의 급격한 증가는 세계 인구 대다수의 속박과 빈곤을 대가로 한 것으로 나타났다. 1980년대 이래 부유한 나라와 가난한 나라 사이의 격차는 어느 때보다 커졌다. 미국, 영국, 독일, 프랑스 등 세계에서 가장 부유한 국가에서도 빈부 격차가 벌어졌다. 유엔과 세계은행조차도 세계적 자유 무역으로 이런 격차가 엄청나게 커졌음을 인정했다.

세계화의 승자와 패자 사이 격차는 소위 제3세계에서 극적으로 나타난다. 이들 국가의 많은 사람에게 세계화는 기본 생존이 위협받는다는 의미다. 거대 다국적 기업이 농업 생산에 침투했고 소규모 농업은 이들과의 경쟁을 통해 몰살당했다. 미국과 유럽의 잉여 농산물을 헐값으로 수입하면서 다른 일자리를 찾지 못한 농민 수백만 명의 생존이 파괴되었다.

세계화의 생태적·사회적 결과는 인도 농민들 사이에 전염병 같은 자살의 물결을 일으켰다. 이들은 처음에 유전자 조작 면화가 더 높은 수확량을 보장한다는 농업 비즈니스의 약속을 믿었다. 이 목화 재배는 재앙이었다. 많은 농민이 파산했고 스스로 목숨을 끊는 것 외에 다른 방법이 없었다. 나는 2008년 2월 인도에서 가장 부유한 주인 펀자브주에서조차도 수많은 농민이 파산한 뒤 자살한다는 기사를 읽었다.

**이 새로운 종교의 희생물은 민주주의, 환경, 국민 건강, 노동권, 사회권, 인권도 포함한다.** 시애틀·프라하·워싱턴·니스·멜버른·다보스 거리에서 시위를 벌인 사람들은 세계화·자유화·민영화가 국가 안팎에서 권력을 쥔 부자와 빈자의 격차를 심화했을 뿐만 아니라, 수백 년에 걸쳐 힘들게 획득한 노동권·사회권·인권, 창의성의 보존이 이제 무한한 이윤 추구에 종속되었음을 깨달았다. 모든 희생과 저항에도 불구하고 이 종교의 사제들은 지구에서 삶을 위한 기반을 계속 파괴하고 있다. 그들의 전략은 '개가 짖어도 기차는 간다'인 것 같다.

그렇다면 내 질문은 이렇다. 만일 주주가 얻는 이익만 값어치가 있다면 이 무정한 "대안은 없다"의 세계에서 사회적 유토피아가 나타날 수 있는가? 새로운 전망을 개발하려면 먼저 사람들이 세계자본주의의 약속에 대한 믿음을 버려야 한다. 전망과 희망은 대학과 학술 대회 같이 안전한 피신처에서 여는 토론에서 나오지 않는다. 이런 전환은 거리에서, 강력한 '글로벌 플레이어'에 반대하는 저항에서 비롯한다.

## 다 른 세 계 는 가 능 하 다

"만일 세계적 자유 무역에 반대한다면 대안으로 어떤 경제와 사회를 제시하시나요?"라는 질문을 자주 받는다. 이 질문에 대한 답은 사람들이 "대안은 없다" 증후군을 거부할 때 시작한다.

### 세계화 대신 지역화

"다른 세계는 가능하다"는 2001년 브라질 포르투알레그리에서 열린 제1회 세계사회포럼의 표어였다. 국제 농민 네트워크인 비아 캄페시나(Via Campesina)는 다음 표어를 공식화했다.

**저항을 세계화하라**

**희망을 세계화하라**

이 표어의 의미는 성장과 이윤을 우선시하는 경제 정책에 대한 세계적 저항 운동이 다른 세상이 가능하다는 희망의 시작이라는 것이다.

기업 권력에 반대하며 보낸 세월 동안 내게 희망을 준 것은 전 세계 사람들이 생활 조건에 대한 통제권을 되찾고자 한다는 깨달음이었다. 그들은 더 이상 브뤼셀이나 제네바에 있는 관료나 멀리 떨어진 다국적 기업 임원이 금전적 이득을 위해 식량, 공기, 물, 보건 의료 체제, 학교, 환경, 대중교통을 좌우하도록 놔두지 않았다. 이는 생활 조건에 대한 경제적·정치적 통제는 공공의 일을 민주적으로 조직하는 데 직접 참여할 수 있는, 포르투알레그리 같은 **소규모 경제 단위**에서만 가능하다는 통찰로 이어졌다.

이런 생각은 장밋빛 공상이 아니고 예를 들면 '광우병' 파동을 계기로 운동이 발전한 영국에서 이미 시도하고 있었다. 사람들은 자신이 뭘 먹는 것인지 정확히 알고 싶어 했으며 **식량 주권**을 요구했다. 2001년 5~7월 여러 도시에서 농민 시장을 조직했고 안내소 옆에는 "세계의 번영을 위한 지역의 식량"이라는 표어를 걸고 지역 특산물을 판매했다. 녹색당은 "전 세계의 '지역'을 보호하라"는 표어 아래 폭넓은 캠페인을 시작했다. 나는 에코페미니스트로서 이 표어에 전적으로 동의한다.

### 내게 무슨 일이 일어나고 있는가

21세기를 시작하고 몇 년 동안 나는 전 세계에서 세계화, 전쟁, 자급에 관한 강의를 계속하는 동시에 많은 논문과 책을 출판했다. 믿을 수 없을 정도로 바빴으며 이런 식으로 세상을 바꾸려고 노력하는 것에 점점 지쳐갔다. 자급 관점을 성공적으로 적용한 예는 많이 들 수 있었지만 정작 나는 더 이상 고유한 자급 프로젝트를 시작할 기력이 없었다.

은퇴 후 나는 어머니의 마을인 슈테펠른의 돌아가신 이모 집에 작은 아파트 하나를 임대했다. 나는 시간이 있을 때마다 도시를 벗어나 그곳에서 시간을 보냈다. 나는 공기, 마을 산책, 아름다운 화산 언덕의 풍경이 내게 좋다고 느꼈다. 더욱이 형제 몇 명이 가족과 함께 근처 마을에 살았다. 이 모두가 내게 잘 맞았다. 사촌 마리아 아그네스가 집 뒤에 있는 그녀 어머니의 텃밭을 물려받아 가꾸고 싶은지 물어온 것 또한 행운이었다. 이 텃밭은 내게 끊임없는 기쁨, 휴식, 평화, 감각을 통한 즐거움의 원천이 되었다. 게다가 나는 텃밭을 가꾸면서 자급이 실제로 무엇을 의미하는지 새롭게 통찰했다.

슈테펠른에서는 내가 원하는 대로 하루를 보낼 수 있었다. 아침에는 아파트의 작은 탁자에 앉아 원고를 썼다. 이 원고는 조카 에바가 컴퓨터로 타자를 쳤다. 나는 이곳에 노트북을 가져오고 싶지 않았다. 정오에는 텃밭으로 나가 봄에 씨 뿌린 채소를 수확했다. 나는 한스에게 감자를 샀는데 그는 마리아 아그네스의 남편으로 은퇴 후에도 아내의 가족 농장에서 함께 일했다. 이곳은 작지만 다양한 생물이 있는 농장으로 소, 닭, 벌 그리고 밭에서는 곡물, 당근, 감자를 키웠다.

나는 근처에서 필요한 것을 모두 얻었다. 한스에게 질 좋고 신선한 우유와 계란을 구했고 채소와 딸기를 비롯한 과일은 텃밭에서 자랐다. 소금, 설탕, 기름, 국수, 쌀, 차, 커피는 길 건너편의 작은 식료품점에서 살 수 있었다. 기운차고 쾌활한 80세의 에디트가 이곳을 지키고 있었다. **좋은 삶**을 위해 뭐가 더 필요하겠는가?

### 텃밭의 교훈

1. 어머니가 늘 말했듯이 **우리는 자연과 함께 일해야 한다.** 씨를 뿌리고 잡초를 뽑고 수확할 때가 언제인지 알아야 한다. 그리고 작물이 성장하도록 돕기 위해 자리를 지켜야 한다. 자연의 리듬을 알고 따라야 하며 그렇지 않으면 아무것도 잘 키울 수 없다. 필요한 일에 적절한 시기가 언제인지 알아야 한다. 이것이 내가 텃밭에서 배운 첫 번째 교훈이다.
2. **우리는 식물에게 필요한 것이 무엇인지 알아야 한다.** 인도의 한 농부가 식물을 잘 키우는 그의 과학에 대해 설명한 적이 있다. 그는 식물에

게도 아기가 엄마 뱃속에서 필요로 하는 것과 똑같이 "따뜻함, 물, 사랑"이 필요하다고 말했다. **따뜻함, 물, 사랑,** 이것이 텃밭의 두 번째 교훈이다.

3. **단일 경작이 아니라 다양성과 깊은 주의가 삶의 기본이다.** 한스는 내가 원하면 가을 텃밭에 소똥 거름을 주었다. 인공 비료는 사용하지 않는 것이 내 원칙이다. 또한 거름을 매년 주지도 않는데 어두운 화산재 흙이 너무나 비옥해 양분이 따로 필요하지 않기 때문이다. 나는 어릴 때부터 콩이 질소를 함유한다는 것을 알았기 때문에 돌려짓기(윤작) 원리를 따랐다. 작년에 콩이 자란 곳에는 붉은 사탕무나 근대나 양파를 심었다. 나는 '도리깨(Dreschflegel)'라는 회사에 씨앗을 주문했는데 여기는 유기농업, 특히 생물 다양성을 유지하기 위해 멸종한 품종을 되살리는 데 전념하는 친구들이 설립한 회사이다. 한스가 내 텃밭에 빗물 탱크를 설치해 작물에 줄 물을 비축할 수 있었다. 세 번째 교훈은 생물 다양성이 성공의 열쇠라는 것이다.
4. **자연은 인색하지 않다.** 텃밭에서 딸기, 채소, 허브, 호박, 근대, 특히 콩이 풍성하게 나 항상 **너무 많이** 수확했다. 쾰른 집에 갈 때마다 텃밭에서 난 과일로 가득한 가방과 바구니를 가져갔다. 그래서 남편과 나는 과일을 충분히 먹을 수 있었다. 같은 건물에 사는 사람들에게 농산물을 나누어주었는데도 늘 남았다. 내 텃밭 정도 넓이면 대가족이 1년 내내 먹을 수 있었다. 여름과 가을에 먹지 않은 것은 모두 보관했다. 내 사촌이 과일과 채소를 보관하는 오래된 방법을 가르쳐주었다. 텃밭에서 난 농산물을 보관하려고 냉장고도 샀다. 그래도 여전히 너무 많았다. 네 번째 교훈은 자연은 풍요를 산출한다는 것이다.
5. 우리는 **공유해야 한다.** 나는 항상 나눠줄 만큼 충분히 가지고 있었다.

식물은 돈이 아니다. 돈은 상하지 않으므로 비축할 수 있다. **자연은 항상 바로 사용할 수 있는 것보다 많이 생산한다. 자연은 관대하며 우리에게 나눔을 가르친다.** 이것이 텃밭의 다섯 번째 교훈이다.

6. **텃밭은 사람들 사이에 새로운 관계를 만든다.** 사람들은 종종 내 텃밭에 들러 채소 모종이 더 필요한지, 텃밭에 달팽이가 있는지, 달팽이를 어떻게 했는지 물었다. 내 텃밭에는 달팽이가 많지 않았고 제거제를 사용하지도 않았다. 나는 텃밭 울타리 너머로 새로운 사람들을 만났고 친구가 되었다.

   텃밭은 단순히 과일과 채소를 생산하는 곳이 아니라 만남의 장소로, 이웃과 정을 주고받는 새롭고 관대한 상호작용이 일어난다. 이것이 여섯 번째 교훈이다.

### 마을에서의 좋은 삶?

위에서 언급한 '좋은 삶'에는 좋은 관계도 들어간다. 나는 특히 막내 여동생 트루델과 친하다. 그녀는 아우엘의 고향 마을에서 가족과 함께 산다. 내가 몇 년 전 차를 포기했기 때문에 그녀는 내가 슈테펠른에 올 때마다 기차역으로 데리러 왔고 쾰른으로 돌아갈 때면 다시 역까지 태워주었다.

그녀는 자녀와 손주들, 집, 텃밭 때문에 할 일이 많은데도 항상 나를 위해 시간을 내고, 우리는 함께 자기 얘기, 마을의 이야깃거리, 정치, 교회 소식, 우리 대가족 얘기 등 마음속에 있는 생각을 모두 털어놓으며 즐긴다. 또한 이 지역에 나를 방문해 정치, 페미니즘, 자급 문제를 토론하는 친한 친구도 몇 명 있다. 그중 한 명이 아그네스로 내 책《자급의 삶은 가능한가》에서 언급한 이웃 마을 쇤펠트의 농부다. 다른 한 명은 티나로 아이펠의 달렘 출신이며 노동조합원이자 사회민주당원이다. 둘 다 매우 강한 여성이다. 두 사람 모두 비혼모로서 이를 큰 오점으로 여기던 시기에 가톨릭 교회의 전통 규범과 보수적 마을 공동체에 맞섰고 페미니스트이고 정치에 참여하며 비판적이다.

내가 가장 감탄하는 점은 그들이 마을과 공동체에 머물러 더 나은 환경을 위해 싸운 것이다. 그러나 나는 '세상으로' 나갔고 이 여성들이 한 일을 나도 할 수 있다고 생각지 않는다. 나라면 버틸 수 없었을 것이다. 마을은 친밀한 이웃 관계뿐만 아니라 여성에 대한 무자비한 사회적 통제로도 유지한다는 점을 기억해야 한다. 만일 어떤 여성이 선을 넘거나 '사생아'를 낳으면 모두가 알았다. 만약 누군가 다른 사람보다 인기 있으면 경탄만 받는 것이 아니라 다른 이들이 질투하고 분개하여 진짜 적이 되기도 한다. 나는 이런 문제를 겪고 싶지 않았고 마을을 떠났다.

나는 마을에 정착할 수 있었지만 그렇게 하지 않았다. 종종 가족과 지인들에게 주류 정치 관행에 대한 생각을 설명하려고 노력했다. 나는 산업화한 신자유주의 농업이 농민을 어떻게 망치는지 볼 수 있었고, 신자유주의적 자본주의가 우리 마을에 미치는 영향을 무시할 수 없었다. 만일 내가 이에 맞서 뭔가 하고 싶었다면 마을로 돌아가 머물러야 했을 것이다. 나는 이것이 쉽지 않음을 곧 깨달았다. 그냥 고향에 돌아와 "안녕하세요, 결국 돌아왔어요. 이제 제 말을 들어보세요"라고 할 수는 없었다.

나는 '켈리시 하우스의 마리아'가 되었다. 사람들은 내가 교사였고 교수가 되었다는 사실도 알았지만 마을에서는 아무 권위도 없었다. 나는 주말 손님이자 미즈 가족 중 한 명이었다. 세계화가 우리 마을에 미치는 영향을 설명하려는 노력은 보통 "네, 그 말이 맞아요. 하지만 우리 같은 보통 사람들이 어떻게 해야 하나요?" 같은 반응에 부딪혔다. 신약 성경에 나오는, "예언자는 어디서든 존경받지만 고향에서는 그러지 못한다"는 예수의 말을 생각하지 않을 수 없었다. 여성 예언자는 더더욱 그렇다!

우리의 자급자족 마을이 잘 단장한 교외 도시처럼 보이는 것은 문자 그대로 내 마음을 무너뜨린다. 마을에 농부가 단 한 명밖에 남지 않은 것, 젊은이 대부분이 돈을 벌기 위해 무의미한 일자리를 찾아 떠난 것도 마찬가지다. 나는 산책하면서 단일 경작이 굽이치는 언덕을 점령하는 모습을 본다. 단일 경작으로 옥수수를 재배하는데 이는 어쩌면 유럽연합과 독일에서 특별 보조금을 주는 바이오디젤용 유전자 조작 옥수수일 수도 있다.

어린 시절 이후 쭉 나를 둘로 나누는, 향수와 먼 곳에 대한 동경 사이 오랜 긴장은 어머니의 마을에 돌아온다고 해서 풀리지 않았다. 나는 오랫동안 '마을과 세계' 혹은 '세계와 마을' 사이에서 균형을 잡으려 노력했다. 이런 긴장을 관리하려면 큰 힘이 필요하지만 나는 서로 다른 방향으로 이끌리며 많은 것을 배웠다. 이는 모든 어려움에도 불구하고 살아갈 힘, 삶에 대한 열정을 주었다.

16

# 내 몸이 멈추라고 말하다

우리 마을에서 나 자신을 위한 '좋은 삶'을 만들어보려는 시도에도 불구하고 세계에서 완전히 벗어날 수는 없었다. 긍정적 의미로든 부정적 의미로든 지역이 세계의 일부인 것처럼 세계도 지역의 일부다.

세계화와 전쟁의 연관성을 분석한 책 《무제한의 전쟁》을 쓴 이후 긍정적으로 생각하기가 더 어려워졌다. 2004년에 내가 관찰한 바는 점차 현실이 되어갔다. 그것은 국가 안팎에서 이어지는 무제한의 전쟁, 인간과 자연 그리고 말 그대로 생명에 대한 전쟁, 자본의 신을 섬기기 위해 모든 것을 상품으로 바꾸는 것이었다. 생명을 모두 파괴하는 상황에 어디서 희망을 찾아야 하는가? 이 책의 작업은 너무 힘겨웠고 나는 병을 얻었다.

2006년 말에 이르러서는 이대로 계속할 수 없음을 뼈저리게 깨달았다. 나는 뇌전증 발작으로 고통받기 시작했다. 우리 가족 누구도 뇌전증을 앓은 적이 없었다. 그렇다면 무엇이 원인이었나? 이 질문에 대한 명쾌한 답은 없었다.

2007년 2월 본에 있는 대학 병원으로 추가 검사를 받으러 갔다. 현대 의료 과정 전체를 통과하는 것은 악몽이었다. 뇌에 죽은 뇌세포로 보이는 흰 반점이 있다는 말을 들었을 때 나는 깊고 어두운 함정에 빠졌다. 이는 치매나 알츠하이머병을 뜻하지 않는가? 내 이전 삶은 끝났다고 생각하며 절망했다. 나는 떨었고 안정을 찾으려면 뭐든 붙잡아야 했다. 내 독립성은 이제 끝이었다. 밖에는 이슬비가 내렸고 나는 창문 손잡이를 잡고 빗속을 바라보았다.

그때 나는 새를 한 마리 보았다. 새는 담쟁이덩굴로 뒤덮인 나무에 앉아 이쪽을 보고 있었다. **"삶의 새일까 아니면 죽음의 새일까?"** 나는 자신에게 물었다. 같은 방을 쓰던 사람이 들어왔고 나는 그녀에게 새를 가리켜 보였다. **"저기 좀 보세요, 우리 새가 나무 위에 앉아 있네요!"** 우리 둘 다 웃지 않을 수 없었다.

"뇌에 흰 반점이라고? 그게 무슨 뜻이지? 그럼 다른 뇌세포, 흰색이 아닌 걸 가지고 생각하면 되지 뭐." 나는 한밤중에 잠에서 깨 스스로에게 말했다. "아직 뇌세포가 수천 개 남아 있어."

그러나 그리 쉬운 일은 아니었다. 나는 '세계의 불가사의'가 내 몸에 미치는 영향을 직접 경험하고 있었고 확신이 없었다. 나는 그림 형제의 동화 《홀레 아주머니(Frau Holle)》를 떠올렸다. 근면하고 다정한 성격의 의붓딸이 실수로 우물에 물레를 떨어뜨리자 계모는 우물로 들어가 그것을 찾아오라고 명령한다. 황금 소녀라 부르는 의붓딸은 우물에 빠졌다(아니면 뛰어내렸던가?). 그녀는 우물 밑바닥에서 잘 익어 따주어야 할 황금 사과가 열린 사과나무, "우리를 꺼내주지 않으면 타버리고 말 거야!"라고 외치는 빵들로 가득한 오븐 같은 것을 발견했다. 황금 소녀(혹은 나 자신)는 해야 할 일을 전부 하고도 자신 없이 "나는 황금 소녀일까 아니면 송진 소녀일까?"[1]라고 묻는다. 지금도 이는 명확하지 않다.

나는 여전히 손, 머리, 다리를 떨었다. 그리고 속으로도 떨고 있었다.

나는 자신은 위해 다음과 같은 시를 지었다.

늙은이가 돌 위에 앉아,
고개를 젓는다.
떨리는 머리, 떨리는 돌.
떨리는 삶, 마음 그리고 영혼.
그녀는 붉게 칠한 그녀의 돌을 꼭 붙잡는다.
그녀는 고개를 젓는다, "아니, 아니, 이렇게는 아니야,
이런 식은 아니야!
나는 아직 죽지 않았어."

쾰른 카니발이 다가왔다. 나는 병원에서 나가야 한다는 것을 알았다. 여성들의 카니발[2]이 열리는 밤 나는 퇴원을 요청했다. 치료는 외래 환자로서 계속할 수 있었다. 사랄이 나를 데리러 왔고 쾰른을 향해 운전했다.

우리 아파트로 돌아왔을 때 나는 여전히 떨고 있었다. 예민했고 특히 소음에 매우 민감해졌다. 위층에는 음악가 두 명이 어린 아들들, 여덟 살 가브리엘과 다섯 살 토비아스와 함께 살았다. 당시 '미운 다섯 살'이던 토비아스는 우리 안의 호랑이처럼 끊임없이 앞뒤로 내달리고 발을 구르며 비명을 지르고 또 질렀다. 그 소리를 듣자마자 다시 떨리기 시작했다. 오래된 우리 집의 얇은 천장을 통해 그 소리가 전부 들렸다. 그

때까지 어떤 소음도 나를 방해한 적이 없었다. 나는 아이들을 사랑한다. 그러나 이제는 토비아스가 비명을 지르고 발을 구르는 소리를 들으면 바로 몸이 떨렸다. 그의 분노가 직접 와닿았다. 나는 더 이상 반응을 통제할 수 없었다. 한 번은 그에게 비명을 지르지 말라고 소리쳤다. 그는 더 크게 비명을 질렀다. 나는 이것이 잘못된 길임을 깨달았다.

그래서 우리 집 문을 열고 토비아스를 안으로 들어오라고 초대했다. 그는 들어와서 바로 비명과 발 구르기를 그만두었고 부엌에 있던 피스타치오를 손가락으로 까 먹었다. 토비아스와 나는 피스타치오 껍데기를 물이 담긴 그릇에 조심스럽게 넣었다. 수면 위에서 떠다니는 껍데기는 배가 되었다. 우리는 선박 호송대도 만들었다.

토비아스는 넓은 거실과 내 사무실에 들어가 주위를 둘러보며 책장에서 많은 것, 전 세계에서 온 것, 내가 잊고 있던 것을 발견했다. 농부 한스가 두 손녀 카트린, 안네마리와 함께 찍은 사진이 있었다. 인도 부근의 자무나강과 강가강에서 온 돌과 청동 두상도 있었다. 토비아스는 각각을 자세히 살펴보고 싶어 했다. 나는 물건을 소파 앞 검은 탁자 위에 올려놓았다.

한 번은 내 친구 엘리자베트로부터 엽서를 받았다. 엽서에는 돼지 한 마리와 따라가는 새끼 돼지 다섯 마리의 그림이 있었다. 토비아스는 탁자 위에서 이를 발견했다. 그는 "작은 돼지? 어디서 왔을까? 그리고 어디로 가는 걸까? 감동한 것 같네!"라고 말했다. 나는 토비아스가 '감동'이라는 말뜻을 어떻게 알았는지 놀라웠다. 나는 "그 암돼지는 소피아야. 소피아는 새끼들과 같이 있을 농장을 찾고 있는 거야"라고 말했다.

우리의 돼지 이야기는 이렇게 시작했다.

사진 1 마리아 미즈의 가족. 흰색 드레스를 입은 오른쪽 사람이 미즈다. 1940년.

사진 2 슈테펠른에서 감자를 수확하는 미즈와 사촌 마리아 아그네스. 2008년.

사진 3　하이데라바드에서 샤트루그나, 사랄, 마리아, 비나. 샤트루그나와 비나는 인도 정부가 비상사태를 선포했을 때 정치범으로 복역했다. 이 사진은 그들이 귀휴(歸休) 중일 때 촬영한 것이다. 1976년경.

사진 4　콜카타에서 마리아와 그녀의 시누이들.

사진 5 1989년 방글라데시 코밀라 FINRRAGE 회의. 왼쪽부터 파리다 아크테르(발표자), 폴라 브래디시(Paula Bradish), 레나테 클라인, 미즈.

사진 6 1991년 리우데자네이루 '건강한 지구를 위한 세계여성대회'에서 FINRRAGE 회의. 이는 1992년 지구정상회의를 대비한 중요한 회의로 여기서 "여성 행동 의제 21(Women's Action Agenda 21)"를 의결했다.

사진 7　독일 슈팡달렘에 있는 미국 공군 기지에서 나토에 저항한 시위. 1999년.

사진 8　1999년 11월 시애틀에서 열린, WTO에 반대하는 DWD 회의. 현수막은 테레사 울프우드(Theresa Wolfwood)가 만들었다.

사진 9　독일 올덴부르크에서 마리아 미즈와 반다나 시바. 1995년.

사진 10 2001년 뉴델리에서 전쟁에 반대하는 DWD 회의.

사진 11 2003년 쾰른에서 GATS 중단을 촉구한 시위. GATS에 저항하는 여성 회의 이후 우리는 자발적으로 시위를 조직하고, 여성 경찰에게도 GATS가 영향을 미칠 것임을 설득했다. 그러자 그녀는 우리를 호위해주었다.

사진 12　마리아 미즈와 나왈 사아다위(Nawal El Saadawi: 이집트의 페미니스트—옮긴이).

사진 13　여성 삼인조(베로니카 벤홀트톰젠, 마리아 미즈, 클라우디아 폰 베를호프).

사진 14　2003년 쾰른 GATS에 저항하는 여성 회의에서 테레사 울프우드가 제작한 현수막 앞에 선 모드 발로, 반다나 시바, 마리아 미즈.

### 임돼지 소피아는 어떻게 농장을 찾을까

토비아스는 이제 마리아를 자주 찾아온다. 그는 암퇘지 이야기가 어떻게 될지 궁금해한다. 마리아는 다음과 같은 이야기를 들려준다.

암퇘지의 이름은 소피아다. 소피아는 돼지 공장에서 도망쳤고 임신했다. 소피아는 자기 새끼가 공장에서 태어나는 것을 원치 않는다. 그녀는 코를 킁킁거리며 발굽으로 땅을 구른다.

> 나는 여기서 나가야 해!
> 하룻밤도 더 있지 않을 거야!
> 나는 가야 해!
> 여기는 좋은 곳이 아니야.
> 그들은 우리를 죽이려고 여기서 살찌우는 거야.
> 내 새끼들은 여기서 태어나면 안 돼!
> 아니야, 아니야!
> 여기는 아니야!
> 이렇게는 아니야, 절대로!

다음날에는 토비아스의 형 가브리엘도 온다. 토비아스와 가브리엘은 마리아와 함께 소피아가 돼지 공장에서 탈출하도록 도울 방법을 궁리한다. 함께 생각을 모아보다가 가브리엘이 좋은 생각을 해낸다.

가브리엘이 이야기한다. "우리 집 개 우디가 소피아를 구출하는 걸 도와줄 거예요!" 이 이야기는 진짜 모험으로 발전한다. 임신한 암퇘지 소피아가 돼지 공장에서 탈출한다. 그녀는 참나무 아래서 다섯 마리의 새끼 돼지를 낳는다. 그리고 모두 농부 한스의 농장을 찾아 남쪽으로 달려간다……. 가브리엘은 “이게 진짜예요?”라고 묻는다. 마리아는 “그래, 어떤 건 사실이고 어떤 건 꾸며낸 거야”라고 말한다.

마리아는 계속해서 말한다. “이 이야기를 짧게 줄여야 해. 그러지 않으면 끝나지 않을 거야. 짧은 이야기를 만들어보자.” 가브리엘이 대답한다. “이야기를 그림으로도 그리고 싶어요. 전부 그려야 해요. 크레용을 가져올게요. 종이 있으세요?”

마리아는 주위를 둘러본다. 그녀는 구석에서 지난 몇 년 동안 말아놓은, 수많은 달력을 발견한다. 그녀는 그것을 가져다 날짜, 회의, 일정이 보이지 않도록 뒤집어 바닥에 내려놓는다. 마리아는 말한다. “더 이상 이걸 보고 싶지 않아. ‘해야 하는’ 일은 이제 없어. 여기 있는 건 빈 도화지야.” 그들은 종이를 모아 판 하나에 테이프로 붙인다. 그리고 계속 이야기를 만든다. 그들은 소피아와 새끼 돼지들이 아이펠에 있는 농부 한스의 농장까지 어떻게 올지 생각해내려고 한다. 아이들은 종이에 이야기를 그린다. 이야기는 점점 더 길어진다.

마리아는 이야기를 이어간다. “소피아와 새끼 돼지들은 남쪽으로 계속 달려간다. 토비아스, 가브리엘, 마리아도 그들을 따라 달려 아이펠의 시작을 알리는 작은 우르프트강에 도착한다. 우르프트는 물의 요정이다. 사람들은 정말로 그녀를 그렇게 부른다. 요정 우르프트가 그들에게 길을 알려준다. “내 강둑을 따라 남쪽 오르막길로 가세요.” 또한 그녀는 “물살을 거슬러 헤엄치는 사람이 목적지에 더 빨리 도착해요”라고도 한다. 그러고는 계속 이야기한다. “슈미트하임 근처 언덕 꼭대기에는 강과 냇물이 남쪽으로 흐를지 북쪽으로 흐를지 결정해야 하는 분기점이 있어요. 당신들도 거기서 어디로 갈지 정해야 해요. 만일 농부 한스에게 가고 싶으면 남쪽으로 가는 길을 택하세요.”

우리의 이야기는 가끔 끊기기도 한다. 아이들의 엄마가 일이 어떻게 되어가는지 알고 싶어 한다. 그녀는 “너무 힘드신 건 아닌가요? 완전히 예술 워크숍이네요!”라고 말한다. 나는 대답한다. “아니에요. 저도 재미있고 아이들도 마찬가지예요. 토비아스가 우리 이야기를 그리고 싶어 해요. 저랑 토비아스에게는 치료나 마찬가지네요.”

다음날 토비아스는 현관에 다시 나타나 “우리는 돼지 이야기를 계속 해야 해요!”라고 말한다. 우리는 같이 바닥에 앉아 그림을 그리며 이야기를 계속한다. 이야기가 이어지면서 곁가지를 치고 샛길로 빠지기도 하며, 구불구불한 강물처럼 끊임없이 새로 싹튼다. 우리의 상상력에는 한계가 없다.

나는 가브리엘과 토비아스가 만든 모험 이야기를 모두 하는 대신 암돼지 소피아 이야기를 계속하고 싶다. 그녀는 새끼 돼지들이 뒤따르는 가운데 마치 마음속 나침반의 안내라도 받는 것처럼 계속 남쪽으로 달린다. 소피아와 새끼 돼지들은 슈미트하임 근처 분기점까지 올라간 후 킬강 둑을 따라 남쪽으로 달려 오른쪽 개울인 오스에 도착한다. 이 개울도 요정이다. 오스는 농부 한스가 사는 마을인 슈테펠른 근처에서 솟아난다. 소피아가 새끼 돼지들을 데리고 앞장서 달린다. 토비아스, 가브리엘, 마리아가 그들을 따른다. 그들은 오스를 따라 서쪽으로 달려간다. 마지막은 다시 오르막이다. 고향의 향기를 맡은 소피아는 점점 인내심을 잃는다.

토비아스도 마찬가지로 인내심이 없어진다. “도대체 농장에는 언제 도착하나요?” 그와 가브리엘은 빠르게 달리고 있다. 마침내 그들은 슈테펠른 마을을 조금 엿볼 수 있다. 알다시피 마리아는 나이가 좀 더 많아 그렇게 빠르지 않다. 그녀는 슈테펠베르크산을 보고 마음이 무거워진다.

그녀는 말한다. "이 산은 불의 땅인 아이펠 화산 전체에서 가장 높고 아름다운 산이었어. 그들은 산을 굴착기와 트럭으로 파괴했어. 그들은 쾰른에서 트리어까지 고속 도로를 건설하려고 산에서 화산 모래를 모두 퍼냈어. 이제 수많은 대형 트럭이 딸기, 토마토, 오이 같은 채소를 싣고 고속 도로를 달려 스페인 남부에서 쾰른의 슈퍼마켓으로 오고 있어. 고속 도로가 아직 완성되지 않았는데도 산은 이미 파괴됐어. 산이 있던 자리에는 이제 큰 구멍, 블랙홀이 생겼어. 세상의 자동차, 마천루, 컴퓨터, 핸드폰, 탱크, 비행기를 다 가져와도 슈테펠베르크의 구멍을 메울 수는 없어."

마리아는 가만히 서서 곰곰이 생각한다. "이게 그들이 항상 하는 방식이다. 그들은 고층 건물·은행·비행기·자동차·탱크·컴퓨터를 만들고, 어머니 지구를 파괴하고, 뺏을 수 있는 것은 뭐든 빼앗고, 끝없이 전쟁을 벌이고, 폭탄과 미사일을 투하하고, 죽인다. 그들은 뒤에 블랙홀을 남긴다. 지구와 우주에. 그들의 신인 자본을 모시기 위해!

슈테펠베르크의 어떤 들판에서도 더 이상 빵을 만들 곡식은 자라지 않고, 그들의 자동차가 빨아들일 바이오 연료를 만드는 옥수수만 자랄 뿐이다. 그들은 산업화 국가 사람들이 굶주릴 필요가 없도록 전 세계에서 식량을 수입한다. 오직 다른 사람들만, 그들에게 빼앗긴 사람들만 굶주린다……."

마리아의 눈물이 뺨을 타고 흘러내린다. 그녀는 블랙홀에 등을 돌린다. 주위를 둘러보며 동쪽으로 향한다. 거기에 다시 한번 넓은 지평선이 나타난다! 화산이 이루는 산맥, 그리고 또 다른 산맥……. 그녀는 멍해져서 비틀거리며 슈테펠베르크산을 내려간다.

그러나 소피아, 새끼 돼지들, 두 소년은 마리아가 블랙홀에 멈춰 선 것을 알아차리지 못했다. 그들은 슈테펠베르크산을 지나 계속 마을로 달려간다. 그리고 농부 한스의 집으로 간다. 그는 두 손녀 카트린, 안네마리와 함께 그들을 환영하기 위해 외양간 문 앞에 서 있다. 토비아스는 "마리아의 사진이랑 똑같네요!"라고 외친다. 농부 한스는 모자챙 아래서 미소를 짓는다.

소피아와 새끼 돼지들은 거름 더미를 발견하고 신나게 뒹굴고 있다. 가브리엘과 토비아스는 소와 송아지, 닭, 여기저기 뛰어다니는 고양이 세 마리를 발견한다. 그리고 트랙터를 보고는 그 위에 오르고 싶어 한다. 한스는 말한다. "내일 나와 함께 소젖을 짜러 초원에 가도 된단다." 두 소년은 기뻐서 소리친다. 마리아가 마침내 도착하고 숨이 약간 차긴 해도 건강하고 행복하다. "이야기를 충분히 이어가서 결말에 이르렀네!"라고 그녀는 말한다.

하지만 그때 배가 아프다는 걸 깨닫고 "당장 집에 들어가봐야 해. 꼭 뱉어내야 할 이야기가 배 속에 가득 차 있거든"이라고 한다.[3]

# 에필로그—좋은 삶

수진 호손(Susan Hawthorne)과 레나테 클라인이 나의 삶과 우리 시대의 이야기에 에필로그를 쓰고 싶은지 물었을 때 처음에는 망설였다. 무엇을 쓸 수 있을까? 2008년 이 책을 끝낸 이후 세계는 더 나은 곳으로 변하지 않았고 오히려 그 반대였다.

하나의 위기에 또 다른 위기가 뒤따랐다. 기아 위기, 석유 위기, 미국의 금융 위기, 주요 은행의 붕괴에 따른 세계 경제 위기, 지진을 비롯해 어디서나 일어나는 재난, 끝없이 이어지는 전쟁. 갑자기 부유한 국가에서도 빈곤이 많은 이들에게 현실이 되었다. 사람들은 서서히 지금처럼 계속 살 수 없음을 깨달았다. 이미 2003년에 리처드 하인버그(Richard Heinberg)가 자신의 책 《파티는 끝났다: 석유시대의 종말과 현대 문명의 미래》에서 말한 대로였다. 정부가 다국적 은행을 구하기 위해 수십억 달러 및 유로를 지출한 후 많은 이가 상황이 '정상'으로 돌아가고 이런 위기가 다시는 발생하지 않도록 변화가 일어나기를 희망했다. 그러나 그들은 기만당했음을 깨달았다. 은행은 '평소대로' 사업을 계속했고 돈과 자본의 성장이 그들의 유일한 목표였다. 규제는 멀고 그나마 아주

드물었다.

가난한 이들뿐만 아니라 지금까지 세계자본주의 체제의 혜택을 누리던 사람들의 삶도 이전처럼 '원활하게' 돌아가지 않았다. 많은 사람이 직장을 잃고 자살했다. 부유한 국가에서는 우울증이 흔한 질병이 되었다. 예를 들어 일본에서는 대기업 관리자들이 비인간적 스트레스가 지속되어 탈진했다. 사람들은 이를 '과로사'라고 부른다. 그들은 더 이상 일하거나 가족을 부양할 수 없다. 부유한 산업화 국가가 전파한 '좋은 삶'의 모델—내가 부르는 대로 하면 슈퍼마켓 모델—이 우리 눈앞에서 무너지고 있다. 이 모델은 지금까지 더 많은 돈과 상품, 더 비싼 자동차, 더 크고 고급스러운 주택 그리고 전 세계에서 온 상품으로 가득 찬 슈퍼마켓을 의미했다. 사람들은 자기 자녀도 이 '좋은 삶'을 영원히 누릴 수 있으리라 생각했고, 이것이 그들이 그토록 열심히 일하고 큰 스트레스에 시달리며 '최고'의 기준에 도달하려고 노력한 이유였다. "우리 아이들은 더 나은 삶을 살아야 한다"는 말이 모든 희생을 정당화했다.

또한 우리의 생활 방식이 이 행성에 사는 모든 생명체의 어머니 지구를 파괴하고 있다는 것도 알았다. 미국을 비롯해 전 세계 많은 이들이 이 모델의 통합성, 즉 경제·정치·세계관 그리고 무엇을 인간 삶의 목적으로 보는지에 의문을 제기했다. 한 영국 친구는 미국인들이 다음과 같이 환멸을 표현했다고 말했다.

우리는 일하고 또 일하고,
생산하고 또 생산하고,
투자하고 또 투자하고,
소비하고 또 소비한다.

그런데 '좋은 삶'은 언제 오는 거지?

이런 감정을 표현한 것은 아프리카나 아시아의 가난한 사람들이 아니었다. 그들은 세계에서 가장 부유한 국가의 평범한 중산층이었다. 그들은 왜 행복하지 않은가? 왜 자기 삶이 '좋은 삶'이 아니라고 느꼈는가? 그들의 삶은 세계의 모든 이들이 갈망하는 삶이 아니었던가? 세계의 모든 국가, 심지어 사회주의의 길을 계속 걸어왔거나 제3세계라고 하는 나라도 서구의 생활 수준에 도달하기를 열망한다. 그런데 정작 그 특권이 있는 사람들은 왜 행복하지 않은가?

나는 이런 질문을 곰곰이 생각하면서 부유한 세계의 우리가 행복한 삶을 살지 못하고 있다는 것, 즉 많은 삶이 참으로 비참하고 의미 없는 삶, 존엄성과 진정한 기쁨이 없는 삶임을 깨달았다. 우리 대부분은 위의 "좋은 삶은 어디에 있고 언제 오는 거지?"와 비슷한 질문을 할 것이다. 나는 좋은 삶보다 나쁜 삶을 정의하기가 더 쉽다는 것도 깨달았다.

많은 이들이 오랫동안 자연, 여성, 가난한 국가의 식민지화를 비판했다. 나도 인간, 특히 여성에 대한 자본주의·가부장제의 착취와 억압에 대해 말하고 써왔다. 또 에코페미니스트로서 자연과 여성에 대한 파괴가 똑같이 '좋은 삶'은 자연과 우주에 대한 '남성'의 지배 없이 불가능하다는 남성우월주의 세계관에 기초함을 오래전부터 이해했다. (오늘날 과학자들이 우주를 탐색하기 위해 어떻게 하는지 보라.) 그러면 우리는 좋은 삶을 다르게 정의할 수 있는 개념을 손에 쥐고 있는가? 나와 친구들은 예전에 이미 좋은 삶에 대한 새로운 전망을 제시하고 자급 관점으로 명명했다.

이 새로운 전망의 주요 특징, 즉 세계관, 경제적·정치적·문화적·사회적 특성을 요약하면 무엇인가?

내게 자급이란 이 세계의 모든 생명체가 좋은 삶을 누리고 좋은 관계를 맺으며 자연의 충만함과 함께하는 것이다. 자연은 우리의 적이 아니라 어머니다. 즉 우리는 모두 어머니 지구의 자녀이다. 인간은 자연의 주인이 아니다. 좋은 삶은 우리가 그녀의 아름다움, 놀라운 다양성, 풍부함, 야성, 힘, 그리고 생명을 창조하는 관대함·창의성·능력에 경탄한다는 의미다. 여성으로서 우리는 이런 창조성을 공유한다. 우리 역시 생명을 창조하고 자라나게 할 수 있으며 우리의 아이들에게 이를 물려준다. 나와 어린이들에게 자연은 영원한 기쁨의 원천이다. 좋은 삶은 이렇게 살아 있다는 기쁨을 경험하는 데서 시작한다.

이런 세계관에는 경제, 사회, 문화, 정치, 철학에 대한 새로운 개념이 필요하다. 이 새로운 삶의 철학은 '우리'와 '타인'을 더 나은 관계로 이끌 것이다. 이기심 대신 관용이, 경쟁 대신 협력이 있을 것이다. 사유재산 대신 공유 재산(토지·물·공기·지식), 개인들의 고립·소외·분열 대신 협력, 이웃 및 외국인과의 우호 관계가 있을 것이다. 기쁨과 슬픔을 함께 나눌 것이다. 자급은 자족·상호성·공동체성(누구도 섬이 아니다), 즉 공동체와 지구에 대한 책임을 공유함을 의미한다.

좋은 삶에 대한 새로운 개념을 창조하는 데 반드시 필요하다고 생각하는 것이 하나 있다. 바로 노동이 소외되지 않는 것이다. 오늘날 너무 많은 이들이 일을 짐으로 여긴다. 좋은 삶은 일을 마친 후, 저녁, 주말, 휴일, 시험에 합격한 후, 차나 집을 산 후, 직장 생활을 마친 후, 혹은 일종의 내세에 오는 것으로 생각한다. 그러나 만일 이것이 좋은 삶에 대한 우리의 철학이라면 좋은 삶은 절대 오지 않을 것이다. 그러므로 좋은 삶은 이 지구에서, 일을 마친 후가 아니라 일하는 동안 시작해야 한다. 우리는 일의 과정, 우리가 돌보는 생명들, 즉 어린이·노인·동물·식물을 만지는 감각을 즐겨야 한다. 또는 나무든 채소든 흙이든 금속이든 천이든 우리가 일할 때 쓰는 재료를 만지는 감각을 즐겨야 한다. 음악, 미술, 글쓰기, 생각하기, 토론처럼 만질 수 없는 것도 잊지 말아야 한다. 우리는 이런 일을 통해 이 세상을 살아가는 데 필요한 실제 기술과 역량, 즉 '생활 능력'도 배운다. 결국 우리는 머리만 있는 것이 아니라 (다른 동물과 마찬가지로) 감각적 존재이다. 우리는 누구를 위해 일하는지 알고 싶어 하고 일의 부담뿐만 아니라 그 결과도 다른 사람과 공유하길 원한다. 아무도 소외된 채 일하고 싶어 하지 않는다. 일은 부담일 뿐만 아니라 즐거움이기도 하다. 오늘날 좋은 삶은 무엇보다도 계속되는 스트레스와 짧은 시간에 많이 일해야 한다는 압박을 끝낸다는 의미다. 따라서 우리 모두에게 먼저 필요한 것은 속도를 줄이는 것으로 독일어로는 '엔츨로이니궁(Entschleunigung)', 즉 감속이다. 우리가 "이제 충분해. 좋은 삶을 사는 데 이 이상은 필요하지 않아"라고 말하지 않는 한 '감속'은 없을 것이다. (은행가의 삶뿐만 아니라) 우리의 삶을 좌우하는 끝없는 탐욕은 결코 "이제 충분해"라고 말하지 않는 데 기인한다. 만족을 아는 것이 좋은 삶의 비결이다. 간디가 "우리의 필요는 충분히 채울 수 있지만 우리의 탐욕은 그렇지 않다"고 말했던 것처럼.

좋은 삶은 하늘에서 떨어지지 않을 것이다. 우리는 자급, 자립, 자기 수양, 타인과 자연에 대한 책임감과 돌봄을 통해 이를 창조해야 할 것이다. 그런 경제와 사회는 끝없는 성장, 돈, 무한한 자본 축적에 대한 신화가 설 자리를 남기지 않을 것이다. 우리 모두 알다시피 이 영원한 성장의 신조는 무제한의 전쟁으로 이어진다.

좋은 삶의 마지막은 어떤 모습일까? 나는 지구의 모든 이들이 우리 어머니처럼 자기 삶을 돌아보며 "좋은 삶 아니었나? 이제 충분해. 가야겠네"라고 말할 수 있기를 기원한다. 누군가는 좋은 삶에 관한 이 그림이 너무 이상적이지 않은지 물을 수 있다. 결국 사람은 살기에 충분한 돈을 벌려고 때로는 비인간적 조건에서 힘들게 일해야 한다. 사실이다. 우리는 일해야 한다. 좋은 삶은 우리가 나무 아래 누워 잘 익은 과일이 입으로 떨어질 때까지 기다린다는 의미가 아니다. 만일 우리가 삶을 원한다면 일해야 한다. 그리고 일하면 힘들고 지칠 때가 많다. 하지만 좋은 삶이란 일의 부담과 즐거움, 만족, 창의성, 공동체 의식을 분리하지 않는다는 의미다. 왜냐하면 인간은 함께 살고 일해야 하기 때문이다. 앞서 말했듯 좋은 삶은 일을 마친 후에 오는 것이 아니라 일의 일부가 돼야 한다. 현대 사회의 불행은 대부분 일과 '자유 시간' 모두에 즐거움이 부족하기 때문에 발생한다. 위에서 언급한 사람들이 행복하지 않은 이유가 바로 이것이다. 그들은 일에서 의미나 즐거움을 찾지 못했다. 단지 '더 나은 삶'을 위해 짊어지는 짐으로만 받아들였다.

내가 좋은 삶에 대한 이런 질문을 곰곰이 생각하던 2010년 2월 내 삶과 이어지는 두 가지 사건이 동시에 일어났다.

1. 2월 28일 칠레에서 발생한 끔찍한 지진
2. 유럽과 독일을 휩쓸고, 내가 에필로그를 마무리하러 간 우리 마을 슈테펠른도 가로지른 태풍 신시아

나는 이 두 사건 이후 좋은 삶에 대한 추상적 탐구를 중단해야 한다는 것을 분명히 깨달았는데 이때 생명 그 자체가 위협을 받았기 때문이다.

내 남동생 헤르만은 칠레에 산다. 지진이 발생한 뒤 나는 전화를 걸어 그와 가족이 괜찮은지 알아보려 했다. 독일에 있는 다른 형제들도 연락을 시도했지만 허사였다. 연결이 되지 않았다. 나는 텔레비전으로 달려가 CNN을 틀고 어디의 상황이 최악이고, 어떤 지역과 도시가 파괴되었는지 자세히 보았다. 절망에 빠진 사람들이 모든 것을 잃고 겁에 질린 채 사랑하는 사람을 찾아 뛰어다니는 끔찍한 모습만이 보였다. 콘셉시온시는 완전히 무너졌다. 내 남동생은 더 북쪽인 킬푸에에 살고 있지만 연락이 닿지 않았다. 화면에는 칠레의 수도 산티아고도 나왔는데 그곳에서조차도 물, 전기, 전화, 자동차를 전혀 쓸 수 없었다. 칠레 북부와 남부를 연결하는 주요 고속 도로가 막혔기 때문이었다. 삶이 멈추었다.

칠레에 정신이 팔려 전화와 텔레비전 사이를 이리저리 뛰어다니고 있는데 이번에는 독일에서 일어난 두 번째 재난 소식이 이어졌다. 신시아라는 격렬한 태풍이 유럽과 독일 전역에서 맹위를 떨치고 있었다. 창문 너머 폭풍이 나무를 흔들며 눈비를 몰고 오는 모습이 보였다. 그리고 텔레비전에서는 이 끔찍한 폭풍으로 독일 전체가 얼마나 큰 피해를 입었는지 보도했다. 처음에는 별로 걱정하지 않았다. 우리는 봄 폭풍에 익숙하고 사실 나는 폭풍을 좋아한다. 그래서 '좋아, 그냥 앉아서 오랫동안 하고 싶던 일을 하자'고 생각하며 에리히 프롬의 책 《에리히 프롬, 마르크스를 말하다》(1961)를 읽으려 했다. '경제학·철학 수고'에 대한 장을 읽기 시작했는데 마르크스의 언어를 이해하기 어려웠고 때로는 그가 의미하는 바도 그랬다. 나는 여백에 물음표를 많이 그렸고 스스로 물었다. 마르크스는 어떤 삶이 '좋은 삶'이라고 생각한 걸까? 한 가지는 분명했다. 그에게—그가 사회주의라고 부른—좋은 삶은 기술 및 생산력 발전과 함께 찾아오는 것이었다. 그는 '계몽'과 '진보'로부터 좋은 삶이 올 것이라고 기대했다.

바로 그 순간 불이 꺼졌다. 나는 어둠 속에 앉아 있었다. 처음에는 퓨즈가 끊어진 줄 알았는데 아니었다. 여전히 나는 걱정하지 않았다. 나는 인도에 정전이 정기적으로 발생한다는 것을 알았다. 캘커타에 사는 시동생은 이런 경우를 대비해 허리케인 램프(유리로 막아 바람이 불어도 촛불이 꺼지지 않는 램프—옮긴이)를 서너 개 갖고 있었다. 이 램프가 있으면 필요한 일을 하기 위한 빛은 충분했다.

하지만 나는 허리케인 램프가 없었다. 우리가 사는 현대화한 국가에서는 아무도 허리케인 램프를 사용하지 않는다. 나는 주위를 둘러보다가 반쯤 탄 양초 세 개와 불을 켤 수 있는 마른 성냥을 발견했다. 그러나 이 희미한 불빛으로는 마르크스를 계속 읽을 수가 없었다. 확실히 마르크스의 '경제학·철학 수고'를 읽으려면 전기가 필요하다.

그때 나는 방이 추워지고 있음을 깨달았다. 난방이 끊긴 상태였다. 부엌에 갔더니 오븐도 차가웠다. 냉동고, 초인종, 커피 머신, 아무것도 더 이상 작동하지 않았다. 나는 어둠 속에서 떨고 있었다. 심지어 차를 한 잔 끓이거나 목욕을 할 수도 없었다. 이게 내가 몇 분 전에 쓴 좋은 삶이었나? 그러나 여전히 작동하는 것이 있었으니 바로 전화였다. 나는 다시 칠레의 남동생에게 연락을 시도했다. 실패였다. 유선 전화로도, 휴대 전화로도, 컴퓨터로도 아직 아무도 그와 연락하지 못했다. 이 연결의 사회에 연결이 없었다. 온통 침묵과 어둠뿐이었다.

갑자기 빛이 보이기 시작했다.

어머니 자연이 어깨를 으쓱하거나 소리 내 웃기 시작하면 세계 이곳저곳에서 지진이 일어난다. 〔아니면 로살리 버텔(Rosalie Bertell)이 2002년 저서《행성 지구: 최신 전쟁 무기》에서 의심한 것처럼 지진은 미 국방부가 '궁극의 전쟁 무기'를 실험하면서 일어나는 것인가?] 이런 재난이 발생하면 현대 과학 기술은 수렁에 빠진다. 컴퓨터를 비롯해 첨단 기계는 전기 없이 작동할 수 없다. 어떤 계산이나 실험도 재난을 멈추는 것은 물론이고 무슨 일이 일어났는지 이해하는 데조차도 도움이 될 수 없다. 어떤 사람들은 디젤 발전기로 부족한 전기를 보충할 수 있다. 그러나 발전기는 보통 사람들에게 너무 비싸고, 가정에서 사용하기 번거로워 이는 해결책이 아니다. 그 결과 아무것도 작동하지 않는다.

하지만 여전히 작동한 것은 형제와 콘셉시온 시민들에 대한 우리의 관심, 재난에 피해를 입은 모든 생명체에 대한 우리의 사랑이었다. 칠레에 있는 헤르만의 친구가 수없이 시도한 끝에 마침내 그와 연락할 수 있었다. 그런 경우에는 분명 몇 가지 기술이 필요하다는 데 동의한다. 하지만 우리에게 어떤 종류의 기술이 얼마나 필요한 것인가? 나는 사랑, 관심, 우호 관계가 기술보다 확실히 더 중요하다고 생각한다.

다음날 나는 쾰른으로 돌아가고 싶었다. 보통 나는 기차를 타고 기차역까지는 여동생이 데려다준다. 그러나 그녀는 전화로 "쾰른으로 돌아갈 수 없어. 기차가 안 다녀. 나무가 쓰러져서 선로가 막혔어. 기차가 다시 다니려면 시간이 얼마나 걸릴지 아무도 모른대"라고 말했다. 나는 우리 마을에 오래 머물러야 할지도 모른다는 것을 깨달았다. 의도하지 않은 '감속'이라고 생각했다. 나쁘지 않았다.

하지만 음식은 어떻게 할까? 사람은 먹어야 한다. 그리고 따뜻함이 필요하다. 기본 욕구니까! 난방기는 차가웠고 냉동실에는 음식이 하나도 없었다. 그때 마리아 아그네스에게 전화가 왔다. 앞서 언급했듯이 그녀와 남편은 바로 길 건너편에 산다. 그녀는 이렇게 말했다. "너무 추우면 여기로 오는 건 어때? 우리 집에 장작 난로가 아직 있어. 그리고 먹을 것이 없다면 빵도 있어. 있잖아, 며칠 전에 낡은 오븐으로 빵을 열여덟 개 구웠어. 우리는 굶지 않을 거야. 그리고 상상이 가? 전기가 끊겼을 때 시를 썼어(마리아 아그네스는 시인이다). 제목은 '진보의 감옥에 갇히다'야. 아직 완성은 안 됐지만 끝나면 보여줄게."

우리는 함께 웃었다. 이는 내가 오랫동안 말하고 쓴 모든 것, 현대 산업화 사회에 대한 비판과 새로운 자급 관점의 필요성에 대한 축도가 아닌가? 우리 모두 '진보의 감옥에 갇힌' 것은 아닐까? 현대의 '자유' 세계에 대한 대안은 없는 걸까? 우리 '서구인'은 정말 세계인을 위한 미래의 모습인 걸까? 이제 우리에게는 과거 사람들이 자연재해에서 살아남고 삶을 재창조하기 위해 사용하던 생존 도구와 자급 기술조차 없다.

"이제야 우리가 신기술에 얼마나 의존하는지 이해하기 시작했어." 마리아 아그네스가 말했다. 우리는 이런 정전, 특히 며칠 또는 심지어 일주일 동안 지속하는 경우가 다른 사람들에게 어떤 의미일지 자문했다. "저 큰 농장 농부들은 소를 천 마리 키우는 현대식 소 공장에서 뭘 할까? 착유기가 작동하지 않으면 어떻게 소젖을 짜지? 맙소사, 불쌍한 동물들은 어떻게 하지? 그들은 화가 나서 끔찍하게 신음할 거야. 그리고 당연히 소 천 마리의 젖은 손으로 짤 수 없어. 하지만 남편 한스는 여전히 소 여섯 마리의 젖을 짤 수 있지."

우리는 다음으로 신시아의 결과를 상상했다. 더 이상 텃밭이 없는 사람들은 어떻게 할까? 여기 시골에서조차도 우리는 대형 슈퍼마켓에 의존했다. 그 거대한 냉동고에 든 음식이 썩기 시작할까? 모두 쓰레기통에 버려야 할까? 사람들은 무엇을 먹을까? 그리고 빚을 지고 대형 트랙터를 산 농부들에게 그것은 무슨 소용이 있을까? 전기가 끊기는 것을 넘어 부족하거나 비싸진다면 어떻게 될지 상상해보라! 대규모 농업을 하는 농부 누구도 그런 전력과 석유 위기에서 살아남지 못할 것이다. 유럽연합 농업부 장관이 보조금을 아무리 많이 줘도 소용없을 것이다. 그들도 수입 식량으로 한 나라 전체를 먹여 살릴 수는 없음을 깨달아야 할 것이나. 큰 농장의 농부들—그리고 식품 산업 공장 관리자들—이 일본과 미국에서처럼 자살을 기도할까?

우리는 정전이 더 길어질 때의 결과에 대해 생각하기를 멈췄다. 하지만 나는 마을에 '갇혀' 있었기 때문에 음식을 구해야 했다. 다음 날 아침 나는 길 건너에 사는 에디트에게 갔다. 그녀는 84세에 아직도 작은 식료품점을 운영한다. 그녀는 유능한 가게 주인일 뿐만 아니라 유머 감각도 엄청나다. 손주와 증손주를 제외하면 그녀의 가게가 그녀의 삶이다. 마을 사람 모두가 이곳에서 만난다. 이 작은 상점에서 비누·버터·치즈·빵·신문·성냥갑부터 맥주·와인·연필·공책은 물론, 아이들을 위한 과자까지 필요한 것은 모두 찾을 수 있다. 에디트의 가게는 마을 '신문' 역할도 한다. 사람들의 죽음, 질병, 결혼, 친척 이야기와 모든 지역 소식을 이곳에서 교환한다. 또한 '큰 정치'에 대해서도 이야기한다. 그들은 정치인, 정당, 아프가니스탄 전쟁 그리고 이 범죄적 전쟁에 대한 독일의 어리석은 참여에 분노와 경멸을 표현한다.

오늘 아침의 이야깃거리는 태풍 신시아와 칠레의 지진이었다. 에디트의 가게에 있는 모든 이들이 정전에서 어떻게 살아남았는지 얘기했다. 최근 정착한 사람까지 마을 사람과 관광객들이 서로 대화를 나누기 시작했다. 모두 온기와 빛을 얻는 자신의 전략에 대해 말하며 웃었다. 그들은 새로운 (그리고 오래된) 자급 기술을 자랑하며 더 자급자족해야 할 필요성을 언급했다. "아직도 집에 오래된 오븐이나 벽난로가 있나요?

아마도 한스처럼 다시 닭이나 돼지나 소를 키우기 시작해야 할 것 같네요." 모두가 웃었다. "미쳤어요? 우리는 돼지우리를 전부 관광객 아파트로 바꿨어요. 중세 시대로 돌아갈 수는 없어요. 불가능해요! 여기 음식이 없으면 그냥 슈퍼마켓에 가서 먹을 것을 사면 돼요. 그들은 전 세계에서 음식을 사오니까요." "하지만 어떻게 스페인에서 슈테펠른까지 토마토를 신선하게 가져오나요?"

에디트가 끼어들었다. "우리 냉장고 두 개는 용량이 부족해요. 전기가 없으면 모든 걸 버려야 해요. 우리 마을에 한스네 빼고는 거름 더미도 없어요. 하지만 우리 집엔 오븐이 두 개 있어요. 전기로 작동하는 새것 하나와 장작을 사용하는 오래된 것 하나죠. 나는 대안이 있어요." 다른 사람들은 트리어에서 쾰른으로 가는 열차가 다시 운행할 때까지 시간이 얼마나 걸릴지 물었다. 많은 남자들이 쾰른에서 일하고 있어 매일 슈테펠른에서 쾰른까지 통근해야 한다. 거리는 편도 90킬로미터다.

사람들은 갑자기 칠레의 지진과 태풍 신시아 사이 연관성을 이해하기 시작했다. 물론 그 복잡성을 다 이해한 것이 아니라 정서적으로였다. 그다음 폭풍이 우리의 숲에 끼친 피해에 대한 논의가 이어졌다. 오래된 자작나무와 참나무 상당수가 성냥개비처럼 날아갔다. "이 나무들이 다시 자라서 예전 나무만큼 크고 굵어지려면 얼마나 걸릴까요?" "적어도 100년은 걸리겠죠. 그때쯤이면 우리는 죽었을 거예요!"

나는 자연 파괴와 칠레 재난이 초래할 결과를 모두가 우려하는 데 놀랐다. 그들은 옛날로 '돌아가야' 한다는 두려움에도 불구하고 상황이 더 이상 예전과 같을 수 없음을 이해하기 시작했다. 일부는 오래된 또는 새로운 자급 도구와 기술을 복원하거나 발명해야 한다는 것을 깨달았다. 손님들 사이에 서 있던 작은 노부인이 "그래요. 모든 것이 다시 돌아올 거예요"라고 말했다. 얼마나 현명한 의견인가, 나는 생각했다. 나를 가장 놀라게 한 것이 하나 있다. 우리가 주고받은 온갖 나쁜 소식에도 불구하고 비관주의는 없었다. 사람들은 재난과 같은 상황에 대한 대안을 이야기하며 웃기까지 했다. "글쎄요, 우리는 웃는 게 쉽죠. 이곳의 상황은 곧 다시 괜찮아질 겁니다. 그런데 칠레 사람들은 어떨까요? 그들의 삶이 다시 정상화될 때까지 얼마나 걸릴까요?"

"그런데 이 미친 세상에서 '정상'이란 뭘까?" 나는 자신에게 물었다. 좋은 삶을 위해 우리는 이 행성, 즉 어머니 지구에서 삶 자체를 보호하고 보존해야 한다.

좋은 삶을 언제, 어디서 시작할 것인가?

아마도 여기, 에디트의 식료품점에서.

2010년 4월 쾰른에서

마리아 미즈

# 여성의 식량 안보를 위한 라이프치히 호소

여성의 손에 달린 식량 안보: 모두를 위한 식량 주권

새로운 식품과 생명에 관한 특허에 반대한다

수천 년 동안 여성은 자신들의 식량을 생산하고 자녀와 공동체의 식량 안보를 보장해왔다. 오늘날에도 지역의 식량 생산을 위한 노동은 아프리카에서 80퍼센트, 아시아에서 50~60퍼센트, 라틴아메리카에서 30~40퍼센트를 여성이 담당한다. 그리고 전 세계 어디서나 여성은 가정의 식량 안보를 책임진다. 그러나 가부장제 사회에서는 이런 노동을 평가절하했다.

역사적으로 모든 사회는 구성원에게 식량 안보를 제공했기 때문에 살아남았다. 그러나 이런 정책은 세계무역기구, 세계은행, 국제통화기금의 비호 아래 모든 농산물의 세계화, 무역 자유화, 산업화, 상업화로 전복되었다.

1996년 11월 유엔식량농업기구는 로마에서 세계식량정상회의를 개최할 예정이다. 그 목표는 2020년까지 '보편적 식량 안보'를 달성해 기아와 영양실조를 근절하는 것이다. 그러나 준비 문서에 따르면 이 목표는 식량 산업화의 지속과 확장, 세계 무역을 통해 달성할 것이다. 식량은 노동력이 가장 저렴하고 환경 보호가 가장 취약한 곳에서 생산할 것이다. 가난한 공동체는 부유한 국가와 계급에 수출할 사치품을 생산하도록 강제당할 것이다. 이런 추세는 이미 나타나고 있으며 자영농의 대규모 소멸, 식량 자급자족의 종말, 단일 경작에 대한 의존, 식량의 유전자 조작, 생물 다양성과 생태적 지속 가능성 상실 같은 파괴적 결과를 가져오고 있다. 이런 세계 농업 정책으로 인해 쫓겨난 빈곤한 농촌 사람들은 결국 일자리도 희망도 음식도 없이 과밀한 거대 도시에서 사회의 주변 구성원이 된다. 이런 정책이 빈곤과 영양실조의 원인이라는 것을 알면서도 여전히 그 질병에 대한 치료법으로 제시하고 있다. 이 정책의 영향에 가장 취약한 집단은 가난한 농촌 여성과 아동이다.

또한 이 정책은 화학 집약적 농업 기업이 가족 농장을 급속히 대체하고 있는 북반구의 식량과 안전도 위협한다. 소비자들은 소수의 다국적 식품 가공 및 무역 기업의 인질이 되었다. 세계화한 식품 사슬 끝에 선 주부로서 여성은 더 이상 가족에게 온전하고 건강한 음식을 제공한다고 보장할 수 없다.

페루와 칠레를 비롯해 남반구 국가 여성들은 이런 독점 정책에 맞서 싸우며, 자신들만의 공동 식량 및 의료 체계를 구축하고 있다. 원주민 여성들은 토지의 소외에 맞서 싸우고, 수출 지향 농업에 종사하는 여성들은 위험한 화학 물질에 반대한다. 그들은 꽃, 야채, 새우 등 수출 제품에 대한 불매 운동을 촉구하는 여러 북반구 단체에서 지원받는다. 북반구와 남반구의 많은 단체는 식품의 유전자 조작을 거부한다. 우리는 증가하는 세계 인구에게 식량을 공급하기 위해 이런 바이오 기술이 필요하다고 들었다. 그러나 곡물의 60퍼센트는 산업형 농업으로 키우는 동물들에게 공급한다. 남반구에서는 토지를 지역 주민의 영양 공급을 위해서가 아니라, 수출용 사치품 생산을 위해 사용하는 일이 점점 늘어나고 있다.

이 기술의 상업적 이익은 '무역 관련 지식 재산권에 관한 협정'의 보호 아래 생명체—식물, 동물, 인간—에 대한 특허 취득을 장려하는 데서 명확히 나타난다. 남반구에서는 생명체에 대한 특허 취득이 많은 경우 불법 복제, 즉 토착 생물의 다양성과 지역의 지혜에 대한 절도에 기반하기 때문이다. 북반구에서는 많은 이들이 윤리적 이유로 생명체에 대한 특허에 반대한다.

또한 소비자로서 유럽인 대다수가 유전자 조작 식품에 반대한다. 그러나 유럽연합은 이런 '새로운 식품'을 장려하고 심지어 상표 표시를 거부함으로써 소비자가 무엇을 먹을지 결정할, 인간이자 시민으로서의 권리를 부정한다. 이런 소위 '자유 시장'에서 소비는 강제가 된다.

여성들은 전 세계에서 생존 기반과 식량 주권을 파괴하는 정책에 저항하고 있다. 또한 그들은 이윤을 지향하는 주류 세계 경제 통치자들과 다른 원칙과 방법에 기초해 공동체의 식량 안보를 보장할 대안을 창출한다.

대안은 다음과 같다.

- 세계화 대신 현지화와 지역화
- 공격적 지배 대신 비폭력
- 자연과 종의 완전성에 대한 존중
- 인간을 자연의 지배자 대신 자연의 일부로 이해

• 생산 및 소비에서 생물학적·문화적 다양성 보호
• 식량 안보에 대한 책임을 남성과 여성이 동등하게 공유

모두를 위한 식량 안보는 자유 무역, 영구 성장, 비교 우위, 경쟁, 이윤 극대화라는 교조에 기초한 세계 시장 체제에서는 불가능하다.

반면 식량 안보는 사람들이 지역 경제의 생산자이자 소비자로서 생태적 식량 생산·유통·소비와 자급자족을 경제의 목표로 삼고, 문화 및 생물 다양성 보존에 대한 책임감을 느낄 때 달성할 수 있다.

우리의 식량 안보는 너무나 중요한 문제이기 때문에 이윤을 동기로 삼는 소수의 다국적 기업, 관련 결정에 대한 통제력을 점차 상실하는 중앙 정부, 유엔 회의에 참여해 우리 삶 전체에 영향을 미치는 결정을 내리는—대부분 남성인—소수의 손에 맡겨서는 안 된다.

**식량 안보는 모든 곳에서 여성의 손에 맡겨야 한다!**

**그리고 남성들은 유급이든 무급이든 필수 노동을 함께해야 한다.**

**우리는 무엇을 먹는지 알 권리가 있다!**

**새로운 식품과 생명에 관한 특허에도 반대한다.**

**우리는 자연과 우리 자신을 파괴하는 방식으로 생산하고 소비하도록 강요하는 이들에게 저항할 것이다!**

1996년 6월 20일 라이프치히에서

마리아 미즈, 반다나 시바

# 주

## 01 고향

1. 고향을 뜻하는 독일어 '하이마트(Heimat)'는 외국어로 옮길 수 없다. 이 말에는 우리 지역 사투리뿐만 아니라 감정, 경험, 기억, 그리움, 문화, 역사가 들어가며 내가 본질적으로 누구인지를 규정한다.
2. '킬(Kyll)'은 이 지역 원어인 켈트어로 '너도밤나무'라는 뜻이다.
3. Claudia von Werlhof(1991, p. 165) 참고. 이 글에서 베를호프는 인간이 기계와 기술로 자연을 굴복시킨 뒤 만든 풍경만이 아름답고 평화로울 수 있다는 부르크하르트의 생각을 비판한다.
4. 라인란트를 비롯해 독일 곳곳에서 강과 개울의 이름은 여성 명사다. 땅을 지켜준 여신들의 이름을 따서 붙였기 때문이다.
5. 아이펠에서 집의 이름은 그곳에 사는 사람들의 성(姓)과 같지 않다. 거주자가 바뀌어도 집 이름은 그대로 유지한다. 우리 집 켈리시 하우스의 이름은 17세기 아버지의 증조부 바르톨로마우스 켈러(Bartholomäus Keller)가 지었다. 그의 딸 카타리나 켈러가 슈에른 출신 파울 바우어(Paul Baur)와 결혼할 때도 이 이름은 변하지 않았다. 그들의 맏아들은 미하엘 바우어였다. 켈리시 하우스의 바우어 가문은 아버지의 삼촌들이 모두 자녀 없이 사망하면서 사라지고, 그들의 여동생 카타리나 바우어는 우리 할아버지인 슈타트킬 출신 요한 페터 미즈와 결혼했다. 아버지도 아이가 없는 대부 요한 바우어로부터 켈리시 하우스를 물려받았을 때 이 이름을 바꾸지 않았

다. 마을에서는 우리 형제자매들을 미즈 하우스가 아닌 켈리시 하우스 아이들이라 고 불렀고 이는 오늘날에도 마찬가지다. 마을에서 집 이름과 성을 구별하기 시작한 것은 최근 외부 사람들에게 주택을 팔면서부터이다. 우리는 지금 오토 브루너(Otto Brunner)가 18~19세기 독일에 대한 연구에서 확인한 과정을 목격하고 있다. 이 시기에 평생의 생산 및 생활 공동체이자 3대에 걸친 가솔과 일꾼을 포함하는 '완전한 가구' 개념이 변형하기 시작했다. 산업화와 함께 이 오래된 용어를 대체하는 '가족' 개념이 생겨났다. 이 말은 점점 더 작은 집단을 뜻하다가 결국 한 남성, 그의 아내, 그들의 생물학적 자녀인 이른바 핵가족만을 가리키게 되었다(Brunner, 1966, pp. 23~56).

6. 켈리시 하우스는 아마 '스톡하우스', 즉 직계 가족 주택이었을 것이다. 농민들은 재산을 한데 유지하려고 집을 자녀들이 성인이 되어서도 살 수 있게 지었다. 라인란트 법에서는 농민의 자녀가 결혼하거나 이사해 떠나는 경우 땅을 포함한 실물로 유산을 주도록 정했다. 이는 소유지의 분할로 이어져 농민 가정 경제의 파국을 초래할 때가 많았다.

   따라서 딸이나 아들이 평생 먹고 살 권리가 있는 가족의 '스톡하우스'에 계속 거주하며 농장 상속인과 함께 일하는 경우가 드물지 않았다. 또한 결혼하지 않은 형제자매들이 상속분을 가져가는 대신 '스톡하우스'에 남겨둘 때가 많아 가문은 시간이 갈수록 부유해졌다. 19세기 아우엘에 있던 주택 22채 중 11채가 '스톡하우스'였는데 이 가족들은 공유지를 사유화해 부를 늘리려고 했다. 그러나 공동체는 사유화에 저항해 결국 법정에서 승리했다. 오늘날 공유지(삼림지, 휴경지, 개울, 들판길, 도로)는 몇 군데밖에 남지 않았다.

7. 프리드리히 빌헬름 라이파이젠이 설립한 소규모 농촌 협동 은행으로 농민들이 대기근(1846~1847년) 이후 퍼진 빈곤을 극복하는 것을 목표로 했다.

8. 우리 가족의 빚 일부는 아버지가 옛 켈리시 하우스를 개조·보수하려고 받은 대출금, 사망한 형의 자녀들에게 지급한 그들 몫의 유산, 슈테펠른 협동조합 신용 은행이 파산할 때 잃은 돈 때문이었다.

9. 프랑스는 1794~1815년 라인란트를 점령했다.

10. 이 이민의 물결은 가난과 모험에 대한 열망 때문만은 아니었다. 1850년 다운에서 미국으로의 이주에 관한 여러 역사 기록에는 남자뿐만 아니라 여자들도 '무한

한 기회의 땅'에서 행운을 찾기 위해 떠났다는 내용이 있다. 이주한 여성들은 차별받는 '사생아'를 낳았고 어떤 남자도 이들과 결혼하고 싶어 하지 않았다. 아이펠을 떠나는 여성은 쾰른, 본, 루르와 같은 대도시로 이주해 가정부가 되는 경우가 많았으며 남편을 찾을 때까지 그곳에서 '일'했다.

11. '식민지 물품' 가게는 여성이 운영했다. 이곳에서 독일에서 생산한 소금·비누·설탕·식초 같은 상품이 아닌, 식민지에서 수입한 쌀·커피·코코아·향신료(시나몬·후추·정향) 같은 상품의 값은 현금으로 내야 했다. 즉 수입품은 달걀로 살 수 없었다.

12. '노동봉사단'은 히틀러가 도입했다. 남녀를 막론하고 젊은이라면 노동 봉사에 참여해야 했다. 그러나 농민의 자녀에게는 의무가 아니었다.

13. 농민 종교는 물질주의적이다. 농민들은 순수하게 영적이거나 초월적인 주제에 관심이 없었다. 그래서 우리 마을 성당의 성인은 모두 실질적 역할이 있었다. 예를 들어 성 브리지다(St. Bridget)는 젖소, 성 벤델린(St. Wendolin)은 양, 성 엘리기우스(St. Eligius)는 편자공, 성 안토니오(St. Anthony)는 돼지를 책임졌다. 우리 집 젖소가 출산을 앞두고 있으면 어머니는 성 브리지다에게 기도했다. 이들은 이름과 전설 모두 기독교 초기나 그 전 시대에서 유래한 '고대' 성인이다.

14. 당시 나는 이 여성 삼위일체가 기독교 이전부터 전해온 라인란트 전통인 세 여성상, 즉 노화·가을·죽음을 상징하는 노인 여성, 생식 능력의 절정에 있으며 여름을 상징하는 어머니, 봄과 생명의 순환을 상징하는 젊은 여성임을 알지 못했다. 이 조각의 도상(圖像)에서 비중이 가장 큰 인물은 성모 마리아의 어머니인 성 안나로 셋 중 제일 중요한 수호성인이다. 그렇다면 예수는 여성의 계보와 시간의 우주적 순환에 별다른 기여가 없지만 추가한 셈이다.

15. 헤르만은 기계공 훈련을 마친 뒤 자전거를 타고 모로코에서 이집트, 팔레스타인, 튀르키예, 그리스를 거쳐 지중해 전역을 다녔다. 그리스에 도착해서는 나귀 코르피를 사서 타고 집까지 갔다. 나중에 그는 개발 관련 비정부기구 소속으로 칠레로 갔다가 사랑에 빠져 결혼하고, 작은 기계 공방 '센트로 메카니코(Centro Mechanico)'를 시작했는데 나중에는 중형 공장이 되었다. 그는 지금도 향수병을 앓는다.

## 02 우리 마을

1. 개릿 하딘은 자신의 글 〈공유지의 비극〉(1968)에서 공유지가 경쟁, 사리사욕, 사유화로 인해 결국 파괴되는 비극으로 끝날 것이라고 했다. 그러나 우리 마을에는 여전히 숲, 언덕, 휴경지 같은 공유지가 있다.
2. '크리스트킨트'에 대한 믿음은 아이들에게 초자연적 존재에 대한 첫 번째 교리와도 같았다. 이 믿음의 체계에 따르면 좋은 것은 모두 천국에서 왔다. '착한 아이들'은 선물을, 나쁜 아이들은 벌을 받았다. 크리스트킨트가 실재하지 않으며 어머니가 쿠키를 구운 것을 알았을 때 나는 초자연적 존재에 대한 믿음을 잃기 시작했다.
3. 호르스트 베셀(Horst Wessel)은 히틀러의 열정적 추종자로 젊은 돌격대원이었다. 그는 공산주의자의 총에 맞아 나치의 순교자이자 영웅이 되고 "호르스트 베셀의 노래"는 나치의 주제가가 되었다. 노래의 한 구절에서는 그가 '붉은 전선과 반동'에 총격을 받았다고 설명했는데 나는 '붉은 전선' '반동'이 무엇을 의미하는지 몰랐지만 다른 사람들처럼 이 노래를 배웠다. 물론 우리는 위대한 조국을 자랑스러워했다. 게롤슈타인과 프륌에서 학창 시절을 보낼 때는 이런 승리감이 덜했다. 아마도 독일이 더 이상 승리에서 승리로 나아가지 않았기 때문일 것이다. 특히 우리 국경 지역에서는 이 전쟁이 재앙으로 끝날 것이 분명해졌다.

## 03 세계가 문을 열다—행복한 우연

1. 프륌 김나지움의 시작은 기원전 720년 자신의 프륌 영지에 베네딕트회 수도원을 설립한, 뮐렌바흐의 베트라다(Betrada) 공주(카를 대제의 어머니)로 거슬러 올라간다. 베네딕트회 수도사들은 수도원 학교를 열었고 이 학교는 나중에 인문주의 김나지움이 되었다(Gehendges, 1982, vol. 3, p. 324 참고).
2. 마르크스는 이곳에서 아비투어, 즉 대학 입학 허가를 받았는데 당시 나는 이를 몰랐고 그에 대해 들어본 적도 없었다.
3. 그는 자신의 정직이 사회주의나 공산주의 사상과 관련 있는지 말하지 않았다. 나중에 그는 내게 사회민주당이 자신을 복귀시키지 않아 실망했다고 이야기했다.
4. 독일어 원문은 다음과 같다. "Eng beieinander wohnen die Gedanken. Doch hart im Raume stoßen sich die Sachen."

5. Shapiro(1998, p. 78) 영역.

6. 영국 정부는 이 배를 새로 건국한 파키스탄에 매각했다. 파키스탄은 영국이 인도를 떠난 뒤 1947년 인도 무슬림을 위한 국가로 첫발을 내디뎠다. 이 나라는 서부와 동부(방글라데시)로 나누었는데 이는 종교에 기초한 것으로 보이는, 국가의 첫 번째 분할이었다. 이는 오늘날까지도 두 집단 사이에 엄청난 비참함과 지속적 증오를 불러일으키며 그 결과로 '인종 청소'와 난민의 물결이 이어졌다. 주로 펀자브 지역 출신인 힌두교도들은 파키스탄을 떠나 인도로 이주했다. 무슬림들은 파키스탄으로 도망쳤으며 이는 잔혹한 학살로 이어졌다.

7. 1972년 박사 학위를 받고 방글라데시에서 마지막으로 줄피카르를 만날 기회가 있었다. 그는 나이가 들어 보이고 머리가 세었으며, 강인하고 권위적인 인상이었다. 그는 결혼해 자녀들도 있었는데 그의 아내—그녀는 우리 이야기를 알고 있었다—는 "당신은 구원받았다"고 했다. 나는 다시 한번 '구원받은' 운명에 감사했다! 그는 나와 결혼하지 않은 것을 후회한다고 말했다. 나는 "우리 둘 사이에는 좋은 일이 없었을 거예요"라고 대답했다. 난 아마 그와 이혼했을 것이다. 그는 겁에 질렸다. 이혼? 아내의 요청으로? 그것은 당시 이슬람 남성이 경험할 수 있는 최악의 추문이었다.

8. 독일에서 김나지움을 마친 뒤 치르는 최종 시험을 아비투어라고 한다. 아비투어를 통과한 사람만 고등 교육을 위해 대학에 갈 수 있다. 아비투어에 합격한 독일 학생들은 보통 19세로 영국과 미국에 비해 나이가 많다. 아비투어는 프랑스의 바칼로레아에 해당한다.

9. 당시 라인란트팔츠에는 가톨릭 신자가 주를 이루었으며 남성은 트리어, 여성은 코블렌츠의 아카데미에서 교육받았다.

10. 오늘날에도 독일에서 교사와 교수는 공무원으로 평생 일자리를 보장받는다.

11. 국제시민봉사는 시간이 흐르며 많은 변화를 겪었으나 여전히 존재하며 독일 본에 사무소를 두고 있다.

## 04 인도로 출발하다

1. 월터 카우프만(Walter Kaufmann) 영역(Nietzsche, 1974, p. 371).

2. 며느리에게 시아버지(가부장)나 남편의 형들과 얼굴을 맞대고 이야기하는 것은 허

용하지 않았다. 천 커튼인 '퍼다'는 그들과 며느리를 분리하는 두 방 사이의 문에 걸어야 했다. 커튼이 없다면 젊은 여성은 최소한 사리의 끝부분인 팔라우(pallau)로 얼굴과 머리카락을 가리는 것이 의무였다.

퍼다는 단순한 천 조각이 아니라 여성, 특히 젊은 여성을 남성으로부터 분리—성별 분리라고 한다—하고 절대적·위계적으로 구조화한 의존과 권위의 체계 안에 두기 위한 상징적·기술적 규칙을 모두 포함한다. 여성들은 젊을 때는 아버지나 큰오빠에게, 결혼한 후에는 남편에게, 과부가 되면 아들에게 의존한다.

가문에서 가장 나이가 많은 남성의 권위는 사망 후에도 재산을 분배할 수 없는 '대가족'의 가장이라는 데 주로 기반했다. 가부장 가족의 재산은 공동 재산으로 간주해 아들들에게 귀속했다. 딸들은 이 재산의 일부도 받을 권리가 없었다. 나는 여기서 퍼다 체계가 무슬림 정복자들이 인도로 유입한 것이 아니고, 그 전에 이미 힌두교에서 형성한 성별 관계에 기초했다는 점을 언급하고 싶다(Mies, 1980 참고).

3. 인도인에게 머리를 발에 얹는 것은 서양인의 악수나 일본인의 절 같은 것이다.
4. 아슈람은 특정한 삶의 방식이나 구원을 찾는 사람들이 모이는, 수도원과 유사한 공간이다. 대부분 영적 스승(구루), 때로는 정치적 스승(예: 간디)이 설립한다. 수도원과 달리 아슈람은 개방 공동체인 경우가 많다.
5. '하리잔'은 '신의 자녀'를 의미한다.

### 05 고향으로 돌아오다—새로운 연구와 교육

1. 쿠르트 홀(Kurt Holl)이 보고한 바에 따르면 다양한 경우에 대학을 점거했다. 1968년 5월 30일 비상법안 3차 낭독 이후 좌파 학생들은 알베르투스 마그누스 대학교의 정문을 막고 '로자 룩셈부르크 대학교(ROSA LUXEMBURG UNIVERSITÄT)'라는 문구를 적은 대형 현수막을 걸었다. 우파 학생들은 그 위에 '라디오 룩셈부르크(Radio Luxemburg)'라고 썼다. 이 시기 학생 시위의 특징은 유머와 창의성이었다.
2. 급진적 학생 운동 세력에는 여성도 여럿 포함되었다. 대표적 인물은 울리케 마인호프(Ulrike Meinhof)였다. 이 급진 단체 구성원들에 대해 스테판 아우스트(Stefan Aust, 1985/1997)가 쓴 책을 바탕으로 〈바더 마인호프〉(2008)라는 영화를 제작했다.
3. 이 책은 1965년 독일에서 《신의 죽음 이후의 신학(Theologie nach dem Tode

Gottes)》이라는 제목으로 처음 출판했다.

4. 파키스탄은 인도가 탈식민화해 '힌두'와 '무슬림' 지역으로 나뉜 1947년에 건국했다. 무슬림은 대부분 인도 서부, 펀자브, 신드 지역에 살았다. 그러나 서파키스탄과 그 수도인 카라치에서 수천 킬로미터 떨어진 동부 벵골에도 상당수 있었다.
5. 19세기 독일의 여성 해방 담론에서는 '여성의 문제(Frauenfrage)'라는 개념을 사용했다.
6. 이슬람의 천국에서 독실한 교인을 기다리는 아름다운 처녀.
7. "행동하라. 하지만 행동에 대한 만족을 기대하지 마라."(힌두 철학)
8. 인도가 원래 모계 중심 문화였다는 사실은 오늘날에도 분명하다. 대도시뿐만 아니라 마을의 사원에서도 락슈미, 두르가, 칼리, 사라스바티와 같은 여신들을 숭배한다. 그들은 중요한 가족의 신이기도 하다. 마르크스주의 철학자 데비프라사드 차토파디아야(Debiprasad Chattopadhyaya)에 따르면 예전에는 땅을 비옥하게 만들기 위해 지구의 어머니인 마타 데비 숭배가 필수였다(Chattopadhyaya, 1959). 가부장제 시대인 현대에도 인도 남성들은 아들을 낳으려면 어머니가 필요하다는 것을 잊지 않았다. 인도 남성들이 서양보다 일찍 고위직 여성을 받아들인 이유도 여기에 있을 것이다.
9. 권위의식에 반대하던 학생 운동에서는 지위가 높은 사람에게 쓰는 '지(Sie)'를 없애고 모두가 동등함을 보여주기 위해 '두(Du)'를 사용했다(독일어에서 '지'는 상대방을 뜻하는 존칭이고 '두'는 같은 뜻이지만 보다 친근한 말이다. 우리말의 '당신'과 '너'에 해당한다—옮긴이).
10. 쾰른사회주의자자조모임은 학생 로타 고테와 라이너 키페(Rainer Kippe)가 노숙자 청년들이 범죄자가 되는 것을 막으려고 설립했다. 그들은 학생들이 반권위주의적·자립적 공동체를 만들어 발전시키도록 장려했다. 처음에는 쾰른시가 이 프로젝트를 지원했다. 당국이 (마약을 남용한다는 소문 때문에) 관련 시설을 폐쇄하려 했을 때 교수진은 학생들에게 피신처를 제공했다. 이는 흥미진진한 이야기지만 여기서 자세히 설명하기에는 지면이 부족할 것 같다.

### 06 여성 운동

1. 인도 페미니스트들은 이 운동의 동시성과 힘의 상징으로 위대한 고대 **어머니 여신**의 이미지를 선택했다. 이 여신은 지역에 따라 다양한 형태로 표현하고 명칭도 여러 가지다. 위대한 어머니의 가장 강력한 표현인 두르가 또는 칼리는 팔이 여덟 개로 손에 도구, 악기, 꽃, 칼(그녀는 결코 평화주의자가 아니다)을 든다. 또한 축복의 뜻으로 두 손을 올리고 있으며 호랑이를 탄다.
2. 이 글은 1978년 "Methodische Postulate zur Frauenforschung"이라는 독일어 제목으로 처음 출판했다. 또한 영어로는 1983년 글로리아 볼스(Gloria Bowles)와 레나테 두엘리 클라인이 편집한 *Theories of Women's Studies*에 "Towards a Methodology for Feminist Research"라는 제목으로 출간했다.
3. 2007년 12월 독일의 폭력 피해 여성 자율 쉼터 대표들이 쾰른에 모여 운동 30주년을 축하했다.
4. 페미니스트 연구 방법론의 가정 요약:
   1) 연구의 가치 중립성, 연구 대상자에 대한 중립성과 무관심은 의식적 편파성으로 대체한다.
   2) 연구자와 연구 대상자 사이의 수직적 관계는 아래서부터의 시선으로 대체한다.
   3) 대상자와 거리를 두는 연구자의 관조적 태도는 여성 해방 행동, 운동, 투쟁에 대한 적극적 참여로 대체한다. 페미니스트 연구는 이 목표에 맞아야 한다.
   4) 사회적 행동과 투쟁 참여는 현 상태의 변화가 과학적 탐구의 출발점임을 의미한다. "뭔가를 알고 싶다면 그것을 바꿔야 한다."
   5) 연구 과정은 연구자와 대상자를 비롯해 참여자 모두에게 '의식화' 과정이어야 한다.
   6) 6과 같은 의식화 과정은 여성이 자신의 역사를 자유롭게 활용할 수 있도록 그녀의 개인적·사회적 역사 기록을 수반해야 한다.
   7) 여성은 자기 경험, 통찰, 이론을 공유하고 집단화하지 않으면 역사를 되찾고 누릴 수 없다. 페미니스트 연구는 학계의 경쟁과 무익한 개인주의를 극복하는 데 도움이 되어야 한다.

## 07 여성과 일

1. 1968년 이후 대학에서 마르크스의《정치경제학 비판》에 대해 알려주는 곳을 찾을 수 없던 학생들은 어디서나 '자본에 관한 강좌'를 열었다.

## 08 인도로 돌아가다

1. Mies(1982a).
2. Mies(1984) 참고. 내 주요 저서인《가부장제와 세계적 규모의 자본축적》은 독일어로 번역하기 전 영국의 제드북스와 오스트레일리아의 스피니펙스 출판사에서 영어로 먼저 출판했다.
3. 당 이름에 대해서는 4장 참고.
4. 그들은 현재 매우 폭력적이며 테러리스트로 간주하지만, 2010년 아룬다티 로이가 쓴 글 〈동지들과 함께 걷기〉(Roy, 2010)도 참고.
5. 1969~1970년 논문을 준비할 때 인도 여성의 사망 원인 통계에서 이른바 '부엌 사고'의 비율이 유난히 높은 것을 발견했다. 이 중에는 젊은 여성이 많았는데 언뜻 보기에는 요리용 등유를 사리에 쏟고 나중에 불이 붙은 것 같았다. 많은 여성이 이런 식으로 불에 타 죽었다. 일부 사회과학자들은 자살로 추측했다. 그러나 진짜 원인은 초기 인도 여성 운동에서 부엌 '사고'에 항의하는 캠페인을 시작한 후에야 밝혀졌다. 이는 대부분 살인이며 피해자들은 갓 결혼한 젊은 신부였다는 증거가 나왔다. 범죄의 동기는 젊은 며느리의 가족이 지참금을 너무 적게 지불한 것으로, 지참금을 더 받아오라는 강요를 거부하면 불에 타 죽는 '부엌 사고'가 드물지 않았다. 이후 젊은 남편들은 자유롭게 다시 결혼해 지참금을 요구할 수 있었다. 나는 델리에서 이런 살인에 반대하는 시위에 참여했고《억압과 해방 사이의 인도 여성》(Mies, 1973)에 이 현상의 배경에 관해 썼다.
6. '여성을 위한 칼리'는 오늘날에도 존재한다. '주반북스(Zubaan Books)' '한계가 없는 여성(Women Unlimited)'이라는 관련 페미니즘 출판사도 생겼다.
7. 내가 아는 어떤 나라에서도 인도처럼 가부장제가 카스트, 계급, 정치, 가족과 밀접하게 얽혀 있지 않다. '빛나는 인도'의 급격한 경제 성장에도 불구하고 이는 변하지 않았다(《억압과 해방 사이의 인도 여성》 1986년판 참고).

8. 당시 독일문화원에서는 인도인 독일어 교사를 찾고 있었는데 그 이유는 첫째로 해외에서 일하고 싶어 하는 독일인 지원자가 거의 없었고, 둘째로 인도인 교사의 인건비가 더 저렴했기 때문이었다.

## 09 자급—미래를 위한 관점

1. 이런 일은 바로 성 주류화 때문이다. 실제로는 위장한 착취임에도 평등을 위한다는 가식으로 여성을 시장 경제 속으로 밀어 넣기 때문이다(Hawthorne, 2004, pp. 87~91 참고).
2. 인상적인 예는 그레이스 리 보그스(Grace Lee Boggs)가 쇠락한 도시 디트로이트에 설립한 '디트로이트의 여름(Detroit Summer)'이다. 제너럴 모터스 사가 이곳에서 생산 대부분을 중단해 수천 명이 실업자가 된 뒤, 절망과 젊은 남성들 사이의 약물 남용 및 폭력이 급격히 확산했다. 그레이스 보그스와 남편 제임스 보그스(James Boggs)는 이 황폐한 도시에 열린 공동 텃밭을 만들었고 젊은이들은 스스로 식량을 생산하는 법을 배우기 시작했다(Boggs, 2005).
3. 뮌헨 문화 간 텃밭 재단(Stiftung Interkulturelle Gärten München). 엘리자베트 마이어렌슈하우젠(Elisabeth Meyer-Renschhausen)은 뉴욕을 비롯해 미국 여러 도시의 텃밭을 방문해 연구했다(Meyer-Renschhausen, 2004).

## 10 여성과 개발

1. 이는 전에 '제3세계' '개발도상국'이라고 하던 여러 국가를 가리키는 말이다. 나는 세 가지 용어를 모두 사용한다.
2. 우리는 짧은 시간에 학생들이 교재로 사용할 시리즈 전체(Mies, 1981; Mies and Reddock, 1982b; Jayawardena, 1982; Mies, 1982c)를 제작했다.
3. 이런 워크숍 중 하나를 짐바브웨 해방 직후 열었으며 제목은 "여성의 투쟁과 연구"였다. 네덜란드 정부는 (당시 해방의 주역이었던—옮긴이) 로버트 무가베(Robert Mugabe)의 아내 샐리 무가베(Sally Mugabe)를 워크숍에 초대했다.

## 11 이후 운동과 캠페인

1. 유전자 및 재생산 공학 문제를 최초로 다룬 것은 우리가 아니었다. 이미 의사 베아테 치머만(Beate Zimmermann)이 다른 여성들과 설립한 유전자 아카이브가 독일에 존재했다. 유전자 아카이브는 훌륭한 작업을 했지만 치머만이 우리 회의에서 "과거와 미래의 우생학"에 대한 강의를 하기 전까지는 대중에게 다가가지 못했다. 그녀는 다음과 같이 말했다. "당시에는 과학적 '진리'에 의문을 제기하는 데 불확실성이 있었지만, 유전공학의 사회적 결과가 분명해 보였기 때문에 특히 여성들이 문제를 인식했고 이 주제에 대한 관련 자료를 더 살펴보기로 했습니다. 유전자 아카이브는 이렇게 시작했습니다." 유전자 아카이브의 작업은 전국에 유명해졌으며 (여성뿐만 아니라) 많은 사람이 유전자 기술의 최신 발전에 대한 정보를 얻기 위해 이곳을 찾았다.

   1987년 독일연방범죄수사국은 유전자 아카이브 급습 작전을 실행해 기록 보관소를 압수 수색하고 직원을 체포했다. 유일한 이유는 유전자 아카이브의 활동이 '테러에 가깝다'는 것이었다. 연방범죄수사국 측은 아마 이 작전으로 아카이브 직원들이 작업을 포기할 것이라고 믿었을 것이다. 하지만 반대의 일이 일어났다. 이런 막무가내식 습격으로 아카이브는 국내외에서 유명해졌고 (이 시기 독일연방공화국의 '테러와의 전쟁'에 기반한) 경찰의 과민 반응은 우스꽝스러워졌다. 이들은 신속히 아카이브 직원을 석방하고 압수한 자료를 반환해야 했다(Gen-Archiv, 1988 참고). 유전자 아카이브는 계속 작업을 이어와 오늘날에도 존재한다. 많은 학생이 연구와 학위 논문 작성에 아카이브를 활용한다.
2. 이 글은 독일어로 처음 출판했다(Mies, 1987b).
3. 이 철학에 따르면 모든 악의 원인은 식민주의, 계급 착취, 가부장제가 아니라 사람들 사이의 차이에 있다. 또한 인간의 정체성이 성별, 문화, 인종, 성적 지향, 교육에 따라 다르게 구성된다고 주장한다.

## 12 여성 평화 운동에서 에코페미니즘으로

1. 1978년 수전 그리핀(Susan Griffin)이 《여성과 자연: 그녀의 포효》를 출간했다. 뒤이어 자연과 여성에 대한 남성의 지배를 비판하는 선구적인 책이 많이 나왔다. 내게

가장 깊은 인상을 준 것은 캐롤린 머천트(Carolyn Merchant)의 《자연의 죽음: 여성과 생태학 그리고 과학 혁명》(1980)이었다. 이 책에서 머천트는 현대 과학 기술이 여성과 자연을 지배하고 착취하지 않았다면 발흥할 수 없었음을 분석한다.

2. 고르레벤은 핵폐기물을 버리는 곳이었다. 바커스도르프는 핵폐기물 재처리장으로 지정했으나 반핵 운동이 저지했다. 바일에는 원전을 건설할 계획이었지만 여성들이 중요한 역할을 한, 강력한 반핵 운동으로 중단했다. 여성들은 건물 기둥을 세우기 위해 판 구멍에 앉아 뜨개질을 했고 굴착기는 아무것도 할 수 없었다.

### 13 세계화에 반대하는 국제 투쟁

1. '다양성을 위한 다양한 여성'의 원래 글은 이 책 맨 뒤의 "여성의 식량 안보를 위한 라이프치히 호소" 참고.
2. UBINIG는 벵골어 이름 'Unnayan Bikalper Nitinirdharoni Gobeshona'의 약어로 '개발 대안을 위한 정책 연구'를 뜻한다.

### 14 변방에서 주류와 맞서다

1. 세계무역기구는 1995년에 설립했다. 제네바에 위치한 이 기구의 책임은 관세 및 무역에 관한 일반 협정의 제8차 협의, 즉 우루과이 라운드에서 체결한 자유 무역 협정을 각 국가가 준수하도록 하는 것이다. 또한 일반 협정에 따라 자유 무역 원칙을 보장하고 확대할 책임이 있다. 만장일치의 원칙을 따르며 2년마다 모든 회원국이 참여하는 각료 회의를 주최한다.
2. 경찰 추산에 따르면 5만 명이 세계무역기구에 항의하기 위해 시애틀에 모였다. 활동가들에 따르면 그 수는 5만 명에서 10만 명 사이라고 한다. 시위는 미국의 노조원들이 이끌었다. 캐나다에서는 버스 30대 이상이 5000명의 노조원을 태우고 왔다. 미국노동연맹은 시위 참여와 지지를 촉구했다. 미국 철강·운수·항만 노조원 수만 명이 시위 선두에서 행진하고 수많은 조직이 뒤따랐다. 거기에는 세계무역기구의 농업 정책을 비난하는 프랑스와 미국 농민 단체 대표들도 있었다. 지구의 벗, 시에라 클럽, 그린피스와 같은 환경 단체는 세계무역기구가 건강과 환경에 위협이 되는 정

책을 추구한다고 비난했다. 남반구에서 온 대표들의 집단이 많았는데 여기에는 다양한 사람들이 섞여 있었다. 멕시코 치아파스 지역 출신 사파티스타(치아파스를 중심으로 활동하는 무장 단체—옮긴이)가 미국 인권 단체와 동물권 활동가들 옆에서 행진했다.

3. 자폐적 경제학 넘어서기 운동은 파리 소르본 대학교 경제학과 학생들이 시작했다. 그들은 교수들이 교재 내용만 반복할 뿐 반체제 이론, 경제·환경 분야 현안에 대해 언급하지 않기 때문에 자폐적이라고 주장하는 선언문을 썼다. 그들은 스스로를 대안 경제 이론의 탐색과 전파를 목표로 하는 '자폐적 경제학 이후의' 경제학자라고 했다. 이 운동은 프랑스 학생들 사이에서 성공을 거두었고 영국(케임브리지)과 독일에서도 비슷한 현상이 나타났다.
4. 〈소식지〉는 1년에 네 번 발행했다. 이론의 기본 쟁점과 함께 경제와 정치 관련 시사 문제도 다뤘다.
5. 세계사회포럼은 2002년, 2003년, 2005년 포르투알레그리에서 열렸다. 2004년에는 인도 뭄바이에서, 2006년에는 아프리카·아시아·남미에서 동시에, 2007년에는 케냐 나이로비에서 개최했다.
6. 내가 사회과학연구소에서 가르친 태국 출신 시니트 시티락(Sinith Sittirak)은 자신의 책 《개발의 딸들: 변화하는 환경 속의 여성》(1998)에서 여기에 관한 명확한 사례를 제시한다. 그녀는 우리가 '개발'이라고 부르는 것이 궁극적으로 여성에 대한 잔인한 착취와 폄하에 기초함을 생생하게 기술한다.

   2005년 "자본주의, 자연, 사회주의"에 관한 회의에서, 캐나다 망명 생활을 하던 페루 사회과학자 아나 이슬라(Ana Isla)는 태국과 마찬가지로 남미에서도 여성들을 성매매로 몰아넣는, '개발'과 같은 절차와 방법을 비판하는 자신의 글을 내게 주었다. 그러나 시티락과 달리 이슬라는 '생태 관광'이나 그녀가 오존 무역이라고 부르는 '대기 오염권' 거래와 같이, 자급 기반과의 단절을 가속화하는 이른바 '생태학적' 방법에 대해 다룬다. 여러 서구 산업 국가는 이를 통해 대기 오염과 지구 온난화가 완화할 수 있다고 믿고 있다(Isla, 2003, pp. 21~34). 아리엘 살레(Ariel Salleh)의 《생태 효율성과 세계적 정의(Eco-sufficiency and Global Justice, 2009)》에 실린 이슬라의 글도 참고.
7. 이 '내면의 전쟁'은 폭력을 미화하는 컴퓨터 게임을 비롯한 매체를 통해 주로 젊은

남성, 소년들의 마음과 정신에 스며들었다.

### 16 내 몸이 멈추라고 말하다

1. 게으르고 성격이 나쁜 황금 소녀의 이복 언니도 여동생처럼 금을 가져오기를 바라며 우물에 뛰어들었다. 그러나 홀레 아주머니는 그녀에게 금 대신 송진을 주었다. 집에 도착했을 때 그녀는 머리부터 발끝까지 씻어낼 수 없는 송진으로 뒤덮여 있었다.
2. 카니발(장미의 월요일 행진)은 쾰른에서 1년에 한 번 열리는 대규모 행사다. 이 카니발 사흘 전에 여성들은 남성을 놀리는 그들만의 카니발을 연다.
3. 이는 짧은 이야기일 뿐이다. 긴 이야기는 아직 끝나지 않았다. 원한다면 누구나 우리와 함께 이야기를 이어갈 수 있다.

# 참고문헌


Andrews, Lori B. (1986) "My Body, My Property" *The Hastings Center Report* 28, pp. 28-37.

Arditti, Rita, Renate Duelli Klein and Shelley Minden (Eds) (1984) *Test-Tube Women: What Future for Motherhood?* Pandora Press, London (translated as *Retortenmütter*, Rowohlt Verlag, Reinbek bei Hamburg, 1985).

Aust, Stefan (1985/1997) *Der Baader Meinhof Komplex.* Hoffmann und Campe, Hamburg.

*beiträge zur feministischen theorie und praxis* (1978) "Erste Orientierung" (Where to from here: Taking stock) 1/1978.

*beiträge zur feministischen theorie und praxis* (1983) "Gegen welchen Krieg-Für welchen Frieden" (Against which war-For which peace?) 8/1983.

*beiträge zur feministischen theorie und praxis* (1985) "Frauen zwischen Auslese und Ausmerze" (Women between selection and elimination) 14/1985.

Bennholdt-Thomsen, Veronika (1981) "Subsistence Production and Extended Reproduction" in Kate Young et al. (Eds) *Marriage and the Market.* CSE-Books, London.

Bennholdt-Thomsen, Veronika, Maria Mies and Claudia von Werlhof (1983) *Frauen, die letzte Kolonie: Zur Hausfrauisierung der Arbeit.* Rowohlt Verlag,

Reinbek bei Hamburg and Rotpunktverlag, Zurich (1992).

Bennholdt-Thomsen, Veronika and Maria Mies (1997) *Eine Kuh für Hillary: Die Subsistenzperspektive*. Frauenoffensive, Munich.

Bertell, Rosalie (2002) *Planet Earth: The Latest Weapon of War*. Quartet Books, London.

Birk, Angelika and Irene Stoehr (1987) "Der Fortschritt entlässt seine Töchter" in Die GRÜNEN im Bundestag/AK Frauenpolitik (Eds) *Frauen und Ökologie*. Gegen den Machbarkeitswahn. Kölner Volksblatt Verlag, Cologne.

Boggs, Grace Lee (2005) 'Living for Change'. Lecture held during the Workshop 'Self-Organisation Processes-Self-Sufficiency as a Mutual Undertaking' 21-23 October, Cologne, Germany.

Bornemann, Michael (1841) *Beitrag zur Geschichte der Ardennen*, Part I. Druck und Kommissions DEBIT der Fr. Lintz'schen Buchhandlung, Trier.

Briffault, Robert (1927) *The Mothers: The Matriarchal Theory of Social Origins*. George Allen & Unwin, London.

Brunner, Otto (1966) "Das 'ganze Haus' und die alteuropäische Ökonomik" *Familie und Gesellschaft*. Tübingen, pp. 23-56.

Bühler, George (1886) *Sacred Books of the East: Laws of Manu* (Volume XXV) 〈http://www.sacred-texts.com/hin/manu.htm〉.

Burckhardt, Lucius (1987) *Falt-Plan für die Fahrt nach Tahiti*. Kassel University Press, Kassel.

Butenschön, Rainer and Eckart Spoo (Eds) *Töten-Plündern-Herrschen: Wege zu neuen Kriegen*. VSA-Verlag, Hamburg.

Chattopadhyaya, Debiprasad (1959) *A Study in Ancient Indian Materialism*. People's Publishing House, New Delhi.

Corea, Gena (1984) "Wie durch die neuen Reproduktionstechnologien das Bordell-Modell auf die menschliche Reproduktion angewandt werden kann" *beiträge zur feministischen theorie und praxis* 12/1984.

Corea, Gena (1985) *The Mother Machine: Reproductive Technologies from Artificial*

*Insemination to Artificial Wombs.* Harper & Row, New York.

Dalla Costa, MariaRosa (1972) *Die Macht der Frauen und der Umsturz der Gesellschaft.* Merve Verlag, Berlin.

Diederich, Ellen (2007) "Emma zum Dreißigsten" *Ossietzky* 3/2007; ⟨http://www.sopos.org/aufsaetze/45eaba1d0e10b/1.phtml⟩ (2009년 12월 29일 접속).

Engels, Friedrich (1884) *The Origin of the Family, Private Property and the State.* Marx and Engels Internet Archive ⟨http://www.marxists.org/archive/marx/works/1884/origin-family/index.htm⟩.

Frauenhaus Köln (1980) *Nachrichten aus dem Ghetto Liebe.* Verlag Jugend und Politik, Frankfurt.

Freire, Paulo (1970/2000) *Pedagogy of the Oppressed.* Continuum Publishing Company, New York, London.

Friedan, Betty (1963) *The Feminine Mystique.* Dell Publishing Company, New York.

Fromm, Erich (1961) *Marx's Concept of Man.* Frederick Unger Publishing, New York.

Galtung, Johan (1975) *Strukturelle Gewalt-Beiträge zur Friedens- und Konfliktforschung.* Verlag Rowohlt, Reinbek bei Hamburg.

Gambaroff, Marina et al., (1986) *Tschernobyl hat unser Leben verändert: Vom Ausstieg der Frauen.* Verlag Rowohlt, Reinbek bei Hamburg.

Gehendges, Friedrich (Ed) *Eiflia Illustrata,* Vol. II (1982). Translated from Latin into German by Georg Bärsch. Verlag Zeller, Osnabrück (reprint).

Gen-Archiv (1988) "Police Raid on Gene Archive-News from West Germany" *Reproductive and Genetic Engineering: Journal of International Feminist Analysis* Volume 1, No 1. pp. 103-105. ⟨http://www.finrrage.org/pdf_files/RepTech%20General/Police_Raid_on_Gene_Archive_West_Germany.pdf⟩ (2010년 5월 24일 접속).

Griffin, Susan (1978) *Women and Nature: The Roaring in Her.* Harper & Row, New York.

Hardin, Garrett (1968) "The Tragedy of the Commons" *Science* 162, pp. 1243-1248.

Hawthorne, Susan (2002) *Wild Politics: Feminism, Globalisation and Bio/diversity*. Spinifex Press, North Melbourne.

Hawthorne, Susan (2004) "The Political Uses of Obscurantism: Gender, Mainstreaming and Intersectionality" *Development Bulletin* 89, pp. 87-91.

Hegel, Friedrich (1807) *Phenomenology of Spirit*. Translated by A. V. Miller with analysis of the text and foreword by J. N. Findlay. Clarendon Press, Oxford (1977).

Hegel, Friedrich (1837) *Lectures on the Philosophy of History*. Marxists Internet Archive 〈http://www.marxists.org/reference/archive/hegel/works/hi/hiconten.htm〉 (2010년 4월 9일 접속).

Heinberg, Richard (2003) *The Party Is Over: Oil, War and the Fate of Industrial Societies*. New Society Publishers, Gabriola Island, British Columbia.

Höffner, Josef Cardinal (1969) *Ehe und Familie im Licht des Glaubens*. Cologne Archdiocese, Cologne.

Huizer, Gerrit (1973) "The A-Social Role of Social Scientists in Underdeveloped Countries: Some Ethical Considerations" *Sociologus* Volume 23, No. 2, pp. 165-177.

Isla, Ana (2003) "Women and Biodiversity as Capital Accumulation: An Eco-Feminist View" *Socialist Studies Bulletin* 69, pp. 21-34.

Isla, Ana (2009) "Who Pays for the Kyoto Protocol?" in Salleh, Ariel (Ed) *Eco-sufficiency and Global Justice: Women Write Political Ecology*. Spinifex Press, North Melbourne; Pluto Press, London, pp. 199-217.

Jayawardena, Kumari (1982/1986) *Feminism and Nationalism in the Third World*. Institute of Social Studies, The Hague; Zed Books, London.

Karve, Iravati (1953) *Kinship Organisation in India*. Asia Publishing House, Bombay, Delhi, Madras, Lucknow, London, New York.

Luxemburg, Rosa (1913/1951) *Accumulation of Capital*. (W. Stark, Ed). Routledge and Kegan Paul, London.

Mandelbaum, Kurt (1978) "Sozialdemokratie und Imperialismus" in Mandelbaum, Kurt *Sozialdemokratie und Leninismus, Zwei Aufsätze*. Wagenbach, Berlin.

Marx, Karl (1845a) *The German Ideology*. 〈http://www.marxists.org/archive/marx/works/1845/german-ideology/ch01a.htm〉

Marx, Karl (1845b/1977) "Theses on Feuerbach" in *Selections of Karl Marx and Frederic Engels. Selected Works in Three Volumes*. Fortuprinting, Moscow.

Marx, Karl and Friedrich Engels (1846) *Marx Engels Complete Works* Volume 6. The Marx/Engels Internet Archive, 〈http://www.marxists.org/archive/marx/works/1846/02/20.htm〉 (2009년 7월 28일 접속).

Marx, Karl (1848) *Manifesto of the Communist Party*. Marx and Engels Internet Archive 〈http://www.marxists.org/archive/marx/works/l848/communist-manifesto/ch01.htm〉 (2010년 4월 9일 접속).

Marx, Karl (1852) *The Eighteenth Brumaire of Louis Bonaparte*. The Marx/Engels Internet Archive 〈http://www.marxists.org/archive/marx/works/1846/02/20.htm〉 (2009년 7월 28일 접속).

Merchant, Carolyn (1980) *The Death of Nature: Women, Ecology and the Scientific Revolution*. Harper & Row, San Francisco.

Meyer-Renschhausen, Elisabeth (2004) *Unter dem Müll der Acker. Community Gardens in New York City*. Ulrike Helmer Verlag, Sulzbach/Taunus.

Mies, Maria (1967/1968) "Why German?" *Bulletin* Volume XXVIII, Parts III and IV, Deccan College Research Institute, Pune.

Mies, Maria (1973) *Indische Frauen zwischen Unterdrückung und Befreiung*. Anton Hain Verlag, Meisenheim; EVA-Verlag, Hamburg (republished 1986).

Mies, Maria (1978) "Methodische Postulate zur Frauenforschung-dargestellt am Problem der Gewalt gegen Frauen" *beiträge zur feministischen theorie und praxis* 1/1978.

Mies, Maria (1980) *Indian Women and Patriarchy*. Concept Publishers, New Delhi.

Mies, Maria (1981) *Feminism in Europe: Liberal and Socialist Strategies 1789-1919*. Institute of Social Studies, The Hague.

Mies, Maria (1982a) *The Lace Makers of Narsapur: Indian Housewives Produce for the World Market*. Zed Books, London.

Mies, Maria and Rhoda Reddock (1982b) *National Liberation and Women's Liberation*. Institute of Social Studies, The Hague.

Mies, Maria (1982c) *Fighting on Two Fronts. Women's Struggles and Research*. Institute of Social Studies, The Hague.

Mies, Maria (1983a) "Towards a Methodology for Feminist Research" in Gloria Bowles and Renate Duelli Klein (Eds) *Theories of Women's Studies*. Routledge & Kegan Paul, London, pp. 117-139.

Mies, Maria (1983b) "Die gesellschaftlichen Ursprünge der geschlechtlichen Arbeitsteilung" in Claudia von Werlhof/Maria Mies/Veronika Bennholdt-Thomsen (Eds) *Frauen die Letzte Kolonie*. Zur Hausfrauisierung der Arbeit. Verlag Rowohlt, Reinbek bei Hamburg and Rotpunktverlag, Zurich (1992).

Mies, Maria (1983c) "Frauenbefreiung und nationaler Befreiungskampf-Geht das zusammen?" *beiträge zur feministischen theorie und praxis* 8/1983.

Mies, Maria (1984) *Indian Women in Subsistence and Agricultural Labour*, World Employment Programme (WEP), Working Paper No. 34, International Labour Office, Geneva.

Mies, Maria (1986a/1999) *Patriarchy and Accumulation on a World Scale: Women in the International Division of Labour*. Zed Books, London; Spinifex Press, North Melbourne; *Patriarchat und Kapital: Frauen in der internationalen Arbeitsteilung*. Rotpunktverlag, Zurich (1988).

Mies, Maria (1986b) 'Frauenforschung: Wissenschaft und Verantwortlichkeit'. Lecture held on 19 November 1986 in Fässler, Hildegard (Ed). *Das Tabu der Gewalt*. University of Innsbruck, pp. 214-215.

Mies, Maria (1986c) "Wer machte uns die Natur zur Feindin?" in Marina Gambaroff et al., (1986) *Tschernobyl hat unser Leben verändert. Vom Ausstieg der Frauen.*

Verlag Rowohlt, Reinbek bei Hamburg.

Mies, Maria (1987a) "Die Befreiung vom Konsum: Wege zu einer ökologischen und feministischen Gesellschaft" *die Verbraucher initiative*, Bonn.

Mies, Maria (1987b) "Vom Individuum zum Dividuum, oder im Supermarkt der käuflichen Körperteile" *tageszeitung*, Berlin, 1 August, 1987.

Mies, Maria (1987c) "Wissenschaft-Ethik-Gewalt" *tageszeitung*, Berlin, 1 August, 1987.

Mies, Maria, Veronika Bennholdt-Thomsen and Claudia von Werlhof (1988) *Women: The Last Colony*. Zed Books, London.

Mies, Maria (1988) "From the individual to the dividual: In the supermarket of 'reproductive alternatives'" *Reproductive and Genetic Engineering: Journal of International Feminist Analysis* Volume 1, No. 3, pp. 225-237 〈http://www.finrrage.org/pdf_files/RepTech%20General/In_the_Supermarket_of_Reproductive_Alternatives.pdf〉 (2009년 12월 29일 접속).

Mies, Maria (1989) "Selbstbestimmung-Das Ende einer Utopie?" in Paula Bradish et al. (Eds) *Frauen gegen Gen- und Reproduktionstechnologien*. Frauenoffensive, Munich.

Mies, Maria and Vandana Shiva (1993) *Ecofeminism*. Zed Books, London; Spinifex Press, North Melbourne; *Ökofeminismus, Praxis und Theorie*. Rotpunktverlag, Zurich (1995).

Mies, Maria and Claudia von Werlhof (Eds) (1998) *Lizenz zum Plündern. Das Multilaterale Abkommen über Investitionen MAI-Globalisierung der Konzernherrschaft- und was wir dagegen tun können*. EVA Taschenbücher, Hamburg.

Mies, Maria (1999) "Globalisierung der Wirtschaft und Gewalt gegen Frauen" in *Frauenfrust, Frauenlust, Beiträge zu einer Ökonomie aus feministischer Sicht*. Bundesverband der KAB (Ed), Ketteler Verlag, Bornheim.

Mies, Maria and Veronika Bennholdt-Thomsen (1999) *The Subsistence Perspective: Beyond the Globalised Economy*. Zed Books, London; Spinifex Press, North

Melbourne.

Mies, Maria (2001) *Globalisierung von unten. Der Kampf gegen die Herrschaft der Konzerne*. EVA, Hamburg.

Mies, Maria (2003) "Von der Lizenz zum Plündern zur Lizenz zum Töten" in Rainer Butenschön and Eckart Spoo (Eds) *Töten-Plündern-Herrschen. Wege zu neuen Kriegen*. VSA-Verlag, Hamburg.

Mies, Maria (2004) *Krieg ohne Grenzen. Die neue Kolonialisierung der Welt*. Papyrossa Verlag, Cologne.

Mies, Maria (2005a) "Globalisierung und religiöser Fundamentalismus" *Infobrief* No. 18: Gott und die Globalisierung. Netzwerk gegen Konzernherrschaft und neoliberale Politik, Cologne.

Mies, Maria (2005b) "Der Bluff mit dem Gender-Mainstreaming" *Infobrief* No. 21. Netzwerk gegen Konzernherrschaft und neoliberale Politik, Cologne.

Mies, Maria (2006) "A Global Feminist Perspective on Research" in Sharlene Nagy Hesse-Biber (Ed) *Handbook of Feminist Research: Theory and Praxis*. Sage Publications, London.

Nietzsche, Friedrich (translated by Walter Kaufmann, 1974) *The Gay Science*. Random House, New York.

Oestreich, Heide (2008) "Keine *beiträge zur feministischen theorie und praxis* mehr" *die tageszeitung*, 22 February, 2008.

Politisches Nachtgebet (1969) *Teufelskreis Entwicklungshilfe*, 2 February, 1969, Antoniterkirche, Cologne (pamphlet).

Politisches Nachtgebet (1971) *Die Emanzipation der Frauen*, 5 January, 1971, Antoniterkirche, Cologne (pamphlet).

Politisches Nachtgebet (1972) *Bangladesch: Ende oder Anfang?,* 11 and 12 January 1972, Antoniterkirche, Cologne (pamphlet).

Roy, Arundhati (2010) "Walking with the Comrades" *Outlook Magazine*, 29 March, 2010. 〈http://www.outlookindia.com/printarticle.aspx?264738〉 (2010년 5월 8일 접속).

Schmauch, Ulrike (1983) "Selbstkritische Überlegungen zu Frauenfriedensaktionen" *beiträge zur feministischen theorie und praxis* 8/1983, pp. 116-118.

Shapiro, Norman R. (1998) *One Hundred and One Poems by Paul Verlaine: A Bilingual Edition*. University of Chicago Press, Chicago.

Shiva, Vandana (1999) "The Historic Significance of Seattle" 12 December, 1999. Co-globalizing gaia's children, 〈http://www.rotical.org/co-globalize/HSoS.html〉.

Shiva, Vandana (2003a) Speech given at 'Women Stop GATS' Conference, Cologne, 9 May, 2003 〈http://www.nadir.org/nadir/initiativ/agp/gender/antipat/vshiva.htm〉.

Shiva, Vandana (2003b) "Multis privatisieren Indiens Flüsse" *Infobrief* No. 13, Cologne.

Sittirak, Sinith (1998) *The Daughters of Development: Women in a Changing Environment*. Zed Books, London; Spinifex Press, North Melbourne.

Sölle, Dorothee (1967) *Christ the Representative: An Essay in Theology After the 'Death of God'*. SCM Press, London.

Sölle, Dorothee and Fulbert Steffensky (1969) *Politisches Nachtgebet in Köln*. Kreuzverlag, Stuttgart.

Sölle, Dorothee (1999) *Gegenwind, Erinnerungen*. Piperverlag, Munich.

Stolzenberg, Margit (Ed) (2000) *Elf europäische Frauen im Interview*. Trafo Verlag, Berlin.

Strom, Holger (1977) *Friedlich in die Katastrophe. Eine Dokumentation über Atomkraftwerke* (self-published).

Third World Network (1999) "Members of International Civil Society Opposing a Millenium Round or a New Round of Comprehensive Trade Negotiations" 〈http://www.twnside.org.sg/title/wtomr-cn.htm〉.

von Werlhof, Claudia (1991) "Kaputt durch Naturschutz" in Claudia von Werlhof *Männliche Natur und künstliches Geschlecht. Texte zur Erkenntniskrise der Moderne*. Wiener Frauenverlag, Wien.

von Werlhof, Claudia (1983/1992) "Der Proletarier ist tot. Lang lebe die Hausfrau" in Claudia von Werlhof/Maria Mies/Veronika Bennholdt Thomsen (Eds) *Frauen, die letzte Kolonie. Zur Hausfrauisierung von Arbeit*. Rowohlt Verlag, Reinbek bei Hamburg (1983) and Rotpunktverlag, Zurich (1992).

von Werlhof, Claudia (2004) "Vom Wirtschaftskrieg zur Kriegswirtschaft: die Waffen der 'Neuen Welt Ordnung.'" Beitrag in Maria Mies *Krieg ohne Grenzen*, PapyRossa, Cologne.

# 옮긴이의 글

세계적으로 알려진 독일의 사회학자이자 에코페미니스트 마리아 미즈의 회고록인 이 책은 처음 독일어본을 출간하고 2년 뒤 영어본을 내면서 '좋은 삶'이라는 제목의 에필로그를 추가했다. 여기서 미즈는 "좋은 삶을 위해 우리는 이 행성, 즉 어머니 지구에서 삶 자체를 보호하고 보존해야 한다"는 자신의 오랜 메시지를 다시 한번 명확히 강조한다.

2023년 5월 미즈가 92세를 일기로 세상을 떠나며 이 회고록은 그녀의 마지막 책으로 남았다. 그래서일까, 에필로그를 다시 읽으며 미즈가 평생 '좋은 삶'을 화두로 살아온 것은 아닐까 하고 생각하게 되는 것은? 오늘날 많은 이들이 부유한 북반구의 생활 양식이 좋은 삶을 가져다주리라고 기대한다. 미즈가 '슈퍼마켓 모델'이라 일컫는 이 생활 양식에서는 "더 많은 돈과 상품, 더 비싼 자동차, 더 크고 고급스러운 주택, 그리고 전 세계에서 온 상품으로 가득 찬 슈퍼마켓"을 좋은 삶의 지표로 여긴다. 그러나 미즈가 보기에 좋은 삶은 결코 슈퍼마켓에서 나오지 않는다. 그래서 자연, 여성, 식민지의 관점에서 좋은 삶을 달리 정의하는 가운데 이에 대한 새로운 전망으로 나아가고자 한다.

이 과정에서 미즈는 '자본주의적 가부장제 경제의 빙산 모델'에 대한 비판을 바탕으로 성장에 무게중심을 놓는 경제에서는 돌봄을 비롯한 자급 생산, 즉 돈을 남기지 않고 삶의 직접 유지 외에 다른 목적이 없는 일이 제대로 가치를 인정받기 어렵다는 것을 무엇보다 강조한다. 자급 생산의 목적이 '삶'인 반면 성장 경제의 핵심을 차지하는 상품 생산의 목적은 '돈'과 '이윤'을 더 많이 축적하는 것이기 때문이다. 그래서 미즈에게는 삶의 생산으로서 자급 생산으로 나아가는 것, 즉 "이 세계의 모든 생명체가 좋은 삶을 누리고 좋은 관계를 맺으며 자연의 충만함과 함께하는 것"이 가장 중요하며, 공동체와 지구에 대한 책임을 모두 함께 공유하는 것이 가장 시급하다. 이런 맥락에서 '마을과 세계'라는 두 축을 중심으로 끊임없이 진동하던 미즈의 생애를 담은 이 회고록은 그동안 국내에서 소개된 미즈의 여러 책, 즉 베로니카 벤홀트톰젠, 클라우디아 폰 베를호프, 반다나 시바와 함께 쓴 저서에서 펼친 좋은 삶을 향한 다채로운 문제의식이 어떻게 싹트고, 어떤 방향으로 무르익었는지를 총체적·집약적으로 담아낸 책이라고 할 수 있다.

'좋은 삶'을 향한 미즈의 새로운 전망은 코로나19 이후 '전환의 시대'를 살고 있는 우리에게 커다란 울림으로 다가온다. 전 지구적 감염병 위기를 다시 경험하지 않기 위해서는 이제 멈춰 서서 다음과 같이 묻지 않을 수 없기 때문이다. 우리는 정말 다시 '일상' 혹은 '평상'으로 돌아온 걸까? 예전처럼 지구화를 추구하고 대량으로 생산하고 소비하면서 코로나19 이전의 '일상'과 '평상'을 그대로 누리면 되는 걸까? 아니면 이전으로는 절대 돌아갈 수 없으며 돌아가서도 안 된다는 새로운 자각하에 '전환'으로 나아가기 위한 대안적 생활 양식을 탐색

해야 할까?

'전환'의 사전적 의미가 '다른 방향이나 상태로 바뀌거나 바꿈'이라고 할 때, 오늘날 우리는 '사고 혹은 인식의 전환'을 통해 지금까지와 다른 방식으로 삶을 꾸려나갈 방안을 찾을 필요가 있다. 이런 시대적 흐름 속에 계명대학교 여성학연구소 전환의 시대와 젠더 연구사업단은 미즈의 회고록을 출발점으로 '전환의 시대와 젠더 번역총서' 발간을 통해 자본주의적 성장 경제의 한계를 젠더의 렌즈로 조망하려 한다. 더불어 자연과 인간에 대한 돌봄은 서로 긴밀히 연결되므로 '좋은 삶'을 위해서는 서로와 자연을 함께 돌보는 가운데 여성과 남성의 관계를 비롯한 인간과 인간의 관계, 인간과 자연의 관계에 대한 근본적 재성찰이 필요하다는 점을 널리 공유하고자 한다.

우리 연구사업단은 2022년 9월 교육부와 한국연구재단의 인문사회연구소지원사업에 신규 선정되어 '전환의 시대, 지역, 여성 그리고 삶의 생산'을 주제로 다년간에 걸친 연구를 수행하고 있다. 이번 번역총서 발간을 계기로 상품 생산에서 삶의 생산으로 무게중심을 옮기기 위한 젠더 관점의 논의가 더 활발해지기를 기대한다. 또한 지역 소멸의 위기 속에서도 삶의 터전이자 현장으로서 지역의 의미에 새롭게 천착하려는 움직임이 활발하다는 점, 지역에서 여성들이 돌봄을 바탕으로 좋은 삶을 가꾸어나가기 위해 노력하고 있다는 점에 주목하면서, 지역이 인간과 자연에 대한 돌봄과 모두를 위한 좋은 삶의 생산을 실천하는 기본적 장으로 거듭나길 꿈꿔본다.

2024년 5월

안숙영, 장지은

# 찾아보기